普通高等教育经管类专业"十三五"规划教材

# ERP 系统原理和实施
## （第五版）

闪四清　编著

清华大学出版社

北　京

## 内 容 简 介

本书全面讲述了ERP系统的基本概念、工作原理、实施方法和技术。全书包含15章和1个附录,内容包括ERP系统的基本概念和特点、企业资源与基础数据、主生产计划、物料需求计划、能力需求计划、采购作业计划和控制、生产作业计划和管理、ERP系统的主要功能、ERP系统实施的成功经验和失败原因分析、实施方法论、实施团队管理技术、ERP系统选型技术、ERP系统培训技术、业务流程再造技术以及资源分类和编码技术等。

本书内容全面、结构合理、思路清晰、语言流畅,既可以作为高等院校ERP系统原理和实施课程的教材,也可以作为各类ERP系统培训班的教材,还可以作为企业管理人员和技术人员学习ERP系统知识的参考书。

本书对应的电子课件可以到http://www.tupwk.com.cn网站下载。

**图书在版编目(CIP)数据**

ERP系统原理和实施/闪四清 编著. —5版. —北京:清华大学出版社,2017(2023.1重印)

(普通高等教育经管类专业"十三五"规划教材)

ISBN 978-7-302-47414-2

Ⅰ. ①E… Ⅱ. ①闪… Ⅲ. ①企业管理—计算机管理系统—高等学校—教材 Ⅳ. ①F272.7

中国版本图书馆CIP数据核字(2017)第127106号

责任编辑:胡辰浩 马玉萍
封面设计:周晓亮
版式设计:妙思品位
责任校对:成凤进
责任印制:宋 林

出版发行:清华大学出版社
    网  址:http://www.tup.com.cn,http://www.wqbook.com
    地  址:北京清华大学学研大厦A座    邮  编:100084
    社 总 机:010-83470000    邮  购:010-62786544
    投稿与读者服务:010-62776969,c-service@tup.tsinghua.edu.cn
    质 量 反 馈:010-62772015,zhiliang@tup.tsinghua.edu.cn
印 装 者:小森印刷霸州有限公司
经  销:全国新华书店
开  本:185mm×260mm  印  张:23.5  字  数:529千字
版  次:2006年1月第1版 2017年7月第5版 印  次:2023年1月第9次印刷
定  价:78.00元

产品编号:064371-04

# 前　言

ERP(Enterprise Resource Planning，企业资源计划)系统在管理领域的作用越来越大。ERP系统是一种典型的管理信息系统。从结构组成来看，ERP系统包括了计算机硬件技术、软件技术、数据库技术和网络技术等内容。从信息管理来看，ERP系统贯穿了业务数据采集、加工、存储、报表生成和使用的全过程。从内核本质来看，ERP系统是一种典型的以计划为核心、对企业资源进行优化配置的管理思想和方法。ERP系统是一种MPS(主生产计划)驱动的管理方式，它对整个组织的部门设置、岗位职责编排、业务流程的设计和规范都提出了新的要求，对业务数据的采集、统计报表的编制和传输、企业生产经营监控，以及企业领导的管理和决策都提供了方便高效的工具支持，对组织的员工素质也提出了更高更严格的要求。ERP系统充分体现了计算机科学与管理科学的融合。

本书借鉴了国内外同类教材的内容组织和结构安排特点，吸取了国内外ERP系统领域的最新研究成果，采纳了许多企业、同行、学生的极有价值的宝贵建议，结合作者对ERP系统的研究和实践经验，全面系统地讲述了ERP系统的基本概念、工作原理、实施方法和关键技术。本书的主要特色是内容全面、布局合理和思路清晰。

第一，从内容上来看，本书内容全面。不仅全面介绍了ERP系统的基本原理，而且详细介绍了ERP系统实施过程中的关键技术。从主生产计划、物料需求计划到生产作业计划、采购作业计划，从ERP系统的行业标准到典型的ERP产品功能，从ERP系统实施团队的角色分析到企业资源编码技术的详细描述，都进行了全面、系统、细致的讲解。

第二，从布局来看，本书结构合理。第1章主要介绍ERP系统的基本概念、演变过程和发展趋势。第2章重点介绍ERP系统基础数据的内容和特点。第3~7章主要介绍ERP系统的核心计划内容。第8章则从战略的角度研究ERP系统应该具备的功能。第9章从实施的角度客观评价ERP系统实施成功的经验和失败的教训。第10~15章深入研究了ERP系统实施的方法和技术。附录收录了常用的ERP系统术语的中英文对照表，并对这些术语进行了简练描述。

第三，从逻辑来看，本书思路清晰。每章开头都有一个案例研究，该案例与本章将要介绍的内容有一定的关联性，并且案例本身的内容和案例末尾处的问题有助于引起读者阅读和研究的兴趣。正文中始终以飞龙自行车制造公司为示例对象，穿插了许多与ERP系统相关的知识、提示、观点和经验等，目的是帮助读者系统完整地学习和理解本章的ERP知识。每一章章末有总结和思考练习，这些内容有助于读者检查对本章知识的理解和掌握程度。

本书的读者对象包括高等院校中讲授和学习ERP系统原理和实施课程的教师和学生；对于各种ERP系统培训班的学员和讲师来说，本书可以作为他们的培训教材；对于企业中对ERP系统有浓厚兴趣的管理人员和技术人员来说，本书可以作为他们了解ERP系统原理和实施过程的必备资料；对于从事 ERP 系统实施工作的管理人员和技术人员来说，本书可以作为他们编制实施计划，解决实施过程中所遇到的各种问题的技术资料；本书还可以作为从事企业信息化研究的各类研究人员的参考书。

除封面署名的作者外，参加本书编写的人员还有陈笑、曹小震、高娟妮、洪妍、孔祥亮、杜思明、熊晓磊、曹汉鸣、方峻、李小凤、曹晓松、蒋晓冬、邱培强、王铁男、王振航、杨延博、袁博、张成海、张立森等。由于作者水平所限，本书难免有不足之处，欢迎广大读者批评指正。我们的邮箱是 huchenhao@263.net，电话是 010-62796045。

本书对应的电子课件可以到 http://www.tupwk.com.cn 网站下载。

编　者

2017 年 2 月

# 目　　录

# 第1章
# 概　述

## 案例研究：SAP公司的发展之路

SAP 公司是全球最大的企业管理软件及协同商务解决方案供应商，成立于 1972 年，总部位于德国沃尔多夫市。SAP 是 Systems Applications and Products in Data Processing 的缩写，全称是数据处理方面的系统应用和产品。据统计，在全球 500 强企业中有 80% 的企业采用了 SAP 公司的应用软件。

1972 年，5 名来自 IBM 公司的软件工程师在德国曼海姆成立了 SAP 公司，该公司的目标是开发一种可实现实时业务处理的标准化应用软件。这 5 个工程师分别是迪特马·霍普、汉斯-维尔纳·海克托尔、哈索·普拉特纳、克劳斯·奇拉和克劳斯·魏伦路特。

1973 年，SAP 公司推出了 RF 系统，该系统之后被命名为 R/1。这是一种自动化财务会计以及交易处理程序。当时计算机数据处理几乎全部采用周期性的批处理方式，但是，SAP 公司率先实现了数据的实时处理，R/1 中的 R 是实时(Real Time)的简称。

1979 年，SAP 公司推出了适用于大型机的 R/2 系统，使得 ERP 产品可以在全球范围应用。该软件覆盖了多种语言、货币和法律法规制度，对跨国公司非常具有吸引力。从此，SAP 公司的产品开始进入许多大型企业。

1992 年，SAP 公司成功地推出 R/3 系统。该产品采用了客户机/服务器计算模式、统一了操作图形界面、与关系型数据库兼容、能够在不同厂商的计算机上运行，满足了企业应用从大型机时代转向客户机/服务器时代的变革需求，使得 R/3 在市场上获得了全面认同，这标志着 SAP 公司从一家小公司真正成为该行业的领导者。同年，SAP 公司与上海机床厂签约，上海机床厂投资 200 万美元购买 SAP 软件。从此，SAP 软件进入了中国的 ERP 市场。

1999 年，时任 SAP 公司首席执行官的哈索·普拉特纳宣布 mySAP.com 战略，正式推出了 mySAP.com 协同化电子商务解决方案，标志着企业应用进入了电子商务时代。

2003 年，SAP 公司推出了 SAP NetWeaver。这是一个基于服务的平台，它由一个门户框架、商业智能和报表、业务流程管理、主数据管理、公用运行时应用服务器以及 SAP 应用开发和管理平台等组成，是所有 SAP 应用的基础。

2009 年，SAP 公司发布了基于 SOA 的 SAP Business Suite 7，向 SaaS 迈出了重要一步。SAP 公司宣称，该系统有助于客户改善自己的数据升级功能，可以更快地发现商机，提高客户绩效。

2010 年，SAP 公司宣布收购 Sybase 公司。该收购有助于 SAP 公司取得关键的数据库技术，提高 SAP 产品对大型金融机构和公司的吸引力。

2011 年，SAP 公司发布了 SAP HANA 技术。HANA，High-Performance Analytic Appliance，是一种基于内存的计算技术，也是一种基于云计算的服务，还是一个软硬件结合体，满足大数据时代高性能的并行计算和分析需求。

2012 年，SAP 公司发布了全新的云计算战略，推出面向人员、资金、客户和供应商管理的四大业务云计算解决方案，并以协同方式提供此类解决方案，与企业资源计划业务软件实现无缝集成。

2013 年，SAP 公司被 Forrester 评为"大数据"预测分析解决方案的领军企业。Forrester 表示，位居领导地位的供应商不仅能提供一套丰富的数据分析算法和处理大数据的架构，还能提供在整个预测分析生命周期内进行数据分析的工具。

2014 年，SAP 公司再次推出基于 SAP HANA 的云平台，提供了平台即服务(PaaS)，即以内存为中心的基础架构、数据库和应用服务，提供构建、扩展、部署及运行各种云应用软件的环境。

2015 年，SAP 公司推出了全新商务套件 SAP Business Suite 4 SAP HANA，简称 SAP S/4 HANA。SAP 公司花费了 5 年时间重写了全部代码，完全构架于 SAP HANA 平台，目的只有一个：从部署和应用两方面精简 ERP，以适应移动和工业 4.0 时代的企业运营。

2016 年 5 月，SAP 公司宣布推出数据即服务产品 SAP Digital Consumer Insight(数字化客户洞察移动服务)。SAP Digital Consumer Insight 将基于近乎实时的移动数据生成洞察，帮助用户详细了解消费者等信息。11 月，SAP 推出了下一代数字转型平台 SAP HANA 2，增强了数据和数据库管理、分析智能以及应用开发。

从企业经营来看，SAP 公司经营业绩持续快速增长。2013、2014、2015、2016 财年，其年收入分别是 168.15、175.6、207.93、220.6 亿欧元，年收入增长分别是 4%、4%、18%、6%。2016 全年 SAP 云服务和支持营收由 2015 年的 22.9 亿欧元增长至 29.9 亿欧元，同比上涨 31%，传统软件许可证销售和支持收入为 154.3 亿欧元，比 2015 年增长 3%。

## 课堂思考和问答

1. SAP 公司的主要产品和服务是什么？
2. SAP 公司产品名称中的 R 和 S 分别表示什么意思？
3. 谈谈你对实时系统、大型机系统、客户机/服务器系统、电子商务系统、云平台的理解。

4. 谈谈你对 HANA 技术、云计算战略、大数据分析技术的理解。谈谈你对 S/4 HANA 产品的认识。

5. 一般企业的营运利润率是多大？与通常的企业营运利润率相比，SAP 公司的营运利润率是高还是低？为什么？

6. 国际市场上主要的 ERP 系统都有哪些？它们在中国的主要客户是哪些公司？

7. 中国市场上主要的国产 ERP 系统有哪些？这些国产的 ERP 系统的主要用户有哪些？

8. 你知道哪些有关 ERP 系统、ERP 系统供应商和 ERP 系统用户的故事，给大家讲出来，互相交流。

欢迎你参加 ERP 系统之旅。当你加入到此行之后，我们将始终与你相伴，向你详细讲述 ERP 系统的故事，让你饱览沿途的 ERP 系统秀丽风光。当结束这趟 ERP 系统之旅后，你一定会满载而归的。

# 1.1　ERP 系统的定义与特点

在开始深入了解 ERP 系统之前，应该知道 ERP 系统是什么，理解 ERP 系统和 ERP 软件两个术语之间的区别与联系，并且明确 ERP 系统的特点。下面将从 ERP 系统的定义和特点出发，对 ERP 系统进行详细介绍。

## 1.1.1　ERP 系统的定义

ERP 是英文 Enterprise Resource Planning 的简称，即企业资源计划，也称为企业资源规划。顾名思义，ERP 就是对企业的所有资源进行计划、控制和管理的一种手段。那么，如何准确地定义 ERP？ERP 软件和 ERP 系统是否是一回事？如果不是，ERP 软件和 ERP 系统之间又有什么区别和联系？下面将详细解答这些问题。

从当前的理论研究和应用实践来看，有关 ERP 软件和 ERP 系统的定义有许多不同的版本。下面介绍一些比较典型的定义。

ERP 软件是用于改善企业业务流程性能的一系列活动的集合，由基于模块的应用程序支持，它集成了从产品计划、零件采购、库存控制、产品分销和订单跟踪等多个职能部门的活动。在 ERP 中，还可以包括企业的财务管理和人力资源管理模块。这是 ERP 的一个基本定义，该定义强调业务流程的活动和业务功能的集合，并且限制了 ERP 的作用范围主要是企业内部的各个职能部门。这是从 ERP 的目的角度出发来定义的。

ERP 软件是一种对企业所有资源进行计划和控制的方法，这种方法以完成客户订单为目标，涉及订单签约、制造、运输以及成本核算等多个业务环节，广泛应用于制造、分销和服务等多个领域。这个定义对 ERP 涉及的业务环节和应用领域进行了描述，也是一种特别强调 ERP 目的的定义。

ERP 软件是一个工业术语，它由多个模块的应用程序支持的一系列活动组成。ERP 可以帮助制造企业或者其他类型的企业管理主要的业务，包括产品计划、零件采购、库存维护、与供应商交流沟通、提供客户服务和跟踪客户订单等。这也是一个典型的 ERP 定义，该定义扩大了 ERP 的内涵，即 ERP 不但可以管理企业内部的资源，还强调了与供应商和客户的关系管理，实际上是延伸了 ERP 的作用范围。该定义还有一个特点，即 ERP 不仅可以应用于制造业，还可以应用于其他类型的企业。

ERP 系统是一种集成了所有制造应用程序和与制造应用程序相关的其他应用程序，用于整个企业的信息系统。该定义具有以下几个特点：使用了"ERP 系统"术语，而不是 ERP 术语；该定义突出了信息系统的作用，强调 ERP 系统是信息系统的一种类型；该定义没有提到在企业中具体的应用范围，而是突出信息技术的作用。从这些特点来看，这是从信息技术视角定义的 ERP 系统。

ERP 系统是一种商业软件包，允许企业自动化和集成主要的业务流程、共享通用的数据且分布在整个企业范围内，并且提供了生成和访问业务信息的实时环境。这个定义的主要特点是完全从信息系统的角度来看 ERP 系统的作用，软件包、自动化、集成、共享、分布和访问都是信息系统的特点和作用。这个定义没有明确提到 ERP 系统对企业管理的作用，而是通过"自动化和集成业务流程"、"共享业务信息"术语隐含了 ERP 系统对企业管理的促进和提高的解释。

ERP 系统是一种商业战略，它集成了制造、财务和分销职能，以便实现动态的平衡和优化企业的资源。ERP 系统是一种集成的应用软件包，可以用于平衡制造、分销和财务功能。ERP 系统是基于关系型数据库管理系统(relational database management system，RDBMS)、计算机辅助软件工程(computer-aided software engineering，CASE)、第四代程序和客户机/服务器体系架构等技术从制造资源计划(manufacturing resource planning，MRP II)演变过来的。当成功地实施了完整的 ERP 系统之后，ERP 系统允许企业优化业务流程、执行各项必要的管理分析以及快速有效地提供决策支持。随着技术的不断进步，ERP 系统不断增强了应对市场变化的能力。这是一个典型的、比较完整的描述 ERP 系统的定义。该定义的特点主要表现在：ERP 系统既可以在微观的优化业务流程方面发挥作用，也可以在战略方面有效地体现其效用；ERP 系统既是信息技术的集成形式，也是制造、分销和财务等管理功能的集成；ERP 系统可以对当前企业的经营和管理提供优化、分析和决策支持，还可以不断地发展和完善。

ERP 系统是一个信息技术工业术语，它是集成的、基于多模块的应用软件包，为企业的各种相关业务职能提供服务。ERP 系统是一个战略工具，它通过集成业务流程，可以帮助企业提高经营和管理水平，有助于企业优化可以利用的资源。ERP 系统有助于企业更好地管理其业务、指导资源的利用和制订未来的计划。ERP 系统允许企业根据当前行业的最佳管理实践标准化其业务流程。这个定义有一个与上面的定义完全不同的特点，即 ERP 系统是一种标准化的工具，它提供了许多可供选择的标准化业务流程，使企业能够根据自己的特点，选择当前行业的最佳管理实践。从理论上来讲，这是一种十分有效的、提高企业管理水平的方法和工具。但是，在实践中，ERP 系统的这种作用受限于其本身是否真正拥有适合于不同企业特点的当前行业的最佳管理实践。

从系统的角度来看，ERP 系统是一个有着自己的目标、组成部分和边界的有机统一的系统。只有当 ERP 系统的各个组成部分的运行达到协调一致时，ERP 系统才能真正地发挥出效能。

第一，ERP 系统的目标。ERP 系统的目标是改进和流线化企业的内部业务流程，然后在此基础上提高企业的管理水平、降低成本以及增加效益。一般情况下，在实施 ERP 系统时，需要对企业的当前业务流程进行再造。

第二，ERP 系统的组成部分。ERP 系统包括 4 个组成部分：ERP 软件、流线化的业务流程、终端用户以及支持 ERP 软件的硬件和操作系统。(1)ERP 软件。ERP 系统的核心是 ERP 软件。ERP 软件是一种基于模块的应用程序。每一个软件模块都自动化企业内部的某个职能领域的业务活动。一般情况下，ERP 软件涉及产品计划、零部件采购、库存管理、产品分销、订单跟踪以及财务管理和人力资源管理等职能。(2)流线化的业务流程。管理学家 Anthony 把企业中的业务流程划分为 3 个层次，即战略计划层、管理控制层和业务操作层。ERP 软件作为一种企业级的管理解决方案，应该支持企业各个层次业务流程的流线化。实践证明，许多成功的 ERP 系统正是因为集成了跨职能部门的业务流程而达到了预期的目标。(3)终端用户。ERP 系统的终端用户是企业中各个层次的员工，既包括企业底层的业务人员，也包括企业高层的决策人员和中层的管理人员。(4)支持 ERP 软件的硬件和操作系统。据统计，UNIX 操作系统由于具有较高的安全性、可靠的稳定性和强大的网络功能而成为当前运行 ERP 软件的主要操作系统。除此之外，Windows 操作系统和 Linux 操作系统也是运行 ERP 软件的比较常用的操作系统。

第三，ERP 系统的边界。一般认为，ERP 系统的边界小于实施该 ERP 系统的企业的边界。相对来说，供应链管理系统、客户关系管理系统和电子商务系统的边界扩展到实施了这些系统的企业的供应商、合作伙伴和客户。在实践中，如果 ERP 系统的实施涉及与企业外部信息系统的集成，那么意味着这种实施内容包括 ERP 系统和其他系统。

从上面的 ERP 和 ERP 系统的定义来看，每一种定义都有自己的特点和合理性。造成这种不同定义现状的原因主要有两个：第一，ERP 或 ERP 系统本身的内涵比较复杂，很难从一个方面将其完整地、准确地描述清楚，只能通过多种不同的角度来定义。第二，ERP 或 ERP 系统是一种新生的思想和方法，人们对它的理解和认识还没有达到完全成熟的地步，再者它本身处于不断发展和不断完善的过程中，要想使用一个定义来准确捕捉其本质，是一项极其困难的工作，因此，它的定义有不同版本也就不足为怪了。

正是由于 ERP 或 ERP 系统定义的多样化，才使得 ERP 系统具有更大的灵活性。因此，本书就不再给出一个统一的、标准的 ERP 或 ERP 系统的定义了，以免限制读者对这个定义的开放性认识和理解。本书作者相信，读者完全有能力根据上面的各种定义，得出自己满意的 ERP 或 ERP 系统的定义。

在当前的理论研究和应用实践中，ERP 和 ERP 系统这两个术语的使用比较混乱，很多情况下两者交替使用。因此，某种意义上可以说 ERP 和 ERP 系统具有相同的内涵，ERP 是 ERP 系统的简称。为了规范化，本书统一使用 ERP 系统这个术语。但在特殊情况下，当为了强调 ERP 系统的软件作用时，将使用 ERP 软件这个术语。

另外，还需要补充说明的是，本文中提到的 ERP 系统，如果没有特别说明，主要是指制造 ERP 系统。因为制造 ERP 系统是当前最主要的 ERP 系统形式，也是占据 ERP 系统市场份额最大的行业领域。

## 1.1.2　ERP 系统的特点

前面已经介绍了什么是 ERP 系统。那么，为什么要使用 ERP 系统呢？使用 ERP 系统的好处是什么呢？使用 ERP 系统有无不利的地方？本节将围绕这些问题展开分析。

ERP 系统把企业中的各个部门和职能集成到了一个计算机系统中，它可以为各个职能部门的不同需求提供服务。ERP 系统提供了一个单一的计算机程序，它既可以满足财务部门员工的成本核算的需求，也可以满足人力资源部门员工的绩效考核的工作需要，还可以满足仓库管理部门员工提高物料管理水平的需求。在 ERP 系统出现之前，企业中的许多职能部门都有自己单独的计算机系统，这些系统都有特殊的优化方式，以便满足这些职能部门的需求。实际上，目前中国的很多企业或多或少都采用了一些各种各样的基于计算机辅助管理的信息系统。而 ERP 系统把它们合并在一个单独的计算机系统，在一个单独的数据库系统下运行，以便各个职能部门共享数据和互相通信。这种集成方式可以大大提高企业各项业务的运行效率。

例如，分析与客户签订订单这项业务流程。在采用 ERP 系统之前，一般情况下，当与客户签订一个订单时，该订单纸张就开始在企业中从一张办公桌到另一张办公桌的旅行，在不同的计算机系统中输入一遍又一遍。这种订单处理方式就产生了一系列的问题：订单的处理时间经常性地被延迟，同一个订单由于在不断地输入计算机的重复过程中经常会产生不同的数据而造成订单错误，甚至有些订单纸张被丢失等。同时，在整个企业范围内，没有人准确地知道某一个订单的当前状态、它位于企业中的哪一个位置。财务部门由于无法登录仓库的计算机系统而不知道某种指定的物料是否收到或指定的产品是否已经运输出去。面对客户提出的各种问题，客户服务代表只好不断地重复"对不起，我不清楚"这句话。客户服务代表需要不断地向各个部门打电话，了解情况，索取数据。但是，这些不同部门提供的数据又经常互相矛盾。而 ERP 系统可以将那些在执行业务流程中重复进行的工作自动化管理。订单完成工作包括从客户那里获取订单、传输订单和记账等。通过使用 ERP 系统，当客户服务代表从客户那里得到订单时，他就拥有了该订单的所有信息，例如该客户的订单历史、公司的库存水平和产品开始运输时间等。企业中的每一个员工都可以看到同一个系统界面，并且可以访问同一个保存了客户信息的数据库。当某一个部门完成了与该订单关联的相应工作后，该订单就通过 ERP 系统按照已经定义好的路径自动地传到下一个部门。查找订单在什么地方，只需登录 ERP 系统并且按照订单处理路径寻找即可。

ERP 系统试图集成企业中跨职能的所有部门到单个信息系统的企业级信息系统，以便满足各个不同职能部门的信息需求。ERP 系统的主要优点在于，协调了各部门之间的工作，提高了跨职能部门的业务流程的执行效率。ERP 系统的实现有助于数据仓库的建立，这是因为 ERP 系统提高了数据的可访问性，管理人员在需要执行决策时可用分钟级的时间实时访问所需要的信息。ERP 系统提供了跟踪业务活动的实际成本的能力，允许企业执行基于活动的成本管理(activity based costing，ABC)方法。有时，ABC 也被称为作业成本管理。

ERP 系统可以在企业的业务操作层、管理控制层和战略计划层这 3 个层次上都提供支持和流线化业务流程。

第一，在业务控制层，ERP 系统可以降低业务成本。ERP 系统是一个试图将企业跨各业务部门的业务流程集成到一个企业级业务流程的信息系统。ERP 系统的主要优点在于协调各个业务部门，提高业务流程的整体效率。实施 ERP 系统之后，妥善运用后可即刻降低业务成本，例如，降低库存控制成本、降低生产成本、降低市场营销成本和降低客户服务成本等。

第二，在管理控制层，ERP 系统可以促进实时管理的实施。实施 ERP 系统之后，第二个好处是可以促进实时管理的实施。ERP 系统提供了对数据更有效的访问，管理人员可以分钟级的速度实时访问用于决策的信息。ERP 系统提供了跟踪各项活动成本的功能，有助于在企业实行作业成本法。管理控制的工作实际上就是及时发现问题并解决问题的过程，ERP 系统的使用大大提高了管理人员及时发现问题并解决问题的能力。

第三，在战略计划层，ERP 系统可以支持战略计划。ERP 系统的一个重要作用就是支持战略计划中的资源计划。不过，在许多企业实际的 ERP 系统中，由于战略计划的复杂性和缺乏与决策支持系统的充分集成等原因，资源战略计划的功能被大大削弱，而只强调具体的业务执行计划。如何更好地提高 ERP 系统的战略计划功能，是 ERP 系统今后发展的一个重要方向。

总之，ERP 系统可以为企业带来巨大的好处。这些好处可以分为定性和定量两个方面。一般认为，ERP 系统为企业带来的定性好处包括以下几个方面：

- 及时掌握库存情况，可以大大减少库存量，从而降低库存成本；
- 可以大大加快订单的处理速度、提高订单的处理质量，从而降低订单的处理过程成本；
- 通过自动化方式及时采集各种原始数据，提高了数据的处理速度和处理质量，从而降低了财务记账和财务记录保存的成本；
- 由于提高了设备的管理水平，可以充分利用企业的现有设备，降低设备投资；
- 生产流程更加灵活，可以有效地应对生产过程中各种异常事件的发生；
- 由于提高了生产计划的准确性，从而缩短了生产线上的停产时间；
- 更加有效地确定生产批量和调度生产，提高生产效率；
- 减少生产过程中由于无法及时协调而出现的差错率，提高管理水平；

- 可以降低生产过程的成本;
- 由于成本和效率方面的改善,企业可以从容地确定有利的价格,从而提高企业的利润或者提高企业的市场占有份额;
- 由于提高了物料需求计划的准确性,因此大大减少缺货现象;
- 由于改善了整个生产过程,因此可以大大缩短产品交付期;
- 对顾客来说,可以提高产品生产过程的透明度;
- 允许更大程度的产品个性化定制,因此可以更灵活地满足客户的需求;
- 客户满意度得到提高,从而可以增加产品销售量、增加销售利润并扩大市场份额,最终提高企业的营利能力;
- 企业的管理人员和业务人员有更多的时间投入到业务的研究和问题的解决中去,从而提高管理人员和业务人员的工作效率、业务素质和管理水平;
- 由于可以方便地借鉴行业最佳管理实践,使企业管理的精细化、规范化和标准化可以做得更好;
- 由于可以根据需要及时调整业务操作和减少业务流程中的约束,企业员工的全局观念得到了增强,员工的工作能动性得到了大大的提高;
- 由于实现了信息共享,企业的决策有了及时的、全方位的数据依据,可以提高决策的质量;
- 由于 ERP 系统的各种培训和经常性的业务操作,企业员工的计算机技术和数字化管理素质得到了普遍提高。

从定量方面来看,一般认为,ERP 系统为企业带来下面一些好处:

- 降低库存资金占用 15%~40%;
- 提高库存资金周转率 50%~200%;
- 降低库存误盘误差,控制在 1%~2%;
- 减少 10%~30%的装配面积;
- 减少 10%~50%的加班工时;
- 减少 60%~80%的短缺件;
- 提高了 5%~15%的生产率;
- 降低了 7%~12%的成本;
- 增加了 5%~10%的利润。

 **其他观点:ERP 系统对组织绩效的影响**

Arun Madapusi 等人(2012 年)的研究认为,ERP 系统对组织的运作绩效的影响体现在 5 个方面,即信息可用性、信息质量、标准化、库存管理和及时运输。信息可用性指用户可以从 ERP 系统中获取集成化的实时信息;信息质量主要描述 ERP 系统中信息的一致性和可靠性;标准化主要指实现整个组织的业务流程和信息流的无缝平滑连接和合理性;库存管理是指减少库存积压、降低库存成本、提高库存周转率、更好地控制库存;及时运输主要指将产品或服务及时地交付顾客的管理行为。

但是，不能只看到 ERP 系统有利的一面，实际上，目前 ERP 系统本身还存在着许多缺点。一般认为，ERP 系统的主要缺点如下：

- ERP 系统的实施是非常复杂的，实施过程有很大的风险；
- 与传统系统的集成问题，如何更好地处理接口、数据等；
- 客户定制问题，如何更好、更快地满足客户的要求；
- 实施成本高昂，大多数 ERP 系统的实施都超过了预期的成本和项目期限；
- 由于组织流程和结构的变化，造成企业内部员工的消极抵触；
- 经常与企业的战略冲突；
- 计算机系统的安全性问题和病毒问题时刻对企业的正常生产经营活动带来潜在的严重危害。

 **其他观点：ERP 系统存在的问题**

ERP 系统存在许多问题，特别是在 ERP 实施过程中和实施后的应用问题尤其多。一些 ERP 研究人员调查研究之后发现，ERP 在实施过程中和实施后出现的问题和这些问题发生的概率如表 1-1 所示。

表 1-1　ERP 实施过程中和实施后出现的问题

| 问 题 类 型 | 发生的概率 |
| --- | --- |
| 项目成本超预算 | 66% |
| 项目延期 | 58% |
| 与企业战略的冲突，实施之后不能适应企业的变化和战略 | 42% |
| 实施中和实施后，员工对流程和组织变化的抵触， | 42% |
| 与咨询公司的冲突 | 38% |
| 内部冲突 | 34% |
| 与供应商的冲突 | 30% |

# 1.2　ERP 系统的演变

有一位伟人说过这样一句话：要想真正理解一个人的现在和预测他的未来，必须了解这个人的过去。这句话对于 ERP 系统也是适用的。为了有效地理解 ERP 系统的工作原理，在深入学习 ERP 系统之前，有必要了解 ERP 系统的演变过程，知道 ERP 系统产生的根本原因。

一般认为，ERP 系统的演变过程就是 MRP 系统和 MRP II 系统的发展过程。这种说法没有错，但是不完整。ERP 系统的演变过程是一个综合的过程，不是某个单一事件演变成的。ERP 系统有 5 个来源，各来源如下所述。第一，信息技术的飞速发展和信息系统应用范围的不断深化是 ERP 系统必然出现的物质基础和技术推动力；第二，孤立数据存在的客观现实、计算机集成制造思想的提出和 CIMS 实践的影响，是提出 ERP 系统概念的外部需求和理论基础；第三，管理工具的实践促进了管理不断创新，客观上要求与其相适应的管理模式的产生，这是提出 ERP 系统概念的内部需求；第四，MRP 系统、MRP II 系统的发展演变是导致 ERP 系统出现的直接前提和表现形式；第五，BPR 思想、Y2K 问题是 ERP 系统在企业得到快速实施和应用的直接导火线。

## 1.2.1　信息技术的发展和信息系统应用范围的不断深化

从本质上来讲，ERP 系统是一种基于计算机的辅助管理信息系统。如果没有信息技术的发展、没有信息系统应用范围的不断扩大，根本谈不上 ERP 系统的概念。因此，信息技术的发展和信息系统应用范围的不断扩大，是提出 ERP 系统概念的物质基础和技术推动力。

首先回顾信息技术的发展历程。一般情况下，可以把计算机的硬件技术发展历程分为 4 个阶段。

第一个阶段是 1944—1958 年，这是第一代计算机时代。这个阶段中计算机的特点是体积庞大、价格昂贵。例如，1950 年美国国家统计局使用的 UNIVAC I 计算机价格为 50 万美元，但是到了 2000 年这台计算机价格不到 100 美元。第一代计算机的主要目的是科学计算，还没有应用到工业控制和企业管理等领域。输入、输出的介质都是穿孔卡片、磁带等，采用真空管，一次只能运行一个程序，运行速度特别慢。由于真空管容易损坏，所以，当时计算机的可靠性非常差，数据也不能方便地存储。

第二代计算机是 1959—1963 年。这个阶段中的计算机大量采用了晶体管技术，使得计算机的体积大幅度下降、系统的可靠性更高且运行速度更快，并且引入了存储设备，使得数据可以方便地计算和存储，大大扩展了计算机的应用领域。

第三代计算机是 1964—1970 年。这个阶段在计算机上采用了集成电路，从而可以把大量的晶体管放在一个小小的芯片上。存储设备得到了迅速发展，操作系统开始成熟，系统支持并发性。

1971 年开始采用大规模、超大规模集成电路，从此进入了第四代计算机时代。这时，由于计算机的主存储容量大幅度提高，价格大幅度下降，并且可以支持文字处理、电子表格、数据库系统和桌面印刷等，计算机的应用领域迅速扩大。

从 1978 年 Intel 公司开始推出 8086 芯片以来，PC 机发展迅猛，性能大幅度提高、价格大幅度下降。

从操作系统的发展来看，最主要的操作系统是 UNIX 系统、DOS 系统、Windows 系统和 Linux 系统。

1969 年，AT&T 公司的贝尔实验室开发了第一个 UNIX 系统。1973 年，Richie 用 C

语言重写了 UNIX 系统，从而奠定了 UNIX 操作系统的重要地位。这是一种成熟的操作系统，支持多用户和多任务，采用了树形文件结构，安全性比较高，支持多种通信机制等。UNIX 系统的版本很多，包括 IBM 公司的 AIX 系统、SUN 公司的 Solaris 系统和 HP 公司的 HP-UX 系统等。

为了适应 PC 机的发展，比尔·盖茨成立了微软公司，于 1981 年推出了 MS-DOS 1.0 系统，奠定了微软公司成功发展的基础。1983 年推出的 DOS 2.0 支持子目录，1984 年推出的 DOS 3.0 支持 1.2MB 软盘，1985 年推出了支持 3.5 英寸盘的 DOS 3.1，1987 年推出了支持大容量硬盘的 DOS 3.3 等。但是，微软并不满足这种字符型的操作系统，最终于 1990 年成功推出了 Windows 操作系统，这是一种图形化界面的操作系统，可以实现所见即所得。随后推出了 Windows 95、Windows 98、Windows NT、Windows 2000 和 Windows XP 等，随着 Windows 操作系统后续版本的不断推出，这种图形化的操作系统由于具有易操作性的特点，从而为计算机应用的迅猛发展奠定了物质基础。

1990 年，芬兰赫尔辛基大学 23 岁的大学生 Liuns，开始了他自己一开始都没有预料到的 Liunx 系统开发。1993 年 Linux 1.0 系统正式发布，这种免费的、功能强大且性能稳定的操作系统问世，更让计算机技术的发展如虎添翼。

从数据库系统的发展来看，1970 年，F. Codd 发表了有关关系型数据库系统理论的论文，奠定了关系型数据库系统的理论基础。1977 年，Oracle 公司推出了基于这些理论的 Oracle 1.0 系统，正式揭开了数据库系统的时代，也奠定了 Oracle 公司在数据库市场上的霸主地位。IBM 公司的 DB2 系统、微软公司的 Microsoft SQL Server 系统和 Sybase 公司的 Sybase ASE 系统也是数据库市场上的重要产品。

从计算机应用系统的体系架构来看，依次经历了集中式计算架构、客户机/服务器应用架构和 Internet 应用架构。在 1960—1970 年，计算机应用系统的架构是集中式计算架构。这种架构由一台功能强大的服务器和多台哑终端组成。虽然操作人员可以在哑终端上发出指令，但是这些指令都必须发送到服务器上才能被执行。这是一种集中式管理的体系架构，具有很高的安全性。但是，在这种架构中，由于所有的操作都必须在服务器上处理，因而对服务器的要求特别高，也不能划分和分布应用程序的逻辑，这就使得服务器的价格极其昂贵。许多中小企业对此望而却步，大大影响了计算机系统应用范围的扩展。

从 1980 年开始，由于 PC 机的发展，计算机局域网络开始出现，导致了客户机/服务器体系架构的产生。在这种体系架构中，应用程序可以分别在客户端和服务器上运行，客户端向服务器端发出处理请求、服务器端返回处理结果。在这种架构中，由于客户端可以执行一部分业务处理逻辑，从而大大降低了对服务器的依赖程度，对服务器的要求相对比较低。这种体系架构由于费用比较低、配置方便灵活，从而得到了广泛的应用。这种架构的缺点是安全性比较低。

自从 1990 年 Internet 问世以来，客户机/服务器体系架构演变成了浏览器/Web 服务器/数据库服务器体系架构。这种基于 Internet 应用架构的特点是，客户端只需要浏览器软件，因此管理比较简单。这种架构的缺点是计算效率下降、系统的安全性没有得到很好的保障。

从信息系统的发展来看，也是一个渐进的过程，随着时间的推移和支撑技术的进步，信息系统的应用广度和深度也在不断地发生变化。EDP 系统、TPS 系统、OAS 系统、MIS 系统、DSS 系统、ESS 系统和 ERP 系统等形式充分、清晰地描绘出了信息系统的发展轨迹。

从 20 世纪 50 年代中期开始，计算机开始从科学计算领域向企业管理应用领域扩展。计算机在企业管理中最早的应用是工资数据处理，目的是加快数据的处理速度和提高数据处理的精度。这个阶段计算机在企业管理中的应用只是偶尔的情况，与企业的事务并没有紧密的关联。这个阶段的计算机应用被称为电子数据处理(electronic data processing，EDP)系统，简称 EDP 系统。

随着计算机技术的发展，计算机系统在企业管理中不再是偶尔使用，而是逐渐开始普遍使用，许多重复性、数据量庞大的烦琐事务都可以交由计算机来完成。这个阶段中，计算机在企业管理中的应用开始与企业事务处理紧密关联，实现物理工作流程的镜像，目的是记录发生的每一个业务事件，并且进行适当的处理，降低事务操作人员的工作负荷，以及提高事务处理的速度和准确性。当然，这种应用只是作为管理事务处理的工具而已。这个阶段的计算机应用被称为事务处理系统(transaction processing system，TPS)，简称 TPS 系统。

从 20 世纪 60 年代后期开始，操作系统、数据库系统都已经逐渐成熟，因此，计算机在企业管理中的应用就相当普及了。这时候使用计算机系统的目的不仅仅是完成事务数据的处理，还可以按照预先定义好的数学模型，处理一些诸如数学统计等复杂的操作，支持结构化的决策。这个阶段的计算机应用被称为管理信息系统(management information system，MIS)，简称 MIS 系统。MIS 系统可以监视组织的性能，为企业的管理人员提供日、周和月等周期的常规报告和异常报告。

到了 20 世纪 70 年代末，个人计算机、局域网迅速发展起来，性能越来越高、价格越来越低。这个阶段中，人们希望利用计算机系统来完成那些琐碎且繁重的文档管理、公文流转和日常事务安排等工作，并且把办公室中的所有工作人员置入一个协同的工作环境中，共享网络中的各种硬件和软件资源。这个阶段的计算机应用被称为办公自动化系统(office automation system，OAS)，简称 OAS 系统。

进入 20 世纪 80 年代以后，决策支持系统(decision support system，DSS)的概念开始出现。这是因为企业中的决策者已经不满足只使用计算机系统处理常规性的事务，而是希望自己也参与到这种信息系统中，根据需要随时调整信息系统处理中的各种变动参数，选择或定制决策模型，以便更加有效地分析和比较复杂的、半结构化和非结构化的决策问题，为提高决策质量提供支持。

这时候还出现了另外一种应用趋势，就是高层支持系统(executive support system，ESS)。高层支持系统主要是为企业的高层管理人员提供服务，方便地访问外部数据，挖掘企业的内部数据，提供图形化等形式丰富的显示方式，辅助高层管理人员执行特定用途的管理和决策。

进入 20 世纪 90 年代以来，随着计算机技术的高速发展和 Internet 的出现，计算机在企业管理中的应用越来越广泛。这时许多企业不再把信息系统只看成是一种应用手段，而是看成保证企业成功的一种战略资源。信息系统的应用范围不仅仅局限于一个企业内部，而是涉及许多其他合作伙伴。这时，信息系统的概念变得更加丰富，例如，ERP 系统、SCM(supply chain management，供应链管理)系统、CRM(customer relationship management，客户关系管理)系统、PDM(product data management，产品数据管理)系统、ECS(electronic commercial system，电子商务系统)和 SIS(strategic information system，战略信息系统)系统等。

传统的信息系统可以分成两类：第一类，操作支持系统，例如，EDP、TPS 和 OAS 等；第二类，管理支持系统，例如，MIS、DSS 和 ESS 等。操作支持系统用于采集业务数据、处理业务数据和使用这些数据，支持日常性的业务操作，支持企业管理层较低层次的管理操作。管理支持系统可以为管理人员提供信息，以便提高决策的质量和效果，可以汇总来自多个不同操作支持系统的业务操作数据，一般用于企业的战略层次。例如，MIS 系统主要为企业管理人员提供其日常决策所需要的信息，这种决策主要是结构化决策。DSS 系统的主要目的是为企业的中高级管理人员按照交互式的操作方式提供决策信息，这种决策类型主要是半结构化和非结构化的决策问题。ESS 系统的主要目的是为企业的中高层管理人员提供对达到企业战略目标的关键成功因素有选择性的信息。

但是，传统的信息系统是相互独立的。每一个信息系统的应用都能够提高局部应用领域中的企业管理效率和水平，但是，信息系统之间很难实现数据交换和共享，从而造成大量的数据冗余现象，因此并没有从根本上提高企业整体的管理效率和水平。

随着信息系统的发展，信息系统的理论、技术和方法也日臻完善，这些都为 ERP 系统的出现奠定了物质基础。信息系统中存在的集成问题也是信息系统自身不断完善和发展的动力。

一般认为，ERP 系统与信息系统相比，具有以下一些特点：

- ERP 系统通常是一个软件包，由多个模块组成；
- ERP 系统可以处理企业中绝大多数的管理信息；
- ERP 系统是一种提供整个企业信息流动的载体工具；
- ERP 系统通常由业务流程驱动，而不是由职能驱动；
- 通常使用一个共享的数据库；
- 有一个单独的开发环境支持；

- 与企业中的业务流程相适应；
- ERP 系统是一个战略性的解决方案，因此不仅能够满足企业当前的业务需要，而且还应该与企业的发展密切相关。

## 1.2.2　CIM 思想和 CIMS 系统的实践

最初的信息系统主要是运用于企业的管理事务和管理领域，很少涉及企业的技术领域。信息系统内部的集成问题逐渐演变为管理领域中的信息系统与技术领域中的各种基于计算机的系统之间的集成问题。CIM 思想和 CIMS 系统的实践，为 ERP 系统概念的出现和实践提供了外部需求和理论基础。下面简单介绍 CIM 思想和 CIMS 系统的主要内容。

美国学者 Joseph Harrington 于 1973 年提出了计算机集成制造(computer integrated manufacturing，CIM)的概念和思想。CIM 是企业组织、管理与运行的一种思想，它基于计算机硬件技术、软件技术和网络技术，综合运用现代管理理论和技术、制造工程理论和技术、信息处理理论和技术、自动化控制理论和技术以及系统工程理论和技术等，将企业生产经营全过程中有关的人员、技术和管理 3 个要素以及相关的信息流、物流和资金价值流有机地集成并优化运行，以实现产品的高质量、低成本和短交货期，提高企业的应变能力和综合竞争能力，从而使企业在激烈复杂的竞争环境中取得竞争优势。在 CIM 思想中，物流指的是各种原辅材料采购到货后，经检验、存储和加工直至变成产品出厂的所有过程。企业的物资流动过程应该是一种增值过程，伴随着一个资金价值流。企业内部有严格的组织分工，各部门、各工作岗位之间存在复杂的工作流，工作流带动了物流。工作流程的组织和协调运行水平决定了企业的工作效率，从而在一定程度上决定了企业的竞争能力。企业对于市场信息、产品信息、加工信息、质量信息、人员信息、设备信息及组织管理等信息也要进行采集、存储和加工处理，从而形成复杂的信息流。企业中的信息流无处不在，贯穿企业制造的整个过程。

计算机集成制造系统(computer integrated manufacturing system，CIMS)是按照 CIM 思想构建的复杂的人机系统。CIMS 从企业的经营战略目标出发，综合考虑企业中人员、技术和管理的作用，使用各种先进技术、方法和手段，包括计算机硬件技术、软件技术和网络技术等，实现企业制造全过程中的信息流、物流和资金价值流的集成，在产品质量、制造成本和交货期等方面达到总体优化，为企业带来更大的经济效益。CIMS 是企业自动化的集成模式，它面向整个企业，覆盖企业的各种经营活动，包括市场开发、工程设计、生产准备、生产计划、物料加工、装配控制、质量管理、采购管理、销售管理、资源管理和财务成本管理全过程。通过对这些过程进行简化、优化、标准化和规范化，利用计算机、通信网络以及自动化技术把整个系统集成起来，优化整个制造过程，从而使得企业提高市场竞争能力和获取最大效益。如图 1-1 所示为 CIMS 系统的概念结构示意图。

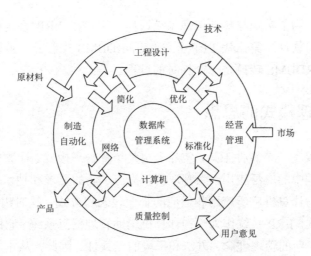

图 1-1 CIMS 系统的概念结构示意图

CIMS 是由自动化程度不同的多个组件系统集成起来的，典型的组件系统包括 MIS 系统、计算机辅助设计(CAD)系统、计算机辅助工艺设计(CAPP)系统、计算机辅助制造(CAM)系统、计算机辅助工程(CAE)系统、柔性制造系统(FMS)、数控机床(NC)和机器人等。

CIMS 的一个重要特点是集成。集成的作用是将原来独立运行的多个单元系统集成为一个协同工作的、功能更强的新系统。集成不是简单的连接，而是经过统一规划设计，分析原单元系统的作用和相互关系，并进行优化重组后实现的。

CIMS 系统经过 30 多年的实践，总结出了许多非常宝贵的系统集成的成功经验。这些成功经验为 ERP 系统的集成提供了理论和实践基础。一体化的计算机辅助管理和技术系统的实现及应用是各个单独的计算机系统集成所追求的目标。

实践证明，集成是一项挑战性的工作。在 ERP 系统集成时，企业面临许多的挑战：同一个 ERP 系统内供应商提供的各种不同的功能模块集成的挑战；与其他电子商务软件系统集成的挑战；与传统信息系统集成的挑战。ERP 系统实施成功的一个重要标志是实现了 ERP 系统集成。

(1) 集成 ERP 模块。一般情况下，ERP 商业软件包由多个不同的功能模块组成。刚开始实施时，企业倾向于安装同一个 ERP 系统供应商提供的模块。但是，不是所有的企业都购买来自同一个 ERP 系统供应商提供的所有功能模块。一个 ERP 系统实施项目可能耗时若干年。在 ERP 系统实施的后期阶段，企业可能不得不购买其他供应商提供的某些功能模块，或者同一个供应商提供的新版本的功能模块。

(2) 集成其他电子商务应用软件系统。电子商务应用软件是企业战略、技术和业务流程的电子化，以便协调企业的内部和外部业务流程、管理企业范围内的资源。电子商务应用软件一般可以分为 3 大类，即 ERP、CRM 和 SCM。要使 ERP 系统发挥更好的效果，ERP 应该与 SCM、CRM 以及电子商务紧密集成。

(3) 与传统信息系统集成。在许多企业内，传统的信息系统已经积累了大量的、重要的业务数据。相对来说，ERP 系统与传统信息系统的集成比与其他应用软件集成来说更加复杂。一般情况下，为了实现与传统信息系统通信，需要在 ERP 系统和传统信息系统之间安装第三方的接口软件。第二代 ERP 系统使用 RDBMS 来存储企业范围内的数据。从传统的信息系统向 RDBMS 转换是一个耗时的过程。

## 1.2.3　集成管理模式的思想

ERP 系统不仅仅是一个软件工具，实际上也是一种管理模式。计算机技术作为一种管理工具和手段在管理中的广泛应用，为管理创新提出了新的要求和技术保障，客观上要求管理理论产生一种与计算机广泛应用相适应的管理理念和方式。这时出现了 ERP 系统为核心的集成管理模式。ERP 系统作为一种计算机辅助管理信息系统，它既体现了计算机工具的特点，又蕴含了新的管理理念、方法和手段的一致性。因此，从本质上来讲，ERP 系统是一种集成管理模式，这种集成管理模式要求 ERP 系统作为其核心的支撑技术而出现。这种集成管理模式也被称为 ERP 管理模式。这种集成管理模式具有自动化、理性化、精细化、规范化、标准化、知识化和集成化等特征。

ERP 管理模式是一种要求企业按照既定的计划准确运行的管理方法和管理手段的总和。ERP 管理模式具有强大的支撑工具，可以指导和强制员工按照规定的流程进行工作，因此是一种可操作性极强的管理方式。ERP 管理模式还是一种可以复制的管理方式，可以像复制计算机系统中的文件一样把行业领域中先进企业的管理方式复制到本企业中。由于 ERP 系统的核心作用，ERP 管理模式要求管理人员必须具备较高的素质，包括计算机操作能力、企业管理能力和较强的工作责任心等。

自动化是 ERP 管理模式最基本的特征。ERP 管理模式的核心是 ERP 系统，ERP 系统是基于计算机技术的管理信息系统。通过 ERP 系统，ERP 管理模式实现了自动化的工作流程、自动化的数据加工和处理以及自动化的管理警报等。这种自动化的特征，大大降低了企业管理人员的工作负荷，提高了工作效率。

理性化是 ERP 管理模式又一个非常重要的基本特征。从客户订单、需求预测到物料需求计划、能力需求计划、物料采购计划、零件加工作业计划和产品装配计划等整个过程，正确、合理、优化、均衡和完整的理性思想始终贯彻其中。ERP 管理模式是一种真正实现科学、优化管理的方式。ERP 管理模式不是管理艺术，强调的是理性的科学，企业的正常经营应该像走时准确的钟表一样准确无误。

企业管理正在由传统的粗放式管理方式向精细化管理方式发展。ERP 管理模式充分体现了管理精细化的特点。例如，在粗放式的管理阶段，对物料的管理采取了 ABC 管理方式，并且，这种管理方式一直作为一种优化的管理手段来宣传。但是，在 ERP 管理模式下，它已经具有了对物料进行逐个管理的能力，它可以对每一种物料采取与其他物料不同的管理方式，从而提高物料管理的质量和效率。在传统的管理模式下，对生产作业计划的管理一般是采取对班组的月、周管理粒度，有些企业可能采取了日管理粒度，更细的管理粒度单靠人工操作是无法实现的。但是，在 ERP 管理模式下，作业计划的控制可以达到实时的状态，这种实时粒度可以是小时、分钟，不仅可以对班组进行控制，而且可以实现对班组中的每一个人员、每一台设备进行精细的控制。在传统的管理阶段，可能对某个报表进行管理，但是在精细化管理阶段，应该对报表中每个数据项的来源、特征、去向和作用进行更精细的管理。

规范化管理是 ERP 管理模式的又一个重要的特征。在传统的管理模式下，管理工作由于可伸缩性大、无法精确度量，经常陷于难以控制的地步。即使有规章制度，在人为的干涉下，这些规章制度也经常是形同虚设。例如，文件单据的审批制度、管理报告提供的内容和时间，以及供应商的确定和监控等，经常产生实际情况与规章制度相违背的情况。但是，在 ERP 管理模式下，基于工作流的系统、基于数据库的共享数据可以自动地按照规定的流程、时间和内容，向规定的人员提供数据、报告和文件审批等，整个过程的时间、费用及效果都可以准确地度量。操作人员不可随心所欲调整，也受到了极大的约束和控制。

在国内的许多企业中，有一个奇怪的现象：企业的技术标准可以做得很多、很细，但是管理标准和工作标准却经常是一片空白，或者只是一个泛泛的规定。例如，在某个制造企业中，物料选择标准可以准确地提供物料的牌号、型号、规格、技术状态和单价等，但是，有关技术图纸的校对、审定和审批等工作标准却往往是一个模糊、笼统的定义。在实际中，往往工作中出现了问题，即使找到了问题的原因，但是由于缺乏工作标准，因此很难界定清楚工作的责任。管理标准就是以事务为标准化对象，规定和衡量事务的过程及有序程度的标准。工作标准是根据技术标准的要求，以各项工作的范围、构成、要求、方法和程序等工作内容所作的有关规定。一方面，标准化管理的客观需求推动了以 ERP 系统为核心的集成管理模式的产生，另一方面，以 ERP 系统为核心的集成管理模式的出现又推动了企业标准化管理的深化和发展。

当前知识管理是一个非常热的话题。"知识就是力量"、"知识改变命运"等，这些表示知识作用的论断早已深入人心。在企业管理中，ERP 管理模式拥有的知识性特征可以有效地发挥知识的巨大作用。由于计算机技术的特征，ERP 管理模式可以方便地重用前人的成果、经验和知识。由于数据的集中存储和共享，ERP 管理模式可以通过数据挖掘技术、OLAP 系统等手段实现数据挖掘、知识发现以及知识共享和利用的功能，真正实现知识在企业管理中的作用。例如，可以从大量的销售数据中，总结发现客户的一些规律和特征，从而采取有针对性的营销措施；可以从影响产品质量的大量数据中，找到一些关键的质量特征，从而有效地解决产品质量问题，提高产品的质量。

毋庸置疑，集成性是 ERP 管理模式最重要的特征之一。集成性要求 ERP 管理模式不仅仅只考虑一个职能部门，而应该从企业的整体角度出发来看待问题；不仅仅只从管理角度来考虑问题，而应该从管理和技术相结合的角度来分析整个问题。集成性是 ERP 管理模式与以往的管理模式最大的不同之处，它不是一种领域的、职能的或局部的管理模式，而是一种涉及所有领域、企业整体和全局的管理模式。集成性要求 ERP 管理模式真正使得企业整体资源得到最充分的利用。

集成化管理模式的自动化、理性化、精细化、规范化、标准化、知识化和集成化等特征推动了 ERP 系统的发展。当然，目前许多 ERP 系统产品并不完全具备这些特征，因为 ERP 系统还没有真正地成熟，正处于发展变化过程中，还需要逐步地完善。

## 1.2.4　MRP 和 MRP II 的演变

ERP 系统的直接来源是 MRP II 系统。这也是人们常说的 ERP 系统是由 MRP 和 MRP II 演变的结果。下面简单介绍 MRP 和 MRP II 的演变过程。

集成的 ERP 系统解决方案已经成了竞争优势的代名词。ERP 系统的本质是取代那些由一个个单独软件包形成的解决方案，集成企业内部所有传统的管理职能，例如，财务管理、成本核算、工资管理、人力资源管理以及制造和分销管理等，彻底解决"信息孤岛"现象，以确保企业级业务的系统整体性和一致性。

在 20 世纪 60 年代，制造系统的焦点是库存控制。当时计算机还是一个庞然大物，通常要占据一个大楼的空间，主要是在政府里应用，属于计算机应用初期。当时对于许多制造企业来说，购买昂贵的计算机是天方夜谭。但是，即使没有计算机，制造企业也还得处理与库存有关的问题，即必须保存足够的库存，以满足客户的需求。因此，这是一个研究和实施再订货点系统的时期。再订货点系统的假设是客户连续订购他们以前订购的产品，未来的需求与过去的需求一样。当时在许多工业领域，这是一个有效的假设，基本可以满足当时竞争环境的需要了。库存作为企业的一种资产，不仅仅体现在资产负债表上，而且还保存在管理人员的头脑中。生产计划管理人员采用台账和卡片等传统记账方式手工创建生产计划和管理物料。然而，在生产计划管理部门，由于 BOM 的复杂程序过高、数据量过于庞大，生产计划和物料管理经常发生计算错误的情况。在手工管理阶段，生产计划和库存物料的可视性很差，特别是如果希望得到准确的物料库存数量，既费时又费力。为了保证生产的连续性，往往需要扩大库存量，因此经常造成库存积压、占用场地和资金大量积压等异常现象。

20 世纪 70 年代，计算机出现在制造领域中。当计算机的体积变得越来越小、价格越来越低时，企业已经有能力配置足够多的计算机，以便在库存方面采用计算机辅助物料的管理。通过计算机来管理，企业只订购所需的物料，而不是订购"所有的物料"。这些需要的物料是基于企业将要销售的产品、库存中已经存在的物料以及那些已经订购但是还没有到货、正在生产但是还没有完成的物料等数据计算出来的。这时，被称为物料需求计划 (material requirements planning，MRP) 的计算机应用系统已开发出来，并且提出了主生产计划(master production schedule，MPS)的概念。MPS 就是指企业最终完成的产品或组件的计划。企业通过采用 MRP 系统，可以真正地实现"正确的物料在正确的时间到达"管理。把 MPS 的概念引入到 MRP 系统中，可以为生产计划和采购计划建立一个时间网络图。

MRP 是计算机技术对管理最初的影响形式。计算机对物料计划和企业管理最初的影响是巨大的。无论是手工制订生产计划，还是使用台账、卡片管理物料，新的计算机系统可以实现这些计划、物料管理的自动化，基于将要完成的产品、当前的库存状况、已经分配出去的物料和在途物料等信息，可以快捷、准确地生成物料采购计划和生产作业计划。物料的库存和计划的可视性大大提高了，只要能访问该系统，就可以随时查看到最新的库存状态。这使得物料管理和计划管理中的错误大大减少，管理效率大大提高。MRP 的出现，使得计划人员可以准确地回答这些问题：需要什么？何时需要？需要多少？而不是像以前那样坐在办公室里等待，直到发现生产线上缺少物料才会制订缺件计划，然后再开始订购。这个阶段也被称为"小 MRP 阶段"或"开环的 MRP 阶段"。

CRP 又是一个发展。当越来越多的人掌握了这种物料需求计划方法时，他们很快会发现，一些重要的信息没有考虑进来。例如，即使将所有的物料、零件准备齐整，也不能保证工作立即完成，这是因为还需要考虑生产能力。当把生产能力计划添加到 MRP 中时，MRP 就变成了一个闭合的系统。因此，这个阶段也被称为"大 MRP 阶段"或"闭环的 MRP 阶段"，或者可以说能力需求计划(capacity requirements planning，CRP)诞生了。

这时，计算机的运算速度大大提高、存储能力增加，而价格大幅度下降。当然，到目前为止，这种趋势仍在继续。因此，计算机的运算能力不仅可以承担物料计划的计算，还可以基于物料计划的优先级来计算能力计划。除了使用 BOM 来确定需要的物料之外，还可以定义物料加工的工艺路线。在物料加工的工艺路线中，各个加工点需要机器、设备和操作人员等。这些加工点被称为工作中心。工作中心的加工能力和负荷是 CRP 考虑的重要信息。

这时，还有一个重要的假设，即无限能力假设。在这种假设下，由于每一个工作中心的能力都是无限的，那么，可以计算出每一个工作中心必需的能力。企业为了按时完成生产，应该及时补充生产能力。但是，这种无限能力存在许多问题，例如，企业不可能随时补充生产能力、调整生产速度不均衡现象等。但是，这是第一次可以指出每一台设备或每一个工作中心应该达到的工作负荷。这对于生产准备是非常必要的，至少管理人员可以提前知道生产的瓶颈将会出现在什么地方。

然而，当 BOM 数据量爆炸、物料订货时间和能力需要等问题被 MRP/CRP 解决之后，生产车间中的一些问题显露了出来。例如当生产计划人员按照 MRP/CRP 计算出生产调度计划之后，本来这些计划可以准确地完成，但是突然发现某个关键的设备正处于维修阶段或某个关键岗位的操作人员正在休假，导致计划并不能被准确执行。因此，仅仅考虑企业的物料库存和正常的生产能力等资源是远远不够的，必须全面考虑与生产制造有关的所有资源。

MRP Ⅱ 搭建了制造领域和财务领域的桥梁。实际上，计算机在制造领域的应用范围不断扩大，很快超出了制造领域的界限。下面通过一个实例来讲述这个问题。如果企业采购的一种物料到货并进入了仓库，那么，不仅是库存的物料数量增加了，从财务账簿上来讲，企业的原材料库存资产也增加了。原材料库存资产增加可以通过负债科目中的应付账户反映出来。当原材料从仓库送到车间加工后，库存原材料资产降低了，但是制品资产增加了。同时，工人的劳动工资和车间管理费用也通过在制品资产账户转移了。随着物料在生产线上加工的流动，在制品资产账户不断增大。最终，当企业制造出来的产品销售出去之后，那么库存资产账户减少而应收账户资产增加。由此可以看出，物料的移动和资金的移动是同步的。在 MRP 系统中，从管理的角度来看，只考虑物料很难向管理人员提供准确的管理信息，管理人员也很难准确地监督生产的运行过程。为了提高企业的管理水平，应该考虑把财务信息添加到 MRP 系统中。

随着信息技术能力的不断增大，现在可以使用计算机同时管理物料和财务活动了。为了集成这些操作，只用于制造领域的基本程序通过采用一个共享的数据库系统把制造、财务集成起来，这就是所谓的制造资源计划(manufacturing resource planning，MRPII)软件包。MRP II 首先应用在离散型制造企业中，这是因为 MRP 假设了无限能力和严格的时间限制，但是这些假设在流程型企业中的作用似乎不大。流程型企业更加重视的是供应链、销售预测、采购和分销等功能。

MRP II 的出现并不是说 MRP 是错误的，而是在企业的资源和范围方面更深和理广地监视制订的计划与实际的结果。从某种意义上还可以说，MRP II 是一个闭合的财务管理系统。

美国生产和库存管理协会(American Production and Inventory Control Society，APICS)对 MRP II 的定义如下：MRP II 是一种有效地计划制造企业所有资源的方法。它可以用来解决生产单位的经营计划、以货币形式表示的财务计划，并且可以通过能力仿真来回答 what、if 这类问题。它包括了很多相互链接的功能，例如，商业规划、销售和经营计划、生产计划以及能力和物料的执行支持系统。这些系统的输出通过财务报表的形式表现出来，例如，业务规划、采购任务报告、运输预算和库存的资金表示等。MRP II 是由闭环 MRP 直接演变而来的。

MRP II 使企业第一次真正形成了集成的业务系统，它可视化地提出了由商业规划驱动的物料需求和能力需求，允许输出详细的活动，并且把这些活动转变成财务方面的描述，还提供了对那些可能引起商业规划不平衡的问题的解决方案。好的信息为产生好的决策提供依据，这种集成的、闭环的信息系统为企业带来了深远的影响。

## 1.2.5 ERP 系统出现的导火索

从前面的分析可以看出，从 MRP II 系统演变到 ERP 系统是一个必然的趋势。但是，这种趋势对于企业来说并不见得是一种必然。面对 ERP 系统，许多企业可以说，"你很好，但是我不使用，因为我现在的也不错"。

如果企业本来就没有使用过 MRP II 系统，那么直接采用 ERP 系统可能是一件好事。但是，对于那些使用过 MRP II 系统或其他信息系统的企业来说，放弃自己使用多年的 MRP II 系统或其他信息系统，换上一个更加先进的 ERP 系统，这将给企业的正常经营管理活动带来巨大波动，企业还需付出高昂的投资，并且不得不面对巨大的 ERP 系统实施风险。因此，如果没有特殊的原因使企业不得不采用 ERP 系统的话，ERP 系统的广泛应用是很难实现的。

但是，作为一种发展趋势，ERP 系统的广泛应用总会找到合理的理由。BPR 的思想、千年虫问题以及欧元的实现都是许多企业采用 ERP 系统最直接的原因。

许多人认为，信息技术是企业治疗百病的灵丹妙药，只要在企业中采用了信息技术，那么，企业中的所有问题都会迎刃而解，企业的生产成本就会大幅度下降，企业的生产效率也会自动地大幅度提高。实际上，这种想法是错误的，大量企业的实践证明了这一点。原因何在呢？美国管理咨询专家 Hammer 博士发现了其中的奥秘。1990 年，在对大量管理咨询项目研究的基础上，经过深入的分析，Hammer 提出了企业流程再造(business process reengineering, BPR)的概念。他认为：企业再造就是从根本上考虑和彻底地设计企业的流程，使其在成本、质量、服务和速度等关键指标上取得突破性的提高。"从根本上考虑"就是对企业现有的流程提出最根本的疑问，再造时必须抛弃传统的框架、约束和规则；"彻底地设计"就是要从零开始，创造性地使用一种全新的方法来完成满足顾客需求的流程；"突破性的提高"就是要取得经营业绩极大的飞跃。企业再造的直接对象是流程，而不是任务、人员或组织结构等。目前，BPR 的中文名称有多种不同的译法，例如，企业流程再造、企业过程创新、事务重建、企业重组、企业再造、企业过程再造、再造工程、企业经营过程重构、企业过程再工程、企业流程重组、企业流程改造和业务流程再造等。在 BPR 思想的影响下，许多企业认为现有的基于职能的信息系统无法满足其需求，ERP 系统是实现 BPR 的有效工具，为了改善和流线化自身的流程、提高经营管理水平，从而毅然决定采用有巨大风险的 ERP 系统。应该说，BPR 思想是企业采用 ERP 系统的一个主动性的原因。

到了 20 世纪 90 年代中期，千年虫问题成了全球瞩目的焦点。千年虫问题又被称为 Y2K 问题。在最早的计算机设计中，根据习惯，采用了两位数字纪年，即 78 年表示 1978 年，90 年表示 1990 年，99 年表示 1999 年。但是，00 年表示什么呢？如果表示 1900 年，那么计算机系统有可能遭遇预想不到的灾难。特别是对于银行那样主要依据年份进行各种成本和收益计算的企业来说，这是一个重大、不能回避又必须解决的问题。许多企业的传统信息系统无法彻底解决这个问题，因此，ERP 系统成为许多咨询企业提供的 Y2K 解决方案中的重要组成部分。使用 ERP 系统可以取代那些与 2000 年不兼容的传统信息系统。很多专家甚至断言，如果不是千年虫问题的影响，ERP 系统的发展至少要晚 10 年。可以这样说，Y2K 问题是企业走上 ERP 系统之路的一个被动性的原因。据统计，到了 1998 年，财富 500 强中的大多数企业都实施了或正在实施 ERP 系统。

对于欧洲的许多企业来说，他们还面临着一个问题，即欧元问题。从 2002 年 1 月 1 日开始，欧盟的许多国家开始实行统一货币的政策，采用欧元进行统一的交易、支付和结算等，法国法郎、德国马克等传统货币将要被欧元替代。这种货币政策对欧盟的企业来说是一个挑战。许多企业使用的传统信息系统并不支持这种崭新的欧元货币。要么修改当前的传统信息系统，使其支持欧元货币；要么抛弃当前使用的传统信息系统，采用一种新的支持欧元的信息系统。在这种艰难的选择中，许多企业最终走上了 ERP 系统实施的道路。从某种意义上来说，采用 ERP 系统是欧盟许多企业无可奈何的选择。

我国许多企业采用 ERP 系统的原因与欧美许多企业不同。在我国的许多企业中，计算机技术的应用基础非常薄弱，甚至没有应用计算机技术。从目前我国许多企业应用信息技术的状况来看，实施 ERP 系统的动机主要是集成现有的传统信息系统、企业经营体制改制、与国外企业管理相结合以及提高经营管理水平等。

**其他观点：采用 ERP 系统的原因**

除了正文中讲到的企业采用 ERP 系统的原因之外，也有一些专家从其他不同的视角对企业采用 ERP 系统的原因进行了研究和分析。

有些专家认为，ERP 系统的产生应该分别从技术、业务和战略 3 个方面去寻找原因。一项全球性的调查显示：36%的企业认为是技术原因，例如，Y2K 问题、传统系统的维护问题等是采用 ERP 系统决策的主要原因；30%的企业认为是业务原因，例如，经济全球化决策、市场竞争激烈等；18%的企业认为是职能原因，例如，流程自动化、流程重新设计等；16%的企业认为是成本原因，例如降低成本、财务问题等。

还有一些专家认为，由于 3 个重要的原因，导致从 MRP II 演变成了 ERP 系统。这 3 个重要原因分别是：第一，为了集成财务数据。作为企业的高层主管，总是希望随时清楚地了解企业的经营效果。财务部门有自己的利润数据，销售部门有自己的销售数据，不同的业务部门都可能提供不同版本的企业收益。但是，ERP 系统可以创建一个基于数据库的完整的唯一经营效果版本。第二，为了使业务流程标准化。制造企业常常发现不同的业务单元使用不同的计算机系统和方法来制造同样的产品，使这些业务流程标准化和使用集成的计算机系统可以大大节省时间、提高生产效率并减少调查工作。第三，为了使人力资源信息标准化。在许多企业的业务单元，往往没有一个集成的、简单的 HR 系统来跟踪雇员工作时间以及与他们沟通、了解福利和服务状况等。ERP 系统可以解决这些难题。

# 1.3  ERP 系统的成本

虽然 ERP 系统可以为企业带来巨大的好处，但是，ERP 系统的成本也非常高昂。对任何企业来说，ERP 系统的实施都是一项巨大的投资。ERP 系统项目规模的大小和复杂程度是影响 ERP 系统实施成本的重要因素。ERP 系统总拥有成本包括显性成本和隐性成本两大部分。显性成本主要包括软件成本和硬件成本。隐性成本包括客户化定制、数据迁移、用户培训和专家服务等费用。根据国外某些机构的调查，ERP 系统的总拥有成本从 50 万美元～3 亿美元不等。许多 ERP 系统项目的预算和最终支出都超过了 1 500 万美元。有时，隐性成本是 ERP 商业软件包价格的两三倍。据统计，我国许多企业实施 ERP 系统的成本大约是 20 万元～3 000 万元不等。下面详细介绍 ERP 系统的显性成本和隐性成本。

## 1.3.1  ERP 系统的显性成本

ERP 系统的显性成本指的是那些直接用于 ERP 系统的、容易与企业中的其他支出相区别的成本。ERP 系统的显性成本主要用于软件部分和硬件部分的采购。下面分别针对软件和硬件的采购内容和原则进行详细介绍。

软件成本主要包括购买 ERP 商业软件包、数据库管理系统软件和安全管理软件等。

ERP 商业软件包的价格取决于企业实施的范围或者功能模块的数量、软件的复杂程度和 ERP 商业软件包供应厂商等。如果涉及与企业外部的商业实体进行信息集成,那么,ERP 商业软件包的成本会更高。对于一个中等规模的企业来说,ERP 商业软件包可能耗资数百万美元。这是企业为实施 ERP 系统最直接的支出。

数据库管理系统软件也是不可缺少的支出。数据库管理系统软件用于管理和维护整个 ERP 系统的业务数据,是 ERP 系统运行时不可缺少的核心内容。大多数厂商提供的产品价格是不包括数据库管理系统软件的,因此实施 ERP 系统的用户经常需要单独支付数据库管理系统软件的费用。目前 ERP 系统中常用的数据库管理系统包括 Oracle 公司的 Oracle 系统、IBM 公司的 DB2 系统、微软公司的 Microsoft SQL Server 系统和 Sybase 公司的 ASE 系统等。每一个数据库管理系统都有其特点,在选择时一定要考虑企业自身的情况、所选择的 ERP 系统和企业实施 ERP 系统的范围等多项因素。

安全管理软件也是一项实施 ERP 系统时无法省略的重要支出。安全管理软件用于确保 ERP 系统正常、安全地运行。当企业开始运行 ERP 系统之后,企业中几乎所有重要的业务数据、人员信息和商业秘密都存储在该 ERP 系统中。因此,ERP 系统安全性的高低是决定企业商业命运好坏的一个重要标志。安全管理软件至少需要具有这几项功能:禁止非法用户对业务数据的访问;自动跟踪合法用户对业务数据的访问过程;对系统定义的异常操作发出警报;对系统管理员的操作提供管理支持等。ERP 系统本身也包含了一定的安全性,而安全管理软件则提供了更高级别的安全性,这使得 ERP 系统安全性功能得到强化、扩展和提高。

硬件成本包括 ERP 系统实施过程中购买的有形设备和这些设备正常运行所必需的操作系统软件。在 ERP 系统的实施中,需要购买的硬件包括计算机硬件设备、操作系统软件、网络设备和安全管理设备。硬件的费用随着实施范围的变化而变化。一般情况下,对于一个中等规模的企业来说,实施 ERP 系统需要的硬件费用超过百万美元。

计算机硬件设备主要包括服务器、操作终端以及其他必需的计算机设备和附件。服务器的选择和数量应该考虑 ERP 系统的体系架构、系统运行的可靠性和可伸缩性要求、运行过程中正常的数据流量和可能的顶峰数据流量、整个系统的灾难防范预案、安全管理和控制以及未来的升级方案等因素。操作终端的选择相对来说比较简单,一般遵循适用性原则即可,切忌选择配置过高的 PC 机,以免出现性能浪费的情况。

虽说操作系统软件属于软件系统范畴,但是,由于它与计算机硬件紧密关联,所以把它归入了硬件设备中。目前,在 ERP 系统中,3 大操作系统软件成鼎足之势,即 UNIX 操作系统、Windows 操作系统和 Linux 操作系统。UNIX 操作系统由于性能可靠、功能强大从而稳居 ERP 系统的服务器操作系统市场榜首;Windows 操作系统由于其在低端市场应用普及,从而在 ERP 系统的服务器操作系统市场中处于一个重要的地位;Linux 操作系统由于价格低廉、代码公开且功能稳定从而在 ERP 系统的服务器操作系统市场上的地位稳步上升。操作系统的选择应该根据服务器设备、用户现状、ERP 商业软件包以及选择的数据库管理系统而定。当然，这些选择是相互影响的。

网络设备包括路由器、交换机、集线器以及光缆和电缆等传输介质。如果企业需要使用无线通信，就应该考虑选择无线通信网络设备。这些设备的选择应该与整个系统的选择密切关联。设备的选择不是孤立的，而是相互影响的。

安全管理设备是确保 ERP 系统和网络安全的硬件设备。除了前面提到的安全管理软件系统，安全管理硬件设备也是必不可少的。例如，如果条件允许，可以使用专用防火墙设备来管理企业内外交互网络系统的安全。

企业在采购软件和硬件时，为了最大限度地降低采购成本，应该遵循保护企业现有资源这个原则。可以从 3 个方面理解这个原则：第一，如果企业现有的硬件还能够使用，那么应该尽量充分使用。例如，许多 PC 机如果能用，就一定要继续使用。第二，如果企业已经购买了某个软件系统，在保证 ERP 系统能够正常实施和运行的前提下，应该尽量选择与企业现有软件系统一致的 ERP 系统。例如，如果企业以前已经购买了 Oracle 系统，那么选择的 ERP 系统应该支持 Oracle 系统；如果企业以前已经购买了 Microsoft SQL Server 系统，那么所选择的 ERP 系统最好也支持 Microsoft SQL Server 系统。第三，不保护落后，如果企业现有的硬件或软件已经落后了，无法满足企业现有的需求和今后的发展，那么，就应该坚决地放弃这些落后的硬件或软件。

企业在采购硬件设备时，应该尽可能地遵循这样一个原则：选择标准化设备。当然，遵循这个原则的前提是企业建立了完整的计算机设备采购标准。在这种标准中，同一种设备应该尽可能地选择一种品牌、一种型号和一种规格。这样便于设备的管理和维护，还可以得到这种设备厂商最大程度的价格优惠。例如，针对服务器硬件设备的购买建立一套品牌、规格和型号标准以及对标准的维护程序，针对 PC 机建立 PC 机的采购标准和标准维护程序等。

## 1.3.2  ERP 系统的隐性成本

企业在决定实施 ERP 系统之前，不仅要考虑 ERP 系统的显性成本，还应该考虑 ERP 系统的隐性成本。因为这些隐性成本在整个 ERP 系统实施中也占据了很大的比重，有时甚至远远超过显性成本。ERP 系统的隐性成本是指那些间接用于 ERP 系统的、不容易与企业中的其他支出相区别的成本。ERP 系统的隐性成本主要包括下面 10 项：

- 咨询顾问成本；
- 培训成本；
- 客户定制成本；
- 集成和测试成本；
- 数据转换成本；
- 数据分析成本；
- 人员替换成本；

- 实施团队不能停止、持续工作成本；
- 系统质量成本；
- ERP 系统实施后的不景气成本。

咨询顾问成本。一般情况下，ERP 系统实施团队的组成有 3 种类型：由 ERP 商业软件包供应商为主导的、咨询顾问和企业用户参与的 ERP 系统实施团队，由咨询顾问为主导的、企业用户参与的 ERP 系统实施团队，以及由企业用户自身为主导的、咨询顾问参与的 ERP 系统实施团队。无论哪一种团队形式，咨询顾问都是不可缺少的。在许多 ERP 系统实施项目中，咨询顾问利用其自身丰富的管理咨询和 ERP 系统实施经验，参与了从管理咨询到 ERP 系统实施的整个过程，时刻为企业的 ERP 系统建设提供决策支持。咨询顾问的成本是高昂的，很多情况下其费用都是按照人/日为单位计算的。控制咨询顾问成本疯狂增长的关键是确定详细、明确、可操作和可度量的咨询计划和咨询目标。

培训成本。ERP 系统自动化了企业中那些复杂的业务流程并且改变了企业员工已经习惯的工作方式，为企业带来了翻天覆地的变化。为了适应这种巨大的变化，企业必须制订和实施切实可行的 ERP 系统培训计划。ERP 系统培训的成本非常高，因为这种培训的目标不仅仅是使企业员工掌握 ERP 软件的操作，还包括使企业员工真正理解和掌握一种全新的业务流程和工作方式。这种培训不仅可以提高企业员工的操作技能，而且更重要的是可以提高企业员工在新的工作方式下的业务熟练程度和工作责任感。这种培训不仅是在教室里进行的活动，很多情况下需要在工作场所进行。这种 ERP 系统的培训对企业的正常运行和未来发展有着深远的影响，但这种培训非常耗时。无论是企业依靠自己的力量来进行培训，还是委托外部的力量进行培训，培训成本都可能是高昂的。

客户定制成本。客户定制是指根据客户的需求和实际情况对 ERP 商业软件包进行适当的修改。虽然很多 ERP 系统实施专家建议用户不要提出对 ERP 商业软件包的修改要求，因为这种短期的匆忙修改可能会大大降低整个 ERP 商业软件包的性能，但是这种客户定制要求又不可避免地出现。某个 ERP 商业软件包无论具有有多么通用的功能，但是总是与某个具体的企业用户的需求有着或多或少的差异，需要进行适当的修改。客户定制的费用也非常高昂，有时这种定制成本可能超过了直接购买 ERP 商业软件包的成本。企业控制这种客户定制成本的最佳方法是选择最适合自己企业特点的 ERP 商业软件包，放弃客户定制的需求。对于无法避免的客户定制需求，一定要慎重决策。

集成和测试成本。ERP 系统的主要优点在于可以通过集成方式来提高企业的业务效率和协调各个职能部门之间的工作。但是，在实施 ERP 系统的集成时，企业会面临众多挑战：集成同一个供应商提供的 ERP 软件的各个不同模块的挑战；与其他供应厂商提供的应用软件集成的挑战；与企业传统信息系统集成的挑战。例如，某个企业实施的 ERP 系统必须与企业现有的财务管理软件和 CAPP 系统集成。ERP 系统是否成功的一个重要标志是集成。集成过程中需要进行大量的、反复的测试工作。如果集成工作没有做好，那么可能会导致整个 ERP 系统实施的失败。

数据转换成本。为了确保 ERP 系统的实施和正常运行，ERP 系统需要从手工系统或计算机辅助信息系统中取得数据，然后把这些大量的业务数据通过某种转换过程存储到 ERP 系统的后台数据库中。一般情况下，ERP 系统使用 RDBMS 来存储企业数据。无论是从手工方式，还是从传统的信息系统向 RDBMS 系统转换数据，都是一个工作量巨大、非常耗时的过程。在大多数情况下，数据转换都需要进行数据采集，以便把缺少的、不完善的以及丢失的业务数据补充和完善。这种数据转换过程可能还需要对企业的整个信息载体(例如各种业务表格等)进行重新设计和印刷。这种数据转换成本是 ERP 系统实施过程中无法避免的一项成本。

数据分析成本。很多人认为，ERP 系统实施完成之后，ERP 系统的成本支出随即结束。这种看法不完全正确。实际上，ERP 系统正常运行之后，对 ERP 系统的投入并没结束。ERP 系统在正常运行过程中，产生了大量的业务数据。这种业务数据要么存储在数据库系统中，要么存储在企业的数据仓库中。如何充分利用这些业务数据，如何对这些海量的业务数据进行分析，如何使得这些沉默的业务数据活动起来为企业的决策提供支持，就成了摆在企业面前急需解决的战略问题。数据分析工作涉及数据仓库的建立或完善、数据挖掘和知识发现技术的应用以及决策支持系统的建立和完善等。数据分析能力是衡量 ERP 系统运行水平高低的一项重要标志。

人员替换成本。这是从企业员工角度来看的 ERP 系统实施的成本。ERP 系统实施结束之后，企业面临着一个棘手的问题，如何对待企业现有的员工。对于大多数员工来说，ERP 系统是一个新生事物，只有努力去学习和掌握它，才能在企业中有立足之地。但是，企业使用了 ERP 系统之后，不可能还需要这么多的人员，一部分员工可能会被无情地推进失业队伍中。对于企业来说，失去这些无 ERP 系统经验的员工几乎没有多大的损失，还可以大大降低企业的人工成本。但是，对于那些经过了 ERP 系统实施项目整个过程的优秀项目组成员，如何将他们稳定地留在企业中并合理地使用他们，这不是一件简单的事情。一方面，这些成员已经非常熟练地掌握了复杂的 ERP 系统，企业的 ERP 系统的正常运行需要他们的工作，企业离不开他们。另一方面，这些成员因为自己积累了丰富的经验和知识，他们的薪资待遇等需求更高了，企业当前的薪资政策很难满足他们的需求，他们自然而然地产生了离开企业的想法。企业应该怎么办呢？把这些优秀员工留下，需要耗费巨大的成本；允许这些优秀成员离开，照样需要花费不菲的人员替换成本。这种人员替换成本是企业无法避免的支出。

实施团队不能停止、持续工作的成本。对于普通的非 ERP 系统实施项目来说，项目结束之后，项目组就解散，项目组的成员存在的价值并不是太大。但是，ERP 系统实施项目则有着完全不同的特点。无论是以 ERP 系统厂商为主的 ERP 系统实施项目的实施团队，还是以管理咨询顾问为主的实施团队，企业都为这些实施团队配备了精干的内部员工。当 ERP 系统实施结束之后，ERP 系统厂商或管理咨询顾问是否可以离开姑且不论，那些项目组中的企业员工成员绝对不能解散，因为这些人员的价值太大。他们比企业的销售人员更加熟悉销售业务，他们比生产计划和调度管理人员更加熟悉计划和调度工作的管理和维护，他们比财务人员更加熟悉如何可以得到更多的财务信息或其他经营信息，他们知道如何培训员工、如何解决 ERP 系统运行中出现的问题，他们知道 ERP 系统中存在的问题并知道解决这些问题的措施。企业高层管理决策人员需要他们，企业的普通管理人员和操作人员离不开他们的随时指导，企业的信息系统管理部门离不开他们的经验和工作。无论是从解决问题的效率上来看，还是从解决问题的成本角度来看，即使企业采取了 ERP 系统完全外包的政策，企业内部也必须保留一些有 ERP 系统丰富经验的人员。这些人员必须持续地执行他们的工作，企业必须为他们的持续工作付出相应的成本。

系统质量成本。ERP 系统的质量问题也是一个非常棘手的问题。到目前为止，没有一个 ERP 系统厂商或者 ERP 系统集成厂商公开承诺：如果 ERP 软件或 ERP 集成系统发生了质量问题，他们将承担由此给用户造成的所有损失。产生这种现象的主要原因有两个：第一，作为 ERP 系统基础的软件技术、硬件技术和网络技术还不是非常的完善，ERP 系统会不可避免地出现各种难以预料的问题。第二，ERP 系统的质量问题难以准确地衡量和确认。一般情况下，在 ERP 系统实施协议中，厂商只负责解决出现的问题，不负责承担由此造成的损失。对于企业用户来说，在 ERP 系统运行过程中，会碰到各种各样的问题，小的问题如数据库中存储的某些数据不一致，大的问题如整个系统莫名其妙地瘫痪、系统中所有数据的丢失等，这些都是非常严重的质量问题。如果企业决定使用 ERP 系统，那么企业就同时决定了自己将承担由于 ERP 系统的质量不可靠而可能带来的各种损失。

ERP 系统实施后的不景气成本。有人认为，当 ERP 系统实施成功之后，企业的经营管理成本立即降低、效益立即提高。真是这样吗？据了解，对国外一些实施了 ERP 系统的公司调查表明，至少 1/4 的企业在 ERP 运行之后的一段时间内，企业的经营管理成本不降反升。最主要的原因是，企业中的大多数流程都是新流程，企业员工的工作无法达到以前熟练的程度，工作中出现差错、数据质量不能得到保障。面对 ERP 系统，企业员工必然要经历从陌生到熟悉的过程，这是一个企业无法逾越、必须付出成本的过程。不过不景气只是暂时现象，当企业员工熟悉了 ERP 系统之后，这种现象自然会消失。企业可以做的事情是尽量缩短这种不景气现象的期限。

除了上述介绍的隐性成本之外，不同的企业可能还会有其他不同的成本。因此，企业在实施 ERP 系统之前，一定要全面、系统且完整地进行成本分析，只有这样才能确保 ERP 系统决策的正确执行。

## 1.4　ERP 系统的未来

严格地说，ERP 系统不是一个完全成熟的系统，无论是从 ERP 系统的管理思想和管理内容来看，还是从 ERP 系统的实施过程和实际应用角度观察，ERP 系统都还需要进一步地发展和完善。当前，关于 ERP 系统的未来有各种各样的看法和观点，这也表明 ERP 系统发展和完善的必要性。从当前的主要观点来看，Gartner 公司的 ERP II 系统、Charles Moller 的 ERP II 概念框架以及 ERP III 都是非常典型的观点。下面，首先介绍这些观点，然后讨论有关 ERP 的研究热点和方向。

## 1.4.1 Gartner 公司的 ERP II 系统

根据 Gartner 公司预测，ERP 的快速演变，已经带来了企业必须采取的一种新的系统，即 ERP II 系统。ERP II 系统有助于企业在未来获取更大的竞争优势。与 ERP 系统相比，ERP II 系统的最大优点是集成了协同电子商务，允许位于多个地理位置不同的合作伙伴公司以基于电子商务的形式交换信息。

Gartner 公司于 1999 年开始试图重新定义企业资源计划应用领域，提出了 ERP II 的新术语。该术语似乎只是命名方面的差异而已，但实际上 ERP II 系统与 ERP 系统有着巨大的差别。1999 年，当时一个很大的争论是：使用"电子商务(e-commerce)"术语好，还是使用"协同商务(c-commerce)"术语好？ERP II 的立足点是企业向自己的供应商、客户等合作伙伴开放自己的核心系统，这些合作伙伴可以按照约定自由访问企业的核心系统。这里提到的核心系统已经扩大了 ERP 系统的内涵，包括 Internet、SCM、CRM、BtoB 和 BtoC 等。

刚开始提出 ERP II 系统概念时，很多人认为它只是 ERP 系统的一种类型而已，但从 2000 年开始，很多供应商和用户发现，当需要把 BtoB、BtoC 与作为后台的 ERP 系统链接时，ERP 系统出现了集成的危机。不论是传统的"水泥墙"式企业，还是现代的 com 公司，都需要解决 ERP 系统与基于 Web 的应用之间的信息传递问题。这种危机就像当初企业中各个应用独立面临的危机一样。ERP 系统成功地解决了企业中各个应用独立面临的危机，但是它现在又面临着与 Internet 集成的危机。ERP II 系统的出现，就像 ERP 系统当初出现时面临的局面一样。

按照 Gartner 公司的说法，通过采用 ERP II 系统，ERP 系统的作用被扩展了，从重点在于优化企业的资源变成了重点在于共同利益群体中企业和企业之间可以共享资源的信息。从初始的业务领域来看，ERP 系统是从制造和分销业开始的，而 ERP II 系统则是涉及了所有的业务领域。而且重要的是体系架构上的差别，ERP II 系统是完全面向 Internet 集成的，而 ERP 系统是面向企业业务系统集成的客户机/服务器体系架构。ERP II 系统可以完全满足交易群体的需要而不是像 ERP 系统那样只能满足单个企业的需要，当然这一特点的完全实现将是一个长期的过程，不是短短几年时间就可以达到的。

按照 Gartner 公司的说法，现有的 ERP 系统供应商应该积极地采取措施，使得他们的系统能够逐步满足 ERP II 系统的需求。领域化、精细化、前端功能增强和延伸以及交易群体的完全集成化是传统 ERP 系统的发展趋势。

从用户角度来看，用户需要功能强大的 ERP 系统和功能精细化的 ERP 系统。功能强大则表示可以满足各种功能的需求，例如，不但要满足制造业的资源管理的需求，还要能满足公用事业的资源管理的需求；功能精细化则表示每一个功能模块都应该达到精细化、规范化和标准化管理的需求，例如，从某种程度上说，CRM 系统是对 ERP 系统中销售管理或客户管理模块的功能方面精细化发展的结果，而 SCM 系统则是 ERP 系统中采购管理功能延伸和精细化的结果。

在 ERP II 系统中，Gartner 公司特别强调要以客户为中心，根据客户的需求准时地提供客户需要的产品和服务，而不是按照企业自己的计划向客户提供产品和服务。这种被称为"零延迟响应"的战略只有在交易利益群体中真正实现了紧密的、深入的集成后才能达成。

在协同商务中，传统的后台 ERP 系统也是重要的，但是与 ERP II 系统相比，最主要的差别是 ERP II 系统的用户界面更加人性化、具备内容管理功能，可以实现客户跟踪等。

一般情况下，可以从 6 个方面来对 ERP 系统与 ERP II 系统进行比较。这 6 个方面分别是：系统在企业中的角色、系统涉及的商务领域、商务领域中的功能、这些功能要求的业务流程、支持这些业务流程的体系架构以及数据的处理方式。ERP 系统与 ERP II 系统的比较示意图如图 1-2 所示。

从图 1-2 中的比较可以看到，ERP II 系统从优化企业资源向价值链共享和协同服务发展；它不只是支持制造和分销行业，而是向所有的行业扩展；它从买和卖的角度向信息共享扩展；它处理的业务流程已经从内部扩展到了外部，它是完全 Web 化的开放的系统，系统中的数据比 ERP 系统更加开放。为了更好地理解 ERP II 系统的这种变化过程，可以参阅如图 1-3 所示的 ERP II 系统定义框架。从这个定义框架中可以看出，由 MRP、MRP II 向 ERP、扩展的 ERP 甚至企业应用套件(enterprise application sockets，EAS)发展，原有的 ERP 系统的概念、功能、技术基础以及应用领域等发生了质的变化。甚至有人认为，EAS 的核心思想就是为企业内所有的人提供所要的一切。

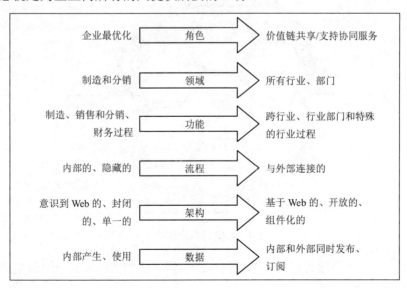

图 1-2　ERP 系统与 ERP II 系统的比较示意图

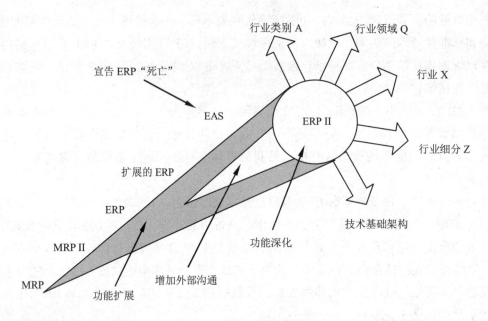

图 1-3　ERP II 系统定义框架

## 1.4.2　Charles Moller 的 ERP II 概念框架

与 Gartner 公司提出的 ERP 系统思想不完全相同，ERP 系统专家 Charles Moller (2005) 提出了一种 ERP II 概念框架，如图 1-4 所示。这种框架明确了 ERP II 的内容和与其他信息系统之间的关系，并且给出了 ERP II 的 4 个层次，即基础层、流程层、分析层和协同层。

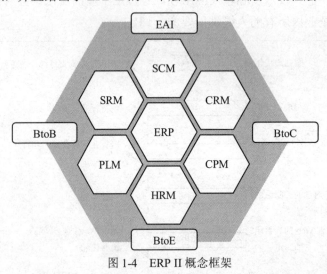

图 1-4　ERP II 概念框架

基础层是 ERP II 的核心组件和基础结构，包括集成的数据库和应用框架。其中的数据库不一定是唯一的。

流程层是 ERP II 的中心,是基于事务的系统。ERP II 是基于 Web 的、开放的和组件化的。ERP 是整个 ERP II 概念框架的中心,除了包括传统的财务、销售、物流、制造、人力资源等功能模块之外,质量管理、项目管理、维修管理等也是 ERP 重要的功能模块。需要强调的是,ERP 是基于最佳业务流程参考模型的,而 ERP II 是基于业务流程管理 (business process management,BPM) 的。BPM 可以对业务流程进行设计、执行和评估,它使得 ERP II 更加灵活。

分析层是对 ERP 功能的增强和扩展,包括 SCM(supply chain management,供应链管理)、CRM(customer relationship management,客户关系管理)、CPM(corporation performance management,企业绩效管理)、HRM(human resource management,人力资源管理)、PLM(product lifecycle management,产品生命期管理)、SRM(supplier relationship management,供应商关系管理)等。下面着重介绍 SCM 和 CRM 的特点。

ERP 系统中的供应商管理、采购管理和应付管理等功能模块与物流管理紧密关联。但是,这些管理都是从用户本身利益出发的管理方式。虽然说 ERP 系统中包括了供应商管理,但是这种管理主要是放在对供应商基本信息的管理和对供应商供应物料的评价方面。这种管理方式几乎没有供应商的主动参与,其盈利方式是典型的单赢形式。SCM 系统则不一样,它强调把整个物流供应链作为对象来管理,强调把供应商、制造商、分销商、零售商和消费者作为供应链上的节点实现协调管理,力争实现双赢或多赢。SCM 系统主要包括采购管理、销售管理和高级计划排程(advanced planning and scheduling,APS),其功能框架示意图如图 1-5 所示。需要注意的是,SCM 系统中的采购管理与 ERP 系统中的采购管理不同,其主要差别表现在下面几个方面:由交易关系转变为合作关系;由为避免缺料的采购转变为满足订货的采购;由被动供应转变为主动供应;由制造商管理库存转变为供应商管理库存。SCM 系统追求的是零库存管理。SCM 系统中的销售管理与 ERP 系统中的销售管理的主要差别是:由推式市场模式转变为拉式市场模式;由以制造商为中心转变为以客户为中心;由等待型销售方式转变为创造型销售方式;由普通销售渠道方式转变为网络营销方式。

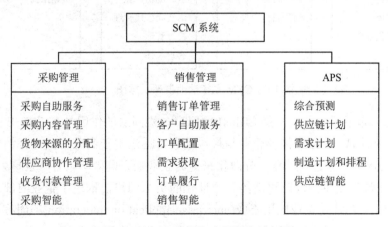

图 1-5 SCM 系统的功能框架示意图

无论是在思想方面还是在功能方面，ERP 系统和 CRM 系统都有着巨大的差别。从两种系统包含的思想来看，ERP 系统与 CRM 系统有着本质的区别。例如，在 ERP 系统中，整个管理思想是以产品为核心、以作业计划为主线；在 CRM 系统中，则是强调以客户为中心。ERP 系统强调的是企业内部资源的平衡，但是 CRM 则强调客户是企业的一项重要资源。在 ERP 系统中，经营分析重点是产品销售率、市场占有率和成本降低率等指标，但是在 CRM 系统中又有了新的要求，更加重视分析客户满意度、客户占有率等指标。ERP 系统提倡的是通过降低生产成本来提高经济效益，CRM 系统则提倡通过增加客户销售来提高经济效益。从功能上来看，ERP 系统与 CRM 系统有很大的差别。CRM 系统主要提供 4 个方面的功能，即销售自动化、营销自动化、客户服务与支持以及商务智能等，并且可以通过电话、传真、Web 和呼叫中心等多种沟通形式以互动的方式实现。CRM 系统的功能框架示意图如图 1-6 所示。销售自动化可以通过向销售人员提供计算机网络以及各种通信工具，使销售人员了解日程安排、佣金、定价、建议和新闻等，其主要功能模块包括现场销售、电话销售、网络销售、客户管理、奖金管理和日历日程管理等；营销自动化是通过营销计划的编制、执行和分析，建立包括产品定价和竞争等信息的知识库，提供营销方式的百科书，进行客户跟踪、分销管理，从而实现营销活动的目的；客户服务与支持主要包括安装产品的跟踪、服务合同管理、求助电话管理、退货和检修管理、投诉管理和知识库、客户关怀和日历日程管理等功能；商务智能通过数据统计分析、多维分析和数据挖掘分析为管理人员提供决策支持。

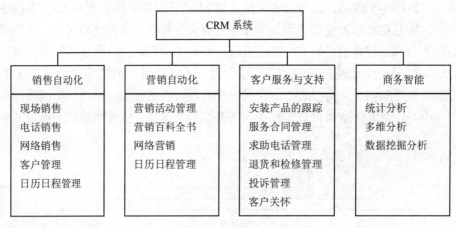

图 1-6　CRM 系统功能框架示意图

协同层也称为电子业务层，是 ERP II 的门户。协同层的作用是在 ERP II 系统和外部角色之间沟通和集成。BtoC 涉及企业与最终消费者通过电子商务形式进行销售，也称为电子商务。BtoB 主要通过自动化、分散化来提高企业的采购效率，有时也称为电子采购。BtoE 是为企业员工提供的及时更新的、个性化的员工门户，描述了企业内部网、知识管理等方面的应用。EAI 是企业应用集成(enterprise application integration)的简称，提供了在不同 IT 平台、不同应用系统以及不同组织之间对自动化流程的支持。

### 1.4.3 ERP III 概念框架

ERP 在持续发展和演变过程中，很多专家对下一代 ERP 系统进行了研究和探索，提出了许多不同的观点。虽然大多数专家把下一代 ERP 系统称为 ERP III，但是也有一些专家正在试图对下一代 ERP 系统进行重新定义。

Li Da Xu (2011)从企业系统的发展和演变研究了 ERP 的未来，认为 ERP III 的典型特点是将知识管理融入到了 ERP 系统中，ERP III 的架构与传统的 ERP 架构有很大的不同，因此建议将 ERP 称为是 Entire Resource Planning (整体资源计划)或者 Complete Resource Planning (全部资源计划，CRP)的简称。

Ahmed Elragal (2014)从大数据视角对 ERP 的发展进行了研究，认为大数据将在软件架构、系统功能、数据处理、知识管理、隐私保护等方面对 ERP 系统产生深远的影响。

Mahendrawathi Saide(2015)从知识管理角度对 ERP 的实施和发展进行了研究，认为知识是一种重要的资产，知识管理在 ERP 的发展中起着越来越重要的作用。

Chin-Sheng Chen 等人(2015)给出了一种基于云平台的 ERP 系统，用户可以通过在这种云平台中选择 Web 服务的方式来定制符合自己需求的唯一的、个性化的 ERP 系统，这种 Web 服务可以涉及多个不同的供应商。

Andrew Greasley 和 Yucan Wang (2016)认为传统的 ERP 软件与企业社会化软件(Enterprise Social Software，ESS)的集成是 ERP 今后发展的重要趋势。

David Romero 和 François Vernadat (2016)从企业信息系统的演变视角探讨了 ERP III 的特征，认为 ERP III 的目标是构建一个无边界的企业，支持企业内部各职能部门的协作和整个供应链、整个市场的协同，其管理的企业的信息不仅仅是企业内部数据仓库的商务智能(business intelligence, BI)式的分析，而且是基于整个市场环境的大数据的市场智能(market intelligence, MI)式的分析。

综合当前专家的观点来看，下一代 ERP 系统具有这些特点：从管理视角来看，处理更广泛的资源、融入更多的知识管理内容和更多的智能管理方式；从技术视角来看，与社交媒体、云计算、物联网、移动互联网、大数据等技术进行更多的集成和利用；从数据处理视角来看，由主要对内部结构化数据的处理方式向对整个市场环境的大数据处理方式发展。

 **其他观点：ERP 系统的发展方向**

Ahmed Elragal 等人(2012 年)提出了 ERP 系统今后发展的 4 个方向，即社会化网络、云计算、Enterprise 2.0 和 Decision 2.0。社会化网络是当前发展最为迅猛的领域，ERP 系统与社会化网络的有效集成，将极大地提高 ERP 系统的适用性，缩短实施周期、降低投资成本。基于 SaaS(Software as a Service，软件即是服务)的云计算使 ERP 系统成为一种 ERP 服务，让 ERP 系统用户能够有更多的时间和精力去关注 ERP 系统的业务应用，而不是关注 ERP 系统本身。基于 Web 2.0 技术的 Enterprise 2.0 作为一种平台，将使得 ERP 系统用户可以更好地协同、提高内容的创造性和绩效、共享知识。传统的 ERP 系统仅关注关键业务流程和职能，但是如何支持决策流程、如何影响业务流程的各个方面、如何提高决策的智能性，可以通过 Decision 2.0 解决，使更多的人群参与决策提高 ERP 系统的决策环境。

## 1.4.4　ERP 的研究热点

ERP 不仅是今后企业的实践热点，也是许多专家的研究对象。从研究视角来看，Severin V. Grabski 等人(2011 年)对 ERP 今后的研究热点和可能的方向进行了总结。Severin V. Grabski 等人认为 ERP 实施的关键成功因素、ERP 对组织的影响和 ERP 对经济的影响是今后 ERP 的主要研究方向。

ERP 实施的关键成功因素(critical success factors，CSF)是 ERP 早期研究的主要内容，该研究的主要贡献是发现许多影响 ERP 实施成功的关键因素，例如业务流程再造、变革管理、用户培训和技术接受行为等。除此之外，ERP 实施后的阶段问题也是该方向的重点关注内容，例如信息资源的利用情况、ERP 实施之后的基础设施能力问题、带来的切实好处、组织的学习状况和组织的绩效状况等。

ERP 对组织的影响研究是指从技术、社会以及文化等多个方面研究 ERP 的应用对组织层面的影响，主要内容包括组织变革、组织控制策略、风险管理和规章制度问题以及 ERP 系统的进化等。组织变革主要指 ERP 对高层管理、参与决策、权力共享、学习方式、作业特征、组织结构和组织文化等方面的影响。组织控制策略是指：使用 ERP，员工不仅掌握了 ERP 的正常使用方式，而且会发现许多非正常使用 ERP 的方式，并且改变了传统环境下的工作习惯，基于大量数据的新的决策机制和管理控制方式需要建立的过程和规则。在风险管理和规章制度问题方面，尽管 ERP 系统提供了许多风险管理方法，例如内部控制、增强的审计跟踪以及满足治理要求等，往往采用了集中式的、标准化的结构，但是安全问题、隐私问题、对审计的各种支持、国际化需求以及如何更好地满足各种规章制度等内部控制风险也越来越大。组织为了追求更高绩效，需要进一步与外部企业实现更好的系统集成，这也会带来一系列的技术和管理问题。

ERP 对经济的影响一直是一个热点研究领域。一类研究主要关注组织内部绩效的影响，另一类研究关注组织外部的影响。内部的影响因素包括组织绩效、企业内部关系、市场响应、企业之间关系等。组织绩效往往又从两个方面进行研究，基于财务指标的财务绩效和不基于财务指标的非财务绩效。财务绩效指标通常包括：经营收入增长情况、销售增长率、投资回报率、资产回报率、资产经营收益率、现金流状况、单位销售产品的成本状况、销售费用和管理费用等。非财务绩效指标通常包括：物料效率变化、单位生产时间的产出、制造提前期的变化、物料废品率、劳动力效率变化、新增专利数量、新产品开发数量、新产品投入市场的时间、员工满意度的变化、员工健康和安全的变化、员工个人的发展、车间事务的变化、市场份额的变化、客户响应时间、物流准时率、客户抱怨数量、客户满意度、产品退回率以及开发新客户的数量等。

实施 ERP 系统需要深入了解哪些内容呢？从当前的研究和实践来看，需要关注 5 个方面。首先，要知道实施 ERP 是一件耗时费钱的项目；其次，成功地实施 ERP 系统可以增强企业的竞争力；第三，有关 ERP 系统文化问题；第四，ERP 系统对组织人员行为的影响；最后，ERP 系统需要持续地改进和完善。

有很多理论和方法可以用来对 ERP 进行研究。从目前的研究来看，常用的方法包括：权变理论(contingency theory)可以用来研究 ERP 的概念如何适应组织的需求，社会资本理论(social capital theory)可以用来解释实施顾问和用户、ERP 供应商和用户、高层管理者和低层业务人员、组织部门和组织整体之间的关系，社会交换理论(social exchange theory)可以用来解释 ERP 应用过程中动机和行为的关系，行动者网络理论(actor network theory)主要用于对 ERP 系统实施中的关系、组织、权力进行评估，创新扩散理论(diffusion of innovation theory)主要用于解释个体是如何接受创新技术、这些创新是如何在组织中扩散的以及 ERP 系统是如何得到应用的。技术采纳模型(technology adopt model)认为，ERP 系统使用是由行为意向决定的，行为意向由想用的态度和感知的有用性共同决定，想用的态度由感知的有用性和易用性共同决定，感知的有用性由感知的易用性和外部变量共同决定的，感知的易用性是由外部变量决定的。如何将系统设计特征、用户特征、执行过程、政策影响等因素关联。

# 1.5  本 章 小 结

本章讲述了 ERP 系统的概况。首先介绍了 ERP 系统的概念和特点；其次介绍了 ERP 系统的发展简史，从历史的角度探讨和分析了 ERP 系统的内容；然后分析了 ERP 系统的显性成本和隐性成本；最后对 ERP 系统的发展趋势和研究热点进行了分析。

# 1.6  思考和练习

1. 什么是 ERP 系统？
2. ERP 软件和 ERP 系统之间的区别和联系是什么？
3. 简述 ERP 系统的优点。
4. 分析 ERP 系统存在的问题。
5. 怎样看待 ERP 系统的演变过程？
6. 能否说 MRP II 系统是 ERP 系统的早期表现形式？为什么？
7. 分析企业实施 ERP 系统的原因。
8. 怎样理解 CIMS 系统与 ERP 系统之间的关系？
9. 结合一个具体实施 ERP 系统的企业，分析 ERP 系统的成本。

10. 如何理解 ERP 系统的隐性成本？在企业使用 ERP 系统的过程中，怎样核算 ERP 系统的隐性成本？

11. 如何理解 ERP 系统实施后的不景气成本？收集资料，讨论这个问题。

12. 分析 ERP 系统与 ERP II 系统之间的关系。

13. 收集国内外资料，讨论 ERP I/ERP II/ERP III 的异同点。

14. 如何理解 ERP II 概念框架？

15. SCM 系统中的采购管理和销售管理与 ERP 系统中的采购管理和销售管理的联系和区别是什么？

16. CRM 系统对 ERP 系统的主要扩展是什么？

17. 分组讨论：收集资料，分组讨论 ERP 系统的研究热点。

18. 分组讨论：大数据和 ERP 系统的关系。

# 第2章
# 企业资源和基础数据

 **案例研究：名菜百鸟朝凤的菜谱**

主料：雏母鸡1只(200克)。

配料：大对虾12只，鸡糊100克，菜心14棵，红萝卜50克，黑芝麻24粒，湿淀粉5克。

佐料：精盐5克，酱油10克，料酒5克，花生油100克，味精3克，蜂蜜8克，葱段20克，姜块20克，八角1个，鸡清汤500克。

制作方法：

第一步，雏母鸡经初步加工后，从脊背开口，取出内脏，自腹腔剔去腿骨和翅膀骨，保持鸡皮不破；然后用开水浸透捞出，撮去鸡皮表面的水分，抹上蜂蜜。

第二步，锅内添花生油烧至六七成熟，把雏母鸡放入，炸成柿黄色捞入盆内，加上葱段、姜块、八角和鸡清汤，再加入适量佐料，上笼蒸烂。

第三步，大虾去头、剥壳，留住尾处的一节，自虾背片开，去掉虾线，用适量佐料把虾腌一下。

第四步，把腌好的虾自前向尾逐个卷起，再把鸡糊挤成小丸子，粘在虾上面制作成鸟头，镶上用红萝卜制成的鸟嘴、鸟冠；黑芝麻作眼睛。共制成12只小鸟，上笼哈透(约3分钟)。

第五步，把蒸好的鸡子放在大盘中间，鸡头立于胸脯上，四周放上焯好的菜心，把虾鸟均匀、整齐地放在鸡子的周围。蒸鸡原汁滗入锅内，调好味，用湿淀粉勾入流水汁，把汁烘活后淋在菜肴上面即成。

特点：造型精美、色泽艳丽、滋味鲜香。

**课堂思考和问答：**

1. 名菜百鸟朝凤的原材料包括哪些？

2. 在这道菜谱中，无论是主料，还是配料、佐料，都标出了具体的数量。你认为这样做有必要吗？为什么？

3. 按照这个菜谱的描述，你认为自己能够做出这道菜吗？为什么？

4. 你认为这里描述的菜谱是否完整？如果不完整，缺少了哪些内容？如何才能使该菜谱更加完整？

5. 你认为菜刀、火炉和炒锅等工具是否应该添加到菜谱中？为什么？

6. 按照组成结构，你能否绘制出名菜百鸟朝凤的原材料成分的树型结构？如何评判该树型结构的优劣？

7. 你认为能否使用 ERP 系统来管理菜谱，管理内容包括主料、配料、佐料、点菜和结算。

8. 根据自己的理解讨论菜谱和 ERP 系统之间的相似之处与不同之处。

ERP 系统是一种基于计算机辅助管理的信息系统，其采集、加工、处理、存储和传输大量的业务数据，最终为用户提供有价值的信息。在 ERP 系统运行过程中，离不开大量基础数据的支持。典型的基础数据包括各种物料数据、物料清单结构数据、工作中心设置和划分数据、各种提前期的认定数据、工作日历的发布数据以及客户和供应商数据等。这些基础数据是 ERP 系统正常运行的前提和基础。基础数据既是企业资源的表现形式，也是管理方式融入 ERP 系统的重要路径。本章将研究基础数据的概念、特点和主要类型，分析基础数据和企业资源的关系。

# 2.1　概　述

企业资源是企业进行正常生产经营活动必不可少的物质因素。企业正常的生产经营活动是一个结构非常复杂的过程，该过程保持不断地运动和协调，以确保企业生产经营活动有序执行、企业功能各项作用正常发挥、企业组织按照预定的规则运行以及企业生产经营目标最终实现。该过程中所有环节的正常运行都必须得到企业资源的支持。企业资源的内涵非常广泛，涵盖了企业所有的物的实体，这些实体不仅包括原材料、在制品、半成品、产品、包装材料以及其他辅助材料，而且包括机器设备、工装工具、资金、企业员工以及供应商和客户，甚至还包括技术资料、办公文档和软件工具等。

企业管理理念的核心是优化和合理配置企业资源。ERP 系统作为一种管理工具，其实质是按照数字化的方式，借助于计算机技术，利用各种数学优化模型对企业资源进行全面、快捷和精确的优化与合理配置。从管理范围的角度来看，ERP 系统有足够的能力实现对整个企业资源的全面优化及合理配置，而传统手工管理方式只能对一些典型的、重要的企业资源进行优化和合理配置；从管理效率的角度来看，传统手工管理方式中对生产经营过程中出现的资源浪费和资源过载问题的反应速度要远远落后于 ERP 系统对这些资源管理问题的反应速度，基于先进计算机技术的 ERP 系统有可能实现对资源管理问题的实时反应；从最终的管理效果来看，ERP 系统中内置的各种管理优化数学模型可以对企业资源进行精细准确的优化和合理配置，而传统手工管理方式往往采用经验式的管理措施，其管理效果总是有限的。

基础数据是 ERP 在系统运行不可缺少，是企业资源、管理思想和管理方法在 ERP 系统中的表现形式。这些基础数据有时也被称为系统数据、系统参数数据、基本属性数据等。图 2-1 是两个 ERP 系统的基础数据界面截图。图 2-1(a)是用于定义物料基础数据的界面，图 2-1(b)是用于定义会计选项的管理方法的界面。基础数据的应用有时超过了 ERP 系统的范围，是企业各种信息系统共享和集成的重要手段之一。在复杂的企业信息系统应用过程中，主数据管理是有效管理基础数据的一种重要形式。

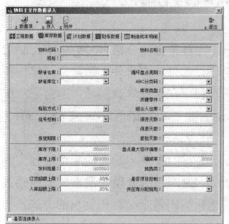

(a) 定义物料基础数据界面　　　　　　　(b) 定义会计选项的管理方法界面

图 2-1 典型的 ERP 系统的基础数据界面

在 ERP 系统中，企业资源和基础数据的关系非常密切。企业资源往往是以基础数据的形式出现在 ERP 系统中，ERP 系统对基础数据的各种加工处理过程实际上就是对相应的企业资源进行管理和配置的过程。

在企业的经营管理过程中，为了提高企业的管理水平，需要对企业资源的结构、属性进行精确地描述，以便实现企业资源的优化配置和合理调度。这项工作在 ERP 系统的实施和应用中，表现为基础数据类型的合理划分和定义、编码、管理方式的认定和量化以及属性的设置和属性值的采集等。

合理划分和定义基础数据类型的目的是明确基础数据的特点和作用，理解基础数据之间的关系，认清基础数据在 ERP 系统中是处于核心位置还是处于从属位置，达到正确、充分且有效地利用这些基础数据以便实现管理的效果。例如，有关毛坯件的描述是 ERP 系统中重要的基础数据，其管理方式、计划方式和成本核算方式等对整个 ERP 系统的运行有重要的影响。相比较而言，有关辅助材料的描述虽然也是 ERP 系统中的基础数据，但是其作用和影响远远不如描述毛坯件基础数据的作用和影响大。

基础数据的编码是 ERP 系统唯一标识基础数据的方式，是识别、检索、使用和统计基础数据的依据，是一种基础数据区别于另外一种基础数据的手段。例如，105821 是有色金属铜管的标识，而 631022 则是窗式空调器产品的标识。

在 ERP 系统的实施过程中，基础数据的认定、属性的设置和量化不仅仅是为了将基础数据录入 ERP 系统中，更重要的是确定对这种基础数据的管理方式。例如，为了达到精细管理的目标，某些企业可能对所有的原材料采用月加权移动平均成本核算的管理方式。但是，为了简化管理，有些企业可能对原材料采取标准成本核算的管理方式。甚至有些企业，可能会根据本企业的特点对原材料采用月加权移动平均成本核算结合标准成本核算的混合管理模式。

# 2.2 物料、物料编码和物料属性

物料，对应的英文术语是 material、item 或 part。物料是企业一切有形的采购、制造和销售对象的总称，如原材料、外购件、外协件、毛坯、零件、组合件、装配件、部件和产品等。物料通过它的基本属性、成本属性、计划属性和库存属性等来描述，通常用物料编码来唯一标识物料。物料编码对应的英文术语是 material code、item code 或 part code，通常用字符串(定长或不定长)或数字表示。

这里讨论的物料主要是确保 ERP 系统正常运行所必需的物料。企业的制造过程实际上就是物料的加工和形态转换过程。描述物料的数据是 ERP 系统处理的最重要的基础数据之一。描述物料的数据包括物料编码和物料属性。物料编码是唯一标识物料的方式，物料属性是采用量化方式管理物料的手段。

## 2.2.1 物料编码的作用和原则

从表面来看，物料编码仅仅是为了唯一标识物料而采取的一种编码规则。但是，物料编码并不是一件普通的事情，而是企业管理和 ERP 系统实施过程中一个至关重要的环节。企业员工是通过物料编码来管理物料的，无论当前的物料编码是否合理与规范，企业员工都已经习惯了这种编码方式。如果突然采用一种全新的物料编码，就意味着要企业员工放弃自己多年来形成的管理物料的习惯和经验，因此不可避免地会遭到企业员工有形或无形的抵触。从某种意义上来讲，物料编码可能是引起企业革命的导火线。如何减少这种由于物料编码改变而引起的企业管理的动荡，是物料编码和 ERP 系统实施过程中要考虑的一个重要问题。

通常情况下，物料编码应当遵循 8 个基本原则，包括唯一性原则、正确性原则、分类性原则、扩展性原则、统一性原则、不可更改性原则、重用性原则和简单性原则。

物料编码的第一个基本原则是唯一性原则。一种物料只能有一个物料编码，不同的物料有不同的物料编码，不同的物料编码表示不同的物料。这是物料编码的最基本的原则，也是物料编码必须遵循的原则。

正确性原则表示物料编码应当科学、合理，既遵循信息编码的基本原理，又符合企业的实际情况；既能满足企业自身的需要，又能满足企业合作伙伴的特殊要求；既要符合国家、行业的标准或规定，又应该尽可能地遵守国际通行的惯例；物料编码既不宜过长，也不宜过短，应该尽可能地做到长短适中。在一般情况下，物料编码应当采用折中的方式。

对于那些种类繁多的物料编码，应该遵循分类性原则。该原则要求物料应该按照规定的标准或规则划分成不同的类别，使得同一类物料的编码在某一方面具有相同或相近的性质，这样便于 ERP 系统的管理和检索。例如，10 表示原材料、101 表示黑色金属原材料、103 表示有色金属原材料、1012 表示黑色金属丝材料、1031 表示有色金属丝材料。这种编码符合分类性原则。

随着企业的发展变化，企业中的物料也会随之发生变化。物料编码不能仅仅考虑企业当前的物料，还应该考虑企业未来发展的需要。物料编码应该有足够的编码资源，以便满足企业不断增长的物料需求。这是物料编码的扩展性原则。

统一性原则有两个方面的含义。第一，企业的所有物料尽可能地采用统一的物料编码规则，相同的物料使用同一个编码，同一个编码表示同一种物料，避免发生一物多码或一码多物的现象。第二，整个企业，包括企业的各个分公司、各个职能部门，都使用统一的物料编码规则，以便企业内部之间实现物料信息共享和物料调度。

物料编码是企业数字化管理的基础，是 ERP 系统中各种数据和信息的最主要标识和特征，是企业最重要的规章制度之一。鉴于物料编码的重要性，物料编码确定之后一般不允许改变。如果频繁地修改物料编码，可能引起企业物料管理的混乱，最终导致整个企业经营处于无序状态。这是物料编码不可更改性原则的要求。

为了避免同一种物料有不同的编码，并便于企业员工记忆物料编码应当采用特征值的方式。例如，在编码产品零部件、工装夹具时，不宜使用自然序号、产品所属号等方式，而应该依据零部件结构特征、工装夹具结构特征来编码，这样可以做到相同结构的零部件、工装夹具有相同的编码，类似结构的零部件、工装夹具有类似的编码，不同结构的零部件、工装夹具有不同的编码。在这种方式下，当为某个新零部件、工装夹具编写编码时，很容易发现这种结构的零部件、工装夹具是否存在，从根本上解决一物多码、一码多物现象。这种重用以前知识、经验和成果的现象被称为重用性原则。

物料编码的最终目的是为了更好地管理物料。即使是使用计算机管理物料，这种管理方式也仍然需要企业员工的参与。因此，物料编码不宜太过复杂，应该在满足其他原则的基础上，尽可能地简单明了，使其容易识别和使用，这样可以避免物料编码为企业带来的剧烈动荡。这是物料编码的简单性原则的要求。

## 2.2.2 物料属性和物料管理

物料属性描述物料的主要特征，也是采用量化方式管理物料的手段。物料属性值的设置，不仅仅是基础数据采集的工作，而且还是确定企业管理方式的方法。在 ERP 系统中，定义物料属性的数量非常重要。如果物料属性的数量过少，那么该系统很难完整准确地描述物料的参数、属性和管理方式等。如果物料属性数量过多，那么该 ERP 系统的适用范围比较广，但是会增加某个具体企业数据采集的难度，从而影响该 ERP 系统的推广。因此，ERP 系统应该按照行业范围进行细分，在行业细分的基础上，增加物料属性的数量。

在 ERP 系统中，物料数据主要存储在物料主文件中，该文件集中反映了物料的各种属性信息。一般情况下，物料属性可以分为基本属性、采购和库存属性、计划属性、成本属性、财务属性、销售属性以及质量属性等。

### 1. 物料的基本属性

物料的基本属性用于描述物料的设计特征，这些属性主要包括物料编码、物料名称、物料类型编码、物料类型名称、设计图号、设计版次、生效日期、失效日期、品种规格(牌号、技术规格、技术条件和技术状态)、默认计量单位、单位重量、重量单位、单位体积和体积单位等。

物料编码和物料名称都是物料的标识，物料编码用于唯一标识物料，而物料名称用于物料的辅助识别。

物料类型编码和物料类型名称主要用于物料的统计分析。根据企业的实际情况，物料类型编码还可以进一步细分为原材料、辅助材料、办公用品、劳保用品、毛坯、零件、部件和是否计入成本等编码类型。物料类型编码也可以通过库存会计科目、销售会计科目和销退会计科目等形式设置。

设计图号是在产品设计、工艺设计时按照企业编码方式所定义的图纸文档号码。在人工管理时，很多企业使用该图号作为物料的编码。物料的设计图号与物料编码是否相同、是否关联以及如何关联，由企业的编码规则来规定。

物料图纸文档的修改由设计版次、生效日期和失效日期等属性来描述。设计图号和设计版次属性准确地描述了物料的技术信息；生效日期用于记录图纸文档的批准日期；失效日期根据该物料图纸文档的有效期限来确定。

品种规格属性描述物料的品牌、规格等信息。有些企业对物料的要求比较简单，物料往往只有品名规格即可，例如，IN4005/DIP 二极管、45 号钢。但是，有些企业对物料的要求比较严格，物料不仅要标注牌号、规格，而且要标注技术条件、技术状态，例如，钢材的牌号是 45、技术规格是 $\phi 26$、技术条件是 GB699-99 以及技术状态是热轧等。因此，在很多情况下，单有品种规格属性是不够的，还应该增加相应的属性。或者采取折中方式，把牌号、技术规格、技术条件和技术状态都输入到品种规格属性中。不过，这种方式有个缺点，即影响对技术规格、技术条件和技术状态等单个条件检索的效率。

物料的计量单位也是一个比较复杂的问题。第一，一个企业往往使用许多不同的计量单位，例如，吨、米、桶、卷、盒、箱、个、本、件、台和架等；第二，为了管理上的便利，同一种物料也往往采用多个不同的计量单位，例如，商业企业中食品的箱和袋、制造企业中钢材的吨和公斤等。当同一种物料使用不同的计量单位时，这些计量单位之间应该有明确的换算关系。在 ERP 系统中，默认计量单位、库存计量单位、采购计量单位和销售计量单位等属性反映了这种管理状况。

单位重量、重量单位、单位体积和体积单位等属性用于描述物料本身的重量、体积等结构特征。这些属性的重要性与企业的物料性质密切关联。例如，如果企业生产航天飞机的零部件，那么该零部件的重量和体积都是非常重要的技术性能指标，但是，如果该企业生产拖拉机用的零部件，那么该零部件的重量和体积的重要性就弱一些了。

### 2. 物料的采购和库存属性

物料的采购和库存属性主要描述与采购、库存管理有关的信息，这些属性包括物料制购类型、默认仓库、默认库位、物料条形码、是否可用、ABC 码、盘点方式、循环盘点编码、盘点周期、盘点日期、是否批次管理、批次号、批次有效天数、批次检测周期、最新入库日期、最新入库量、最后出库日期、最新出库量、最新检测日期、最新检测结果、是否单件管理、是否限额领料、是否允许超采购订单入库、现有库存量、最大库存量、安全库存量、物料平均日耗量、库存金额、是否进价控制、物料计划单价、进价上限率、默认供应商和在供方使用的编码等。

物料制购类型包括自制件和采购件。自制件类型的零部件等物料由企业自己加工生产，纳入生产作业计划。采购件类型的零部件等物料通过对外采购的方式获得，纳入采购作业计划。这是非常重要的属性，该属性的值将对企业的生产安排产生巨大的影响。

一个企业可以有多个性质不同的仓库，以便存储不同的物料。常见的仓库类型包括原材料仓库、成品仓库、半成品仓库、不合格品仓库、现场仓库、委外仓库、呆滞料仓库和报废仓库等。每一个仓库都按照一定的方式分割成多个不同的库位。为了方便，每一种物料，都应该有一个默认的仓库和默认的库位，以便快速、准确地确定物料的存储位置。此外，物料的默认仓库和默认库位可以根据实际情况而改变。

如果公司物料管理方面采用了条形码管理，那么，可以在物料条形码属性中存储该物料的条形码数据。条形码是否与物料编码相同或关联，由公司的编码规则确定。

是否可用属性主要用于标识当禁止该物料的使用时，控制该物料不能参加 ERP 系统的 MRP 运算。企业在特殊情况下，例如，某个物料存在严重的质量问题时，可以作为一项紧急措施采用。在默认情况下，这种物料是可以正常使用的。

ABC 分类，这是库存管理的一种常用方法，按照占用资金来划分物料的重要程度，以便对不同类别的物料采用不同的管理措施。一般情况下，A 类物料占用库存的资金很大，约占 60%～70%，品种约占 20%；B 类物料占用库存资金大约 20%，品种约占 30%；C 类物料约占库存资金 10%，品种约占 60%。可以对不同类别的物料采用不同的循环盘点周期，A 类物料的循环盘点周期短，且严格按照盘点周期进行盘点，并且制定不定期检验制度，密切监控这类物料的使用和保管情况，应该尽量降低 A 类物料的库存量，采取合理的订货政策。C 类物料的盘点周期可以适当延长。ABC 码既可以根据设置的原则自动生成，也可以手工修改。

库存盘点是对每一种库存物料进行清点数量、检查质量和登记盘点表，且对盘盈盘亏数量进行物料账面调整，保证物料账物相符的管理过程。盘点方式属性用于描述仓库中该物料采用的具体盘点方式。常见的盘点方式包括随机盘点、定期盘点、周期盘点、循环盘点和冻结盘点等。随机盘点是根据生产和管理需要随时进行盘点，适用于重要的、变动比较频繁的物料。定期盘点按照指定的日期进行盘点，适用于那些不太重要的、数量变化不大的物料，由盘点日期属性指定盘点的操作日期。一般的物料可以采用周期盘点方式，盘点周期可以是日、周、旬、月和季等。如果企业的物料很多，则可以采用循环盘点的方式。

循环盘点编码。假设某个公司有 10 000 种物料，要分布于每周六进行盘点。那么可针对这些物料进行循环盘点编码的规划。例如，如果每周可以盘 2 500 件，可定义 A、B、C 和 D 4 个盘点编码，属于第一周要盘点的物料则盘点编码为 A，最后一周要盘点的物料其盘点编码为 D。

批次管理也是生产管理的一种重要手段。当某个物料有存储有效期限制时，或需要对该物料的每一批物料进行跟踪控制时，可以采用批次管理。对于某一个物料编码来说，一旦需要对这个物料的每一批次都进行跟踪和控制，为该物料的这一批次增加批次号，则这一批次物料的所有活动都与该批次号相关。是否批次管理、批次有效天数、批次检测周期、最新入库日期、最后出库日期、最新检测日期和最新检测结果等属性用于描述物料的批次管理内容。

在企业中，对于价格昂贵、性能重要的物料，例如，价格昂贵的原材料、产品和零备件，常常采用单件管理的方式。如果某个物料需要采用单件管理，那么该物料除了物料编码之外，还应该为其中的每一件都赋予一个单件序号，该单件物料的所有活动，例如，入库、出库、盘点、质检和维修等都与该单件序号有关。单件管理属性用于描述物料是否需要单件管理的性质。

为了加强某种物料的管理，严格按照生产作业计划和生产订单领料，可以对该物料设置限额领料控制标志，该标志由是否限额领料属性设置。

是否允许超采购订单入库属性用于控制某种物料是否允许超采购订单入库。如果没有设置该属性，则当采购数量大于采购订单的数量时，不允许多余的数量入库。这样可以防止和限制该物料的库存量。

为了分析物料库存、加强物料库存数量的控制，可以通过现有库存量、最大库存量、安全库存量、物料平均日耗量和库存金额等属性实现这些管理目标。如果现有库存量属性低于安全库存量属性，则表示该物料库存缺乏；如果物料的现有库存量属性大于最大库存量，则表示该物料积压现象严重。物料平均日耗量属性用于描述物料的消耗速度，可以用来确定物料的订货点数量。库存金额属性可以用于物料的成本核算。

是否进价控制、物料计划单价和进价上限率属性用于描述是否对采购的物料执行价格上限管理。如果执行价格上限管理，则表示超过这种价格的物料不准采购，即使采购到货了，也无法按照正常方式录入到 ERP 系统中。这种管理方式有助于严格控制物料的采购成本。

默认供应商、在供方使用的编码等属性主要用于自动生成物料采购订单中的供应商、供方的物料编码等数据。这些属性值可以根据供应商的变化进行调整。

### 3. 物料的计划类属性

物料的计划类属性主要描述与生产计划管理相关的信息,这些信息包括确定物料需求的方式和物料需求的各种期量数据。例如,是否独立需求、补货政策、补货周期、订货点、订货批量、采购或加工提前期、生产已分配量、销售已分配量、不可用量、库存可用量、批量政策、批量周期、默认工艺路线编码、默认工艺路线名称、是否可以替换、可替换物料编码以及是否虚拟件等。

如果一个物料的需求与其他物料的需求无关,则这个物料的需求叫独立需求。例如,最终产品的需求、用于进行破坏性测试的零部件需求和随机备件需求等。相关需求是直接与其他项目或者最终产品的物料清单结构有关的需求。相关需求是通过计算得到的,不是预测值。一个库存项目可以包括相关需求和独立需求。例如,一个部件既可能是一个组装件,也可能是一个交付件。如果是独立需求,则可以纳入 MPS 中计算;如果是相关需求,则只能根据 MRP 进行计算。

补货政策表示补充物料的方法。在 ERP 系统中,常用的两种补货政策是按订货点补货和按需求补货。按订货点补货政策的含义是,这种物料的采购需求可以直接由库存存货量来判定。当库存存货量小于补货点时就必须发出请购单或执行采购行为,采购量应等于经济批量与补货倍量的最小联集。按需求补货政策的含义是,此类物料的生产及采购来自订单需求(或计划生产订单)。有订单时,先检查物料的库存数量及在途各种有效的可用量,确实无法在指定的时间点满足需求时,才通过 MRP 来生成补货计划。

补货周期表示两次补货日期之间的期限。补货周期可以从日、周、旬、半月、月、季和年为单位。对于那些市场供应比较充分、采购容易且使用频繁的物料,可以使用比较短的补货周期,以便适应市场的变化。对于一些特殊物料,例如,只能指定特定的供应商生产、订货周期比较长的物料,可以采用比较长的补货周期。

订货点和前面提到的最大库存量、安全库存量都是订货点理论中的概念。订货点理论是在 20 世纪 30 年代形成的。按照订货点理论,企业控制物料的需求通常采用控制库存物料数量的办法,为需要的每一种物料设置一个最大库存量和安全库存量。最大库存量是为库存容量、库存占用资金的限制而设置的,安全库存量也叫最小库存量,即物料的消耗不能低于库存量。由于物料的供应或补充需要一定的时间(即订货提前期,例如物料的采购提前期、零部件的加工提前期等),因此不能等到物料的库存量消耗到安全库存量时才补充库存,而必须有一定的时间提前量,即必须在安全库存量的基础上增加一定数量的库存。以这个库存量作为物料订货期间的供应量,即应该满足这样的条件:当物料的供应到货时,物料刚好消耗到了安全库存量。这种控制模型必须确定两个参数,即订货点和订货批量。订货点理论的示意图如图 2-2 所示。

在制订某个物料的生产计划时,不仅要考虑现有的库存量,还应该考虑现有的库存量中哪些数量是可以使用的,哪些数量是不可使用的。已分配量表示已经分配但是尚未从仓库中提走的数量,这些量需要从当前库存中扣除。例如,对于独立需求物料来说,销售出库单已经下达,生成提货单,这一部分物料被称为销售已分配量。对于非独立需求的物料来说,其父项物料的生产订单已经下达，形成了对子项物料的占用，这一部分子项物料不能再用到其他地方，这部分物料被称为生产已分配量。不可用量表示因为质量、转移等原因造成库存中该物料不能正常使用的一部分数量，库存可用量则表示可以参与生产计划计算的库存数量。

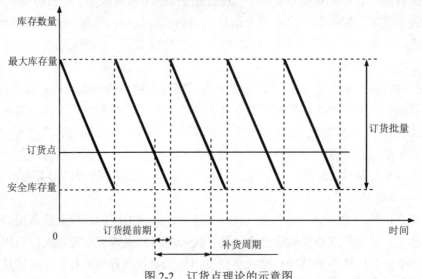

图 2-2　订货点理论的示意图

在物料生产计划编制中，离不开期量标准。"期"表示物料的采购或加工提前期，而"量"则包括批量政策、订货批量等数据。由于在实际的生产或采购过程中，物料必须按照一定的数量纳入到生产或采购过程中，通过计算得到的净需求量往往与实际生产的数量或采购的数量不同。因此，实际净需求量的确定必须达到某种数量，这种数量就是生产批量或订货批量。批量过大或过小都不合适。如果批量过大，虽然单位物料的加工费用或采购费用减少，但是物料本身占用的流动资金过大；如果批量过小，虽然物料本身占用的流动资金减少，但是单位物料的加工费用或采购费用却增加了。批量政策是确定物料批量大小的方法。常见的批量政策包括直接批量法、固定批量法、固定周期法、最大批量法、最小批量法、倍数批量法和经济批量法等。这些批量政策的含义分别如下。

- 直接批量法：使用计划得到的需求量作为生产加工量或采购订货量。该政策一般适用于价值比较高的物料。
- 固定批量法：无论物料的计划量是多大，都按照某个固定值下达生产加工量或采购订货量。该政策一般适用于加工费用或订货费用较大的物料。这时需要增加描述其固定批量的属性。
- 固定周期法：是加工或采购周期相同，但是生产加工量或采购订货量不一定相同的批量计算方法。这时需要增加描述其固定周期的属性。
- 最大批量法：当计算得到的计划数量大于最大批量时，系统自动按照该最大批量下达计划数量。这时需要指定最大批量值。
- 最小批量法：当计算得到的计划数量小于此批量时，系统自动按照该最小批量下达计划数量。这时需要指定最小批量值。

- 倍数批量法：当计算得到的计划数量小于倍数批量时，系统自动按照该批量下达计划数量。如果计算得到的计划数量大于此批量时，系统自动按照该批量的倍数下达计划数量。这时需要指定倍数批量值。
- 经济批量法：指根据物料的订货费用和保管费用确定物料批量的方法，当订货费用和保管费用之和最低时，这时物料批量为经济批量。该方法适用于需求连续、库存消耗稳定的物料。这时需要增加描述经济批量的属性。

直接批量法、固定批量法和固定周期法的示例分别如表 2-1、表 2-2 和表 2-3 所示。

表 2-1　直接批量法

| 月次 | 1 | 2 | 3 | 4 | 5 | 6 | 7 | 8 | 9 | 10 | 11 | 12 |
|---|---|---|---|---|---|---|---|---|---|---|---|---|
| 净需求量 | 20 | 30 | 0 | 35 | 20 | 15 | 5 | 0 | 10 | 30 | 20 | 5 |
| 下达批量 | 20 | 30 | 0 | 35 | 20 | 15 | 5 | 0 | 10 | 30 | 20 | 5 |
| 期末剩余 | 0 | 0 | 0 | 0 | 0 | 0 | 0 | 0 | 0 | 0 | 0 | 0 |

表 2-2　固定批量法

| 月次 | 1 | 2 | 3 | 4 | 5 | 6 | 7 | 8 | 9 | 10 | 11 | 12 |
|---|---|---|---|---|---|---|---|---|---|---|---|---|
| 净需求量 | 20 | 30 | 0 | 35 | 20 | 15 | 5 | 0 | 10 | 30 | 20 | 5 |
| 下达批量 | 30 | 30 | 0 | 30 | 30 | 0 | 30 | 0 | 0 | 30 | 30 | 0 |
| 期末剩余 | 10 | 10 | 10 | 5 | 15 | 0 | 25 | 25 | 15 | 15 | 25 | 20 |

表 2-3　固定周期法

| 月次 | 1 | 2 | 3 | 4 | 5 | 6 | 7 | 8 | 9 | 10 | 11 | 12 |
|---|---|---|---|---|---|---|---|---|---|---|---|---|
| 净需求量 | 20 | 30 | 0 | 35 | 20 | 15 | 5 | 0 | 10 | 30 | 20 | 5 |
| 下达批量 | 85 | 0 | 0 | 0 | 40 | 0 | 0 | 0 | 65 | 0 | 0 | 0 |
| 期末剩余 | 65 | 35 | 35 | 0 | 20 | 5 | 0 | 0 | 55 | 25 | 5 | 0 |

对于将要加工的零部件和将要装配的产品来说，可以使用其工艺路线确定其累计提前期。物料的工艺路线可以由默认工艺路线编码、默认的工艺路线名称等属性来指定。

在制订生产作业计划时，如果某个物料的库存可用量不足，是否可以使用其他物料代替呢？这是公司物料管理的一个重要政策。如果允许代替，应该明确指定用哪一种物料来代替；如果不允许，也要明确说明原因。这项物料管理政策可以由是否可以替换、可替换物料编码两个属性来完成。替换物料应该可以满足被替换物料的性能和质量，在此基础上，应该尽可能地降低物料成本。

### 4. 物料的销售类属性

物料的销售类属性主要描述与物料销售有关的信息，包括销售价格、销售人员和销售类型等内容。例如，销售计划价格、计价货币、折扣率、是否售价控制、销价下限率、销售成本科目、佣金、销售人员编码、默认的客户编码以及物料在买方使用的编码等。

物料的销售计划价格也是该物料的对外报价。对于采用多币种的企业来说，应该明确指定某个具体物料使用的默认计价货币。在默认情况下，采用该企业的本位币。折扣率也是企业定价策略中的一项重要内容。对于大批量客户、老客户应该可以提高产品销售的折扣率。

如果希望对物料的销售价格进行严格控制，可以设置是否售价控制属性。与该属性相关的销价下限率用于检查某一个销售订单中的物料实际价格是否满足这里指定的下限率。如果不满足指定的销售价格限制条件，则销售交易不能达成。

销售成本属性的主要目的是明确该种物料销售的成本科目归属，一方面有利于成本核算，另一方面有利于销售分析。

佣金和销售人员编码是促销策略中的重要内容。如何确定物料销售佣金、是否设置某种物料(产品)的销售人员，与整个企业的营销政策密切关联。

默认的客户编码、物料在买方使用的编码等属性有助于 ERP 系统自动生成销售订单中对应的内容。这些属性的设置适用于客户比较固定的产品。

### 5. 物料的质量属性

物料的质量信息由质量属性来描述，这些属性主要包括是否设置检验标志、检验标准文件、检验方式、检验水准分类、检验水准等级、检验程度、是否设置存储期限、存储期限和检验工时等。

是否设置检验标志应该根据企业的具体情况而定。一般情况下，应该对物料设置检验标志，确保该物料在整个生产过程中的质量。特殊情况下，例如，零部件的整个加工、装配过程如果可以确保零部件的质量，那么可以设置不检验标志。

检验标准文件应该明确规定以下内容：定义检验流程；定义检验手段、抽样方式和检验结果判断方式；定义合格品和不合格品；定义不合格品的处理方式等。该检验标准文件是企业质量管理体系中的重要组成部分。

检验方式主要包括全数检验和抽样检验。全数检验适应的范围为：符合批量比较小、单件产品检验时间比较短、单件产品检验费用比较低、不允许不合格品存在、检验项目比较少以及制造能力不足等特点的产品。与此相对的抽样检验的适应范围为：有批量比较大、检验项目比较多、单件产品检验时间比较长、单件产品检验费用比较高、可以允许某种程度不合格品存在以及破坏性检验等特点的产品。

如果是抽样检验，还需要设置检验水准分类、检验水准等级和检验程度等属性。检验水准用于确定送验件数与样本大小之间的关系，可以分为一般检验水准和特殊检验水准。每一种检验水准都有不同的检验水准等级。对于检验项目的多少可以采取检验程度属性来控制。检验程度一般可以分为正常、严格和减量 3 级。

是否设置存储期限、存储期限等属性主要用于描述物料的质量是否会因为期限过长而发生某种变化。对于重要的、质量要求比较严格的物料，应该设置这些属性。

检验工时属性主要用于定额管理、作业计划制定和成本分析等。如果某种物料的检验时间比较长，则必须作为一个工序来管理。是否设置该属性的值以及如何设置该属性的值，需要根据企业的具体情况而定。

### 6. 物料的财务属性

物料的财务属性是会计核算、成本分析、财务控制和经济效益评价的重要基础数据。在物料的财务属性中，除了财务类别、记账本位币、会计科目和增值税代码等通用属性之外，更重要的是确定企业的成本费用结构、存货计价方法、成本计算方法以及成本计算体系等。

企业的生产经营成本费用包括产品成本和经营费用。其中，经营费用也被称为期间费用，由管理费用、销售费用和财务费用组成。产品成本也被称为生产成本或制造成本。通常情况下，产品成本项目包括直接材料费用、直接人工费用、变动制造费用和固定制造费用，其结构示意图如图 2-3 所示。

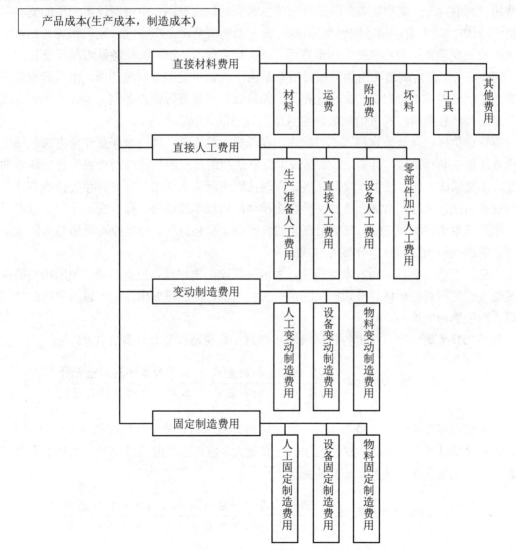

图 2-3　产品成本结构示意图

在直接材料费用中，材料指的是构成产品实体的原材料、有助于产品构成的辅助材料等，运费指的是物料采购、内部转移时发生的费用，附加费指的是在物料采购、内部转移时发生的保险费、差旅费和手续费等，坏料包括生产过程中因操作不当发生的坏料等，工具包括生产过程中消耗的工具性物料等，其他费用包括物料采购、内部转移时发生的关税等。

直接人工费用是指将材料变成产品所发生的人工费用。其中，生产准备人工费用是指为加工所做的诸如准备图纸、工装和调试设备等准备工作发生的成本，以手工为主作业的人工成本被称为直接人工费用，操作机器设备发生的人工费用是设备人工费用，有些企业使用零部件加工人工费用代替直接人工费用和设备人工费用。

制造费用包括变动制造费用和固定制造费用。变动制造费用是指随业务量成正比变动的费用，其中，人工变动制造费用是由人派生的变动制造费用；由机器设备派生的变动制造费用(例如，动力费、机器维修费等)是设备变动制造费用；在接收、发出和转移物料时发生的相关变动费用为物料变动制造费用。固定制造费用是指不随业务量增减而变化的费用，其中，人工固定制造费用如劳保费用等是由于人派生的固定制造费用，由机器设备派生的固定制造费用如折旧费、维修保养费、保险费和租赁费等是设备固定制造费用，在接收、发出和转移物料时发生的相关固定费用为物料固定制造费用。

存货计价方法是计算物料入库、出库、存货成本的方法。常用的存货计价方法包括实际成本计价法和标准成本计价法。实际成本计价法指的是按照物料的历史成本进行核算的方法。在实际成本计价法中，取得存货时应该按照实际成本记账。常见的存货计价方法包括先进先出法、后进先出法、月加权平均法和移动加权平均法等。标准成本计价法则表示无论实际成本价格如何变化，都采用预定的标准成本价格计价，标准成本价格与实际成本价格之间的差异通过调整和分摊的方式解决。

先进先出法是一种实际成本计价法，表示先入库的先出库，也就是说，领用物料的价格是先入库的物料的价格。与此相反的是后进先出法。在后进先出法中，领用物料的价格是后入库的物料的价格。

在月加权平均法中，发出的物料成本按照月平均价格计算，计算公式如下：

$$月加权平均成本 = \frac{(月初库存物料金额 + 本月入库的物料金额)}{(月初库存物料数量 + 本月入库的物料数量)}$$

在移动加权平均法中，每当入库一批物料时，就重新计算一次物料的存货单位成本。与月加权平均法相比，移动加权平均法的计算量大，但是更能准确反映当前物料的存货成本趋势。移动加权平均法的计算公式如下：

$$移动加权平均成本 = \frac{(最近库存物料金额 + 本次入库的物料金额)}{(最近库存物料数量 + 本次入库的物料数量)}$$

如表 2-4 和表 2-5 所示的是某种物料分别在月加权平均法和移动加权平均法下的库存变动状态。

表2-4　物料库存变动表(月加权平均法)

表号：205-81　　　　　　　　物料编码：5102791　　　　　　　　物料名称：BSD 齿轮

| 日期 | 描述 | 数量 | 单据单价 | 单据金额 | 存货单价 | 本期金额 | 存货数量 | 存货金额 |
|---|---|---|---|---|---|---|---|---|
| 20080601 | 上月结转 | 200 | | | | | 200 | 2 000.00 |
| 20080601 | 采购入库 | 100 | 8.00 | 800.00 | 8.00 | 800.00 | 300 | 2 800.00 |
| 20080605 | 销售出库 | 50 | 12.00 | 600.00 | 9.50 | -475.00 | 250 | 2 325.00 |
| 20080616 | 采购入库 | 100 | 10.00 | 1 000.00 | 10.00 | 1 000.00 | 350 | 3 325.00 |
| 20080630 | 销售出库 | 220 | 15.00 | 3 300.00 | 9.50 | -2 090.00 | 130 | 1 235.00 |
| 20080701 | 上月结转 | 130 | | | | | 130 | 1 235.00 |

表2-5　物料库存变动表(移动加权平均法)

表号：205-81　　　　　　　　物料编码：5102791　　　　　　　　物料名称：BSD 齿轮

| 日期 | 描述 | 数量 | 单据单价 | 单据金额 | 存货单价 | 本期金额 | 存货数量 | 存货金额 |
|---|---|---|---|---|---|---|---|---|
| 20080601 | 上月结转 | 200 | | | | | 200 | 2 000.00 |
| 20080601 | 采购入库 | 100 | 8.00 | 800.00 | 8.00 | 800.00 | 300 | 2 800.00 |
| 20080605 | 销售出库 | 50 | 12.00 | 600.00 | 9.33 | -466.50 | 250 | 2 333.50 |
| 20080616 | 采购入库 | 100 | 10.00 | 1 000.00 | 10.00 | 1 000.00 | 350 | 3 333.50 |
| 20080630 | 销售出库 | 220 | 15.00 | 3 300.00 | 9.52 | -2 094.40 | 130 | 1 239.10 |
| 20080701 | 上月结转 | 130 | | | | | 130 | 1 239.10 |

在月加权平均法下，出库存货单价为 9.50=(2 000+800+1000)/(200+100+100)，该物料的期末存货金额是 1 235.00 元。在移动加权平均法下，出库存货单价经常变化，分别为 9.33=(2 000+800)/(200+100) 和 9.52=(2 333.50+1000)/(250+100)，该物料的期末存货金额是 1 239.10 元。由此可见，不同的存货计价方法得到的存货金额不同。

对于表 2-4 和 2-5 中的物料库存变动状态表，如果采用标准成本价格法(假设标准价格为 10 元)，则该物料的存货金额变动状态如表 2-6 所示。

表2-6　物料库存变动表(标准成本价格法)

表号：205-81　　　　　　　　物料编码：5102791　　　　　　　　物料名称：BSD 齿轮

| 日期 | 描述 | 数量 | 单据单价 | 单据金额 | 存货单价 | 本期金额 | 存货数量 | 存货金额 |
|---|---|---|---|---|---|---|---|---|
| 20080601 | 上月结转 | 200 | | | | | 200 | 2 000.00 |
| 20080601 | 采购入库 | 100 | 8.00 | 800.00 | 10.00 | 1 000.00 | 300 | 3 000.00 |
| 20080605 | 销售出库 | 50 | 12.00 | 600.00 | 10.00 | -500.00 | 250 | 2 500.00 |
| 20080616 | 采购入库 | 100 | 10.00 | 1 000.00 | 10.00 | 1 000.00 | 350 | 3 500.00 |
| 20080630 | 销售出库 | 220 | 15.00 | 3 300.00 | 10.00 | -2 200.00 | 130 | 1 300.00 |
| 20080701 | 上月结转 | 130 | | | | | 130 | 1 300.00 |

成本计算方法与存货计价方法不同。存货计价方法计算仓库的物料成本，即物料的入库、出库和存储成本。成本计算方法计算生产过程的半成品、产成品的生产成本。但是，这两种方法又是有关联的，不同的存货计价方法计算出的发料成本不同，半成品、产成品的成本也会不同。

常用的成本计算方法包括品种法、分批法和分步法等。品种法是按照产成品的品种计算产成品的成本的一种计算方法；分批法是按照产品批次归集生产费用计算产品成本的一种计算方法；分步法则是按照生产步骤逐步计算成本的一种计算方法。品种法只是计算产成品的成本，而分步法不仅计算产成品的成本，还计算半成品的成本。

成本计算方法和存货计价方法共同构成了企业的成本计算体系。常用的成本计算体系包括实际成本计算体系和标准成本计算体系。

# 2.3　物　料　清　单

物料清单(bill of material，BOM)是定义产品结构的技术文件，也被称为产品结构表或产品明细表。BOM 是一种树型结构，因此又被称为产品结构树。BOM 描述了构成父项装配件的所有子装配件、零件和原材料之间的结构关系，是制造一个装配件所需的每种零部件数量的清单。下面详细介绍 BOM 的作用和特点，类型和输出格式以及创建原则和创建过程等内容。

## 2.3.1　BOM 的作用和特点

从结构形状上来看，BOM 是一棵树根在上面、树杈在下面的倒长的树。如图 2-4 所示的是一个有关自行车产品的 BOM 结构图(为了简单起见，该图只显示了自行车产品BOM 结构中的部分零部件)。从该 BOM 图中不仅可以得到构成自行车产品的各个零部件之间的结构关系，还可以得到它们之间的数量关系。例如，每一辆自行车都是由 1 个车架系统、1 个车把系统、1 个车轮系统和 1 个脚蹬系统共 4 部分组成。每一个车轮系统分别由 2 个车轮、1 个前轴和 1 个后轴 3 种不同的零部件组成。每一个前轴都是由 1 个前轴身、1 个前轴棍、2 个前轴碗、2 个前防尘盖、2 个前轴档、4 个垫圈、1 个前叉和 2 个螺母共8 种不同的零部件组成。每一个前轴身又是由 1 个前轴管、1 个前轴孔夹和 2 个前花盘共3 种不同的零件装配而成。

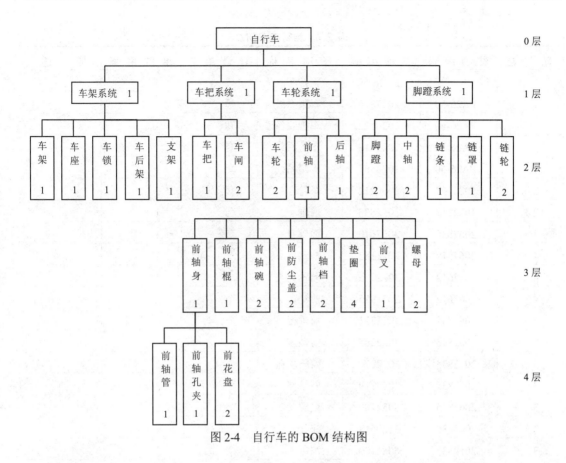

图 2-4  自行车的 BOM 结构图

在图 2-4 所示的自行车 BOM 中，最右端的 0、1、2、3 和 4 是该 BOM 的阶层码。阶层码描述了 BOM 的层次，每一个层次表示最终产品项目制造过程中的一个阶段。某一个项目的阶层码反映了该项物料相对于最终项目的位置。层次的划分方式为：0 层是最高层，表示最终产品项目；第 1 层表示组成最终产品项目的子项；第 2 层表示组成第 1 层项目的子项，依次类推。自行车是最终产品项目，位于树的根部，也可以说是位于 0 层。车轮系统位于第 1 层，前轴位于第 2 层，前轴身位于第 3 层，位于第 4 层的项目包括前轴管、前轴孔夹和前花盘等。

在 BOM 中，每一个关系都可以表示为"父项/子项"的形式，且给出子项的数量。上层是其直接下层的父项，下层是其直接上层的子项。这种父项和子项之间的关系也可以被称为父件和子件关系、主件和元件关系，英文术语为 parent/child。

在 BOM 中，一个关系中的某个子项也可以在其他关系中变成父项，因此可以形成项目之间的层次所属关系。例如，在图 2-4 所示的自行车 BOM 中，在自行车/车轮系统的关系中，车轮系统是自行车的子项，但是，在车轮系统/前轴的关系中，车轮系统是前轴的父项。

在 ERP 系统中，BOM 以二维表格的形式进行存储。如图 2-4 所示的自行车 BOM 可用如表 2-7 所示的形式存储在 ERP 数据库系统中。需要注意的是，为了简单起见，表 2-7 中只显示了自行车 BOM 的部分数据。

表 2-7  自行车 BOM

| 阶　层 | 父项编码 | 子项编码 | 子项名称 | 计量单位 | 单位用量 | 描　述 |
|---|---|---|---|---|---|---|
| 0 | — | PA26-50 | 自行车 | 架 | 1 | |
| 1 | PA26-50 | 1027816 | 车架系统 | 套 | 1 | |
| 1 | PA26-50 | 1026622 | 车把系统 | 套 | 1 | |
| 1 | PA26-50 | 1022118 | 车轮系统 | 套 | 1 | |
| 1 | PA26-50 | 1023561 | 脚蹬系统 | 套 | 1 | |
| 2 | 1022118 | 2069212 | 车轮 | 套 | 2 | |
| 2 | 1022118 | 2062835 | 前轴 | 套 | 1 | |
| 3 | 2062835 | 2067612 | 前轴身 | 套 | 1 | |
| 4 | 2067612 | 3021183 | 前轴管 | 个 | 1 | |
| 4 | 2067612 | 3022135 | 前轴孔夹 | 个 | 1 | |
| 4 | 2067612 | 3021915 | 前花盘 | 个 | 2 | |
| 3 | 2062835 | 3021221 | 前轴棍 | 个 | 1 | |
| 3 | 2062835 | 3022285 | 前轴碗 | 个 | 2 | |
| 3 | 2062835 | 3022271 | 前防尘盖 | 个 | 2 | |
| 3 | 2062835 | 3029219 | 前轴档 | 个 | 2 | |
| 3 | 2062835 | 6052200 | 垫圈 | 个 | 4 | |
| 3 | 2062835 | 3129518 | 前叉 | 个 | 1 | |
| 3 | 2062835 | 6081100 | 螺母 | 个 | 2 | |
| 2 | 1022118 | 2061635 | 后轴 | 套 | 1 | |

BOM 描述了组成最终产品项目的各个零件、组件和原材料之间的结构关系和用量关系，在 ERP 系统中居于核心地位。BOM 是连接产品、工艺设计等技术数据与生产计划、物料等管理数据的桥梁。最终产品物料的 BOM 基本结构是设计人员设计的结果，工艺人员对该 BOM 设计进行了扩展，增加了每一个物料项目的用料定额、工时定额和工艺路线等工艺数据，计划管理人员根据带有各种工艺参数的 BOM 制定该项最终产品的生产作业计划和物料采购作业计划，采购人员依据采购作业计划执行物料采购，仓库管理人员依据 BOM 和作业计划进行物料配套、发放，生产人员依据生产作业计划进行加工、装配，财务人员根据带有材料、工时数据的 BOM 进行成本核算。由此可见，企业中的技术、管理和制造等整个过程都通过 BOM 连接在一起。BOM 的作用可以归结如下：

- ERP 系统识别各个物料的工具。
- BOM 是 MRP 运行的最重要的基础数据之一，是 MPS 转变成 MRP 的关键环节。
- 各个物料的工艺路线通过 BOM 可以生成最终产品的工艺路线。
- BOM 是物料采购的依据。
- BOM 是零组件外协加工的依据。
- BOM 是仓库进行原材料、零组件配套的依据。

- BOM 是加工领料的依据。
- BOM 可以包含各个项目的成本信息，是成本计算的重要依据。
- BOM 是制定产品销售价格的基础。
- BOM 是质量管理中从最终产品追溯零件、组件和原材料的工具。

为了完整地理解 BOM 的特点，还需要掌握低层码(low level code，LLC)、虚拟件(Phantom)和选用件(Feature/Option)的概念。

低层码是指同一种物料项目由于位于不同的 BOM 阶层中而有多个阶层码时取最低层码作为计算该项物料的需求量的一种方法。在 BOM 中，某一个物料项目可能会同时出现在 BOM 的不同阶层中，这种现象将会影响 MRP 计算物料项目需求的效率和产生不合理的净需求量。但是，由于每一个物料项目有且仅有一个低层码，且该码指出了各个物料项目的最早使用时间。因此，为了简化计算物料项目需求量的过程，合理计算毛需求量和净需求量，需要确定每一个物料项目的低层码。在如图 2-5 所示的台式计算机硬件的 BOM 结构图中，螺丝钉物料既出现在第 2 层，又出现在第 3 层，因此，螺丝钉物料的低层码是 3。

虚拟件表示的是一种实际上并不存在的假想物料项目，但是，使用虚拟件可以用来简化业务管理和提高 BOM 的计算效率。例如，在如图 2-5 所示的台式计算机硬件的 BOM 结构中，位于 2 层的集成主板并不是一个真正存在的组件，它是由主板、CPU、CPU 风扇、512MB 内存条、显示卡和硬盘等零组件逻辑组合而成。同样，位于第 2 层的可选附件本身并不是一个实实在在的组件，而是由若干个零组件组合起来的逻辑物料项目。这种集成主板、可选附件只是逻辑上存在的物料项目，因此被称为虚拟件。虚拟件可以作为一种业务管理方式来使用，例如，虚拟件的组合采购、组合存储、组合发料和组合销售等。通过采用虚拟件，可以模块化使用逻辑组合物料项目，简化 BOM 的结构，降低 BOM 的存储空间需求。通过使用虚拟件，可以使用一个逻辑上的物料编码表示一大堆零组件的计划特征，从而简化计划管理。在企业的实际生产中，一个产品物料的组成，除了主要的零组件之外，往往还有一大堆的螺栓、螺母、螺钉、垫片等标准件和紧固件等零件。为了简化管理起见，对于这些标准件、紧固件可以采用虚拟件的形式来管理。

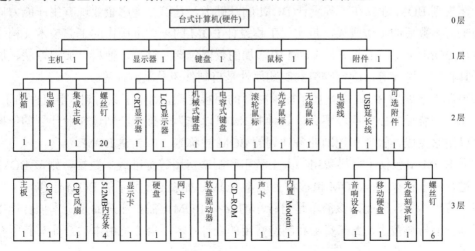

图 2-5　台式计算机硬件的 BOM 结构图

如果组成最终产品的零组件中有一部分会按照客户的需求进行调整，那么，这些零组件被称为选用件。在选用件中，如果这些零组件是必要的组成部分，必须至少选择其中的一个，则这种选用件被称为 Feature 件；如果这些零组件是非必要的组成部分，既可以全选、多选，也可以不选，则称其为 Option 件。例如，在如图 2-5 所示的台式计算机硬件的 BOM 结构中，位于第 1 层的显示器项目既可以是 CRT 显示器，也可以是 LCD 显示器，两者至少包括一个，那么，该显示器就是 Feature 件。位于第 2 层的可选附件包括音响设备、移动硬盘、光盘刻录机和螺丝钉等零组件，可选附件项目既可以包括其所属的所有零组件或部分零组件，也可以一个都不包括，那么，该可选附件项目就是 Option 件。

## 2.3.2 BOM 的种类和输出格式

BOM 可以用于多个部门，不同部门使用 BOM 的目的也不尽相同。因此，为了满足这种多部门需求，BOM 有多个种类和多种输出格式。

### 1. BOM 的种类

一般情况下，根据 BOM 在产品设计制造中的用途和包含的信息，可以分为 4 种类型，即工程设计 BOM、工艺规划 BOM、生产制造 BOM 和成本 BOM。

**注意：**

不同行业的 BOM 结构往往有很大不同。例如，食品、药品等行业的 BOM 又称为配方表，主要描述食品、药品等主要成分和用量；自行车、汽车等离散型制造业的 BOM 又被称为树状结构表，主要描述产品的最终产品和零部件、原材料的结构关系。

工程设计 BOM 是产品设计人员的设计输出结果，是企业重要的基础技术文档之一，它完整地描述了产品和零组件之间的结构关系和组装数量。它是企业展开各项工作的起源，也是企业各项工作的目标。

工艺规划 BOM 建立在工程设计 BOM 的基础上，是综合考虑企业现有生产能力后增加各种工艺参数后的工作成果，是实现工程设计 BOM 的一种可操作的工艺技术文档。与工程设计 BOM 相比，工艺规划 BOM 中增加的数据包括原材料、辅料、加工方法、加工设备工具和加工顺序等，确定物料的制购属性是自制件还是采购件等。

如果在工艺规划 BOM 中增加了原辅材料的用料定额，确定了原材料、零组件的采购、外协、加工和装配的提前期，那么，这种 BOM 可以作为安排生产制造作业计划的依据。这种可以用来生成、管理和控制业务计划的 BOM 被称为生产制造 BOM。

如果 BOM 中包括了材料费用、人工费用和制造费用等标准成本数据，则该 BOM 可以用来进行成本核算，该 BOM 也被称为成本 BOM。如表 2-8 所示的 BOM 中包含了自行车的整个费用清单，因此，该清单是自行车的成本 BOM。需要注意的是，本项合计指的是本项本身的材料费用、人工费用和制造费用的合计；本项累计是由本项合计与其所有子项合计累加之后的费用。

表 2-8 自行车的成本 BOM

| 阶层 | 父项编码 | 子项编码 | 子项名称 | 计量单位 | 单位用量 | 材料费用 | 人工费用 | 制造费用 | 本项合计 | 本项累计 |
|---|---|---|---|---|---|---|---|---|---|---|
| 0 | — | PA26-50 | 自行车 | 架 | 1 | 1.20 | 20.00 | 6.00 | 27.20 | 408.59 |
| 1 | PA26-50 | 1027816 | 车架系统 | 套 | 1 | 0 | 18.90 | 8.52 | 27.42 | 85.60 |
| 1 | PA26-50 | 1026622 | 车把系统 | 套 | 1 | 0 | 21.30 | 7.37 | 28.67 | 96.70 |
| 1 | PA26-50 | 1022118 | 车轮系统 | 套 | 1 | 0 | 10.22 | 5.50 | 15.72 | 116.37 |
| 1 | PA26-50 | 1023561 | 脚蹬系统 | 套 | 1 | 0 | 19.95 | 7.50 | 27.45 | 82.50 |
| 2 | 1022118 | 2069212 | 车轮 | 套 | 2 | 6.20 | 2.00 | | 16.40 | 32.10 |
| 2 | 1022118 | 2062835 | 前轴 | 套 | 1 | 0 | 3.10 | 1.10 | 4.20 | 45.85 |
| 3 | 2062835 | 2067612 | 前轴身 | 套 | 1 | 0 | 1.50 | 1.00 | 2.50 | 10.55 |
| 4 | 2067612 | 3021183 | 前轴管 | 个 | 1 | 1.35 | 0.60 | 0.60 | 2.55 | 2.55 |
| 4 | 2067612 | 3022135 | 前轴孔夹 | 个 | 1 | 0.80 | 1.00 | 0.50 | 2.30 | 2.30 |
| 4 | 2067612 | 3021915 | 前花盘 | 个 | 2 | 0.60 | 0.50 | 0.50 | 3.20 | 2.40 |
| 3 | 2062835 | 3021221 | 前轴棍 | 个 | 1 | 2.10 | 0.50 | 0.50 | 3.10 | 3.10 |
| 3 | 2062835 | 3022285 | 前轴碗 | 个 | 1 | 2.20 | 0.80 | 0.60 | 7.20 | 7.20 |
| 3 | 2062835 | 3022271 | 前防尘盖 | 个 | 1 | 1.20 | 0.80 | 0.50 | 5.00 | 5.00 |
| 3 | 2062835 | 3029219 | 前轴档 | 个 | 2 | 1.10 | 1.10 | 1.00 | 6.40 | 6.40 |
| 3 | 2062835 | 6052200 | 垫圈 | 个 | 4 | 0.05 | 0 | 0 | 0.20 | 0.20 |
| 3 | 2062835 | 3129518 | 前叉 | 个 | 1 | 5.10 | 2.50 | 1.50 | 9.10 | 9.10 |
| 3 | 2062835 | 6081100 | 螺母 | 个 | 2 | 0.05 | 0 | 0 | 0.10 | 0.10 |
| 2 | 1022118 | 2061635 | 后轴 | 套 | 1 | 0 | 3.30 | 1.20 | 4.50 | 22.70 |

除了以上 BOM 类型之外，BOM 还有其他类型。例如，如果在 BOM 中包括了零组件的各个选用件，那么该 BOM 也可以被称为选用 BOM。

在 BOM 中，如果最终产品项目的通用零组件的数量较多，零组件之间的排列组合就会特别复杂，可以采取模块化的方式或把最终产品项目的子项作为最终项目进行管理的方式。模块化的方式就是把最常使用的组合作为一个模块在各个产品项目中调用，该模块也被称为模块化 BOM。把最终产品项目的子项作为最终项目进行管理的方式适用于计划预测或装配式生产方式。

### 2. BOM 的输出格式

在企业中，BOM 不仅可以用于多个不同的部门，还可以用于多个不同的工作环境。在不同的工作环境 BOM 有不同的工作目的。BOM 既可以以自顶向下的分解形式提供信息，也可以以自底向上跟踪的形式提供信息。分解是从上层物料开始将其展开成下层零件；跟踪是从下层零件开始得到上层物料。将最终产品的需求或 MPS 中的项目分解成零件需求是 MRP 建立所有下层零件计划的关键。如果下层零件计划存在问题，那么，通过跟踪就能确定生成这一零件需求的上层物料。为了满足这种多用途的需求，BOM 可以有多种不同的输出格式。

BOM 的输出格式可以分为物料用量清单和物料用途清单两种类型。物料用量清单包括单阶 BOM 展开、多阶 BOM 展开和尾阶 BOM 展开，物料用途清单包括单阶物料用途清单、多阶物料用途清单和尾阶物料用途清单。

某个主项(可能是最终产品物料，也可能是半成品物料)的单阶 BOM 展开表示一个单位的主项需要用到多少数量的次阶物料项目。如果需要生产指定数量的该主项，则必须使用该主项的单阶 BOM 展开进行计算得到各个组成项目的需要数量。如表 2-9 所示的是自行车前轴项目的单阶 BOM 展开。

表 2-9　前轴项目的单阶 BOM 展开

父项编码：2062835　　父项名称：前轴

| 序号 | 父项编码 | 子项编码 | 子项名称 | 计量单位 | 单位用量 | 描　　述 |
|---|---|---|---|---|---|---|
| 1 | 2062835 | 2067612 | 前轴身 | 套 | 1 | |
| 2 | 2062835 | 3021221 | 前轴棍 | 个 | 1 | |
| 3 | 2062835 | 3022285 | 前轴碗 | 个 | 2 | |
| 4 | 2062835 | 3022271 | 前防尘盖 | 个 | 2 | |
| 5 | 2062835 | 3029219 | 前轴档 | 个 | 2 | |
| 6 | 2062835 | 6052200 | 垫圈 | 个 | 4 | |
| 7 | 2062835 | 3129518 | 前叉 | 个 | 1 | |
| 8 | 2062835 | 6081100 | 螺母 | 个 | 2 | |

除了可以显示某一个主项的次阶项目之外，还可以显示该主项的多个阶层的项目。用于显示某个主项多个阶层项目的 BOM 被称为多阶 BOM 展开。多阶 BOM 展开表示了某个主项的完整 BOM 结构。如表 2-10 所示的是自行车产品的多阶 BOM 展开。

表 2-10　自行车产品的多阶 BOM 展开

| 阶　　层 | 父项编码 | 子项编码 | 子项名称 | 计量单位 | 单位用量 | 描　　述 |
|---|---|---|---|---|---|---|
| 0 | — | PA26-50 | 自行车 | 架 | 1 | |
| .1 | PA26-50 | 1027816 | 车架系统 | 套 | 1 | |
| .1 | PA26-50 | 1026622 | 车把系统 | 套 | 1 | |
| .1 | PA26-50 | 1022118 | 车轮系统 | 套 | 1 | |
| .1 | PA26-50 | 1023561 | 脚蹬系统 | 套 | 1 | |
| ..2 | 1022118 | 2069212 | 车轮 | 套 | 2 | |
| ..2 | 1022118 | 2062835 | 前轴 | 套 | 1 | |
| ...3 | 2062835 | 2067612 | 前轴身 | 套 | 1 | |
| ....4 | 2067612 | 3021183 | 前轴管 | 个 | 1 | |
| ....4 | 2067612 | 3022135 | 前轴孔夹 | 个 | 1 | |
| ....4 | 2067612 | 3021915 | 前花盘 | 个 | 2 | |

（续表）

| 阶　　层 | 父项编码 | 子项编码 | 子项名称 | 计量单位 | 单位用量 | 描　　述 |
|---|---|---|---|---|---|---|
| ...3 | 2062835 | 3021221 | 前轴棍 | 个 | 1 | |
| ...3 | 2062835 | 3022285 | 前轴碗 | 个 | 2 | |
| ...3 | 2062835 | 3022271 | 前防尘盖 | 个 | 2 | |
| ...3 | 2062835 | 3029219 | 前轴档 | 个 | 2 | |
| ...3 | 2062835 | 6052200 | 垫圈 | 个 | 4 | |
| ...3 | 2062835 | 3129518 | 前叉 | 个 | 1 | |
| ...3 | 2062835 | 6081100 | 螺母 | 个 | 2 | |
| ..2 | 1022118 | 2061635 | 后轴 | 套 | 1 | |

　　虽然多阶 BOM 展开完整地显示了主项的 BOM 结构，但是在实际中并不经常使用这种结构，因为在多阶 BOM 展开中包括了所有中间项目的需求。如果希望在输出的 BOM 中仅显示某个主项和该主项的所有的最终零组件，可以使用尾阶 BOM 展开。尾阶 BOM 展开有助于快速检查指定主项的各个组成部分是否准备完成，可以用于计划、采购、库管和加工等业务。如表 2-11 所示的是前轴主项的尾阶 BOM 展开，该表与表 2-9 之间的区别在于，表 2-9 中包括了中间物料项目的信息，而表 2-11 中不包括中间物料项目的信息。

表 2-11　前轴主项的尾阶 BOM 展开

父项编码：1022118　　父项名称：前轴

| 序　　号 | 父项编码 | 子项编码 | 子项名称 | 计量单位 | 单位用量 | 描　　述 |
|---|---|---|---|---|---|---|
| 1 | 2067612 | 3021183 | 前轴管 | 个 | 1 | |
| 2 | 2067612 | 3022135 | 前轴孔夹 | 个 | 1 | |
| 3 | 2067612 | 3021915 | 前花盘 | 个 | 2 | |
| 4 | 2062835 | 3021221 | 前轴棍 | 个 | 1 | |
| 5 | 2062835 | 3022285 | 前轴碗 | 个 | 2 | |
| 6 | 2062835 | 3022271 | 前防尘盖 | 个 | 2 | |
| 7 | 2062835 | 3029219 | 前轴档 | 个 | 2 | |
| 8 | 2062835 | 6052200 | 垫圈 | 个 | 4 | |
| 9 | 2062835 | 3129518 | 前叉 | 个 | 1 | |
| 10 | 2062835 | 6081100 | 螺母 | 个 | 2 | |

　　通过使用物料用量清单可以了解某一个主项物料对其次阶或更低阶的组成物料需用的数量。相反，如果需要了解某一项物料可以用来组成哪些主项物料，或者说，某一项物料会在哪些主项物料的制造过程中所使用，则可以使用物料用途清单工具。物料用途清单也可以分为单阶、多阶和尾阶。

　　在单阶物料用途清单中，对每一项物料仅仅列出其上一阶的主项，即仅仅列出直接使用到该项物料的主项。其中，单位用量指生产一个单位的主项对子项的需求数量。如表 2-12 所示的是前轴管的单阶物料用途清单。

表 2-12  前轴管的单阶物料用途清单

子项编码：3021183      子项名称：前轴管

| 父 项 编 码 | 父 项 名 称 | 计 量 单 位 | 单 位 用 量 | 描　　述 |
|---|---|---|---|---|
| 2067612 | 前轴身 | 套 | 1 | |

如果需要列出某一项物料的多阶用途，可以使用多阶物料用途清单。多阶物料用途清单的范围大于单阶物料用途清单的范围。在多阶物料用途清单中，凡是使用到该项物料的所有成品、半成品和组件都会显示出来。如表 2-13 所示的是前轴管的多阶物料用途清单。

表 2-13   前轴管的多阶物料用途清单

子项编码：3021183      子项名称：前轴管

| 阶　　层 | 父 项 编 码 | 父 项 名 称 | 计 量 单 位 | 单 位 用 量 | 描　　述 |
|---|---|---|---|---|---|
| 0 | PA26-50 | 自行车 | 架 | 1 | |
| .1 | 1022118 | 车轮系统 | 套 | 1 | |
| ..2 | 2062835 | 前轴 | 套 | 1 | |
| ...3 | 2067612 | 前轴身 | 套 | 1 | |

如果只需要了解某一个物料会被哪些最终物料使用到，可以使用尾阶物料用途清单。在尾阶物料用途清单中，不包括那些使用到该物料的中间物料。如表 2-14 所示的是前轴管的尾阶物料用途清单。

表 2-14   前轴管的尾阶物料用途清单

子项编码：3021183      子项名称：前轴管

| 阶　　层 | 父 项 编 码 | 父 项 名 称 | 计 量 单 位 | 单 位 用 量 | 描　　述 |
|---|---|---|---|---|---|
| 0 | PA26-50 | 自行车 | 架 | 1 | |

## 2.3.3  BOM 的创建原则和创建过程

如上所述，BOM 是 ERP 系统中最重要的基础数据之一。因此，BOM 创建的好坏，直接影响到 ERP 系统的运行效率和效果。在创建 BOM 时，一定要根据企业的实际情况，合理地创建 BOM。

创建 BOM 的基本原则如下：

- 准确地定义物料编码和物料属性。这是创建 BOM 的前提工作。
- 产品的结构层次的划分在满足功能性、工艺性原则的基础上，应该尽可能地简单。
- 合理地设置物料代用的原则。
- 合理地设置选用件的选用原则。
- 合理地设置虚拟件和模块化，简化 BOM 结构。
- 根据生产需要，可以考虑将工装夹具构造在 BOM 中。

- 为了加强控制，可以考虑将加工过程中的重要工艺环节，例如，质量检验、质量检测和加工状态等构造在 BOM 中。

创建 BOM 文件的操作步骤如下：

第一步，组建 BOM 创建小组。制定小组的工作方式、创建计划和 BOM 好坏的评价方式，进行工作划分，明确每一个人的工作任务。BOM 创建小组成员应该包括从事产品设计、工艺编制、物料保管、生产计划管理和 ERP 实施技术等人员。

第二步，完成物料数据的定义。按照企业的编码方式，准确地定义企业物料的物料编码和物料属性。这是创建 BOM 的前提工作。

第三步，熟悉产品的工程图纸。产品的工程图纸是企业设计人员的工作成果，完整地反映了产品的结构关系。熟悉产品工程图纸的内容包括：理解产品的工作原理；读懂产品的工程图纸、理解产品与各个零组件之间的关系、理解产品和零组件的编码原则以及读懂图纸上的零组件明细表。

第四步，生成零组件清单。在熟悉产品的工程图纸的基础上，从图纸上取出生成最终产品的所有零组件的清单。该清单只包括那些最底层的零组件(要么通过采购得到，要么通过对原材料的直接加工得到)，不包括那些通过装配等方式得到的中间组件。

第五步，生成单阶 BOM。在单阶 BOM 中，只包括父项和子项之间的关系。父项可以是最终产品或组件，子项可以是零件或组件。

第六步，认真核查单阶 BOM。单阶 BOM 是最基本的 BOM，也是多阶 BOM 的基础，它在整个 BOM 中地位非常重要，一定要确保单阶 BOM 的完整性和正确性。

第七步，自动生成多阶 BOM。在单阶 BOM 的基础上，由 ERP 系统自动生成产品的多阶 BOM。

# 2.4　工作中心和能力管理

工作中心，英文名称是 Working Center，指的是直接改变物料形态或性质的生产作业单元。在 ERP 系统中，工作中心的数据是工艺路线的核心组成部分，是运算物料需求计划、能力需求计划的基础数据之一。下面详细介绍工作中心的特点和确定原则以及度量工作中心能力的方法。

## 2.4.1　工作中心的特点和确定原则

工作中心的表现形式是一台或多台功能基本相同的机器设备，一个或多个类型基本相同的生产作业人员，或者一个或多个作用基本相同的作业场地，也可能是这些设备、人员和场地的组合。在 ERP 系统中，工作中心既是一种基本的生产作业手段，也是一种基本的生产作业组织，还是一种生产作业的管理方式。

工作中心是一种基本的生产作业手段，也就是说，它是一种生产作业单元。这是工作中心的本质特点。在整个生产作业过程中，工作中心是改变或计量物料的物理形状、化学性质和空间位置的主要手段。从这个意义上来看，工作中心可以是由一台或多台机器设备、仪器仪表或运输工具组成。但是，基于工艺路线、作业计划以及成本核算的要求，一个工作中心只能是一种功能基本相同的生产作业单元，不应该是多种不同功能的作业手段的混合。

工作中心是一种基本的生产作业组织，也就是说，它是一种生产作业组织单元。一般情况下，生产作业由人控制和操纵生产作业手段来完成，工作中心也包括了生产作业人员。即使是高度自动化的流水加工或装配线、机器人和数控加工中心设备，也离不开编程人员、控制人员和操作人员。从组织的角度来看，工作中心既可以是一个作业人员，也可以是多个作业人员；既可以是生产作业班组，也可以是生产作业的工段、车间；甚至还可以是分厂。但是，生产作业组织单元过大或过小都不合适。如果生产作业组织单元过大，势必包含多种功能不同的作业手段，这样很难充分发挥生产作业组织的能力，生产作业计划也很难达到准确和精细的程度；如果生产作业组织单元过小，则可能使得生产作业计划经常处于不稳定状态。生产作业组织单元的大小应该与企业的工艺布局相关，对于按照工艺布局的企业，由于功能相同的机器设备布置在相同的位置，这时生产作业组织单元应该设置得适当大一些。对于那些按照产品布置工艺设备的企业，生产作业组织单元应该小一些。

工作中心是一种生产作业的管理方式。也可以说，工作中心是一种基于 ERP 系统的管理单元。工作中心在完成一项作业任务的同时也产生了作业成本。从管理的角度来看，工作中心是生产作业计划任务中的执行单元，是生产作业成本的核算单元，是生产作业数据的采集点。如果工作中心划分得越精细，成本核算单元就可以越精细。

工作中心的合理性是实现 ERP 系统管理的重要内容。为了合理地确定工作中心，应该遵循下面的原则：

- 按照企业机器设备的合理布局，确定工作中心。
- 工作中心应该尽可能地细。
- 按照机器设备的功能相同或相似性，可以把这些机器设备合并成一个大的工作中心。
- 生产作业班组应该按照工作中心来设置，可以考虑把工作中心作为一级组织来管理。

一般情况下，工作中心的数据包括基本数据和能力数据。基本数据包括工作中心编码、工作中心名称、工作中心的物理位置、工作中心所属的组织(班组、工段、车间和分厂等)和工作中心所属的成本中心等。工作中心能力数据包括同种功能的设备的数量、每一台机器设备每个工作日的标准工时、机器设备的作业效率、工作中心作业人数、每个人每日的标准作业工时以及作业人员的平均技术等级等。

## 2.4.2　工作中心能力的度量和管理

工作中心能力指的是工作中心可以完成生产作业任务的能力，可以使用单位时间内的产出量来度量。不同类型的企业，往往使用不同的产出量单位计量能力。例如，流程型的石化企业往往采用单位时间吨来表示能力；纺织行业采用单位时间米来表示能力；离散型的制造企业往往采用单位时间件数来表示能力。但是，对于某一个企业来说，基于单位时间的工时数量往往可以表示企业或企业内部的生产作业能力。因此，在 ERP 系统中，工作中心能力通常采用工时来衡量。前面讲过，工作中心既包括了机器设备，也包括了作业人员。工作中心的能力既可以使用机器设备工时表示，也可以使用作业人员工时表示。因此，工作中心能力的度量与企业的工时定额管理紧密相关。

从机器设备角度来看，工作中心能力数据包括同种功能的设备的数量和每一台设备每个工作日的标准工时。但是，工作中心的机器设备往往由于折旧、维修和破损等原因，很难达到额定的标准工时能力，因此，工作中心能力还包括了每一台机器设备每个工作日的作业效率，以便对标准工时能力进行校正。

从作业人员角度来看，工作中心能力数据包括工作中心作业人数和每个人每日的标准作业工时。但是，同一个作业人员由于不同的技术熟练程度，其作业能力也有很大的差别。因此，在确定作业人员的标准作业工时时，一定要选择一个基准的技术等级，不同的技术等级对应有一个调整系数，该调整系数对标准作业工时进行校正。

当前，在很多 ERP 系统的工作中心能力数据中，缺乏作业人员技术等级作为标准作业工时调整参数的依据。

工作中心能力数据不仅是工作中心能力的度量，而且还是制造费用分摊的依据。在实际应用中，究竟是采用机器设备工时作为工作中心的能力，还是采用作业人员的作业工时作为工作中心的能力，一定要根据具体问题进行具体分析。以机器设备为主要作业手段的工作中心，应该采用机器设备工时为能力标准。以作业人员作业为主要手段的工作中心，应该采用作业人员作业工时为能力标准。

需要注意的是，有些人认为产品零部件的复杂程度也会影响到工作中心的能力。作者认为这种看法是不妥当的。工作中心的能力是根据企业一般情况下的机器设备的能力和作业人员的能力确定的，是工作中心本身的性质。对于工作中心而言，产品零部件的复杂程度是外界因素，它不能影响工作中心的能力。产品零部件的复杂程度应该通过其本身的加工和装配工时定额反映出来。

另一个需要注意的问题是，不同类型的设备，往往能力有很大的差别。例如，一台普通车床一小时的工作效率与一台先进的数控加工中心一小时的工作效率相比，有着很大的不同。其能力计量方法也存在很大的差别。因此，其能力度量、成本核算和制造费用分摊方式等都不同。

# 2.5　提前期管理

提前期，英文是 lead time，简称 LT，是指作业开始到作业结束花费的时间，是设计工艺路线、制订生产计划的重要基础数据之一。例如，某个产品的交付提前期是指从作为开始时间的签订订单日期至作为结束时间的向客户交付产品的交付日期之间的时间。提前期的概念体现了对最终结束时间的重视。有时也把提前期称为作业时间或作业工时。如果把提前期称为工时，则体现了对作业开始至作业结束这段时间长度的重视。从本质上来说，提前期管理是对生产作业和管理作业的量化管理形式。

基于不同的使用目的和根据不同的划分标准，可以把提前期分为多种不同的类型。这些划分标准包括生产过程、生产计划等。

从生产过程的角度来看，提前期可以分为产品设计提前期、生产准备提前期、采购提前期、生产加工提前期、装配提前期、试验和测试提前期以及发货运输提前期等类型。产品设计提前期是指从接受订单开始至产品设计、工艺设计完成所需要的时间。生产准备提前期是指从生产计划开始到生产准备工作完成(可以投入生产)所需的时间。生产准备的内容包括硬件准备和软件准备。硬件准备包括工装夹具、原辅材料等准备；软件准备包括加工图纸、技术文档等内容的准备。采购提前期是指从下达采购订单到所采购的物料入库的全部时间。生产加工提前期是指从生产加工投入开始至生产完工入库的全部时间。装配提前期是指从装配投入开始至装配完工的全部时间。试验和测试提前期是指产品装配完成之后进行试验、测试所需要花费的时间。发货运输提前期是指产品测试之后开始包装、出库、装箱和运输，直到客户接收到产品所需要的时间。

有时也把采购、加工和装配提前期的总和称为累计提前期，因为采购、加工和装配是ERP 系统中主要考虑的生产环节。把产品的整个生产周期称为总提前期。

从计划的角度来看，可以把提前期划分为标准提前期、计划提前期和实际提前期。标准提前期是指在正常情况下，针对单个零部件或产品，某项作业从开始至结束所需要的时间。计划提前期是指在正常情况下由计划下达至计划完成所需要的时间，它是在考虑了作业数量、并行操作方式等因素的基础上通过标准公式计算得到作业时间。由于不同工序之间可以交叉作业，计划提前期往往小于所有单个工序的标准提前期之和，如图 2-6 所示的是工序之间交叉作业对提前期影响的示意图。图 2-6(a)中的 LT1 是没有考虑交叉作业时的提前期。图 2-6(b)中的 LT2 是考虑了交叉作业时的提前期。显然，LT2<LT1。标准提前期是指从作业开始至作业完成所需要的时间，实际提前期是作业在实际环境影响下所需要的时间。实际提前期是标准提前期和计划提前期修正后的依据。

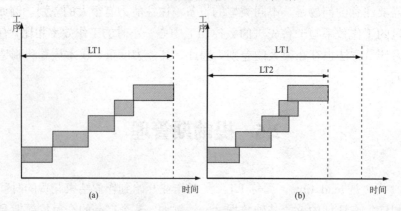

图 2-6 交叉作业和提前期之间的关系示意图

对于生产加工提前期，按照与产品数量之间的关系，可以把提前期分为变动提前期和固定提前期。与加工产品数量有关的提前期称为变动提前期，与加工产品数量无关的提前期称为固定提前期。

生产加工通常由多项工序组成。工序提前期是指工序从进入工作中心到离开工作中心期间所花费的时间。工序提前期又被称为工时。一般情况下，每一个作业的工时由多种不同的时间组成。这些时间包括排队时间、准备时间、加工时间、等待时间和移动时间等。这些时间的单位通常是秒、分或时等。

- 排队时间：在工作中心安排作业前耗费的排队时间。
- 准备时间：在加工前需要做的准备工作所花费的时间，例如，开机、检查和调整机器、安装拆卸工装夹具以及加油等，每一批零部件的作业都需要消耗时间。
- 加工时间：每一个零部件加工、装配的实际作业时间。
- 等待时间：工作中心作业完成之后不能立即转移到下一个工作中心，需要等待一段时间才能转移到下一道工序。
- 移动时间：又称搬运时间或运输时间，从当前工序转移到下一道工序花费的时间。

在 ERP 系统中，提前期是重要的基础数据，在物料数据中维护。产品设计提前期与生产加工提前期和采购提前期的性质不同。对于某一个产品来说，产品设计往往是一次性的工作，生产加工、物料采购则通常是重复性的工作。因此，提前期通常考虑的是生产加工提前期和采购提前期，而不是产品设计提前期。

# 2.6　工序和工艺路线

工艺路线，英文是 routing，是描述物料加工、零部件装配的操作顺序的技术文件，是多个工序组成的序列。工序是生产作业人员或机器设备为了完成指定的任务而做的一个动作或一连串动作，是加工物料、装配产品的最基本的加工作业方式，是与工作中心、外协供应商等位置信息直接关联的数据，是组成工艺路线的基本单位。例如，一条流水线就是一条工艺路线，这条流水线上包含了许多的工序。

**注意：**

在传统的 ERP 系统中，工艺路线是生产加工、装配中的概念。实际上，工艺路线的概念也可以扩展到管理过程中。管理工作或者管理作业，应该像生产作业那样，制定规范的作业流程、明确每项活动的时间定额和费用标准、设置每项活动需要的工作中心等，这样就可以把 ERP 系统应用到更广泛的领域。

工艺路线是一种关联工作中心、提前期和物料消耗定额等基础数据的重要基础数据，是实施劳动定额管理的重要手段。

从性质上来讲，工艺路线是指导制造单位按照规定的作业流程完成生产任务的手段。

在 MRP 中，可以根据产品、部件、零件的完工日期、工艺路线和工序提前期计算部件、零件和物料的开工日期，以及子项的完工日期。

在 CRP 中，可以基于工序和工艺路线计算工作中心的负荷(消耗的工时)。因此，工艺路线也是计算工作中心能力需求的基础。根据在每一道工序采集到的实际完成数据，企业管理人员可以了解和监视生产进度完成情况。工艺路线提供的计算加工成本的标准工时数据是成本核算的基础和依据。

工艺路线如果没有与具体的物料加工关联，则这种工艺路线就是标准的工艺路线。一般情况下，工艺路线是与具体的物料加工关联在一起的，这时才能有准确的提前期数据。因此，工艺路线数据包括了加工的物料数据。例如，空调器中的蒸发器、冷凝器部件的标准装配工艺路线的工序包括串 U 型管、胀管、折弯、清洗、封管、气密测试、整理和包装入库等。U 型管的加工顺序是：下料、弯管、切管、收管口和打毛刺。

一般情况下，工艺路线数据主要包括工艺路线编码、工艺路线名称、工艺路线类型、制造单位、物料编码、物料名称、工序编码、工序名称、加工中心编码、是否外协、时间单位、准备时间、加工时间、移动时间、等待时间、固定机时、变动机时、固定人时、变动人时、替换工作中编码、生效日期、失效日期和检验标志等。

编写工艺路线的过程包括确定原材料、毛坯；基于产品设计资料，查阅企业库存材料标准目录；依据工艺要求确定原材料、毛坯的规格和型号；确定加工、装配顺序即确定工序；根据企业现有的条件和将来可能有的条件、类似的工件、标准的工艺路线和类似的工艺路线以及经验，确定加工和装配的顺序；选定工作中心，根据企业现有的能力和将来可能有的条件，基于尺寸和精度的要求，确定各个作业的额定工时等。

工艺路线和工序不是一成不变的，而是随着生产类型、技术进步、产品发展和员工素质的不断提高而变化的。

# 2.7 制 造 日 历

如果把日期作为一种资源，那么，制造日历是一个基于日期的能力需求计划。制造日历是一种明确表示工作日期、休息日期的日历，有时也称为工作日历。制造日历的作用有：作为考勤计算的依据；在 MPS、MRP 中基于提前期计算主生产计划、作业计划时用于确定开工日期、完工日期的依据；计算工作中心产能负荷时的日期基础；资金实现日期的认定。如图 2-7 所示的是一个典型的制造日历。

| 2011 年<br>10 月 27 日<br>星期四<br>工作日 | 2011 年<br>10 月 28 日<br>星期五<br>工作日 | 2011 年<br>10 月 29 日<br>星期六<br>休息日：正常 | 2011 年<br>10 月 30 日<br>星期日<br>休息日：正常 | 2011 年<br>10 月 31 日<br>星期一<br>工作日 |
| --- | --- | --- | --- | --- |
| 2011 年<br>11 月 1 日<br>星期二<br>工作日 | 2011 年<br>11 月 2 日<br>星期三<br>工作日 | 2011 年<br>11 月 3 日<br>星期四<br>休息日：调休 | 2011 年<br>11 月 4 日<br>星期五<br>休息日：调休 | 2011 年<br>11 月 5 日<br>星期六<br>休息日：正常 |

图 2-7　典型的制造日历

制造日历有两种类型，即单一制造日历和复杂制造日历。对于一个企业来说，无论是生产部门还是管理部门，无论是执行表面处理作业的工作中心还是完成产品装配作业的工作中心，都使用同一个制造日历，则这种企业的制造日历被称为单一制造日历。在一个企业中，由于环境条件限制(例如能源消耗等、设备维修等管理需要)，不同的部门、不同的工作中心有可能采用不同的生产日期和休息日期，从而具有不同的制造日历。这种企业的制造日历被称为复杂制造日历。

对于采用复杂制造日历的企业来说，不同组织层次的制造日历具有不同的优先级。位于组织层次最低的工作中心具有最高优先级的制造日历，位于组织层次最高的企业具有最低优先级的制造日历。也就是说，如果在某个工作中心上定义了制造日历，那么该工作中心使用自己的制造日历。如果某个工作中心没有定义自己的制造日历，那么采用所属部门的制造日历。如果所属部门也没有制造日历，那么该工作中心采用企业的制造日历。

有的人建议把制造日历按照序号排列，以便于提前期的计算。笔者认为这种建议是不妥的。首先，对于计算机来说，无论是按照日期，还是按照编号，计算提前期的复杂程度几乎是没有差别的；其次，如果按照编号，那么日历编号资源的管理工作又是一项人为的额外工作。

# 2.8　其他基础数据

在 ERP 系统中，除了前面介绍的基础数据之外，还包括一些其他的基础数据。这些其他基础数据主要包括日期的标准格式、记账的本位币、单据审核日期设定、税额计算方式、库存账目的参数、会计年度和会计期间、币种与汇率、常用语、页脚和签核等。

最基础的数据包括日期的标准格式和账本记账的本位币。一般情况下，在中国市场上销售的 ERP 系统，其日期的标准格式是 YYYYMMDD，账本记账的本位币应该是人民币(RMB)。

有关单据审核日期的认定基础可以按照企业的需要来设定，既可以设置为依照单据录入计算机时的系统日期，也可以设置为依照单据业务发生时的实际日期。

有关税额计算的方式可以依照企业的管理设定，既可以依照单据的总金额计税，也可以依照单据明细项记录的金额分别计税。

针对库存账目，应该可以设置库存结账年月、库存封账年月和账务冻结日期等，确保库存信息的安全。为了规避财务做账对业务操作的影响，应保证财务做账所需的会计期间、结账和封账等活动不影响业务操作。

会计做账期别，既可以设置为 1 年 12 期，也可以根据需要设置为 1 年 13 期，甚至还可以设置为其他数据。在中国，会计年度和会计期间是固定的，自然年度是一个会计年度，12 个自然月则是会计期间。但是，在其他许多国家，会计年度和会计期间是由企业自己灵活设置的。随着全球化经济的发展，中国企业与国际企业的交往越来越频繁，因此灵活地设置会计年度和会计期间是企业的一个现实需求。

币种与汇率数据主要包括币种简称、币种名称、银行买入汇率、银行卖出汇率、报关买入汇率和报关卖出汇率等，适用于从事涉及生产和贸易的企业。为了执行符合国家规定和国际惯例的小数后取位计算，系统应该具有单价可以定义小数位数、金额可以定义小数位数、成本单价可以定义小数位数、成本金额可以定义小数位数等功能。

常用语数据主要包括企业生产经营过程中经常使用的语句信息，可以减少人工录入这些信息的拼字时间。常用语可以分为个人常用语和企业常用语两种类型。常用语的管理方式应该采用便于扩充的树状结构。

页脚、签核数据主要包括多组页脚注记信息、多组签核信息，可以用于报表和单据。页脚、签核数据的作用是：减少人工录入信息的拼字时间，提高录入信息的效率；标准化注记和签核信息，提高信息的质量。

# 2.9　本章小结

本章讲述了 ERP 系统中的基础数据和企业资源管理的重要形式。首先分析了企业资源和基础数据之间的关系。其次，对物料、物料编码和物料属性进行了详细地研究。第三，讨论了物料清单的作用、类型和特点。第四，主要介绍了与工作中心和能力数据相关的知识。第五，解释了提前期的概念。第六，阐述了工艺路线和工序的特点和作用。第七，对常用的制造日历的特点和作用进行了介绍。最后，对其他类型的基础数据进行简单介绍。

# 2.10　思考和练习

1. 什么是企业资源？企业资源的作用是什么？
2. 什么是基础数据？为什么要研究基础数据？
3. 试述企业资源和基础数据之间的关系。
4. 在 ERP 系统中，物料的作用是什么？
5. 物料编码应该遵循哪些基本原则？
6. 物料的基本属性是什么？分组讨论物料的每一个基本属性的意义。
7. ABC 分类的特点是什么？
8. 谈谈你对补货政策的理解。
9. 在 ERP 系统中，常用的批量政策是什么？分析这些批量政策的管理意义。
10. 在物料的销售属性中，如何控制物料的销售价格？
11. 什么是存货计价方法？如何使用存货计价方法进行成本核算？
12. 月加权平均成本和移动加权平均成本的区别是什么？
13. 实际成本计价法和标准成本计价法的不同点是什么？
14. 简述 BOM 的特点和作用。

15. 什么是虚拟件？虚拟件的作用是什么？

16. 什么是选用件？选用件的特点是什么？

17. 在选用件中，单选件和多选件的管理意义是什么？举例说明。

18. 分析比较工程设计 BOM、工艺规划 BOM、生产制造 BOM 和成本 BOM 之间的区别与联系。

19. 物料用量清单和物料用途清单的类型和作用是什么？

20. 如何创建物料的 BOM 结构？

21. 工作中心的作用是什么？

22. 应该遵循什么样的基本原则确定工作中心？

23. 如何度量工作中心的能力？

24. 解释提前期的作用和类型。

25. 交叉作业是如何影响提前期的？

26. 比较加工提前期和累计提前期的特点。

27. 工艺路线的作用是什么？

28. 一般情况下，描述工艺路线的主要属性是什么？

29. 制造日历的作用是什么？

30. 分组讨论：日常工作中的常用语可以作为基础数据管理吗？为什么？

31. 分组讨论：ERP 系统是对企业资源优化配置的工具。该观点是否正确？

# 第3章
# 主生产计划

## 案例研究：隆中对

时先主屯新野。徐庶见先主，先主器之，谓先主曰："诸葛孔明者，卧龙也，将军岂愿见之乎？"先主曰："君与俱来。"庶曰："此人可就见，不可屈致也。将军宜枉驾顾之。"

由是先主遂诣亮，凡三往，乃见。因屏人曰："汉室倾颓，奸臣窃命，主上蒙尘。孤不度德量力，欲信大义于天下，而智术浅短，遂用猖獗，至于今日。然志犹未已，君谓计将安出？"

亮答曰："自董卓已来，豪杰并起，跨州连郡者不可胜数。曹操比于袁绍，则名微而众寡，然操遂能克绍，以弱为强者，非惟天时，抑亦人谋也。今操已拥百万之众，挟天子而令诸侯，此诚不可与争锋。孙权据有江东，已历三世，国险而民附，贤能为之用，此可以为援而不可图也。荆州北据汉、沔，利尽南海，东连吴会，西通巴、蜀，此用武之国，而其主不能守，此殆天所以资将军，将军岂有意乎？益州险塞，沃野千里，天府之土，高祖因之以成帝业。刘璋暗弱，张鲁在北，民殷国富而不知存恤，智能之士思得明君。将军既帝室之胄，信义著于四海，总揽英雄，思贤如渴，若跨有荆、益，保其岩阻，西和诸戎，南抚夷越，外结好孙权，内修政理；天下有变，则命一上将将荆州之军以向宛、洛，将军身率益州之众出于秦川，百姓孰敢不箪食壶浆，以迎将军者乎？诚如是，则霸业可成，汉室可兴矣。"

先主曰："善！"于是与亮情好日密。

关羽、张飞等不悦，先主解之曰："孤之有孔明，犹鱼之有水也。愿诸君勿复言。"羽、飞乃止。

## 课堂思考和问答：

1. 三国时期，诸葛亮的隆中对描述了什么样的战略思想？

2. 分析一下，诸葛亮为什么可以提出这样的战略思想？他提出这种思想的前提条件是什么？

3. 诸葛亮的这种战略思想最后是否实现？其实现过程是什么？为什么？

4. 分析战略计划和MPS之间的关系。

5. 如何用MPS描述诸葛亮的战略思想？

6. 如果采用ERP系统来模拟和分析三国之间的政治和军事斗争，能否实现？为什么？

主生产计划(master production schedule，MPS)是一个重要的计划层次，是 ERP 系统计划的开始。MPS 把企业的宏观计划转变成可操作的微观作业计划，把企业对未来的预测转变成一种实实在在的计划，把企业销售部门签订的外部订单转变成一种稳定的内在生产需求。MPS 是 ERP 系统运算的开始和基础，是关联 ERP 系统各种基础数据的重要工具，是企业生产管理部门管理和指导生产的重要依据。

# 3.1 概　述

MPS 是主生产计划(master production schedule)的简称，是描述企业生产什么、生产多少以及什么时段完成的生产计划，是把企业战略、企业生产计划大纲等宏观计划转化为生产作业和采购作业等微观作业计划的工具，是企业物料需求计划的直接来源，是粗略平衡企业生产负荷和生产能力的方法，是联系市场销售和生产制造的纽带，是指导企业生产管理部门开展生产管理和调度活动的权威性文件。

首先，MPS 的主要内容是描述企业生产什么、生产多少以及什么时段完成的，这也是 MPS 的主要特征。其中，"生产什么"主要描述 MPS 的计划对象；"生产多少"主要描述 MPS 计划对象的明确计划数量；"什么时段完成"主要描述 MPS 的计划对象最终完成的时段，这里所指的时段通常是最迟时段。如果时段的单位是天，那么时刻的粒度是天。例如，飞龙自行车制造有限公司将在 2018 年 10 月 31 日以前完成 3 000 辆男式 26 自行车的生产。这种计划描述了生产对象(男式 26 自行车)、生产数量(3 000 辆)以及什么时段完成(2018 年 10 月 31 日)，因此这是 MPS 计划的内容。

其次，MPS 是把企业战略目标、经营规划和企业生产计划大纲等宏观计划转化为生产作业和采购作业等微观作业计划的工具。无论是企业战略，还是经营规划、企业生产计划大纲，都是描述企业未来发展或者长期发展的一个目标，这个目标一般不是具体的目标，而是一个概括性的目标。例如，飞龙自行车制造有限公司将在 2018 年以前发展成为中国最大的自行车制造商和出口商，无论是生产和销售的自行车种类还是自行车数量，都雄踞中国自行车市场首位。该目标显然是一个战略目标。如果飞龙自行车制造有限公司 2018 年度的销售收入计划是 20 000 万元人民币，那么这种计划属于经营规划的内容。如果进一步细分，飞龙自行车制造有限公司将在 2018 年 10 月份完成 8 000 辆电动自行车的生产，那么这种计划是生产计划大纲中的主要内容。如果生产计划大纲进一步细分，这种细分后的生产计划就是本章所要研究的 MPS。根据 MPS 的基本运算原理，可以得到企业的采购作业计划和生产作业计划。采购作业计划和生产作业计划都是企业实际执行的微观作业计划。从这个角度来看，MPS 是把宏观计划转变成微观计划的重要工具。

MPS 是企业 MRP 的直接来源。实际上，MPS 只回答了企业生产什么、生产多少以及什么时段完成的问题，但是没有回答需要什么、需要多少以及什么时段需要等问题。MRP 则回答了需要什么、需要多少和什么时段需要等问题的更加详细的作业计划。在谈到 MPS 和 MRP 之间的关系时，不可避免地要提到独立需求和相关需求概念。一般认为，MPS 的计划对象是独立需求，MRP 的计划对象是相关需求。这里需要注意的是，由于不同的生产类型和不同的管理要求，MPS 的计划对象也可能是相关需求。例如，在计算机制造企业中，MPS 的计划对象既可能是完整的计算机，也可能只是主机、显示器、键盘和鼠标等组成部件。

MPS 是粗略平衡企业生产负荷和生产能力的方法。MPS 不仅是一种生产计划，而且是一种可行的生产计划，这是因为在 MPS 的制订过程中执行了粗能力计划的校验。之所以是粗略平衡了企业的生产负荷和生产能力，是因为平衡过程中仅仅使用了关键工作中心，没有涉及所有的工作中心。关键工作中心是指容易形成生产瓶颈的工作中心，关键工作中心是在定义工作中心时指定的。

MPS 是联系市场销售和生产制造的纽带。企业的市场销售部门主要负责产品销售，与客户签约订单。产品订单是市场销售部门的工作成果，也是企业生产制造部门需要完成的任务。虽说产品订单是生产制造部门的任务标的，但是，由于产品订单签约日期、签约产品类型和数量的不稳定性，如果将其直接作为生产制造部门的任务来源，则会造成生产制造部门生产和需求的不完全匹配，破坏生产过程的均衡。因此，MPS 作为一种纽带，将订单转换为生产制造部门的任务来源。

MPS 是指导企业生产管理部门开展生产管理和调度活动的权威性文件。这是因为 MPS 是生产管理部门开展生产管理和调度活动的依据，因此也是指导这些活动的依据。如果生产中出现了问题，例如，设备故障、人员操作问题、产品设计或工艺设计问题和产品质量不达标等问题，将会造成生产过程的停顿、生产进度的延迟等后果，这些问题必须及时、妥善地解决。解决这些问题的一个权威性文件就是 MPS。依据 MPS，在确保完成 MPS 计划的条件下，对生产作业进行调整。

有人会问到这样的问题：为什么必须根据 MPS 制定 MRP 呢？难道不能直接根据销售预测结果和客户订单来制定 MRP 吗？答案是不能，因为必须根据 MPS 制定 MRP 的目的是满足均衡生产的需要。如果直接根据销售预测结果和客户订单来制定 MRP，就会使得生产任务不平衡，生产任务时而多、时而少，造成一种不均衡的生产节奏。不均衡的生产节奏表现为：时而加班加点、设备日夜运转，时而员工无事可做、设备闲置。长期的不均衡的生产节奏有可能造成生产无序。由于预测结果和客户订单不稳定的传导性，不宜将其作为 MRP 的直接来源。MPS 工具在这种转换过程中起到了三个作用：第一，屏蔽了需求来源的多样性和复杂性，使得 MPS 是 MRP 的唯一来源，从而大大简化 MRP 处理多样性需求的算法；第二，作为一种缓冲器，大大降低了预测结果和客户订单不稳定性向 MRP 的传播，有助于保障生产过程的均衡性；第三，提高了 ERP 系统的柔性和扩展性，新增的 ERP 功能模块只要可以处理 MPS 的结果即可，无须考虑其他各种形式的需求方式。

## 3.2　影响 MPS 的主要因素

由于企业经营的复杂性，影响 MPS 的因素非常多。一般来说，可以把影响 MPS 的因素分为 4 大类，即生产类型因素、计划类因素、预测因素和订单因素。这些因素各有其特点，且不同的因素对 MPS 的影响程度也不一样。

在编写 MPS 时，还应该遵循以下基本原则：第一，最少项目原则，对最少的项目数进行排产，选定产品结构中的某一级，使得可列出的项目数最少；第二，只列出可构造项目原则，MPS 应该只列出实际的、独立的可构造项目，而不是项目组；第三，列出对生产能力(生产周期长、生产流程复杂等)和财务数据(成本高、费用高和价值昂贵等)有重大影响的项目；第四，对有多种选择性的产品，最好将 MPS 设在基本部件级；第五，安排有机器设备的预防性维修时间，并且把预防维修作为 MPS 中的一个项目。

## 3.2.1　生产类型因素

制造企业是多种多样的，为了更好地认识和理解这些企业的特点，通常使用生产类型把制造企业划分成不同的类型。生产类型是对同一类制造企业主要特征的描述。生产类型因素对 MPS 的影响主要表现在对 MPS 计划对象的影响上。

如果按照生产工艺划分，可以把企业分为离散型企业和流程型企业两种。如果按照生产过程的管理方式划分，可以把企业划分为备货式生产(make to stock，MTS)、订货式生产(make to order，MTO)、装配式生产(assembly to order，ATO)和工程式生产(engineer to order，ETO)。下面重点介绍不同的管理方式对 MPS 的影响。

MTS 表示组织生产早于签约订单，企业保存了大量的库存产品，用户可以根据现有的库存产品进行选择和签约订单。在 MTS 中，经常采用大量的原材料和零部件生产种类比较少的产品。这种生产方式适用于大众化的普通商品的生产，例如，电视机、服装、家具和自行车等商品的生产。在这种生产方式中，企业非常重视市场预测、经营战略和生产计划等工作。在 MTS 企业中，MPS 的计划对象往往是企业最终的产品，也就是说，MPS 的计划对象与企业的销售对象是一致的。

MTO 表示签约订单早于组织生产，企业只是保存了少量的库存产品，用户根据企业的产品目录进行选择和签约订单，企业在拿到订单后再开始组织生产。在 MTO 中，企业经常使用少量的原材料和零部件生产多品种的产品，这些产品往往价值高、交付期短。例如，大型机床、飞机、船舶等大型复杂产品的生产往往采取 MTO 方式。在这种生产方式中，企业的制造技术和产品质量尤其重要。在 MTO 企业中，MPS 的计划对象往往是价值高、技术复杂、生产提前期长且性能重要的原材料和零部件，企业的所销售产品是通过最终装配计划完成的。

在 ATO 企业中，产品往往是一系列多种规格的产品。这些产品的结构基本相同，都是由一些基本的组件和一些通用件组成。每一项基本组件往往有多种不同的选择。例如，计算机、汽车都是这种典型的生产方式。在 ATO 企业中，MPS 的计划对象往往是基本组件或通用件。例如，在计算机企业中，MPS 的计划对象可以是显示器、键盘和鼠标等；在汽车企业中，MPS 的计划对象可以是发动机、仪表盘等。

ETO 也称为按订单设计或按项目设计。在这种生产类型下，最终产品往往比较复杂，且在很大程度上是按照客户的特定要求来设计和生产，支持客户化的设计是这种生产类型的重要组成部分。在这种生产类型下，由于大多数产品都是为特定客户量身定制的，这些产品可能只生产一次，以后可能不会重复生产了。例如，楼宇电梯往往是根据具体的环境进行设计和生产的。在 ETO 企业中，MPS 的计划对象往往是最终产品。

需要注意的是，一个企业中不同的产品往往具有不同的特点。因此，在企业中，MPS 的计划对象一定要具体问题具体分析，MPS 的计划对象的最终确定一定要符合企业生产管理的特点。

## 3.2.2　计划类因素

计划类因素对 MPS 的影响是全面的，既可能影响到 MPS 的来源，也可能影响到 MPS 的计划对象。计划类因素主要包括经营战略、经营计划和生产计划大纲等内容。

战略是重大的、涉及全局性的谋划，是统一的、综合的和一体化的计划，用来实现组织的基本目标。战略专家 Quinn 认为，企业经营战略将企业的主要目的、政策或活动按照一定的顺序组合成一个整体，它主要包括 3 个要素：可以达到的、最主要的目的和目标；指导或约束经营活动的重要政策；可以在一定条件下实现预定目标的重要活动程序或项目。例如，2016 年 6 月，青岛海尔公司和通用电气公司宣布，双方已就青岛海尔整合通用电气家电公司的交易达成一致，标志着通用电气家电正式成为青岛海尔的一员。这项并购为青岛海尔公司的国际化深度发展奠定了重要基础，这是海尔公司的经营战略。当然，这种战略对 MPS 的影响不是直接的，只是一种指导思想的影响。

经营计划，又被称为经营规划、中长期发展计划或销售计划，是企业在经营战略的指导下，制订的适应市场环境的对策计划，它主要说明企业的销售目标和利润目标。经营计划的作用是协调市场需求和企业制造能力之间的差距。如果市场需求增大，预计销售目标上升，那么，企业应该扩大自身的制造能力。经营计划的展望期一般为 5～10 年，并且按年制订。经营计划对 MPS 的影响虽然很大，但不是直接的，只是一种指导性的影响。如表 3-1 所示的是飞龙自行车制造有限公司 2006—2010 年的经营计划，包括了每一年的利润目标和销售目标。

表 3-1　飞龙自行车制造有限公司 2006—2010 年经营计划

| 年　　份 | 2006 | 2007 | 2008 | 2009 | 2010 |
|---|---|---|---|---|---|
| 利润目标(万元) | 300 | 400 | 500 | 800 | 1 500 |
| 销售目标(万元) | 15 000 | 18 000 | 20 000 | 30 000 | 50 000 |

按照经营计划，每一年的销售计划可以细化到月份。如表 3-2 所示的是飞龙自行车制造有限公司 2006 年的销售计划，该表中的销售目标应该与表 3-1 中对应的销售目标相一致。

表 3-2　飞龙自行车制造有限公司 2006 年的销售计划

| 月　　份 | 1 | 2 | 3 | 4 | 5 | 6 | 7 | 8 | 9 | 10 | 11 | 12 |
|---|---|---|---|---|---|---|---|---|---|---|---|---|
| 销售目标<br>(万元) | 120 | 120 | 120 | 120 | 120 | 120 | 120 | 120 | 120 | 120 | 150 | 150 |

生产计划大纲是对企业经营计划或销售计划的进一步细化,用于说明企业在可用资源的条件下,在计划展望期内每一类产品的月生产量,以及每一类产品和所有类型产品的月汇总量和年汇总量。需要注意的是,年汇总量应该与经营计划中的销售目标或销售计划中的销售目标一致。生产计划大纲的计划展望期是 1～3 年,且按月分解。生产计划大纲的主要作用是协调经营计划对资源需求和企业可用资源之间的差距。如表 3-3 所示的是飞龙自行车制造有限公司 2006 年的生产计划大纲。

表 3-3 飞龙自行车制造有限公司 2006 年的生产计划大纲

| 产品大类(辆) | 1月 | 2月 | 3月 | 4月 | 5月 | 6月 | 7月 | 8月 | 9月 | 10月 | 11月 | 12月 | 合计 |
|---|---|---|---|---|---|---|---|---|---|---|---|---|---|
| 普通自行车 | 10 000 | 10 000 | 10 000 | 10 000 | 10 000 | 10 000 | 10 000 | 10 000 | 10 000 | 10 000 | 12 000 | 12 000 | 124 000 |
| 电动自行车 | 6 000 | 6 000 | 6 000 | 6 000 | 6 000 | 6 000 | 6 000 | 6 000 | 6 000 | 6 000 | 7 000 | 7 000 | 74 000 |
| 普通三轮车 | 5 000 | 5 000 | 5 000 | 5 000 | 5 000 | 5 000 | 5 000 | 5 000 | 5 000 | 5 000 | 5 000 | 5 000 | 60 000 |
| 电动三轮车 | 3 000 | 3 000 | 3 000 | 3 000 | 3 000 | 3 000 | 3 000 | 3 000 | 3 000 | 3 000 | 3 000 | 3 000 | 36 000 |
| 汇总 | 24 000 | 24 000 | 24 000 | 24 000 | 24 000 | 24 000 | 24 000 | 24 000 | 24 000 | 24 000 | 27 000 | 27 000 | 294 000 |

生产计划大纲对 MPS 的影响是直接的。实际上,生产计划大纲是企业经营战略在特定年度的表现形式,是经营计划的细化。根据生产计划大纲可以推算出 MPS 的数据。但是,生产计划大纲对 MPS 的影响是有条件的。这些条件为:第一,生产计划大纲的计划展望期与 MPS 的计划展望期往往不同;第二,由于生产计划大纲中的数据主要是通过预测得到的,但是预测的结果也往往被直接用于 MPS,所以,如果把预测作为 MPS 的一个重要来源,生产计划大纲对 MPS 的作用就会被削弱。

## 3.2.3 预测因素

在 ERP 系统中,预测因素是影响 MPS 的一个重要的直接因素。预测不仅仅影响 MPS,它对经营计划和生产计划大纲都有很大的影响。事实上,产品预测量通常是 MPS 的一个重要来源。

预测是利用一定的数据和方法对事物的发展趋势进行科学的推断。预测的方法和手段被称为预测技术。在 ERP 系统中,预测是指对未来产品销售量的科学推断。常用的预测方法包括调查预测方法、主观判断预测方法、客观计量预测方法、概率预测方法和模糊评判预测方法等。如表 3-4 所示的是目前常用的预测方法。

表 3-4　常用的预测方法

| 预测方法类型 | | 序　号 | 预 测 方 法 |
|---|---|---|---|
| 调查预测方法 | | 1 | 全面调查法 |
| | | 2 | 典型调查推断法 |
| | | 3 | 抽样调查推断法 |
| 主观判断预测法 | | 4 | 集合意见法 |
| | | 5 | 特尔菲法(德尔菲法) |
| | | 6 | 主观概率法与交叉影响法 |
| 客观计量预测法 | 时间序列预测方法<br>(趋势外推法) | 7 | 平均数法 |
| | | 8 | 指数平滑法 |
| | | 9 | 季度变动法 |
| | | 10 | 线性与非线性趋势回归法 |
| | | 11 | 产品寿命周期法 |
| | | 12 | 生长曲线法 |
| | | 13 | 鲍克斯—詹金斯法 |
| | 因果关系预测法 | 14 | 回归分析预测法和自回归预测法 |
| | | 15 | 相关系数法 |
| | | 16 | 弹性系数法 |
| | | 17 | 投入产出法 |
| | | 18 | 经济计量模型法 |
| | | 19 | 引申需求法 |
| | | 20 | 拉格朗日插值法 |
| | | 21 | 置信区间与可靠度预测法 |
| 概率预测方法 | | 22 | 马尔科夫分析预测法 |
| | | 23 | 贝叶斯概率预测法 |
| | | 24 | 蒙特卡罗模拟法 |
| 模糊评判预测法 | | 25 | 模糊评判预测法 |

对于不同的市场特征,应该选择不同的预测方法,采取不同的经营决策。在企业的不同生命周期,市场特征、预测方法和经营决策的对应关系表如表 3-5 所示。

表 3-5　市场特征、预测方法和经营决策的对应关系表

| | 投 入 期 | | 成 长 期 | | 成 熟 期 | | 衰老期 |
|---|---|---|---|---|---|---|---|
| | 研 制 期 | 试 销 期 | 流 行 期 | 畅 销 期 | 饱 和 期 | 稳 定 期 | 滞 销 期 |
| 市场特征 | 1. 样机试用<br>2. 样机鉴定<br>3. 样机宣传<br>4. 以试为主 | 1. 仅是革新者购买<br>2. 销售缓慢<br>3. 普及率低,低于 5%<br>4. 促销宣传,打开销路 | 1. 示范作用起连锁反应<br>2. 销量上升,且流行起来<br>3. 普及率提高,达 5%~50%<br>4. 有竞争者加入 | 1. 连锁反应下降<br>2. 销量上升<br>3. 普及率更高,高达 50%~80%<br>4. 竞争者更多 | 1. 连锁反应消失<br>2. 以新换旧开始增加<br>3. 普及率高达 80%~90% | 1. 销售量在一个范围内波动<br>2. 以新换旧成为购买主流<br>3. 普及率高达 90%以上 | 1. 原产品销售量逐年下降<br>2. 第二代产品出现,并逐渐替代原产品 |

(续表)

| | 投　入　期 | | 成　长　期 | | 成　熟　期 | | 衰　老　期 |
| --- | --- | --- | --- | --- | --- | --- | --- |
| | 研　制　期 | 试　销　期 | 流　行　期 | 畅　销　期 | 饱　和　期 | 稳　定　期 | 滞　销　期 |
| 预测方法 | 1. 国内外相似产品历史分析法<br>2. 投入产出分析法<br>3. 特尔菲法<br>4. 市场调查法<br>5. 专家集合意见法 | 1. 市场调查法<br>2. 促销调查法<br>3. 购买力预测法<br>4. 推销预测法 | 1. 购买力与购买意图市场调查法<br>2. 时间序列法、因果关系法等定量预测法<br>3. 产销量平衡分析法<br>4. 资源预测 | | 1. 销售结构调查分析<br>2. 产品寿命周期分析<br>3. 消费心理分析<br>4. 时间序列预测法<br>5. 因果关系预测法<br>6. 经济效果预测 | | 1. 市场调查、行业情报<br>2. 新老产品对比法<br>3. 趋势判断法<br>4. 寻找转折点<br>5. 经济效果预测 |
| 经营决策 | 1. 确定研制目标<br>2. 产品设计<br>3. 销售预测<br>4. 何时投产<br>5. 商业策略 | 1. 建立示范信誉点<br>2. 确定营销策略<br>3. 确定经济产量<br>4. 适应需求增长策略 | 1. 确定经济合理的生产设备<br>2. 建立销售网络<br>3. 维修和技术服务 | 1. 扩大生产设施<br>2. 促销策略<br>3. 多品种、多规格<br>4. 改进质量<br>5. 提高经济效果 | 1. 开发潜在市场<br>2. 调整价格、刺激购买<br>3. 新型号、新规格<br>4. 需求量预测<br>5. 采取综合措施，提高经济效果 | 1. 研究开发新产品，为产品升级换代作准备<br>2. 强化销售<br>3. 合理做出库存决策<br>4. 加强短期预测<br>5. 提高经济效果 | 1. 减少库存，处理老产品<br>2. 停产老产品、转产新产品<br>3. 促进第二代新产品进入成长期 |

　　预测需要分阶段、按步骤进行。如图 3-1 所示的是预测过程示意图。下面详细介绍预测步骤的内容。

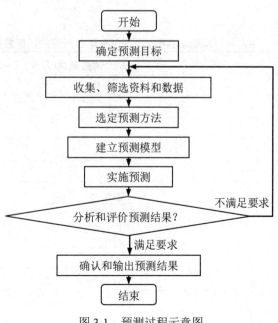

图 3-1　预测过程示意图

第一步，确定预测目标。这一步主要确定预测对象和预测要求。例如，预测电动自行车在 2008 年上半年的市场需求量和型号。

第二步，收集、筛选资料和数据。资料和数据是进行预测的基本依据和成功的保证。资料和数据应该全面、准确、及时、完整和经济。

第三步，选定预测方法。根据预测目标和所收集的资料和数据，选择和确定合适的预测方法。

第四步，建立预测模型。这一步是定量预测的核心。根据预测对象和影响因素间的关系，预测模型可以分为以下 4 种类型：(1)因果关系模型，主要用于研究预测目标和其影响因素之间的因果关系，该模型多采用回归分析预测法；(2)结构关系模型，主要用于预测目标之间的结构关系，不同预测目标之间互为函数，该模型多采用投入产出模型；(3)时间关系模型，该模型主要用于预测目标与时间过程之间的演变关系，多采用时间序列模型；(4)随机性模型，主要研究预测目标与影响因素为随机变量的演变关系。

第五步，实施预测。根据预测模型，充分考虑多种影响因素进行预测计算，求出预测的初步结果。

第六步，分析和评价预测结果。如果预测结果满足了技术、经济和误差等要求，可以选择最佳的预测结果作为决策和制定 MPS 的依据。如果预测结果无法满足技术、经济和误差等方面的要求，则返回第三步，重新选择预测方法进行预测。

下面通过一个示例来介绍如何使用预测方法。在时间序列预测方法类型中，平均数法是以某一历史时期预测目标的历史数据平均值作为未来的预测值。平均数法又可以分为目测画图法、折半平均法、简单平均数法、加权平均数法、移动平均数法、移动趋势预测法、加权移动平均法和加权趋势移动平均法等。本例使用加权趋势移动平均法分析预测飞龙自行车制造有限公司 2007 年 1 月的销售目标。表 3-6 所示的是飞龙自行车制造有限公司 2006 年每个月的销售数据。

表 3-6  飞龙自行车制造有限公司 2006 年各月份的销售数据

| 月　　份 | 销售数据(万元) |
| --- | --- |
| 1 | 980 |
| 2 | 1 020 |
| 3 | 1 100 |
| 4 | 1 130 |
| 5 | 1 180 |
| 6 | 1 210 |
| 7 | 1 300 |
| 8 | 1 350 |
| 9 | 1 390 |
| 10 | 1 450 |
| 11 | 1 550 |
| 12 | 1 680 |

加权趋势移动平均法是对历史数据给以不同的权数，以反映近期数据对预测值影响较大，远期数据则影响较小，并在最后一个加权移动平均值的基础上加上趋势值。追加趋势值一般不少于两个。当跨越期为 3 时要求样本数据不少于 6 个，当跨越期为 5 时要求样本数据不少于 8 个。取表 3-6 中的样本数据，以 3 个月为跨越期，对历史数据由远而近分别给以 1/6、2/6 和 3/6 的权数。

　　2006 年 2 月份的加权移动平均值如下：

$$\frac{1\times980+2\times1\ 020+3\times1\ 100}{6}=1\ 053.3$$

　　其他月份的加权移动平均值可以依此类推。2006 年 3 月份的趋势变动值如下：

$$1\ 101.7-1\ 053.3=48.4$$

　　其他各月份的趋势变动值可以类推。2006 年 4 月份的 3 个月平均移动趋势值如下：

$$\frac{48.4+48.3+36.7}{3}=44.5$$

　　其他月份的 3 个月平均移动趋势值可以类推。计算过程和结果如表 3-7 所示。2007 年 1 月份的销售预测数据如下：

$$1\ 598.3+78.9\times2=1\ 756.1$$

表 3-7　飞龙自行车制造有限公司 2007 年 1 月的销售预测数据计算过程

| 年份 | 月份 | 销售数据(万元) | 加权移动平均值 | 趋势变动值 | 3 个月平均移动趋势值 |
|---|---|---|---|---|---|
| 2006 年 | 1 | 980 | — | — | — |
| | 2 | 1 020 | 1 053.3 | — | — |
| | 3 | 1 100 | 1 101.7 | +48.4 | — |
| | 4 | 1 130 | 1 150.0 | +48.3 | +44.5 |
| | 5 | 1 180 | 1 186.6 | +36.7 | +49.5 |
| | 6 | 1 210 | 1 250.0 | +63.4 | +53.4 |
| | 7 | 1 300 | 1 310.0 | +60.0 | +58.4 |
| | 8 | 1 350 | 1 361.7 | +51.7 | +54.4 |
| | 9 | 1 390 | 1 413.3 | +51.6 | +60.0 |
| | 10 | 1 450 | 1 490.0 | +76.7 | +78.9 |
| | 11 | 1 550 | 1 598.3 | +108.3 | — |
| | 12 | 1 680 | — | — | — |
| 2007 年 | 1 | 1 756.1 | | | |

　　由于本书篇幅有限，这里不再对其他预测方法进行详细介绍。

## 3.2.4　订单因素

毋庸置疑，订单因素是影响 MPS 的最主要因素。对于 MPS 来说，在某种程度上，其他影响因素都可以忽略，唯独订单因素不能缺少。订单因素指的是销售部门签约的产品销售订单信息。销售订单详细描述了产品销售时的相关数据。

在一个典型的销售订单中，主要包括下列字段：订单类型、订单编码、销售组织、销售渠道、产品组、销售部门、售达客户、送达客户(货物最终送达的客户与售达客户不同时需要分别填写)、付款条件、折扣原因、业务员、物料、物料描述、订单数量、物料计量单位、辅助单位数量、辅助计量单位、币种、不含税单价、税率、含税单价、不含税金额、税额、价税合计金额、交货日期(首次交货日期)、交货库存组织、交货方式(一次性交货或分批次交货)、交货冻结、交货仓库、装运点、承运商、运输方式和运输状态等。在这些字段中，对 MPS 影响最大的是订单数量。

需要补充说明的是，有的人认为，除了上面所列的影响 MPS 的因素之外，影响因素还应包括客户备品备件、维修用备品备件等。实际上，造成这种现象的主要原因是分类标准不一致。这里提到的其他因素都可以包括到订单因素和预测因素之中。如果客户备品备件是客户订单中要求的，则应该把这一类因素归结为订单因素。对于维修用备品备件，通常通过预测的方式来得到。

# 3.3　MPS 的基本原理

本节从 3 个方面介绍 MPS 的基本原理：首先介绍 MPS、MRP 等计划中用到的最基本的时间概念；其次讲解粗能力需求计划的基本特点以及粗能力需求计划与 MPS 之间的关系；然后详细分析 MPS 的编制过程；最后通过一个示例完整地演示 MPS 的计算过程。

## 3.3.1　MPS 的时间基准

### 1. 计划展望期

计划展望期(planning horizon)是指 MPS 计划起作用的时间范围，是实现产品生产全过程控制的重要方式。计划展望期往往与企业的生产性质、具体的产品生产方式密切相关。同一个企业，不同的产品，往往有不同的计划展望期。如果某个企业的主要产品的累计提前期只有几天或几周，则该企业的 MPS 计划展望期就很短。如果某个企业的主要产品的累计提前期需要几个月甚至超过一年，那么，该企业的 MPS 计划展望期就比较长。通常按照这种计算方式确定计划展望期的值：计划展望期的最小值等于产品的累计提前期，最大值是在累计提前期的基础上根据需要加上一段时间。

## 2. 时段

时段是指持续的一段时间。时段对应的英文是 time bucket。bucket 的中文意思是桶、水桶，因此，time bucket 的直译是时桶，时段是意译，表示时间持续的一个长度单位。有人把时段称为 time period 或 time interval。还有人把时段理解成时间周期(time cycle)，隐含着这段时间反复出现的意思。

因此可以说，时段是描述计划的时间粒度单位。划分时段的目的是为了准确说明计划在各个时段上的需求量、计划量和产出量。通常采用的时段粒度是小时、天、周、旬、月、季和年等。如果计划的时段粒度是天，则比天时段粒度大的周、旬、月、季和年等时段粒度主要用于对计划工作的监视、统计和输出报表等。

计划中的时段粒度愈小，则该计划愈容易被准确地描述、执行和控制。为了阅读方便，跨度比较长的计划往往采用近细远粗的汇总方式呈现出来。例如，如果某个产品的累计提前期是 9 个月，则该产品的计划可以采取当前周按照天时段、当前月按照周时段以及计划后期的工作按照月时段的汇总方式提供给有关管理和监控部门。但是，无论如何汇总，该计划的粒度依然是天时段。

## 3. 时界和时区

时界对应的英文是 time fence，其中，fence 的中文含义是防卫、防护、栅栏和围墙等。有时 time fence 也被翻译为时间栏、时间警戒线。因此，时界表示时间界限，是一个时刻点，是 MPS 中的计划参考点。时界表明了修改计划的难易程度。

在 MPS 中，有两个时界点，即需求时界(demand time fence，DTF)和计划时界(planned time fence，PTF)。DTF 常常与产品的总装提前期是一致的，也可以大于总装提前期。PTF 常常与产品的累计提前期是一致的。由于 DTF 和 PTF 都是与具体产品的提前期相关联，因此，DTF 和 PTF 都是动态数据，随产品的不同而不同。

在当前时段时，如果某个产品的计划加工和装配时间小于 DTF，则表明该产品已经处于加工和总装阶段，原材料已经投入。因此，一般情况下，该产品的 MPS 是不能轻易调整的。

在当前时段时，如果某个产品的计划加工和装配时间大于 DTF 且小于 PTF，则表明该产品还没有处于加工和总装阶段，但是该产品所需的原材料、毛坯件已经开始采购了。这时，该产品的 MPS 不能由 ERP 系统自动调整。如果需要调整，应该由 MPS 计划员来进行手工操作。

在当前时段时，如果某个产品的计划累计提前期大于 PTF，那么表明该产品处于没有开始采购和加工的阶段。这时，该产品的 MPS 可以由 ERP 系统根据变化自动调整。

时区的英文是 time zone，其中，zone 的中文含义是层、圈、地区和区域等。time zone 的直译为时间区间，时区是简称。时区用于描述在某个时刻某个产品在其计划展望期中所处的位置。

一般情况下，时区可以分为时区 1、时区 2 和时区 3。时区 1 等于产品的总装提前期，也被称为需求时区，时区 1 中的订单是下达订单，该订单中的产品已经开始制造，这些产品的计划不能轻易地被调整。时区 2 等于产品的累计提前期，时区 2 也被称为计划时区，时区 2 中的订单是确认订单，表示时区 2 订单中的产品数量和时段不能由 ERP 系统自动调整，只有 MPS 计划员才可以修改。时区 3 等于总提前期或计划展望期，也被称为预测时区，时区 3 中的订单是计划订单，这种订单中的数据在情况发生变化时可以由 ERP 系统自动调整。

时界和时区是 MPS 计划员管理和控制计划变动、确保计划稳定的重要手段。时界和时区之间的关系可以使用表 3-8 中的数据说明。如表 3-8 所示的是时界和时区关系示意表，该表中产品型号是 26AF-2 自行车，该产品的总装提前期是 3 个时段，累计提前期是 7 个时段 (其中，采购提前期是 4 个时段)，总提前期是 12 个时段。当前时段是 1 时段，这时，120 辆、110 辆和 130 辆 26AF-2 自行车的订单都处于生产总装阶段，位于时区 1。位于时区 1 的自行车订单一般不能调整。100 辆、150 辆、160 辆和 180 辆 26AF-2 自行车的订单处于原材料、毛坯件的采购阶段，位于时区 2 这些订单不能由 ERP 系统自动调整，MPS 计划员可以根据需要手工调整。200 辆、220 辆、210 辆、250 辆和 280 辆 26AF-2 自行车的订单处于预测状态，这些订单的数据可以由 ERP 系统根据情况变化自动调整。

表 3-8　时界和时区关系示意表

| 时区 | 时 区 1 | | | 时 区 2 | | | | 时 区 3 | | | | |
|---|---|---|---|---|---|---|---|---|---|---|---|---|
| 时段 | 1 | 2 | 3 | 4 | 5 | 6 | 7 | 8 | 9 | 10 | 11 | 12 |
| 26AF-2 | 120 | 110 | 130 | 100 | 150 | 160 | 180 | 200 | 220 | 210 | 250 | 280 |
| 提前期 | 总装提前期 | | | 累计提前期(采购+加工) | | | | 总提前期或计划展望期 | | | | |
| 时界 | 当前 | | DTF | | | | PTF | | | | | |

需要注意的是，对于时区 1 中的订单，如果确实需要调整，那么，必须在满足特定的条件后，经企业高层管理人员同意，才能调整其 MPS。这些特定的条件主要如下：
- 用户变更或取消了订单。
- 可利用的生产能力发生了变化，例如，工作中心的数控机床发生了故障。
- 无法提供原计划的材料(例如，供方失约)，不得不停止生产。
- 出现过多的次品。

在修改 MPS 时，应该着重考虑下列因素：
- 针对用户的服务水平是否变差？
- 成本增加了没有？
- 所用物料是否增加？
- MPS 的可信度是否下降？

有关时区与需求依据、订单状况和计划变化难易程度之间的详细关系如表 3-9 所示。需要注意的是，在时区 2 时，需求依据可以根据实际情况选择客户订单和预测中的数据。

表 3-9　时区和计划变动之间的关系

| 时　区 | 时 区 1 | 时 区 2 | 时 区 3 |
|---|---|---|---|
| 跨度 | 总装提前期 | 累计提前期 | 累计提前期以外 |
| 需求依据 | 客户订单 | 客户订单和预测：<br>二者取较大值；<br>仅客户订单；<br>仅预测；<br>二者之和 | 预测 |
| 订单状况 | 下达状态 | 确认状态 | 计划状态 |
| 计划变化难易程度 | 难，改动代价极大 | ERP 系统不能自动修改，需要人工干预，改动代价大 | ERP 系统自动改动，改动代价小 |
| 计划变动审批权 | 企业主管领导 | MPS 计划员 | 计划员 |

## 3.3.2　粗能力需求计划

粗能力需求计划(rough-cut capacity planning，RCCP)是判定 MPS 是否可行的工具。RCCP 的作用是把 MPS 中计划对象的生产计划转变成对工作中心的能力需求。在这里，MPS 中的生产计划是生产负荷，关键工作中心能力是生产能力。如果生产能力大于或等于生产负荷，则 MPS 可行。否则，MPS 不可行。没有经过 RCCP 判定的 MPS 是不可靠的，因为企业可能无法完成 MPS 中的计划任务。

### 1. RCCP 的对象和特点

通常情况下，RCCP 的对象是企业中的关键资源。这些关键资源通常包括物、资金和人，有有限和无限之分，例如以下的管理约束：
- 瓶颈工作中心，其加工能力可能是有限的；
- 供应商，其供货能力可能是有限的；
- 自然资源，企业可用的物料可能是有限的；
- 专门技能，企业必须但是缺乏的人才；
- 不可外协的工作，例如，由于涉及商业机密，本身能力不足但又不能外协扩散的工作；
- 资金，企业可用的资金可能是有限的；
- 运输，企业的运输能力可能是有限的；
- 仓库，企业用于保管物料的仓库空间可能是有限的。

与能力需求计划相比，RCCP 主要是计算关键资源的能力和负荷，使得整个能力平衡的工作得到大大的简化，不涉及工艺路线等基础数据的细节，能力平衡需要的时间也大大缩短，提高了能力平衡的效率，因此便于在早于 MRP 的 MPS 阶段进行能力平衡工作，减轻后期详细能力平衡工作的压力。

但是,由于 RCCP 忽略了很多影响因素,即使经过 RCCP 平衡的计划也存在许多缺点。这些缺点主要表现在:第一,可信度差,因为 RCCP 只考虑关键资源,但在某些情况下,非关键资源也可能变成关键资源,因此,经过 RCCP 平衡的计划很难保证其总是可行的。第二,与实际生产有偏差,因为 RCCP 不考虑 MPS 计划对象的现有库存量、在制量和实际的提前期等数据,因此,RCCP 的平衡结果肯定与实际生产存在偏差。第三,RCCP 只宜作为中长期计划的能力平衡手段,对企业的生产大纲和 MPS 等的可行性具有指导性意义,但是,由于 RCCP 本身不是一种实际的、精细的能力平衡方式,因此,它无法应用于短期作业计划的平衡。

### 2. RCCP 的编制过程

一般情况下,RCCP 的编制方法有两种,即资源清单法和分时间周期的资源清单法。这两种方法的主要区别在于前者比较简单,不考虑各种提前期,往往会过高地估计负荷;后者比较复杂,考虑各种提前期,平衡结果比较准确。但是,资源清单法是分时间周期的资源清单法的基础。下面重点介绍资源清单法。

资源清单法的编写过程如下:

第一步,定义关键资源。

第二步,从 MPS 中的每种产品系列中选出将要进行 RCCP 的代表产品。

第三步,对每个代表产品确定生产单位产品时对关键资源的需求量,确定依据主要包括 MPS、BOM、工艺路线、定额工时以及在 BOM 中每个零件的平均批量等。

第四步,对每个产品系列确定其 MPS 的计划产量。

第五步,将 MPS 中的计划产量与能力清单中的资源需求量相乘。

第六步,将没有产品系列所需要的能力加起来,得到对应计划的总能力需求。

例如,假设自行车 ZXCA-F 的 BOM 如图 3-2 所示,对应的 MPS 如表 3-10 所示,工艺路线和工时定额如表 3-11 所示。需要注意的是,由于 JDX 零件是外购零件,不需要企业内部的生产能力,因此 RCCP 不考虑该因素。

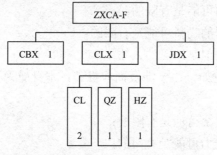

图 3-2  自行车 ZXCA-F 的 BOM

表 3-10  ZXCA-F 对应的 MPS

| 月份 | 1 | 2 | 3 | 4 | 5 | 6 | 7 | 8 | 9 | 10 |
| --- | --- | --- | --- | --- | --- | --- | --- | --- | --- | --- |
| MPS | 110 | 110 | 120 | 120 | 120 | 120 | 120 | 150 | 150 | 150 |

表 3-11　ZXCA-F 对应的工艺路线和工时定额

| 物料项 | 工序号 | 工作中心 | 单件加工时间 | 生产准备时间 | 平均批量 | 单件准备时间 | 单件总时间 |
|---|---|---|---|---|---|---|---|
| ZXCA-F | 10 | 60 | 0.75 | 1.30 | 30 | 0.043 | 0.793 |
| CBX | 10 | 50 | 0.56 | 1.10 | 20 | 0.055 | 0.615 |
| CLX | 10 | 40 | 0.60 | 1.80 | 25 | 0.072 | 0.672 |
|  | 20 | 25 | 0.35 | 1.20 | 20 | 0.06 | 0.41 |
| CL | 30 | 25 | 0.60 | 1.10 | 15 | 0.073 | 0.673 |
| QZ | 10 | 20 | 0.70 | 1.50 | 20 | 0.075 | 0.775 |
|  | 20 | 10 | 0.50 | 1.35 | 35 | 0.039 | 0.539 |
| HZ | 10 | 20 | 0.90 | 1.25 | 50 | 0.025 | 0.925 |

假设工作中心 10、20、25、40、50 和 60 都是关键资源。表 3-11 列出了单件加工时间、生产准备时间和平均批量，时间单位是小时。在这里，生产准备时间指的是整个批量的生产准备时间。单件准备时间的计算公式如下：

$$单件准备时间 = 生产准备时间 \div 平均批量$$

根据上面的计算公式，计算每一个零件的单件准备时间，计算结果如表 3-11 所示。单件总时间由单件加工时间和单件准备时间两部分组成。

现在计算每一个工作中心上全部零件的单件加工时间，计算公式如下：

$$某工作中心上全部零件的单件加工时间 = \sum_{i=1}^{n} 加工件数_i \times 单件加工时间$$

其中，$i$ 表示在该工作中心上加工的物料，$n$ 表示在该工作中心上加工的全部物料数量。每一个工作中心上全部零件的单件加工时间的计算过程和结果如下：

工作中心 10：1×0.50=0.50 定额工时/件
工作中心 20：1×0.70+1×0.90=1.60 定额工时/件
工作中心 25：2×0.60+1×0.35=1.55 定额工时/件
工作中心 40：1×0.60=0.60 定额工时/件
工作中心 50：1×0.56=0.56 定额工时/件
工作中心 60：1×0.75=0.75 定额工时/件

接下来计算每一个工作中心上全部零件的单件准备时间，其计算公式为加工件数和单件准备时间之积。计算过程和结果如下：

工作中心 10：1×0.039=0.039 定额工时/件
工作中心 20：1×0.075+1×0.025=0.1 定额工时/件

工作中心 25: 2×0.073+1×0.06=0.206 定额工时/件

工作中心 40: 1×0.072=0.072 定额工时/件

工作中心 50: 1×0.055=0.055 定额工时/件

工作中心 60: 1×0.043=0.043 定额工时/件

这时根据单件加工时间和单件准备时间，可以计算每一个工作中心的单件总时间，计算过程和结果如表 3-12 所示。表 3-12 中的单件总时间表示单件成品对所有工作中心所需求的用定额工时表示的自行车 ZXCA-F 的能力清单。

表 3-12　自行车 ZXCA-F 的能力清单

| 关键工作中心 | 单件加工时间/h | 单件生产准备时间/h | 单件总时间/h |
|---|---|---|---|
| 10 | 0.50 | 0.039 | 0.539 |
| 20 | 1.60 | 0.100 | 1.700 |
| 25 | 1.55 | 0.206 | 1.756 |
| 40 | 0.60 | 0.072 | 0.672 |
| 50 | 0.56 | 0.055 | 0.615 |
| 60 | 0.75 | 0.043 | 0.793 |
| 合计 | 5.56 | 0.515 | 6.075 |

得到了自行车 ZXCA-F 的能力清单之后，根据其 MPS 即可计算出该产品的 RCCP。自行车 ZXCA-F 的 RCCP 等于 MPS 中每个周期的计划产量和能力清单中各个工作中心的单件总时间之积。计算结果如表 3-13 所示。

表 3-13　自行车 ZXCA-F 的 RCCP

| 工作中心 | 月份 | | | | | | | | | | 总计 |
|---|---|---|---|---|---|---|---|---|---|---|---|
| | 1 | 2 | 3 | 4 | 5 | 6 | 7 | 8 | 9 | 10 | |
| 10 | 59.29 | 59.29 | 64.68 | 64.68 | 64.68 | 64.68 | 64.68 | 80.85 | 80.85 | 80.85 | |
| 20 | 187 | 187 | 204 | 204 | 204 | 204 | 204 | 255 | 255 | 255 | |
| 25 | 193.16 | 193.16 | 210.72 | 210.72 | 210.72 | 210.72 | 210.72 | 263.40 | 263.40 | 263.40 | |
| 40 | 73.92 | 73.92 | 80.64 | 80.64 | 80.64 | 80.64 | 80.64 | 100.8 | 100.8 | 100.8 | |
| 50 | 67.65 | 67.65 | 73.8 | 73.8 | 73.8 | 73.8 | 73.8 | 92.25 | 92.25 | 92.25 | |
| 60 | 87.23 | 87.23 | 95.16 | 95.16 | 95.16 | 95.16 | 95.16 | 118.95 | 118.95 | 118.95 | |
| 合计 | 668.25 | 668.25 | 729.00 | 729.00 | 729.00 | 729.00 | 729.00 | 911.25 | 911.25 | 911.25 | 7 715.25 |

如果需要更加准确地编制 RCCP，可以使用分时间周期的资源清单法。在这种分时间周期的资源清单法中，需要绘制产品的工序网络图，计算出分时间周期的能力清单，最后根据 MPS 和每个代表产品的能力清单计算出分阶段的 RCCP。

### 3.3.3　MPS 的编制过程

MPS 的编制过程是一个不断循环反复、动态调整的过程。第一，MPS 经过 RCCP 之后，才是可行的 MPS。如果某个 MPS 方案不能通过 RCCP 的平衡，则该 MPS 必须进行修改。第二，当接收到没有预测到的新的客户订单时，需重新排定 MPS。只有当编制的MPS 比较合理时，计划的调整频率才不会太快，否则需要经常进行调整。如图 3-3 所示的是编制 MPS 过程示意图。

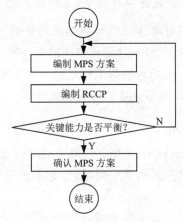

图 3-3　编制 MPS 过程示意图

## 3.4　MPS 的计算过程

在编写 MPS 过程中，关键是如何得到 MPS 方案。在 MPS 方案中，需要依据客户订单、预测等数据计算毛需求量、净需求量、计划产出量、计划投入量和可供销售量等数据。本节介绍 MPS 的详细计算过程：首先介绍 MPS 计算过程中用到的基本数据的概念；然后介绍 MPS 的计算流程；最后通过一个具体的例子演示整个 MPS 的计算过程。

### 3.4.1　基本数量概念

在 MPS 计算过程中，经常用到 9 个基本数量的概念。这些数量的概念分别是：预测量与订单量、毛需求量、计划接收量、预计可用库存量、净需求量、计划产出量、计划投入量和可供销售量。

预测量是企业生产计划部门根据企业的经营计划或销售计划，采用合适的预测方法预测最终产品项目将要生产的数量。订单量是企业已经明确得到的、将要为客户提供的最终产品的数量，是企业明确的生产目标。预测量和订单量是企业组织生产管理活动的核心目标。在不同类型的企业中，预测量和订单量所起的作用也不尽相同。

毛需求量(gross requirement)是根据预测量和订单量计算得到的初步需求量。可以根据

表 3-9 的需求依据计算方式来计算毛需求量。毛需求量的计算与时区的确定、企业的生产政策有关。在 MPS 中，毛需求量是除了预测量和订单量之外的其他量的计算基础。

计划接收量(scheduled receipts)是指正在执行的订单量。在制订 MPS 计划时，往往把制订计划日期之前的已经发出的、将要在本计划期内到达的订单数量作为计划接收量来处理。如果需要手工修改 MPS，也可以把手工添加的接收量作为计划接收量处理。

预计可用库存量(projected available balance，PAB)是指现有库存中扣除了预留给其他用途的已分配量之后，可以用于需求计算的那部分库存量。PAB 的计算公式如下：

PAB=前一时段末的 PAB+本时段计划接收量-本时段毛需求量+本时段计划产出量

在 PAB 的计算公式中，如果前 3 项的计算结果是负值，表示如果不补充库存，将会出现缺料。因此需要借助第 4 项，即本时段计划产出量，用于库存的补充。

净需求量(net requirement，NR)是根据毛需求量、安全库存量、本期计划接收量和预计可用库存量计算得到的数量。净需求量的计算公式如下：

净需求量=本时段毛需求量-前一时段末的 PAB-本时段的计划接收量+安全库存量

计划产出量(planned order receipts)是指在计算 PAB 时，如果出现负值，表示需求不能被满足，需要根据批量政策计算得到的供应数量。计划产出量只是一个计算过程中的数据，并不是真正的计划投入数据。

计划投入量(planned order releases)是根据计划产出量、提前期等数据计算得到的计划投入数量。

可供销售量(available to promise，ATP)是指销售部门可以销售的产品数量。ATP 的计算公式如下：

ATP=本时段计划产出量+本时段计划接收量-下一次出现计划产出量之前各时段订单量之和

## 3.4.2　详细计算过程

MPS 的详细计算过程示意图如图 3-4 所示。在该计算过程中，首先需要确定系统设置的内容。系统设置包括整个 MPS 计算需要的数据环境。例如，需要明确编制 MPS 的日期，划分时段、时区，确定需求时界、计划时界、生产批量、批量增量、安全库存量和提前期等。

系统设置之后，可以计算毛需求量。计算毛需求量的基础数据是预测量和订单量。如何根据预测量和订单量得到毛需求量，取决于企业的类型、时区和生产政策。例如，可以制定这样的政策：在时区 1，毛需求量等于订单量；在时区 2，毛需求量等于订单量和预测量中的较大者；在时区 3，毛需求量等于预测量。

计算计划接收量需要确认在编制计划日期之前已经下达的订单数量。在 ERP 系统中可以由系统自动确认。

计算当期 PAB 往往也是对当前数据的一种确认。当期 PAB 是指编制计划日期时可用的库存量。

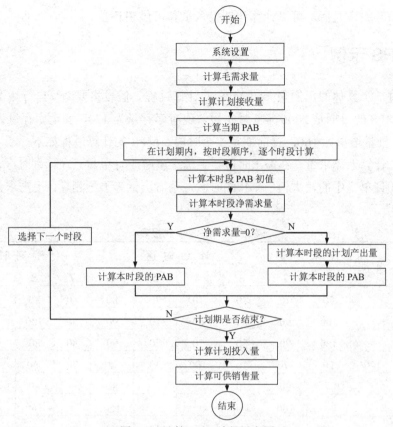

图 3-4　计算 MPS 过程示意图

接着逐个时段进行计算。计算本时段 PAB 初值表示，在一个时段中，PAB 有两个值，一个是 PAB 初值，一个是 PAB 值。这是因为在计算 PAB 值时，如果计算结果是负值，需要借助计划产出量进行调整。

计算本时段的净需求量。如果 PAB 初值大于或等于安全库存量，表示不需要补充，因此净需求量为 0；如果 PAB 初值小于安全库存量，则需要补充库存，这时净需求量为安全库存量减去 PAB 初值。

如果净需求量为 0，表示不需要补充物料，因此，PAB 等于 PAB 初值。如果净需求量不为 0，则需要计算计划产出量。

计算计划产出量需要依据企业的批量政策。计划产出量的计算公式如下：

$$计划产出量 = N \times 生产批量$$
$$N \times 生产批量 \geqslant 净需求量 > (N-1) \times 生产批量$$
$$N \text{ 为大于或等于 } 1 \text{ 的整数}$$

计算计划产出量之后，需要计算 PAB 值。这时，计算 PAB 值要考虑计划产出量的影响。计算 PAB 值之后，需要判断计划期中的各个时段是否已全部计算完毕。如果没有全部计算完毕，需要计算下一个时段的数据。

计划期循环完毕之后，可以计算计划投入量和可供销售量。

### 3.4.3　MPS 示例

本节通过一个具体的示例来介绍 MPS 的计算过程。假设将要编写自行车 ZXCA-F 的 MPS，编写 MPS 的日期是 2006 年 6 月 1 日，现有库存量为 120，安全库存量为 20，生产批量为 160，批量增量为 160，提前期是 1 个时段。MPS 的计算过程如下。

第一步，计算毛需求量。在需求时区，毛需求量等于订单量。在计划时区，毛需求量等于预测量和订单量中的较大值；在预测时区，毛需求量等于预测量；毛需求量的计算结果如表 3-14 所示。

表 3-14　MPS 横式报表

| 时 区<br>时 段 | 当 期 | 需 求 时 区 | | 计 划 时 区 | | | | 预 测 时 区 | | | |
|---|---|---|---|---|---|---|---|---|---|---|---|
| | | 1 | 2 | 3 | 4 | 5 | 6 | 7 | 8 | 9 | 10 |
| 预测量 | | 70 | 70 | 70 | 70 | 70 | 80 | 80 | 80 | 80 | 80 |
| 订单量 | | 100 | 90 | 80 | 60 | 70 | 90 | 50 | 100 | 90 | 70 |
| 毛需求量 | | 100 | 90 | 80 | 70 | 70 | 90 | 80 | 80 | 80 | 80 |
| PAB 初值 | 120 | 20 | -70 | 10 | 100 | 30 | -60 | 20 | -60 | 20 | -60 |
| 净需求量 | | | 90 | 10 | | | 80 | | 80 | | 80 |
| 计划产出量 | | | 160 | 160 | | | 160 | | 160 | | 160 |
| PAB | | 20 | 90 | 170 | 100 | 30 | 100 | 20 | 100 | 20 | 100 |
| 计划投入量 | | 160 | 160 | | | 160 | | 160 | | 160 | |
| ATP | | 20 | 70 | -50 | | | 20 | | -30 | | 90 |

第二步，计算第 1 时段数据。

PAB 初值=120-100=20=安全库存量

净需求量=0

计划产出量=0

PAB=120-100=20

第三步，计算第 2 时段数据。

PAB 初值=20-90= -70<20

净需求量=20-(-70)=90

计划产出量=1×160=160

PAB=20+160-90=90

第四步，计算第 3 时段数据。

PAB 初值=90-80=10<20

净需求量=20-10=10

计划产出量=1×160=160

PAB=90+160-80=170

其他时段的 PAB 初值、净需求量、计划产出量和 PAB 值以此类推，这里不再一一介绍了。下面介绍计算计划投入量和 ATP 的方法。

第五步，计算各时段的计划投入量。由于提前期是 1 个时段，因此将计划产出量的所有数据提前 1 个时段，即可以得到相应时段的计划投入量。

第六步，计算各时段的 ATP。可以通过各个时段的计划产出量、相应的订单量和提前期等数据计算 ATP。例如，在第 6 时段，ATP=160-90-50=20。ATP 可以用于除订单之外的销售。

在计算过程中还需要引起特别注意的是 PAB 值。PAB 值过高表示库存积压现象严重，因此在计算过程中，还需要对期末库存状态进行监控和预警。

# 3.5　本 章 小 结

本章讲述了 MPS 的基本概念、特点、影响因素和计算过程。MPS 是整个 ERP 系统计划的起点。影响 MPS 的主要因素包括订单因素和预测因素。MPS 是否可行应该通过 RCCP 来平衡，可以采取资源清单法编写 RCCP。除此之外，本章详细介绍了计算 MPS 中用到的一些数量概念和详细的计算过程。

# 3.6　思考和练习

1. 解释 MPS 的概念和作用。

2. 为什么必须根据 MPS 制定 MRP？

3. 生产类型因素如何影响 MPS？

4. 分析计划因素、预测因素和订单因素对 MPS 的影响。

5. 加权趋势移动平均法的计算思路是什么？

6. 按照加权趋势移动平均法，预测 2012 年 1 月的销售数据，在如表 3-15 所示的空白处填上数据。

表 3-15　飞龙自行车制造有限公司 2012 年 1 月份销售预测数据计算过程

| 年　　份 | 月　　份 | 销售数据(万元) | 加权移动平均值 | 趋势变动值 | 3 个月平均移动趋势值 |
|---|---|---|---|---|---|
| | 1 | 1 780 | | | |
| | 2 | 1 920 | | | |
| | 3 | 2 100 | | | |
| 2011 年 | 4 | 2 180 | | | |
| | 5 | 2 500 | | | |
| | 6 | 2 700 | | | |
| | 7 | 2 700 | | | |

(续表)

| 年　　份 | 月　　份 | 销售数据(万元) | 加权移动平均值 | 趋势变动值 | 3个月平均移动趋势值 |
|---|---|---|---|---|---|
| | 8 | 2 920 | | | |
| | 9 | 2 990 | | | |
| | 10 | 3 050 | | | |
| | 11 | 3 250 | | | |
| | 12 | 3 380 | | | |
| 2012 年 | 1 | | | | |

7. 计划展望期的作用是什么？

8. 时段的作用是什么？常用的时段是什么？

9. 时界和时区的管理意义是什么？

10. 什么是 RCCP？

11. MPS 和 RCCP 的关系是什么？

12. 资源清单法的思路是什么？

13. 简述 MPS 的计算过程。

14. 解释下面 9 个基本数量的概念：预测量与订单量、毛需求量、计划接收量、预计可用库存量、净需求量、计划产出量、计划投入量、可供销售量。

15. 编写自行车 ZXCA-G 的 MPS，编写 MPS 的日期是 2011 年 10 月 12 日，现有库存量为 150，安全库存量为 50，生产批量为 200，批量增量为 200，提前期为 1 个时段，库存初值为 150。预测量和订单量如表 3-16 所示。

表 3-16　MPS 报表

| 时　　区 | 当期 | 需求时区 | | 计划时区 | | | | 预测时区 | | | |
|---|---|---|---|---|---|---|---|---|---|---|---|
| 时　　段 | | 1 | 2 | 3 | 4 | 5 | 6 | 7 | 8 | 9 | 10 |
| 预测量 | | 150 | 150 | 150 | 150 | 160 | 160 | 160 | 200 | 200 | 200 |
| 订单量 | | 160 | 170 | 180 | 130 | 170 | 160 | 150 | 190 | 200 | 210 |
| 毛需求量 | | | | | | | | | | | |
| PAB 初值 | | | | | | | | | | | |
| 净需求量 | | | | | | | | | | | |
| 计划产出量 | | | | | | | | | | | |
| PAB | | | | | | | | | | | |
| 计划投入量 | | | | | | | | | | | |
| ATP | | | | | | | | | | | |

16. 课堂讨论：修改第 15 题中的安全库存量、生产批量和批量增量等基础数据，重新计算 MPS，计算结果与原来的结果相比有何变化？如果修改提前期数据，结果又会怎样？根据这些计算结果，谈谈你是对管理思想和 ERP 系统融合的理解。

# 第4章
# 物料需求计划

 **案例研究：Oracle公司的发展**

前面介绍了 SAP 公司，这里再介绍另外一个 ERP 供应商，这就是 Oracle 公司。当然，Oracle 公司不仅是 ERP 供应商，也是一个主要的数据库产品供应商。

1977 年，3 位年轻人，拉里·埃里森、鲍布·迈纳和爱德华·澳茨组建了以开发关系型数据库管理系统为主的软件公司。后来，该公司成功完成了一个美国政府机构招标的代号为 Oracle 的项目之后，3 位创业者正式把 Oracle 作为公司名称。于是，Oracle 公司诞生了。

1978 年，Oracle 1 完成了编写工作，但是该版本没有正式发布。Oracle 2 于 1979 年正式发布，这是全球第一个商业化的关系型数据库系统产品。1983 年，采用 C 语言编写的 Oracle 3 正式发布，该产品可以运行在大型机、微型机和 PC 机上。1985 年，Oracle 5 成功发布，这是第一个可以运行在客户机/服务器环境下的关系型数据库系统。1986 年，Oracle 公司在 NASDAQ 成功上市。1987 年，Oracle 公司不满足于仅仅作为全球最大的数据库公司，开始在 Oracle 数据库基础上开发企业级应用程序。1988 年，Oracle 6 发布。该系统新增了行级锁、热备份等功能。

1990 年，Oracle 公司发布了 Oracle Application Release 8，进入了企业计算领域。1998 年，Oracle 公司成功发布了 Oracle 8 和 Oracle Application 10.7，在 ERP 市场上的份额越来越大。1999 年，Oracle 公司成功发布了 Oracle 8i 和 Oracle Application 11i。2003 年，Oracle 公司同时发布了 Oracle Database 10g、Oracle Application Server 10g 和 Oracle Enterprise Manager 10g。

2005 年 1 月 7 日，Oracle 公司完成了对 PeopleSoft 公司的收购。2005 年 1 月 14 日，Oracle 公司宣布，其 PeopleSoft 整合计划正在如期进行，同时将会把组合后的员工队伍总数减少至 5 万名，减少的员工人数约为 5000 名。Oracle 计划保留超过 90% 的 PeopleSoft 产品开发和产品支持人员。PeopleSoft 开发团队将完成 PeopleSoft 8.9 版本的开发和实施工作，然后开始开发下一个升级产品 PeopleSoft 9.0 版本。PeopleSoft 产品支持团队将在 Oracle 技术支持部门的协助下继续为 PeopleSoft 在全球各地的客户提供支持服务。Oracle 公司首席执行官拉里·埃里森说："通过保留大量 PeopleSoft 技术人员，Oracle 公司可以拥有资源来兑现我们在过去 18 个月中对 PeopleSoft 客户做出的关于开发和支持的承诺。"

2005 年 1 月 26 日，Oracle 公司和 SAP 公司分别公布了各自对于未来的计划。Oracle

表示，将与 SAP 展开一场技术战。SAP 声称未来将花大力气力争扩大市场份额；而 Oracle 则认为，在收购完 PeopleSoft 后，削减营运成本才是保证它利润增长的关键。Oracle 在花费 103 亿美元收购 PeopleSoft 后，希望增加在 SAP 的传统优势地盘内划分势力范围的信心，未来两家公司在为公司客户建立信息技术系统时的交锋机会也将大大增加。

2010 年，Oracle 公司成功地收购了 Sun 公司，获得 Sun 公司的两项软件资产，即 Java 和 Solaris。收购之后，Oracle 将确保 Java 技术的创新和投资，使客户和 Java 社区受益，并且可以根据 Solaris 一些特有的高端功能优化其数据库软件。

2016 年 5 月 2 日，Oracle 以每股 10.3 美元共 5.32 亿美元的价格收购利用数据分析帮助用户节能的云服务提供商 Opower。Opower 是一家创办于 2007 年的能源数据分析公司，其目标是帮助家庭用户实现节能。

2016 年 7 月 28 日，Oracle 宣布，已与 ERP 云软件服务提供商 NetSuite 签订了最终协议。根据协议，Oracle 将以每股 109 美元现金收购 NetSuite，总额约为 93 亿美元。NetSuite 成立于 1998 年。Oracle 和 NetSuite 均提供 ERP 软件，不同的是，后者则是基于云服务，为客户提供按需使用的产品。

2016 年 12 月 16 日，Oracle 公司发布 2017 财年第二财季财报。报告显示，Oracle 第二财季总营收为 90.35 亿美元，与去年同期的 89.93 亿美元相比基本持平；净利润为 20.32 亿美元，与去年同期的 21.97 亿美元相比下降 8%。其中，云 SaaS 和 PaaS 营收为 8.78 亿美元，在总营收中所占比例为 10%，与去年同期相比增长 81%。

2017 年 1 月 20 日，Oracle 公司收购 API 管理创企 Apiary，欲完善自身云服务。Apiary 成立于 2011 年，它主要帮助公司管理 API，是重要的云计算服务提供商。

 **课堂思考和问答：**

1. Oracle 公司的主要产品是什么？
2. Oracle 公司为什么收购 PeopleSoft 公司？
3. Oracle 公司完成收购 PeopleSoft 公司之后，为什么会对 SAP 公司造成威胁？
4. Oracle 公司的未来发展计划和 SAP 公司的未来发展计划分别是什么？你认为哪一个公司的发展计划更可行？
5. Oracle 公司为何要收购 Sun 公司？Sun 公司的技术如何提升 Oracle 公司的战略？
6. Oracle 公司为何要收购 NetSuite 公司？
7. 从财务和市场方面比较，Oracle 公司和 SAP 公司，哪一个更强大些？
8. 目前，要想实现各自的发展计划，Oracle 公司和 SAP 公司最迫切需要做的事情是什么？需要什么资源？为什么？分组讨论。

物料需求计划(material requirement planning，MRP)是根据得到的 MPS 和产品结构、工艺路线和批量政策等特征，将最终产品分解成具体操作的零部件生产作业计划和原材料、外购件的采购作业计划的过程。从计划对象来看，MRP 与 MPS 是不同的，MPS 的计划对象是独立需求物料，而 MRP 的计划对象是相关需求物料；从计划层次来看，MPS 是宏观计划与微观计划的分水岭，而 MRP 是微观计划的正式开始。MRP 是 ERP 系统的核心，是 ERP 系统的先驱，是 ERP 系统中连接静态基础数据和动态作业计划的桥梁。本章将研究 MRP 的概念、特点、工作原理和编制过程。

# 4.1 概　述

MRP 是 20 世纪 60 年代在美国出现并在 70 年代发展起来的一种管理技术和方法，是根据 MPS 确定的物料采购和生产管理方式。因此，MRP 既是一种物料管理方式，又是一种生产管理模式。

MRP 是一种物料管理方式。物料管理包括物料的库存管理、物料需求的计划管理、企业各个部门中物料数量的协调和控制以及物料的采购和运输管理等。一般情况下，物料管理有两个目的，一是保证整个生产过程连续进行，不会因物料供应不足而出现生产中断的现象；二是尽可能减少库存量，不应该出现因物料库存数量过多造成占用过多的流动资金、过多的仓库位置和物料浪费等现象。传统的物料管理方式是订货点法，这种方法是依据物料的需求量、采购提前期和安全库存量来维护需求、确定何时订货。但是，订货点法存在着诸多问题，例如，物料需求数量和物料需求时间脱节、安全库存量与库存服务水平不可兼得、产品的需求均匀性与零部件以及原材料需求的不均匀性之间的矛盾等。相比之下，MRP 的管理方式优于订货点法。使用 MRP 可以精确地计算和确定对零部件、原材料的需求数量和时间，从而消除了库存管理的盲目性现象，实现了低库存水平与高服务水平并存的目标。从理论上说，虽然 MRP 比订货点法先进，但是，在计算机应用到生产管理领域之前，只能采用手工进行计算，计算过程中涉及的流程复杂、参数过多且数据量庞大，如果按照 MRP 方式计算出来的物料需求量进行订货，由于这种计算周期过长且不能适应生产过程中的变化，因此，这种方法只有理论上的优势，无法在实践中广泛采用。随着计算机运算速度的快速发展、计算能力的日益提高以及在管理领域应用的不断深入，MRP 方法的优势愈来愈显著。

MRP 是一种分时段的优先计划管理方式。为了理解这个概念，需要理解以下两点：第一，物料需求量和物料需求时间之间的关系；第二，传统生产计划管理方式中采用的缺料计划。

在物料管理中，物料需求量无疑是一个重要的管理数据。当确定了某个物料的需求量后，无论是采购作业还是生产作业，都有了工作的基本目标。但是，对于高水平的管理来说，仅仅得到某个物料的需求量是不够的，这时还是没有办法准确地安排采购和生产作业，因为困扰生产管理人员的许多问题依然存在，例如，什么时间需要这些需求量？这些需求量是一次性需要呢，还是分时间段需要呢？什么时间订货好呢？是一次性订购全部需求量好，还是分期订购物料需求量好？这些订购的物料什么时间到货最好？物料何时发放？这些问题的答案不仅仅与物料需求量有关，而且与这些物料需求量的需求时间有关。在传统的手工管理方式下，这些问题的答案需要生产管理人员凭借自己的经验估计和预测。当最终产品数量和物料需求数量和种类都比较小时，有经验的生产管理人员可能会给出一个比较准确的估计和预测。但是,随着最终产品数量、物料种类和数量的增大、新产品的不断出现以及生产管理人员的频繁变化,这种依靠个人经验的管理方式已经不能满足生产管理的需要,手工管理方式已经无法应对日益增多的物料种类和数量的变化。例如,在 2007 年,为了生产 500 辆 ZXCA-F 自行车,考虑了库存量之后,需要生产 350 个前轮。这种描述的信息量是不够的,因为这种需求量不是分时段的需求量。在 2007 年,对 350 个前轮的分时段需求量是 1 月份 50 个、2 月份 80 个、3 月份 120 个、4 月份 60 个和 5 月份 40 个。对于采购作业和生产作业来说,这种分时段需求量的价值远远高于无分时段需求量的价值。例如,1 月份订购 350 个前轮原材料和 4 月份订购 60 个前轮所用的原材料相比,无论是从流动资金的使用效率,还是从库房位置的占用,或是原材料的自然损耗,后者都有显著的管理优势。进一步而言,如果分时段需求量的粒度可以更加细致地分为周、日,则企业的采购作业和生产作业的管理水平就可以大幅度地提高。

缺料表是传统手工管理方式下的缺料计划的表现形式。在传统的手工管理方式下,由于计算效率低、计算误差大等原因,某些物料的缺乏往往直到生产加工过程和装配过程中才能被发现和记录。缺料表往往是这种缺料现象的具体表现形式。根据缺料表来进行采购作业安排和生产作业安排的计划被称为缺料计划。甚至有人戏称,中国许多企业生产管理水平低下的一个重要表现形式是生产管理计划就是缺料计划。应该说,缺料计划并不是一种错误大得不得了的计划,缺料计划本身是生产管理活动中的一种客观现状的反映。缺料计划本身不是一件坏事,它之所以被人误解为是一件管理水平很低的坏事,是因为缺料计划制定的时间太晚。如果当物料缺件发生了才开始制定缺件物料的采购作业计划或生产作业计划,那么,这种缺料计划是管理水平低下的表现。但是,如果物料缺件还没有发生时,生产管理人员就已经预测到了将要发生的物料缺件现象,并及时地采取制定缺件物料的采购作业计划或生产作业计划,那么,这种缺料计划就是一种正常的管理措施。极端地说,在制定物料的采购作业计划或生产作业计划时,就可以正确地预测物料缺件现象,并且使这些缺件物料成为作业计划的主要内容,这时的缺料计划已经不是缺料计划,而是物料需求计划。从某种意义上来说,MRP 就是缺料计划。例如,根据 MPS 可以得到企业将要生产什么和生产多少,根据 BOM 可以计算出所需要的物料名称和数量,根据所需要的物料名称和数量以及这些物料的库存数量可以计算出当前缺乏的物料名称和数量,这就是缺料表。实际上,在基于计算机的辅助管理信息系统中,这种缺料表的表现形式就是 MRP。从上面的分析来看,MRP 是通过物料需求计划来解决物料缺件现象,它包括了比缺料计划更加丰富的内容,是一种优先计划。

根据上面的分析,可以总结 MRP 的定义:MRP 是一种物料管理和生产方式,是 ERP 系统的重要组件,它建立在 MPS 的基础上,根据产品的 BOM、工艺路线、批量政策和提前期等技术和管理特征,生成原材料、毛坯和外购件的采购作业计划和零部件生产、装配的生产作业计划,从而达到有效管理和控制企业物料流动的微观计划。

MRP 建立在 MPS 的基础上,但是与 MPS 有着本质的不同。MPS 回答了生产什么和何时生产的问题,其计划对象是最终交付用户的产品项目。但是,如何生产这些产品项目,如何合理、均衡地安排组成这些产品项目的零部件的生产、原材料和外购件的采购,如何考虑现有的库存状况并保持合理、优化的库存，如何在生产过程中考虑合理、有效的生产批量等，这些都是 MRP 需要回答的问题。

作为 ERP 系统的重要组件，MRP 需要回答下面的 5 个问题：

[A] 生产什么？生产多少？何时生产？

[B] 要用到什么？用多少？何时用到？

[C] 已经有了什么？有多少？何时使用？

[D] 还缺少什么？缺少多少？何时需要？

[E] 何时安排？

实际上，问题 A 可以由 MPS 来回答。这里生产的目标对象是独立需求物料，这些内容正是 MPS 的核心内容。因为 MRP 建立在 MPS 的基础上，这些内容是 MRP 运算的起点。

问题 B 是问题 A 的自然延续，是对问题 A 的补充，也可以说是对 MPS 内容的进一步细化。这个问题的答案，就是被称为 BOM 的物料清单。这个问题涉及的目标对象是相关需求物料，是独立需求物料和数量根据 BOM 结构分解得到的物料和对应的物料数量。这种分解计算过程是通过 MRP 完成的。

问题 A 和问题 B 的研究内容是确定将要生产或采购的对象，问题 C 则是针对已经确定的对象回答已经有了什么和有了多少。问题 C 由物料库存信息和已下达的采购订单来回答，这里的目标对象与问题 B 中的目标对象一致。

实际上，问题 D 是通过问题 B 和问题 C 计算得到的。除此之外，它还需要考虑批量规则、安全库存量、废品率等管理因素。在传统的手工管理方式下，问题 D 是当真正发生缺料时通过缺料表和缺料计划解决的。在 ERP 系统中，问题 D 的解决时间已经提前到制定 MRP 时。

在问题 B、C 和 D 中，有关"何时"问题的解决离不开工艺路线和各种提前期数据。虽然根据工艺路线和各种提前期数据可以解决诸如何时用到、何时使用以及何时需要等问题，但是并不能完全解决物料采购作业、生产作业的安排问题，这是因为合理解决这些作业安排问题还牵扯到设备能力、人员能力、资金能力和均衡生产等条件。问题 E 的答案实际上就是平衡设备能力、调度生产人员、合理筹措资金以及均衡安排作业等。能力需求计划是解决问题 E 的一种有效方法。

MRP 是 ERP 系统的核心内容，它把 ERP 系统中的许多重要组件组合在一起。MRP 把 MPS 作为其基础和输入，是 MRP 要达到的最终目标。BOM 是 MRP 把最终产品分解成各种物料的工具，是最终产品与物料编码和物料数量相关联的方法。毫无疑问，作为一种重要的基础数据，物料编码是整个 ERP 系统包括 MPS 和 MRP 组件识别和使用物料的依据。在 MRP 的计算过程中，如果需要某种指定编码的物料，但是这种物料偏偏无法及时满足作业的需要，能否采用性能相近或更高性能的同类物料代替这种指定编码的物料呢？解决这个问题的答案就是企业制定的物料代用政策。工序和工序组成的工艺路线是 MRP 安排生产作业顺序的基础。工序把将要加工的物料和实施加工的工作中心连接了起来。实际上，工作中心把 MRP 和能力需求计划两个重要组件关联了起来。制造日历有助于 MRP 明确地安排采购作业和生产作业的时间。虽然根据 MPS 和 BOM 可以得到需要的物料，但是，企业当前已经有多少物料和真正需要多少物料，需要借助库存状况来回答。已经发放的生产订单(已经下达执行的生产作业计划)和采购订单(已经下达执行的采购作业计划)有助于更加准确地回答真正需要多少物料。在上面这些组件和数据的基础上，MRP 经过复杂的运算输出可以发放的加工订单和采购订单。如图 4-1 所示的是这种 MRP 的结构示意图。

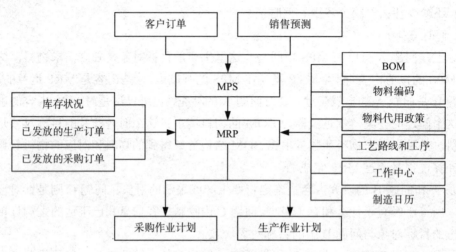

图 4-1　MRP 结构示意图

在制造企业中，一般地认为，MRP 产生的零件加工、产品装配作业计划不能很好地满足生产车间的作业执行需要，无法有效地从车间生产线上的设备直接读取数据，无法有效地对零件加工、产品装配作业计划的执行过程进行跟踪、数据采集和分析，因此产生了MES(manufacturing execution system，制造执行系统)的应用需求。

 其他观点：MES 的主要功能

　　MES 是一个用来跟踪生产进度、库存情况、工作进度和其他进出车间的操作管理相关的信息流，位于上层的计划管理系统与底层的工业控制之间的面向车间层的管理信息系统，它为操作人员/管理人员提供计划的执行、跟踪以及所有资源(人、设备、物料、客户需求等)的当前状态。一般认为，MES 的定位处于 ERP 计划层和现场自动化系统之间的执行层，主要负责车间生产管理和调度执行，提供诸如生产调度、产品跟踪、质量控制、设备故障分析、网络报表等管理功能，使用统一的数据库和通过网络连接可以同时为生产部门、质检部门、工艺部门、物流部门等提供车间管理信息服务。MES 系统通过强调制造过程的整体优化来帮助企业实施完整的闭环生产，协助企业建立一体化和实时化的信息体系。

# 4.2  MRP 工作原理

作为 ERP 系统的核心组件，理解 MRP 的工作原理是非常重要的。为了更好地理解 MRP 的工作原理，本节将从逐层计算原则、MRP 的输入、处理和输出、基本数量概念、运行方式以及开环和闭环等不同的角度对 MRP 进行剖析，力求全方位地观察和理解 MRP 的工作原理和特点。

 **知识：MRP 的奠基人**

约瑟夫·奥利克(Joseph Orlicky)1922 年生于捷克斯洛伐克，第二次世界大战结束后移民到美国。初到美国时，虽然拥有布拉格的查理大学法律和经济学博士头衔，但是由于英语水平比较差，奥利克只能到一个工厂去做低级工作。后来，奥利克获得了一个芝加哥大学的 MBA 学位，进入 Case 公司从事生产管理工作，并且升迁到生产管理总监的职位。1961 年，在 Case 公司，奥利克带领一个团队，从事以周为时段的、逐层计算的、净改变式的 MRP 计划系统的研究、开发和实施工作。1962 年，奥利克进入 IBM 公司，担任该公司制造业教育经理，并且继续从事 MRP 的研究。1970 年，在美国辛辛那提召开的第 13 届国际 APICS 会议上，约瑟夫·奥利克发表了名为 Requirements Planning Systems: Cinderella/s Bright Prospects for the Future 的论文，第一次正式提出了独立需求和相关需求的概念。1975 年，奥利克正式出版了其代表作 Material Requirements Planning，该书全面而详细地介绍了物料需求计划的基本工作原理和底层代码，奠定了 MRP 的理论基础。后人把约瑟夫·奥利克称为 MRP 之父。

奥利佛·怀特(Oliver Wight)生于 1930 年，从新英格兰学院毕业之后，进入 Raybestos 公司从事库存管理工作。后来，怀特离开 Raybestos 公司进入 Stanley Works 的乔治·普劳斯尔团队工作，担任生产管理顾问。1965 年，怀特进入 IBM 公司并在这里工作了 3 年，与约瑟夫·奥利克一起，作为制造业教育经理。1968 年，怀特离开 IBM 之后，与普劳斯尔一起成立了一家国际咨询公司。怀特是一个天才演说家，且著作颇丰。他至少出版了 6 本书，还主办了一份定期出版的时事通讯。他的公司开发的生产管理课件成为许多公司生产管理培训的教材。他在生产和库存管理方面多次获得奖励。

乔治·普劳斯尔(George Plossl)生于 1918 年，从美国海军退役之后，到哥伦比亚大学学习。后来，普劳斯尔在康涅狄格州的 Stanley Works 工作期间，结识了奥利佛·怀特。1967 年，普劳斯尔和怀特联合出版了 Production and Inventory Control: Principles and Techniques 一书。该书受到管理领域的热烈欢迎，被认为是管理领域的圣经。截止到 1983 年，该书连续重印 11 次，销售量超过 10 万册。后来，普劳斯尔离开 Stanley Works，与怀特一起成立了一家咨询公司。之后普劳斯尔又成立了自己的咨询公司，并担任公司领导长达 30 年。普劳斯尔出版了一系列有关生产和库存管理方面的专著。

1995 年,乔治·普劳斯尔在一本书的前言中写道:"1966 年,约瑟夫·奥利克、奥利佛·怀特和我在 APICS 会议上见面了。我们发现我们都在从事物料需求计划的研究工作,约瑟夫在 Case 公司和 IBM 公司工作,奥利佛和我在 Stanley Works 工作。后来,我们经常在一起讨论 MRP 和相关话题。20 世纪 70 年代初,我们在 APICS 中成立了一个 MRP 研讨会,从事 MRP 研究和传播工作。"

MRP 得到认可的过程不是一帆风顺的,经历了两次大规模的争论。第一次大规模的争论是 1971 年 10 月在圣路易斯的 APICS 会议上,争论的焦点是 ROP 和 MRP 方法哪一个更有效。约瑟夫·奥利克在该会议上发表了 MRP 的应用案例,对 MRP 的优势进行了有力的证明。第二次大规模的争论是在学术和教育领域,争论的焦点是如何讲授和传播 MRP 方法。1973 年以后,市场上陆续出现了许多包括 MRP 方法的教科书,这些教科书对 MRP 方法的教育和传播起到很好的促进作用。1975,MRP 在 150 个公司中成功实施。到了 1981 年,实施 MRP 的公司已经达到 8000 个。

## 4.2.1 逐层计算原则

逐层计算原则是指 MRP 在计算物料需求时,采用自顶向下的原则,按照产品结构层次逐层计算物料需求量的方式。计算物料需求量是 MRP 的主要目标之一。但是,由于产品结构的复杂性,物料需求量的计算必须遵循一定的计算原则,否则可能会产生错误的结果。下面通过一个实例来介绍逐层计算原则。

根据图 2-4 中的自行车 BOM 结构图可知,一辆自行车有一套车轮系统,一套车轮系统包括一根前轴,而一根前轴又包括 2 片前轴档。假设需要生产 200 辆自行车,仓库中现有 35 套车轮系统、61 根前轴和 128 片前轴档。根据需求量和现有库存量,如果不考虑产品的层次结构,那么,可以按照下列公式计算自行车的缺件数量。

自行车的需求量:200 辆

车轮系统的需求量:200-35=165 套

前轴的需求量:200-61=139 根

前轴档的需求量:200×2-128=272 片

显然,上面的计算有着明显的错误,因为这些计算没有考虑产品结构的层次关系。每一套车轮都包括一根前轴,而每一根前轴都包括了 2 片前轴档,这些隐含在层次关系中的数据必须在计算过程中考虑到,不能遗漏。如果遵循逐层计算原则,则这些隐含在层次结构中的数据就包含到了计算过程中。下面按照逐层计算原则计算自行车的缺件数量。

自行车的需求量:200 辆

车轮系统的需求量:200-35=165 套

前轴的需求量:165-61=104 根

前轴档的需求量:104×2-128=80 片

比较上面两种计算方式可以看出,在第一种计算方式下,前轴档的需求量是 272 片,但是在第二种计算方式下,前轴档的需求量减少为 80 片。之所以两者相差 192 片,是因为这 192 片隐含在产品结构的层次关系中。由于后一种计算方式考虑了层次关系中的数据，其结果更加合理。

逐层计算原则是 MRP 工作原理的重要组成部分，它揭示了 MRP 计算物料需求量的基本过程形式，是理解 MRP 工作原理的基础。

## 4.2.2　MRP 的输入、处理和输出

从物料管理和控制方面讲，MRP 是一个复杂的系统，它有自己的输入、处理和输出；从 ERP 系统角度来看，MRP 是一个子系统或者是一个活动，但是它仍然有自己特殊的输入、处理和输出。理解 MRP 的输入、处理和输出有助于我们深入理解 MRP 的工作原理。

从图 4-1 可以看到，MRP 的输入内容比较多。但是，MRP 最主要的输入数据有 3 个，即 MPS、BOM 和库存状况。作为主生产计划的 MPS 提供了何时生产、生产什么、生产多少的数据。MPS 是 MRP 运算的驱动力量，是 MRP 运算的起点和运算的对象。但是，如何把 MPS 提供的数据进行深入的分解和汇总，则离不开 BOM 数据的支持。作为对产品结构基础数据的描述，BOM 是支持 MRP 分解 MPS 数据的不可缺少的工具。在 BOM 的支持下，MRP 把外界对企业的需求 MPS 转变成了企业内部对物料作业的需求，即对零部件的毛需求。库存状况包括了库存物料的各种状态，这些状态包括物料编码、数量、批量大小和提前期等数据。物料的可用库存量描述了库存数量。可用库存量包括现有库存中可以被使用的已有库存量和已发放且可以得到的已订数量。

MRP 的处理过程主要包括读取 MPS 数据、分解 BOM、计算物料毛需求、计算物料净需求和下达作业计划。毫无疑问，读取 MPS 数据是 MRP 开始运算的起点。MPS 的对象是最终产品项目，分解 BOM 实际上就是把最终产品项目的数量与生产一个最终产品项目所需要的零件数量相乘，即可得到需要什么样的零件和这种零件的需求数量。这种零件的数量就是所谓的毛需求量。把毛需求量减去可用库存量即可得到净需求量。无论是下达采购作业计划(采购订单)还是生产作业计划(加工订单)，净需求量都是这些计划的基础数据。在实际中，既可以把这些净需求量作为计划数据直接下达，也可以根据批量政策对净需求量调整后作为计划数据下达。需要注意的是，作为计划数据，期量标准是同样重要的。作为确定计划时间的"期"标准来源于各种提前期数据。

MRP 的输出主要是可以用于管理和控制的各种计划和报告。这些报告主要包括零部件的生产作业计划、原材料外购件的采购作业计划以及异常报告等。这些计划是企业采购物料，平衡生产能力和输入车间作业管理，发放采购订单、加工订单的依据。因此，可以说，MRP 的输出是企业物料管理、车间管理和设备管理等主要管理工作的基础和起点。

## 4.2.3　MRP 中的基本数量概念

上一节提到，在 MRP 的运算过程中，涉及许多数量数据，例如，毛需求量、净需求

量和可用库存量等,这些数量数据是 MRP 的运算内容。本节对 MRP 运算中用到的基本数量概念进行系统、全面的总结,理解这些基本数量概念有助于理解 MRP 的运算过程。

在 MRP 运算过程中,经常用到的基本数量概念包括描述库存信息的数量概念和描述需求信息的数量概念。描述库存信息的数量概念包括现有库存量、计划收到量、已分配量、安全库存量、可用库存量和预计库存量等。描述需求信息的数量概念包括总需求量、毛需求量、净需求量、计划产出量和计划投入量等。

毛需求量是物料需要量,它是基于最终产品项目的需求量,按照 BOM 进行层层分解计算得到的物料需求量。毛需求量的来源可以有多处,例如,既可能来自同一个最终产品项目,也可能来自不同的最终产品项目。

已分配量是当前保存在仓库中但已经分配的物料数量。

总需求量等于毛需求量加上已分配量。

现有库存量是当前仓库中现有的物料数量。但是,由于仓库中某些物料可能已经分配了却没有出库,因此,这部分物料数量不能用于当前的 MRP 计算。现有库存量还包括了物料的安全库存量。因此,只有从现有库存量中减去已分配量和安全库存量,剩余的物料数量即可用库存量才是仓库中可以参加 MRP 计算的物料数量。

但是,可以参加 MRP 计算的物料数量不仅包括可用库存量,而且还应该包括那些已经发放、预计在计划期内到达的采购单和加工单上的物料数量。这些数量被称为计划收到量。

预计库存量(PAB)等于现有库存量和计划收到量之和。

净需求量等于总需求量减去预计库存量。其计算公式如下:

$$净需求量 = 总需求量 - 预计库存量$$
$$= 毛需求量 + 已分配量 - 现有库存量 - 计划收到量$$

计划产出量以净需求量数据为基础,考虑批量政策、废品率和均衡生产等因素对净需求量进行调整后的结果。

计划投入量是考虑提前期因素之后对计划产出量的时间进行调整后的结果。一般情况下,计划投入量的数据等于计划产出量,但是要按照提前期提前安排投入。

## 4.2.4　MRP 的运行方式

MRP 的运行方式不是一劳永逸的。制订计划环境的任何改变,都可能影响整个计划的运行。MRP 经过运算之后,得到了一个 MPS、BOM、物料需求以及库存状况之间相对平衡的采购作业计划和生产作业计划。但是,这种平衡状态可能会由于其中的某个或某些因素的变化而被打破,例如,增加了新的订单、产品结构设计更改、生产加工废品率增大和库存状况变化等,导致原有的采购作业计划和生产作业计划已经不能满足实际作业的需要,必须重新运算 MRP。重新运算 MRP 的方式被称为 MRP 的运行方式。

一般情况下，MRP 的运行工作方式有两种类型，一种是再生式 MRP(regenerative MRP)，另一种是净改变式 MRP(net change MRP)。再生式 MRP 表示每次计算时，都会覆盖原来的 MRP 数据，生成全新的 MRP。净改变式 MRP 表示只会根据指定条件而变化，例如，MPS 变化、BOM 变化等，经过局部运算更新原来 MRP 的部分数据。再生式 MRP 是周期性运算 MRP，通常的运算周期是 1 周。净改变式 MRP 是一种连续性的操作，当指定数据改变时就需要立刻运行。

在再生式 MRP 运算中，MPS 中列出的每一个最终产品项目的需求都进行分解，每一个需要的 BOM 文件都被访问，每一个相关物料的库存状态记录都要更新，每一个物料的毛需求量和净需求量都要重新计算，每一项作业计划的日程需要重新安排，系统输出大量的相关报告。这种方法的优点是数据的处理效率高，因为总是提供最新的计划数据。但是，这种方法存在的主要问题是运算量大，两次运算之间的 MPS 变化、BOM 变化和作业计划因素变化等不能及时反映到 MRP 中。

净改变式 MRP 运算采用了对需求进行局部分解的作业方式。局部分解大大缩小了需求计划运算的范围，可以提高重排作业计划的频率。所谓的局部分解可以从两个方面来理解，每次运行 MRP 时仅仅分解 MPS 中的一部分内容，由库存事务处理引起的分解只局限在该事务直接涉及的物料项目和这些物料项目下属层次的物料项目。净改变式 MRP 的运行既可以每天运行，也可以实时运行。净改变式 MRP 的优点在于对状态变化能够及时做出反应。但是，这种方法也存在诸多缺点，例如，系统的自清理能力差、数据处理的效率相对比较低以及对于各种变化过于敏感等。

如果采用净改变式 MRP 运行方式，令管理人员颇感头疼的一个问题是系统要求管理人员不断地修正当前进行的作业，例如，对于已经下达的加工订单修改加工零件的结构、对于已经下达的采购订单修改到货日期等。如何更好地处理这些烦琐的问题取决于管理人员的技术和艺术，即系统提供了应该做出修正的建议，实际中应考虑如何采取合理有效的管理措施实现这些建议。

当前，在大多数 ERP 系统中，主要采用再生式 MRP 的运行方式。实际上，纯粹的再生式 MRP 运行方式与纯粹的净改变式 MRP 都是不存在的，许多 ERP 系统往往采用这两种类型的混合运行方式。

## 4.2.5　MRP 的开环和闭环

MRP 的发展过程是一个自身不断完善的过程。最初提出 MRP 是在 20 世纪 60 年代中期，MRP 的结构如图 4-1 所示。根据可行的 MPS，在 BOM、库存状态信息和工艺路线等基础数据的支持下，由计算机编制出分时间段的物料需求计划，从而可以下达执行采购作业的采购订单和执行生产作业的加工订单。显然，采用 MRP 可以快速、准确地制定采购作业计划和生产作业计划,从而可以确保得到准确的物料需求,为最终实现物料的精细化管理打下物质基础。

但是,这种 MRP 计算方式有一些前提条件,例如,MPS 存在且可行、采购作业计划可行且执行过程顺利以及生产作业计划可行且生产过程不受其他外界因素的影响。然而,这种前提往往是不现实的。例如,采购作业计划可能因为供货能力或运输能力不足而不能按期或按量执行,生产作业可能会受到加工设备能力不足、人力资源缺乏和废品率过大的影响而不能按期、按量完成计划。

怎样解决这种 MRP 计算方式存在的问题呢?可以基于控制原理采取一些适当的措施,例如,在 MRP 计算过程中考虑到企业的生产加工能力问题、供货企业的供货能力问题,确保制定的物料需求计划(包括采购作业计划、生产作业计划)是可行的;在采购作业计划、生产作业计划的执行过程中,通过增加采购管理和车间管理功能而增强计划跟踪和反馈功能,确保物料需求计划可以及时地得到更新。采取这些措施之后得到的 MRP 被称为闭环 MRP,而把以前的 MRP 计算方式称为开环 MRP。

作为一个权威机构,APICS(美国生产与库存管理协会)发表的闭环 MRP 的结构原理图如图 4-2 所示。在该结构原理图中,MPS 来自于企业的生产规划,经过 RCCP(粗能力需求计划)的产能负荷分析之后,如果 MPS 可行则可以作为下一个阶段制定 MRP 的依据,如果 MPS 不可行,则需要调整 MPS。依据可行的 MPS 制定的 MRP 是在 BOM 和库存状况数据的支持下完成的,并且可以进一步分解为分时段的需求。MRP 的分时段需求可以把未来物料短缺问题的解决方案提前到当前的作为优先计划的 MRP 中。但是,如果这个 MRP 超越了企业现有的生产加工能力和采购运输能力,也就失去了指导车间作业的权威意义。但是,如果 MRP 经过能力需求计划平衡被认为不可行,则可以及时调整 MPS,甚至可以调整企业的生产规划。因此,增加能力需求计划(capacity requirements planning,CRP),以便检验 MRP 在当前生产环境中是否可行。增加作业计划管理和控制功能的目的是便于将生产环境的变化、作业计划与实际作业的差异及时地反映到 MRP 中,以便对今后 MRP 的执行进行适当的平衡和调整。增加执行能力计划功能可以根据作业需要对生产能力进行进一步的调整,以便 CRP 在变化的生产环境中可以顺利地保证 MRP 的可行性。

虽然闭环 MRP 没有解决资金资源、人力资源等生产环境中的约束问题,但是解决了物料管理和控制问题,因此,闭环 MRP 的产生和广泛应用是生产计划管理理论发展的一个里程碑。

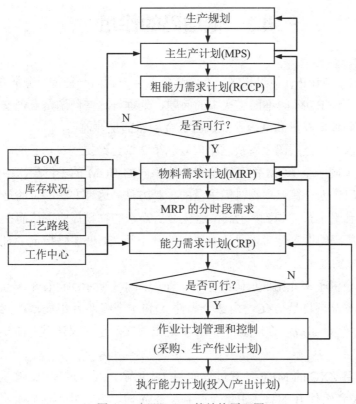

图 4-2　闭环 MRP 的结构原理图

 **其他观点：下一代 MRP**

Carol Ptak和 Chad Smith(2011)提出了需求驱动式 MRP(Demand Driven MRP，DDMRP)方法。DDMRP 将敏捷制造与 MRP 融合一起，对 MRP 进行了扩展，被许多专家认为是下一代 MRP。这种扩展包括了 5 个方面。首先，确定战略库存位置。MRP 强调安全库存、库存订货点，但是 DDMRP 强调，在考虑物料计划之前，应该先考虑供应链建模，考虑如何确定合理的仓库位置。合理的仓库位置才能更有效地缩短订货提前期和降低订货过程中多种不确定因素的影响。其次，设置缓冲区和缓冲水平。DDMRP 的思想界于 MRP 和敏捷制造之间。它既不把库存看成是浪费，也不把库存目标定为零库存，强调合理的位置和合理的库存数量。第三，动态调整。随着新市场的出现和老市场的淘汰、制造能力和方法的变化，物料的特征也会随之改变，缓冲区的设置和缓冲水平应该随着企业战略的变化而随之变化，应该具备强的环境适应性。第四，需求驱动式计划。MRP 只是一个计划工具，JIT 只是一个执行工具，而 DDMRP 既是一个计划工具，也是一个执行工具。当新的需求出现时，计划和执行工作应该随之快速、正确地进行决策和调整落实。第五，高度可视化和协同执行。仅仅生成采购订单、制造订单、运输订单是远远不够的，应该对这些订单进行有效的管理和协同，提高这些订单的执行水平。

# 4.3　低层码的作用

在基于 BOM 的 MRP 计算过程中，不可避免地会遇到同一种物料分散在同一个 BOM 的不同层次中或不同 BOM 的不同层次中的问题，处理好这些问题是合理安排作业计划、简化作业管理、降低库存量和减少企业流动资金积压的重要前提。

实际上，可以采取低层码来解决这个问题。第 2 章已经提到过，低层码是指当同一种物料项目由于位于同一个 BOM 的不同阶层中或不同的 BOM 的不同层次中而有多个阶层码时，取最低层码作为计算该项物料需求量的一种方法。这种方法的目的是确保时间上最先需求的物料在计划上最先得到库存量，避免最后需求的物料提前下达而在计划上占用有限的库存量。低层码的引入是对逐层计算原则的一个补充，低层码指定了对同一物料位于不同 BOM 阶层时的处理方式。

下面通过一个例子来介绍低层码的作用。在如图 4-3 所示的自行车产品的 BOM 结构示意图中，最终产品项目是 ZXC，由 2 个零件 A 和 1 个组件 B 组成，1 个组件 B 由 1 个零件 A 和 2 个零件 C 组成。在这里，零件 A 既出现在阶层 1 又出现在阶层 2，因此，零件 A 的低层码是 2。

最终产品项目 ZXC 的 MRP 计算过程如图 4-4 所示。在该过程中，首先根据 ZXC 的 MPS 得到零件 A 和组件 B 的总需求量。遇到零件 A 时，发现其当前的阶层码是 1，与其低层码不同。因此，对零件 A 只是保存其通过 BOM 分解得到的总需求量，暂不进行预计库存量、净需求量和计划产出量等的计算。由于组件 B 的当前阶层与其低层码一致，因此，计算该物料的所有 MRP 数量。然后再进行分解又得到零件 A。现在，零件 A 的当前阶层等于其低层码，因此可以对零件 A 进行 MRP 计算，此时才使用与零件 A 有关的计划收到量、当前预计库存量等数据。零件 A 的总需求量包括不同阶层的所有需求量之和，当然，如何进行汇总，还需要考虑需求日期等因素。

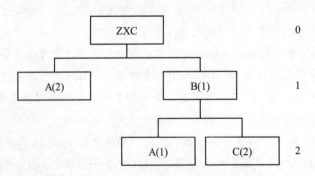

图 4-3　自行车产品的 BOM 结构示意图

计划形式：MPS

物料名称：ZXC　　装配提前期：1

| 时段 | 1 | 2 | 3 | 4 | 5 |
|---|---|---|---|---|---|
| 需求量 | | 50 | | 80 | 90 |

计划形式：MRP　　物料名称：A(1 层)

加工提前期：1　　批量规则：30　　安全库存：20

| 时段 | 当期 | 1 | 2 | 3 | 4 | 5 |
|---|---|---|---|---|---|---|
| 毛需求量 | | 100 | | 160 | 180 | |

计划形式：MRP　　物料名称：B(1 层)

装配提前期：1　　批量规则：50　　安全库存：20

| 时段 | 当期 | 1 | 2 | 3 | 4 | 5 |
|---|---|---|---|---|---|---|
| 毛需求量 | | 50 | | 80 | 90 | |
| 计划收到量 | | 100 | | | | |
| 预计库存量 | 20 | 70 | 70 | 40 | 50 | 50 |
| 净需求量 | | | | 30 | 70 | |
| 计划产出量 | | | | 50 | 100 | |
| 计划投入量 | | | 50 | 100 | | |

计划形式：MRP　　物料名称：A(2 层，低层码)

加工提前期：1　　批量规则：30　　安全库存：20

| 时段 | 当期 | 1 | 2 | 3 | 4 | 5 |
|---|---|---|---|---|---|---|
| 毛需求量 | | 100 | 50 | 260 | 180 | |
| 计划收到量 | | 90 | | | | |
| 预计库存量 | 30 | 20 | 30 | 40 | 40 | 40 |
| 净需求量 | | | 50 | 250 | 160 | |
| 计划产出量 | | | 60 | 270 | 180 | |
| 计划投入量 | | 60 | 270 | 180 | | |

图 4-4　ZXC 的 MRP 计算过程

对于位于不同 BOM 中不同阶层的同一种物料来说，其计算过程与此类似。因此，可以说，同一种物料在 MRP 中的计算过程是按照低层码顺序进行的。

# 4.4　MRP 的计算过程

根据前面介绍的 MRP 基本概念和工作原理，本节将通过具体示例详细演示 MRP 的计算过程。

MRP 的计算过程与 MPS 的计算过程非常类似，但略有不同。例如，在 MRP 计算过程中，没有预测量、订单量和可供销售量等数据，因为 MRP 的计算量都是相关需求，不是可以销售的最终产品项目；在计算 MRP 时需要考虑 BOM 的分解和低层码等影响因素；MPS 只涉及最终产品项目，但是，MRP 涉及组成最终产品项目的所有层次的物料，MRP 的计算量和复杂程度远远大于 MPS 的计算量和复杂程度。

MRP 的计算过程示意图如图 4-5 所示。首先，基于 BOM 计算各个物料的低层码，然后按照逐层计算原则和低层码计算每个物料的毛需求量。接着，根据物料的库存状况，计算计划接收量和当期 PAB。然后，分时段计算。

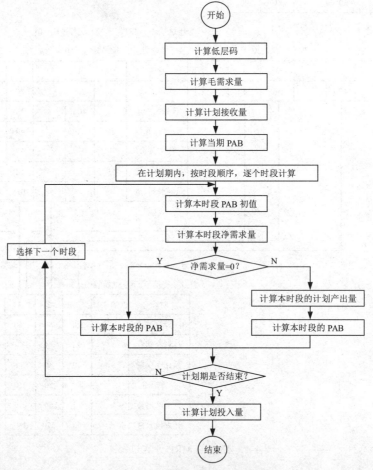

图 4-5　MRP 的计算过程示意图

在分时段计算过程中，首先计算本时段的 PAB 初值，然后计算净需求量，最后根据净需求量的值对 PAB(预计可用库存量)初值进行调整。需要注意的是，当需求量为非 0 时，需要基于批量政策计算本时段的计划产出量。当分时段计算结束之后，基于提前期数据，在计划产出量的基础上计算计划投入量。

下面通过一个具体示例介绍 MRP 的计算过程。如图 4-6 所示的是两个产品的 BOM 示意图。这两个产品分别是自行车 ZXC 和三轮车 SLC。已知条件是 ZXC 和 SLC 的 MPS，以及所有物料的当前 PAB(预计可用库存量)、安全库存量、提前期、批量和已分配量等。现在需要计算零件 A 和零件 C 的物料需求计划。

ZXC 和 SLC 的 MPS 如表 4-1 和表 4-2 所示。这两个表分别列出了最终产品项目 ZXC 和 SLC 的物料名称、物料编码和物料的提前期、各时段的计划产出量和计划投入量。

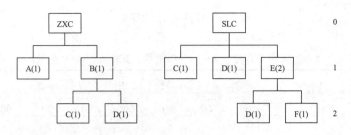

图 4-6 ZXC 和 SLC 的 BOM 示意图

表 4-1 ZXC 的 MPS

物料名称：自行车　　　物料编码：ZXC　　　提前期：1

| 时段 | 当期 | 1 | 2 | 3 | 4 | 5 | 6 | 7 | 8 | 9 | 10 |
| --- | --- | --- | --- | --- | --- | --- | --- | --- | --- | --- | --- |
| 计划产出量 |  |  | 50 | 50 | 60 | 60 | 60 | 60 | 90 | 90 | 90 |
| 计划投入量 |  | 50 | 50 | 60 | 60 | 60 | 60 | 90 | 90 | 90 |  |

表 4-2 SLC 的 MPS

物料名称：三轮车　　　物料编码：SXC　　　提前期：1

| 时段 | 当期 | 1 | 2 | 3 | 4 | 5 | 6 | 7 | 8 | 9 | 10 |
| --- | --- | --- | --- | --- | --- | --- | --- | --- | --- | --- | --- |
| 计划产出量 |  |  | 80 | 80 | 80 | 80 | 80 | 80 | 120 | 120 | 120 |
| 计划投入量 |  | 80 | 80 | 80 | 80 | 80 | 80 | 120 | 120 | 120 |  |

现在，首先计算零件 A 的 MRP。因为零件 A 只出现在 ZXC 的 BOM 中，并且只出现一次，所以，其阶层码与其低层码都是 1。零件 A 的毛需求量等于 ZXC 的计划投入量。假设在时段 1 的计划接收量为 80，当期 PAB 为 20，安全库存量为 20，批量为 100。

在时段 1，PAB=20+80-50=50。

在时段 2，PAB 初值=50-50=0<20，净需求量=20-0=20，根据批量政策，满足净需求量要求的计划产出量为 100，于是 PAB=50+100-50=100。

在时段 3，PAB 初值=100-60=40>20，于是净需求量=0。

在时段 4，PAB 初值=40-60=-20<20，净需求量=20-(-20)=40，根据批量政策，满足净需求量要求的计划产出量为 100，于是 PAB=40+100-60=80。

在时段 5，PAB 初值=80-60=20=20，净需求量=0。

在时段 6，PAB 初值=20-60=-40<20，净需求量=20-(-40)=60，根据批量政策，满足净需求量要求的计划产出量为 100，于是 PAB=20+100-60=60。

在时段 7，PAB 初值=60-90=-30<20，净需求量=20-(-30)=50，根据批量政策，满足净需求量要求的计划产出量为 100，于是 PAB=60+100-90=70。

在时段 8，PAB 初值=70-90=-20<20，净需求量=20-(-20)=40，根据批量政策，满足净需求量要求的计划产出量为 100，于是 PAB=70+100-90=80。

在时段 9，PAB 初值=80-90=-10<20，净需求量=20-(-10)=30，根据批量政策，满足净需求量要求的计划产出量为 100，于是 PAB=80+100-90=90。

在时段 10，PAB=90。

计算结果如表 4-3 所示。

表 4-3　零件 A 的 MRP

物料名称：前轴档　　　物料编码：A　　　提前期：1　　　低层码：1

当期 PAB：20　　　安全库存量：20　　　批量：100　　　已分配量：0

| 时段 | 当期 | 1 | 2 | 3 | 4 | 5 | 6 | 7 | 8 | 9 | 10 |
|---|---|---|---|---|---|---|---|---|---|---|---|
| 毛需求量 | | 50 | 50 | 60 | 60 | 60 | 60 | 90 | 90 | 90 | |
| 计划接收量 | | 80 | | | | | | | | | |
| PAB | 20 | 50 | 100 | 40 | 80 | 20 | 60 | 70 | 80 | 90 | 90 |
| 净需求量 | | | 20 | | 40 | | 60 | 50 | 40 | 30 | |
| 计划产出量 | | | 100 | | 100 | | 100 | 100 | 100 | 100 | |
| 计划投入量 | | 100 | | 100 | | 100 | 100 | 100 | 100 | | |

下面计算零件 C 的 MRP。与零件 A 不同的是，零件 C 位于 ZXC 和 SLC 两个 BOM 中，且这两个零件的阶层也不相同，其低层码为 2。设零件 C 的提前期为 1，当期 PAB 为 25，安全库存量为 15，批量为 50。

首先计算 ZXC 对物料 B 的毛需求量，然后计算物料 B 的计划投入量，根据物料 B 的计划投入量得到物料 C 的毛需求量；接着计算 SLC 对物料 C 的毛需求量；之后，合并两个产品对物料 C 的毛需求量；最后，依据合并后的对物料 C 的毛需求量计算出其计划投入量。

第一步，计算 ZXC 对物料 B 的毛需求量，计算过程和结果如表 4-4 所示。例如，在时段 1，ZXC 的计划投入量为 50，对物料 B 的毛需求量为 50。

表 4-4　ZXC 对 B 的毛需求量

| 物料 | 时段 | 当期 | 1 | 2 | 3 | 4 | 5 | 6 | 7 | 8 | 9 | 10 |
|---|---|---|---|---|---|---|---|---|---|---|---|---|---|
| ZXC | 计划产出量 | | | 50 | 50 | 60 | 60 | 60 | 60 | 90 | 90 | 90 |
| | 计划投入量 | | 50 | 50 | 60 | 60 | 60 | 60 | 90 | 90 | 90 | |
| B | 毛需求量 | | 50 | 50 | 60 | 60 | 60 | 60 | 90 | 90 | 90 | |

第二步，计算 B 的计划投入量实际上就是计算该物料的 MRP，计算过程如表 4-5 所示。这里假设当期 PAB 为 35，安全库存量为 20，批量为 50，提前期为 1。

表 4-5　物料 B 的 MRP

物料名称：车把　　　物料编码：B　　　提前期：1　　　低层码：1

当期 PAB：35　　　安全库存量：20　　　批量：50　　　已分配量：0

| 时段 | 当期 | 1 | 2 | 3 | 4 | 5 | 6 | 7 | 8 | 9 | 10 |
|---|---|---|---|---|---|---|---|---|---|---|---|---|
| 毛需求量 | | 50 | 50 | 60 | 60 | 60 | 60 | 90 | 90 | 90 | |
| 计划接收量 | | 100 | | | | | | | | | |
| PAB | 35 | 85 | 35 | 25 | 65 | 55 | 45 | 55 | 65 | 25 | 25 |
| 净需求量 | | | | 45 | 55 | 15 | 25 | 65 | 55 | 45 | |
| 计划产出量 | | | | 50 | 100 | 50 | 50 | 100 | 100 | 50 | |
| 计划投入量 | | | 50 | 100 | 50 | 50 | 100 | 100 | 50 | | |

第三步，计算 ZXC 对物料 C 的毛需求量。根据物料 B 的计划投入量，可以直接推算出物料 C 的毛需求量，推算过程如表 4-6 所示。需要注意的是，直接根据物料 B 的毛需求量推算出物料 C 的毛需求量和根据物料 B 的计划投入量计算出物料 C 的毛需求量，这两个毛需求量是不同的，其间的差别通常很大。

表 4-6　ZXC 对 C 的毛需求量

| 物料 | 时段 | 当期 | 1 | 2 | 3 | 4 | 5 | 6 | 7 | 8 | 9 | 10 |
|---|---|---|---|---|---|---|---|---|---|---|---|---|
| B | 计划投入量 | | | 50 | 100 | 50 | 50 | 100 | 100 | 50 | | |
| C | 毛需求量 | | | 50 | 100 | 50 | 50 | 100 | 100 | 50 | | |

第四步，计算 SLC 对物料 C 的毛需求量，推算过程如表 4-7 所示。例如，在时段 1，根据 SLC 的计划投入量直接推算出物料 C 的毛需求量为 80。

表 4-7　SLC 对 C 的毛需求量

| 物料 | 时段 | 当期 | 1 | 2 | 3 | 4 | 5 | 6 | 7 | 8 | 9 | 10 |
|---|---|---|---|---|---|---|---|---|---|---|---|---|
| SLC | 计划产出量 | | | 80 | 80 | 80 | 80 | 80 | 80 | 120 | 120 | 120 |
| | 计划投入量 | | 80 | 80 | 80 | 80 | 80 | 80 | 120 | 120 | 120 | |
| C | 毛需求量 | | 80 | 80 | 80 | 80 | 80 | 80 | 120 | 120 | 120 | |

第五步，合并物料 C 的毛需求量。根据表 4-4、表 4-6 和表 4-7 的数据合并物料 C 的毛需求量，得到物料 C 的总毛需求量，合并过程和结果如表 4-8 所示。例如，在时段 3，ZXC 对物料 C 的毛需求量为 100，SLC 对物料 C 的毛需求量为 80，两者合并后在时段 3 对物料 C 的总毛需求量为 180。可以根据物料 C 的总毛需求量计算物料 C 的 MRP。需要注意的是，在不会引起混淆时，常常把物料 C 的总毛需求量简称为毛需求量。

表 4-8　ZXC 和 SLC 对物料 C 的总毛需求量

| 物料 | 时段 | 当期 | 1 | 2 | 3 | 4 | 5 | 6 | 7 | 8 | 9 | 10 |
|---|---|---|---|---|---|---|---|---|---|---|---|---|
| ZXC | 计划产出量 | | | 50 | 50 | 60 | 60 | 60 | 60 | 90 | 90 | 90 |
| | 计划投入量 | | 50 | 50 | 60 | 60 | 60 | 60 | 90 | 90 | 90 | |
| B | 毛需求量 | | 50 | 50 | 60 | 60 | 60 | 60 | 90 | 90 | 90 | |
| | 计划投入量 | | | 50 | 100 | 50 | 50 | 100 | 100 | 50 | | |
| C | 毛需求量 | | | 50 | 100 | 50 | 50 | 100 | 100 | 50 | | |
| SLC | 计划产出量 | | | 80 | 80 | 80 | 80 | 80 | 80 | 120 | 120 | 120 |
| | 计划投入量 | | 80 | 80 | 80 | 80 | 80 | 80 | 120 | 120 | 120 | |
| C | 毛需求量 | | 80 | 80 | 80 | 80 | 80 | 80 | 120 | 120 | 120 | |
| C | 总毛需求量 | | 80 | 130 | 180 | 130 | 130 | 180 | 220 | 170 | 120 | |

第六步，计算物料 C 的 MRP。计算过程和结果如表 4-9 所示。假设当期 PAB 为 70，

安全库存量为 60，批量为 100，提前期为 1。计算出计划产出量之后，根据提前期为 1 倒排计划，推算出对应的计划投入量。

表 4-9  物料 C 的 MRP

物料名称：螺母　　　　　物料编码：C　　　　　提前期：1　　　　低层码：2

当期 PAB：70　　　　　安全库存量：60　　　　批量：100　　　　已分配量：0

| 时段 | 当期 | 1 | 2 | 3 | 4 | 5 | 6 | 7 | 8 | 9 | 10 |
|---|---|---|---|---|---|---|---|---|---|---|---|
| 毛需求量 | | 80 | 130 | 180 | 130 | 130 | 180 | 220 | 170 | 120 | |
| 计划接收量 | | 120 | | | | | | | | | |
| PAB 初值 | | 110 | −20 | −100 | −30 | −60 | −40 | −160 | −30 | −50 | |
| 净需求量 | | | 80 | 160 | 90 | 120 | 100 | 220 | 90 | 110 | |
| 计划产出量 | | | 100 | 200 | 100 | 200 | 100 | 300 | 100 | 200 | |
| PAB | 70 | 110 | 80 | 100 | 70 | 140 | 60 | 140 | 70 | 150 | 150 |
| 计划投入量 | | 100 | 200 | 100 | 200 | 100 | 300 | 100 | 200 | | |

# 4.5　本章小结

本章讲述了有关 MRP 的基本概念、主要内容、工作原理和计算过程等内容，并且对 MRP 中的关键内容，例如低层码的作用进行了重点分析。MRP 是 ERP 系统的核心，理解和掌握 MRP 的概念、特点和工作原理有助于深入理解 ERP 系统的原理和作用。

# 4.6　思考和练习

1. 解释 MRP 的概念。

2. 有人说，MRP 是一种管理模式。你认为这种观点正确吗？为什么？

3. 缺料计划的作用是什么？在 ERP 系统中，缺料计划是否存在？为什么？

4. 在 ERP 系统中，MRP 主要用于解决哪些问题？

5. 解释 MRP 的逐层计算原则。

6. 比较再生式 MRP 和净改变式 MRP 的异同。

7. 简述闭环 MRP 的计算原理。

8. 开环 MRP 和闭环 MRP 的区别是什么？

9. 低层码的作用是什么？

10. 简述 MRP 的计算过程。

11. 什么是 MES？MES 的主要功能是什么？

12. 分组讨论：收集资料，讨论 MRP 与 MES 之间的关系。

# 第5章
# 能力需求计划

## 案例研究：国民经济和社会发展统计

2016 年 2 月 29 日，中国国家统计局发布了 2015 年国民经济和社会发展统计公报。据统计，年末全国总人数为 13.7462 亿。

全年国内生产总值 676708 亿元，比上年增长 6.9%。其中，第一产业增加值 60863 亿元，增长 3.9%；第二产业增加值 274278 亿元，增长 6.0%；第三产业增加值 341567 亿元，增长 8.3%。第一产业增加值占国内生产总值增加值的比重为 9.0%，第二产业增加值比重为 40.5%，第三产业增加值比重为 50.5%。

年末国家外汇储备 33304 亿美元，比上年末减少 5127 亿美元。全年人民币平均汇率为 1 美元兑 6.2284 元人民币，比上年贬值 1.4%。

全年全国一般公共预算收入 152217 亿元，比上年同口径增加 8324 亿元，增长 5.8%，其中税收收入 124892 亿元，增加 5717 亿元，增长 4.8%。

全年粮食种植面积 11334 万公顷，比上年增加 62 万公顷。棉花种植面积 380 万公顷，减少 42 万公顷。油料种植面积 1406 万公顷，增加 1 万公顷。糖料种植面积 174 万公顷，减少 16 万公顷。

全年粮食产量 62144 万吨，比上年增加 1441 万吨，增产 2.4%。其中，夏粮产量 14112 万吨，增产 3.3%；早稻产量 3369 万吨，减产 0.9%；秋粮产量 44662 万吨，增产 2.3%。全年棉花产量 561 万吨，比上年减产 9.3%。油料产量 3547 万吨，增产 1.1%。糖料产量 12529 万吨，减产 6.2%。茶叶产量 224 万吨，增产 6.9%。

全年肉类总产量 8625 万吨，比上年下降 1.0%。其中，猪肉产量 5487 万吨，下降 3.3%；牛肉产量 700 万吨，增长 1.6%；羊肉产量 441 万吨，增长 2.9%；禽肉产量 1826 万吨，增长 4.3%。禽蛋产量 2999 万吨，增长 3.6%。牛奶产量 3755 万吨，增长 0.8%。

全年水产品产量 6690 万吨，比上年增长 3.5%。其中，养殖水产品产量 4942 万吨，增长 4.1%；捕捞水产品产量 1748 万吨，增长 0.5%。

全年木材产量 6832 万立方米，比上年下降 17.0%。全年新增耕地灌溉面积 158 万公顷，新增节水灌溉面积 254 万公顷。

全年全部工业增加值 228974 亿元，比上年增长 5.9%。规模以上工业增加值增长 6.1%。在规模以上工业中，分经济类型看，国有控股企业增长 1.4%；集体企业增长 1.2%，股份制企业增长7.3%，外商及中国港澳台商投资企业增长3.7%；私营企业增长8.6%。分门类看，采矿业增长2.7%，制造业增长7.0%，电力、热力、燃气及水生产和供应业增长1.4%。

全年规模以上工业中，农副食品加工业增加值比上年增长5.5%，纺织业增长7.0%，化学原料和化学制品制造业增长9.5%，非金属矿物制品业增长6.5%，黑色金属冶炼和压延加工业增长5.4%，通用设备制造业增长2.9%，专用设备制造业增长3.4%，汽车制造业增长6.7%，电气机械和器材制造业增长7.3%，计算机、通信和其他电子设备制造业增长10.5%，电力、热力生产和供应业增长0.5%。高技术制造业增加值增长10.2%，占规模以上工业增加值的比重为11.8%。装备制造业增加值增长6.8%，占规模以上工业增加值的比重为31.8%。

全年全社会固定资产投资562000亿元，比上年增长9.8%，扣除价格因素，实际增长11.8%。其中，固定资产投资(不含农户)551590亿元，增长10.0%。分区域看，东部地区投资232107亿元，比上年增长12.4%；中部地区投资143118亿元，增长15.2%；西部地区投资140416亿元，增长8.7%；东北地区投资40806亿元，下降11.1%。

全年房地产开发投资95979亿元，比上年增长1.0%。其中，住宅投资64595亿元，增长0.4%；办公楼投资6210亿元，增长10.1%；商业营业用房投资14607亿元，增长1.8%。

全年社会消费品零售总额300931亿元，比上年增长10.7%，扣除价格因素，实际增长10.6%。按消费类型统计，商品零售额268621亿元，增长10.6%；餐饮收入额32310亿元，增长11.7%。

在限额以上企业商品零售额中，粮油、食品、饮料、烟酒类零售额比上年增长14.6%，服装、鞋帽、针纺织品类增长9.8%，化妆品类增长8.8%，金银珠宝类增长7.3%，日用品类增长12.3%，家用电器和音像器材类增长11.4%，中西药品类增长14.2%，文化办公用品类增长15.2%，家具类增长16.1%，通信器材类增长29.3%，建筑及装潢材料类增长18.7%，汽车类增长5.3%，石油及制品类下降6.6%。

全年网上零售额38773亿元，比上年增长33.3%，其中网上商品零售额32424亿元，增长31.6%。在网上商品零售额中，吃类商品增长40.8%，穿类商品增长21.4%，用类商品增长36%。

全年货物进出口总额245741亿元，比上年下降7.0%。其中，出口141255亿元，下降1.8%；进口104485亿元，下降13.2%。货物进出口差额(出口减进口)36770亿元，比上年增加13244亿元。

全年国内游客40亿人次，比上年增长10.5%，国内旅游收入34195亿元，增长13.1%。入境游客13382万人次，增长4.1%。其中，外国人2599万人次，下降1.4%；我国香港地区、澳门地区和台湾地区同胞10783万人次，增长5.6%。在入境游客中，过夜游客5689万人次，增长2.3%。国际旅游收入1137亿美元，增长7.8%。国内居民出境12786万人次，增长9.7%。其中因私出境12172万人次，增长10.6%；赴港澳台地区出境8588万人次，增长4.4%。

年末广义货币供应量(M2)余额139.2万亿元，比上年末增长13.3%；狭义货币供应量(M1)余额40.1万亿元，增长15.2%；流通中货币(M0)余额6.3万亿元，增长4.9%。年末全部金融机构本外币各项存款余额 139.8 万亿元,比年初增加 15.3 万亿元,其中人民币各项存款余额 135.7 万亿元,增加 15.0 万亿元。全部金融机构本外币各项贷款余额 99.3 万亿元,增加 11.7 万亿元,其中人民币各项贷款余额 94.0 万亿元,增加 11.7 万亿元。

全年研究生教育招生 64.5 万人,在学研究生 191.1 万人,毕业生 55.2 万人。普通本专科招生 737.8 万人,在校生 2625.3 万人,毕业生 680.9 万人。中等职业教育[41]招生 601.2 万人,在校生 1656.7 万人,毕业生 567.9 万人。普通高中招生 796.6 万人,在校生 2374.4 万人,毕业生 797.6 万人。初中招生 1411.0 万人,在校生 4312.0 万人,毕业生 1417.6 万人。普通小学招生 1729.0 万人,在校生 9692.2 万人,毕业生 1437.2 万人。

全年研究与试验发展经费支出 14220 亿元,比上年增长 9.2%,与国内生产总值之比为 2.10%,其中基础研究经费 671 亿元。全年国家安排了 3574 项科技支撑计划课题,2561 项 "863" 计划课题。截至年底,累计建设国家工程研究中心 132 个,国家工程实验室 158 个,国家认定企业技术中心 1187 家。国家新兴产业创投计划累计支持设立 206 家创业投资企业,资金总规模 557 亿元,投资创业企业 1233 家。全年受理境内外专利申请 279.9 万件,授予专利权 171.8 万件。截至年底,有效专利 547.8 万件,其中境内有效发明专利 87.2 万件,每万人口发明专利拥有量 6.3 件。全年共签订技术合同 30.7 万项,技术合同成交金额 9835 亿元,比上年增长 14.7%。

年末全国共有医疗卫生机构 990248 个,其中医院 27215 个,乡镇卫生院 36869 个,社区卫生服务中心(站)34588 个,诊所(卫生所、医务室)195866 个,村卫生室 644751 个,疾病预防控制中心 3492 个,卫生监督所(中心)3097 个。卫生技术人员 803 万人,其中执业医师和执业助理医师 300 万人,注册护士 328 万人。医疗卫生机构床位 708 万张,其中医院 534 万张,乡镇卫生院 121 万张。

### 课堂思考和回答

1. 2015 年国内生产总值 676708 亿元,该指标说明了什么?

2. 2015 年末,全国总人口为 13.7462 亿人,全年粮食种植面积 11334 万公顷,全年粮食产量 62144 万吨,全年棉花产量 561 万吨,全年肉类总产量 8625 万吨,全年研究生教育招生 64.5 万人,全国共有医疗卫生机构 990248 个。分析这些指标数据的特点和相互之间的关系。

3. 什么是国家能力清单? 什么是国家能力需求? 一个国家的能力清单和能力需求计划应该包括哪些内容?

4. 根据以上统计数据,你能否编写国家的能力清单和能力需求计划? 为什么?

能力需求计划(capacity requirements planning,CRP)的目的是检验 MRP 是否可行并且对生产作业过程中的能力和负荷进行平衡。从内容上来看,CRP 与 MRP 是不同的。MRP 的内容都是有关企业直接的作业对象、管理对象的描述和从事这些活动的安排和指导,是为了满足客户需求,针对完成已签约订单的直接制订的工作计划,而 CRP 的内容是辅助和检验 MRP 内容是否可行的辅助工作计划的生产能力需求计划。本章讲述 CRP 的基本概念、计划内容、输入输出和处理以及 CRP 评价等内容。

# 5.1 概　　述

本节将详细讲述 CRP 的基本概念、作用和意义，CRP 的主要内容，CRP 与 RCCP 之间的关系，以及无限能力计划和有限能力计划的特点和关系等。

## 5.1.1　CRP 的基本概念

CRP 是一种将 MRP 输出的对物料的分时段需求计划转变成对企业各个工作中心的分时段需求计划的管理工具，是一种协调能力需求与可用能力之间平衡管理的处理过程，是一种协调 MRP 的计划内容和确保 MRP 在现有生产环境中可行、有效的计划管理方法。

从工作内容上来看，MRP 的计划内容是物料，具体内容包括需要的物料编码、物料数量和需用时间等；而 CRP 的计划内容是能力，具体内容包括工作中心加工能力、员工工作时间、设备加工效率、员工出勤率和劳动生产率等。从工作内容角度来看，CRP 起到一个计划转换器的作用，把 MRP 转换成 CRP，实际上，CRP 又起到了一个工作延伸扩散器的作用，把有关物料计划管理和控制工作向设备计划管理和控制工作、人力资源计划管理和控制工作方面延伸和扩散，使得整个 ERP 系统有可能把物料管理、设备管理和人资管理等多种职能工作作为一个整体的系统对待。

从处理过程来看，CRP 不仅仅把对物料的需求计划转变成对工作中心的能力需求计划，而且还要协调和处理有关这些能力的能力需求与可用能力之间的矛盾。能力需求来自于MRP，可用能力来自于现有的生产作业环境。从宏观角度来看，如果能力需求小于可用能力，那么除了引起可用能力的闲置和浪费之外，一般不会对 MRP 的正常实施运行带来什么负面影响和障碍。但是，经常遇到的情况是，能力需求大于可用能力，该怎么办呢？有以下 3 种不同的且各有优劣势的解决方案：一是扩大企业现有的可用能力；二是通过减少 MRP 以降低能力需求；三是通过移峰填谷、加班加点和外部协作等临时性的管理调度手段来解决能力需求和可用能力之间的矛盾。第一种方案是最彻底的解决方案，但这种方案是一种企业发展壮大的里程碑结果，这种方案很难适用于需要随时解决的临时性问题。有人把这种解决方案称为决策性的解决方案。第二种方案是比较保守的一种解决方案。这种方案的目的是通过拒绝过多的、自身无法承担的订单来实现企业内部的生产平衡。这种方案的优点在于经营稳健，缺点在于可能错失发展壮大的良机。第三种方案体现了管理技术和管理艺术有效结合的效果，灵活有效。在这种方案中，需要采用最合适的管理手段、调度措施来尝试协调解决当前面临的问题。实际上，CRP 往往采用这种方案来协调生产管理中的计划和实际中的矛盾。

从管理手段来看，CRP 作为一种约束条件的测试工具，用于检验和确保 MRP 负荷生产环境现状。前面已经介绍过，计算 MRP 的最基础的 3 个数据是 MPS、BOM 和库存状况，但是，这种计算过程并没有完全回答诸如企业是否有能力完成这种计算结果之类的问题。虽说 MPS 已经得到了 RCCP 的验证，在某种程度上可以确保 MRP 是可行的，但是，实际上，RCCP 并不能准确地回答 MRP 是否可行的问题。从管理的完整性角度来看，CRP 全面解决了 MRP 是否可行和有效的问题。即使 MPS 没有经过 RCCP 的验证，CRP 也不会使得不可行的 MRP 进入到实施环节。当然，通过采用 RCCP 验证 MPS，其好处在于 MRP 的计算和 CRP 对 MRP 的验证都有了更高的工作效率。

CRP 的转换器、协调器和约束机制作用示意图如图 5-1 所示。来自于 MRP 的生产作业表示计划负荷，工艺路线可以提供单位负荷耗用能力标准，这两个数据可以形成对工作中心的能力需求。工作中心提供了企业当前环境的可用能力。能力需求和可用能力经过 CRP 的处理变成了可行的生产作业计划和已平衡的能力需求计划报表。

通过前面的分析可知，CRP 能够回答下面几个问题：

[A] 生产什么？生产多少？何时生产？(由生产作业计划回答，并且得到计划负荷。这些计划负荷也可以是分时段的)

[B] 使用什么工艺路线？工艺路线中包括哪些工作中心？(前面这两个问题可以得到单位负荷耗用能力标准，例如使用某个数控加工机床的标准工时定额，再加上计划负荷，即可得到 MRP 对能力的需求量)

[C] 工作中心的可用能力是多少？(这是重要的基础数据)

[D] 分时段的能力需求状况如何？(分时段的计划负荷加上单位负荷耗用能力标准可以得到分时段的能力需求状况)

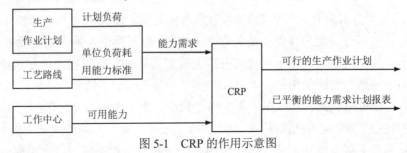

图 5-1　CRP 的作用示意图

## 5.1.2　CRP 和 RCCP

在介绍 MPS 时曾提到了用于校验 MPS 是否可行的 RCCP，在介绍 MRP 时又反复强调需要 CRP 校验其是否可行，那么，这两种校验计划是否可行的方法之间有什么关系呢？实际上，这两种方法是密切关联的。

从计划层次上来看，RCCP 与 MPS 位于相同的层次，而 CRP 与 MRP 位于相同的层次，因此，RCCP 位于需求计划的高层，CRP 位于需求计划的较低层次。

从内容上来看，RCCP 是粗能力需求计划，CRP 是能力需求计划，两者都是能力需求计划，都用于校验编制的计划是否可行。不同的是，RCCP 用于校验 MPS(独立需求件)，而 CRP 的校验对象是 MRP(相关需求件)。由于 MRP 是 MPS 的进一步细化，因此，CRP 也是 RCCP 的进一步细化。

从编制方式来看，RCCP 与 CRP 有着很大的差别。例如，RCCP 仅仅考虑关键工作中心的能力需求，而 CRP 则考虑整个工作中心的能力需求；RCCP 的计算过程主要是依据资源清单，但 CRP 的计算过程主要是依据工艺路线。

CRP 与 RCCP 之间的详细区别如表 5-1 所示。

表 5-1　CRP 与 RCCP 之间的区别

| 比 较 项 | RCCP | CRP |
| --- | --- | --- |
| 计划阶段 | MPS | MRP 与生产作业计划 |
| 主要作用 | 校验 MPS 是否可行 | 校验生产作业计划是否可行 |
| 能力对象 | 关键工作中心 | 全部工作中心 |
| 计算过程依据 | 资源清单 | 工艺路线 |
| 负荷对象 | 独立需求件 | 相关需求件 |
| 库存状况 | 不考虑 | 考虑 |
| 订单类型 | 计划和确认订单 | 计划和确认订单、已下达订单 |
| 工作日历 | 工厂日历或工作中心日历 | 工作中心日历 |
| 提前期 | 提前期偏置 | 按照工序的开始时间和完工时间 |

## 5.1.3　CRP 的编制方式

从 CRP 的编制方式来看，可以把 CRP 分为两种类型，即无限能力计划和有限能力计划。无限能力计划和有限能力计划在是否考虑 CRP 时是一样的，两者的主要差别在于处理超负荷时采取的方式不同。本节将详细介绍无限能力计划和有限能力计划的特点。

无限能力计划是不考虑能力限制的 CRP 方式。当工作中心的负荷工时超过能力工时时，该工作中心处于超负荷状态。在无限能力计划中，由于不考虑能力限制，工作中心的负荷是所有消耗该工作中心的负荷相加，因此，这是一种更加自然的处理能力需求的方式，超负荷状态是一种不可避免的现象。当工作中心处于超负荷状态时，可以采取两种措施。第一种是增加能力工时措施，例如，可以采购新的加工设备、招聘新的员工等；第二种措施是采取调度手段，例如，延长工作中心的工作时间、采用替代工作中心、将超负荷转移到其他工作中心、变加工为采购以及采用外协加工等。实际上，还有一种更为极端的管理措施，即延长订单的交货期或者干脆取消订单。但是，这种极端管理措施是与企业经营宗旨相违背的，只能是特殊情况下的解决方案。当前，市场上的许多 ERP 系统都采用这种无限能力计划的 CRP 编制方式。

有限能力计划是考虑能力限制的 CRP 编制方式。由于考虑了能力限制，某个工作中心的负荷工时是不能超过该工作中心能力工时的，因此，在这种方式下，不会出现工作中心超负荷现象。按照处理超负荷的方式，有限能力计划又可以分为优先级计划和有限顺排计划。这里主要介绍优先级计划。优先级计划是指根据订单状况等因素为计划负荷指定一个优先级，按照各个计划负荷的优先级为工作中心分配计划负荷。当工作中心满负荷时，优先级较高的计划负荷被执行，优先级较低的计划负荷被推迟。一般情况下，优先级最高的计划负荷总是会被顺利地执行。从理论上来看，当多个计划负荷向工作中心分配时，这些计划负荷总得有一个处理的先后顺序，无序的处理方式对于生产管理来说是一种不负责任的粗放管理方式，因此，优先级计划实际上是一种理性管理方式的表现。从实践上来看，优先级计划间接反映了市场和客户的需求状况，也因此具有更大的应用价值。

## 5.2　CRP 的输入数据

在 CRP 的计算过程中，需要用到 4 个方面的数据，即加工订单数据、工艺路线数据、工作中心数据和工作中心日历数据。

加工订单是生产作业计划的一种表现形式。按照指导生产加工的有效性状态，加工订单可以分为计划订单、确认订单和已下达订单 3 种类型。计划订单是根据 MRP 直接计算得到的加工订单。但是，由于实际上物料的需求和能力的可用性可能会与计算得到的数据有差异，因此，计划订单必须经过生产计划管理人员修正之后才能使用。计划订单经过修正并与实际情况相符合后，由生产计划管理人员将其状态修改为确认订单。确认订单是否能成为指导实际加工作业的任务，还需要下达。已下达订单状态是生产作业计划的真正实施状态，也被称为加工订单。加工订单中的主要数据是物料加工数量、完成日期、加工工序、准备时间和加工时间等。加工订单描述了工作中心负荷的来源。

工艺路线是一种重要的基础数据，它描述零件、组件以及最终产品等物料加工和装配所需要的工序步骤和每一步骤所需要的工作中心、加工工具以及加工定额工时(准备时间和加工时间等)，还指定了某些特殊工序步骤的可替换工序。工艺路线是一种标准，它可以把来自于加工订单的负荷转变成对加工中心的能力需求。

毫无疑问，工作中心是 CRP 中不可或缺的最重要的基础数据之一。无论是来自于加工订单和工艺路线的能力需求，还是可用的生产加工能力，其载体都是工作中心。工作中心还起到一种把作业工作与组织结构、人力资源连接起来的桥梁作用。作为 CRP 的核心数据和能力单元，其主要数据包括每天班次、每班工作小时数、每班人数、每班设备数、加工效率和设备利用率等。实际上，当前许多 ERP 系统在工作中心的描述上还有进一步细化的空间。例如，有关以加工人员为主要能力对象的描述上可以精细到单个人员能力的描述上，增加诸如职业技能等级(初级工、中级工、高级工、技师和高级技师等)等信息的描述。

作为一种计划数据，日期数据是不可缺少的。为了快速、准确且方便地确定计划日期，通常采取制造日历、工厂日历和工作中心日历等数据。日历上的主要数据是日历编码和对应的日期。不同类型的日历，差别主要在于其适用范围和描述的精细程度。制造日历往往用于整个企业，是最基本的日历。工厂日历增加了不同生产加工车间的实际作业的工作时间和班次等特点。工作中心日历真正体现了精细化管理的思想，它可以根据不同工作中心的特点来安排更加切合实际的工作日历。企业可以根据自己的实际生产经营和管理情况来确定是使用一套日历还是使用多套日历。

# 5.3　CRP 的处理过程

本节将全面介绍 CRP 的处理过程，并且通过一个具体的实例来详细介绍 CRP 的处理过程。CRP 的处理过程主要包括计算工作中心可用能力、计算工作中心上的分工序负荷以及计算工作中心的分时段能力需求等关键环节。

## 5.3.1　CRP 处理过程中的关键环节

下面分别介绍如何计算工作中心可用能力、计算工作中心上的工序负荷以及计算工作中心的分时段能力需求等 CRP 处理过程中的关键环节。

### 1. 计算工作中心可用能力

在描述工作中心的可用能力时，需要确定工作中心的能力单位、能力类型和额定能力。额定能力应该经常随着实际能力的变化进行调整。

不同类型的企业，采用不同的工作中心能力单位。在离散型企业中，例如，机械、电子产品等企业，经常采用加工单件物料所需的加工时间(小时/件)或单位时间的产量(件/小时)等单位描述工作中心的可用能力。在流程型企业中，例如，化工、纺织和造纸等企业，经常采用单位时间产量(米/日、吨/日、千克/时)等单位描述工作中心的可用能力。

经常用到两种类型的能力描述，一种是按照设备工时描述能力，另一种是按照人员工时描述能力。具体采用哪一种能力描述类型，往往需要考虑企业产品的特点、管理习惯和成本核算方式等多个因素。

额定能力是指在正常情况下工作中心的可用能力。工作中心的额定能力也被称为标准能力。额定能力往往小于工作中心的最大能力，因为它考虑了工作中心的利用率和效率等影响因素。工作中心利用率是从计划投入和实际投入相比较的角度来看工作中心的利用状况，效率是从实际投入和实际产出相比较来看工作中心的工作效果。某个工作中心额定能力(小时/日)计算公式如下：

额定能力=单个设备每日每班可用工时数×可用设备数×每日班数×利用率×效率

　　　　=单个设备每日可用工时数×可用设备数×利用率×效率

额定能力=每人每日每班可用工时数×每班人数×每日班数×利用率×效率

　　　　=每人每日可用工时数×有效人数×利用率×效率

利用率=实际投入工时/计划工时

效率=已完成的物料加工数量×加工额定工时/实际投入工时

例如，某个工作中心有 2 台同样型号和规格的加工设备，有 2 个加工班组，每班 2 人，每班工作时间是 8 小时。经过统计，设备的利用率是 95%，效率是 90%，现在采用设备工时描述该工作中心的可用能力，则该工作中心的可用能力如下：

额定能力=8×2×2×95%×90%=27.36 小时

实际能力是指某个工作中心在生产加工过程中实际能力的记录。实际能力是额定能力的基础,并且通过额定能力反映出来。额定能力应该经常调整,以尽可能准确地反映实际能力,两者的误差应该尽可能小。例如,在上面的示例中,最后测得的实际能力是 28.12 小时,大于额定能力,即表示额定能力的利用率或效率估计偏低,应当按照实际能力的大小适当调整额定能力的利用率或效率。

### 2. 计算工作中心上的工序负荷

计算工作中心上的工序负荷是指逐个工序计算与某个工作中心相关联的生产负荷。生产负荷来自两个数据:加工的物料数量和加工单个物料需要的额定工时。在 CRP 的计算过程中,加工的物料数量来自于物料的计划投入量,加工单个物料需要的额定工时来自于工艺路线。工作中心上的工序负荷的计算公式如下:

工序负荷=准备时间+加工物料数量×加工时间

其中,准备时间是每一个加工物料批次需要的开机、安装刀具、夹具和设备调试等准备性操作耗费的时间,加工时间是加工单个物料耗费的时间。

例如,工序 20 对应的工作中心是 WC15,将要加工一批物料,这批物料的数量是 120 件,准备时间是 15 分钟,加工一个物料耗费的时间(WC15 上的工序 20 的工序负荷)是 3 分钟,工序 20 在 WC15 上的工序负荷计算过程如下:

工序负荷=0.25+120×0.05=6.25 小时

需要注意的是,计算时需要把准备时间和加工时间统一换算成以小时为单位。

### 3. 计算工作中心的分时段能力需求

就像分时段的物料需求计划一样,工作中心的能力需求也应该是分时段的。为了计算工作中心的分时段能力需求,需要计算两方面的数据:第一,计算每一个工序在每一个工作中心上的开始时间和结束时间;第二,以工作中心为基础,按照时段汇总所有工序的能力需求。

在第 2 章中讲过,工序提前期又被称为工时,每一个作业的工时都由多种不同的时间组成。这些时间包括排队时间、准备时间、加工时间、等待时间和移动时间等。这些时间的单位通常为秒、分和时等。排队时间是指在工作中心安排作业之前耗费的时间。准备时间是指在加工前需要做的准备工作所耗费的时间,例如,开机、检查和调整机器、安装车卸工装夹具以及加油等,这是每一批零部件的作业都需要消耗的时间。加工时间是指每一个零部件加工、装配的实际作业时间。等待时间是指物料在某个工作中心加工完成之后不能立即转移到下一个工序或工作中心,需要等待一段时间才能转移到下一道工序的时间消耗。移动时间又称搬运时间或运输时间,即从当前工序转移到下一道工序花费的时间。这些时间之间的关系如图 5-2 所示。

从图 5-2 中可以看出,可以把工序提前期分为两大部分,工序未实际占用工作中心时间和工序实际占用工作中心时间。工序未实际占用工作中心时间包括等待时间、移动时间和排队时间等，工序实际占用工作中心时间包括准备时间和加工时间。

图 5-2　工序提前期概念示意图

图 5-2 只是工序提前期概念示意图。在实际生产加工作业中，为了提高作业效率，缩短工序提前期，经常采用交叉作业的方式。某个工序中的物料并不是全部加工完了才可以移动到下一道工序，而是完成一部分之后，就将完成的部分物料移动到下一道工序。交叉程度可以根据物料特点、工作中心位置和距离、管理手段以及员工素质等确定。现在许多 ERP 系统产品已经具备了处理交叉作业的能力。

## 5.3.2　CRP 的编制过程流程图

CRP 的编制过程流程图如图 5-3 所示。首先读入基础数据，这些基础数据包括加工订单数据、工艺路线数据、工作中心数据和工作中心日历数据等。接下来计算工作中心可用能力，并且根据历史实际能力数据对计算的结果进行调整。然后计算工作中心上的工序负荷或能力需求。之后逐个计算工序的开工时间和结束时间。按照工序的开工时间和完工时间确定其加工的作业时段，并且按照时段在逐个工作中心上汇总各个工序的能力需求。最后按照指定的格式输出有关 CRP 报表和报告等。

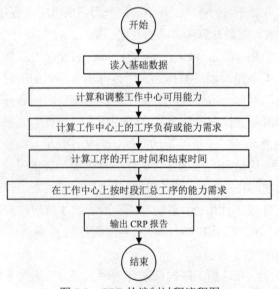

图 5-3　CRP 的编制过程流程图

## 5.3.3　CRP 编制示例

本节将通过一个具体的示例，详细介绍如何编制 CRP。假设自行车 ZXCA-F2 的 BOM 结构示意图如图 5-4 所示。每个 ZXCA-F2 由 2 个物料 A 和 1 个物料 B 组成，每个物料 B 由 1 个物料 C 和 2 个物料 D 组成。

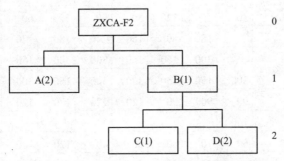

图 5-4　自行车 ZXCA-F2 的 BOM 结构示意图

自行车 ZXCA-F2 的 MPS 如表 5-2 所示。自行车 ZXCA-F2 的装配提前期是 1 时段，计划产出量和计划投入量如表 5-2 所示。

表 5-2　ZXCA-F2 的 MPS

| 物料名称：自行车 | | 物料编码：ZXCA-F2 | | | | 提前期：1 | | | | |
|---|---|---|---|---|---|---|---|---|---|---|
| 时段 | 当期 | 1 | 2 | 3 | 4 | 5 | 6 | 7 | 8 | 9 | 10 |
| 计划产出量 | | | 90 | 90 | 90 | 120 | 120 | 120 | 120 | 150 | 150 |
| 计划投入量 | | 90 | 90 | 90 | 120 | 120 | 120 | 120 | 150 | 150 | |

根据表 5-2 中的 MPS 对 ZXCA-F2 进行分解，计算其他物料的 MRP。计算过程和计算结果如表 5-3 所示。其中，物料 A 的有关属性是：计划接收量为 150，PAB 初值为 60，订货批量为 150，安全库存量为 30，提前期为 1 时段。物料 A 的毛需求量等于 ZXCA-F2 物料计划投入量的 2 倍，物料 B 的毛需求量则等于 ZXCA-F2 物料的计划投入量。物料 B 的有关属性是：计划接收量为 100，PAB 初值为 50，安全库存量为 25，订货批量为 100，提前期为 1 时段。物料 C 的毛需求量等于物料 B 的计划投入量。物料 C 的有关属性是：计划接收量为 120，PAB 初值为 80，安全库存量为 80，订货批量为 200，提前期为 1 时段。物料 D 的毛需求量等于物料 B 的计划投入量的 2 倍，计划接收量为 300，PAB 初值为 150，订货批量为 300，安全库存量为 120，提前期为 1 时段。

假设 ZXCA-F2 的加工、装配共涉及 5 个工作中心，每个工作中心每天工作 8 小时，每个工作中心都有一位操作人员。每个工作中心的利用率、效率都不完全一样，具体参数如表 5-4 所示。工作中心 WC02 每天可用能力为：8×1×0.98×0.99=7.76 额定小时。其他工作中心的计算方法与此类似。

表 5-3   ZXCA-F2 的 MRP

| 物料 | 时段 | 当期 | 1 | 2 | 3 | 4 | 5 | 6 | 7 | 8 | 9 | 10 |
|---|---|---|---|---|---|---|---|---|---|---|---|---|
| ZXCA-F2 | 计划产出量 | | | 90 | 90 | 90 | 120 | 120 | 120 | 120 | 150 | 150 |
| | 计划投入量 | | 90 | 90 | 90 | 120 | 120 | 120 | 120 | 150 | 150 | |
| A | 毛需求量 | | 180 | 180 | 180 | 240 | 240 | 240 | 240 | 300 | 300 | |
| | 计划接收量 | | 150 | | | | | | | | | |
| | PAB | 60 | 30 | 150 | 120 | 30 | 90 | 150 | 60 | 60 | 60 | 60 |
| | 净需求量 | | 180 | 60 | 150 | 240 | 180 | 120 | 270 | 270 | | |
| | 计划产出量 | | | 300 | 150 | 150 | 300 | 300 | 150 | 300 | 300 | |
| | 计划投入量 | | 300 | 150 | 150 | 300 | 300 | 150 | 300 | 300 | | |
| B | 毛需求量 | | 90 | 90 | 90 | 120 | 120 | 120 | 150 | 150 | | |
| | 计划接收量 | | 100 | | | | | | | | | |
| | PAB | 50 | 60 | 70 | 80 | 60 | 40 | 120 | 100 | 50 | 100 | 100 |
| | 净需求量 | | 55 | 45 | 65 | 85 | 105 | 25 | 75 | 125 | | |
| | 计划产出量 | | | 100 | 100 | 100 | 100 | 200 | 100 | 100 | 200 | |
| | 计划投入量 | | 100 | 100 | 100 | 100 | 200 | 100 | 100 | 200 | | |
| C | 毛需求量 | | 100 | 100 | 100 | 100 | 200 | 100 | 200 | | | |
| | 计划接收量 | | 120 | | | | | | | | | |
| | PAB | 80 | 100 | 200 | 100 | 200 | 200 | 100 | 200 | 200 | 200 | 200 |
| | 净需求量 | | | 80 | | 80 | 80 | | 80 | 80 | | |
| | 计划产出量 | | | 200 | | 200 | 200 | | 200 | 200 | | |
| | 计划投入量 | | 200 | | 200 | 200 | | 200 | 200 | | | |
| D | 毛需求量 | | 200 | 200 | 200 | 200 | 400 | 200 | 200 | 400 | | |
| | 计划接收量 | | 300 | | | | | | | | | |
| | PAB | 150 | 250 | 350 | 150 | 250 | 150 | 250 | 350 | 250 | 250 | 250 |
| | 净需求量 | | 70 | | 170 | 270 | 170 | 70 | 170 | | | |
| | 计划产出量 | | | 300 | | 300 | 300 | 300 | 300 | 300 | | |
| | 计划投入量 | | 300 | | 300 | 300 | 300 | 300 | 300 | | | |

表 5-4   工作中心和工作中心的可用能力参数

| 工作中心编码 | 每天工作小时 | 利用率(%) | 效率(%) | 可用能力(额定小时/天) |
|---|---|---|---|---|
| WC02 | 8 | 98 | 99 | 7.76 |
| WC07 | 8 | 98 | 99 | 7.76 |
| WC15 | 8 | 95 | 98 | 7.45 |
| WC23 | 8 | 95 | 95 | 7.22 |
| WC39 | 8 | 95 | 90 | 6.84 |

　　各个物料的工艺路线和额定工时如表 5-5 所示。工序编码一般采用 5、10 和 15 的样

式。从表中可以看出，不同物料的不同工序有可能采用相同的工作中心，例如，物料 A 的 5 工序与物料 C 的 5 工序采用了工作中心 WC07，这是符合实际情况的。

表 5-5 ZXCA-F2 的工艺路线和额定工时

| 物料编码 | 工序编码 | 工作中心编码 | 单件加工时间(小时) | 准备时间(小时) |
|---|---|---|---|---|
| ZXCA-F2 | 5 | WC02 | 0.03 | 0.52 |
| A | 5 | WC07 | 0.01 | 0.35 |
| | 10 | WC15 | 0.04 | 0.35 |
| B | 5 | WC02 | 0.02 | 0.65 |
| C | 5 | WC07 | 0.03 | 0.65 |
| | 10 | WC23 | 0.03 | 0.65 |
| D | 5 | WC39 | 0.05 | 0.55 |

根据表 5-5 所示中的额定工时数据可以计算出每一个工作中心上的工序负荷，计算公式如下：

工作中心上的工序负荷=加工件数×单件加工时间+准备时间

有关工作中心的工序负荷的计算过程及其结果如表 5-6 所示。例如，在 WC07 工作中心上，物料 A 的工序 5 和物料 C 的工序 5 都在上面加工。物料 A 的计划投入量的订单数量分别为 150 和 300，物料 C 的计划投入量的订单数量为 200。物料 A 的工序 5 的 150 订单数量的工序负荷为：150×0.01+0.35=1.85 小时。工序负荷也称为能力负荷。

表 5-6 工作中心的工序负荷计算结果

| 物料编码 | 工序编码 | 工作中心编码 | 订单数量 | 能力负荷(小时) |
|---|---|---|---|---|
| ZXCA-F2 | 5 | WC02 | 90 | 90×0.03+0.52=3.22 |
| | | | 120 | 120×0.03+0.52=4.12 |
| | | | 150 | 150×0.03+0.52=5.02 |
| A | 5 | WC07 | 150 | 150×0.01+0.35=1.85 |
| | | | 300 | 300×0.01+0.35=3.35 |
| | 10 | WC15 | 150 | 150×0.04+0.35=6.35 |
| | | | 300 | 300×0.04+0.35=12.35 |
| B | 5 | WC02 | 100 | 100×0.02+0.65=2.65 |
| | | | 200 | 200×0.02+0.65=4.65 |
| C | 5 | WC07 | 200 | 200×0.03+0.65=6.65 |
| | 10 | WC23 | 200 | 200×0.03+0.65=6.65 |
| D | 5 | WC39 | 300 | 300×0.05+0.55=15.55 |

下面计算各个工序占用工作中心的时间，即生产作业时间。一般情况下，生产作业时

间的单位采用小时。能力负荷除以可用能力即可得到作业天数，然后按 1 天工作时间 8 小时折算为小时数(小数取整)。计算结果如表 5-7 所示。

表 5-7 ZXCA-F2 的生产作业时间

| 物料编码 | 工序编码 | 工作中心编码 | 可用能力(小时/天) | 订单数量 | 能力负荷(小时) | 生产作业时间(天) | 生产作业时间(小时) |
|---|---|---|---|---|---|---|---|
| ZXCA-F2 | 5 | WC02 | 7.76 | 90 | 3.22 | 3.22÷7.76=0.41 | 4 |
| | | | | 120 | 4.12 | 4.12÷7.76=0.53 | 5 |
| | | | | 150 | 5.02 | 5.02÷7.76=0.65 | 6 |
| A | 5 | WC07 | 7.76 | 150 | 1.85 | 1.85÷7.76=0.24 | 2 |
| | | | | 300 | 3.35 | 3.35÷7.76=0.43 | 4 |
| | 10 | WC15 | 7.45 | 150 | 6.35 | 6.35÷7.45=0.85 | 7 |
| | | | | 300 | 12.35 | 12.35÷7.45=1.66 | 14 |
| B | 5 | WC02 | 7.76 | 100 | 2.65 | 2.65÷7.76=0.34 | 3 |
| | | | | 200 | 4.65 | 4.65÷7.76=0.60 | 5 |
| C | 5 | WC07 | 7.76 | 200 | 6.65 | 6.65÷7.76=0.86 | 7 |
| | 10 | WC23 | 7.22 | 200 | 6.65 | 6.65÷7.22=0.92 | 8 |
| D | 5 | WC39 | 6.84 | 300 | 15.55 | 15.55÷6.84=2.27 | 19 |

为了计算各个工序在工作中心的开工日期和完工日期，还需要得到物料在各个工作中心的等待时间、移动时间和排队时间。这些基础数据如表 5-8 所示，时间的单位为小时。需要注意的是，表 5-8 列出了从库房到生产加工地点的移动时间，不考虑其等待时间，这是因为物料只在需要时才出库。

表 5-8 工作中心的等待时间、移动时间和排队时间

| 工作中心编码 | 等 待 时 间 | 移 动 时 间 | 排 队 时 间 |
|---|---|---|---|
| WC02 | 0 | 1 | 2 |
| WC07 | 1 | 1 | 2 |
| WC15 | 1 | 1 | 1 |
| WC23 | 1 | 1 | 1 |
| WC39 | 1 | 1 | 1 |
| 库房 | 0 | 1 | 0 |

下面采用倒序排产法计算物料的能力需求编制过程。假设表 5-3 中计算 MRP 的时段为周。倒序排产法是用工序的完工时间减去等待时间、移动时间、排队时间和生产作业时间(准备时间和加工时间)得到工序开工时间的方法。

首先研究物料 C 的工艺路线和制造时间。根据表 5-5 可知，物料 C 的加工工艺路线依次是 5(WC07)、10(WC23)。物料 C 的加工经过了 3 个不同的位置，即库房、工序 5 和工序 10，这些位置之间的顺序图(工艺路线)和相应的时间如图 5-5 所示。

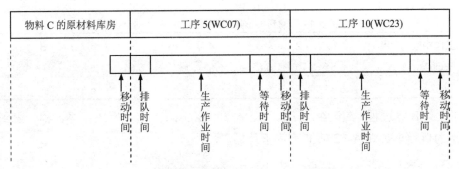

图 5-5 物料 C 的工艺路线和时间之间的关系

根据表 5-7 和表 5-8 所示可以得到物料 C 的各种制造时间数据，将这些制造时间数据进行汇总，结果如表 5-9 所示。

表 5-9 物料 C 的制造时间(小时)

| 工　序 | 工作中心编码 | 排队时间 | 生产作业时间 | 等待时间 | 移动时间 |
|---|---|---|---|---|---|
| 库房 | —— | 0 | 0 | 0 | 1 |
| 5 | WC07 | 2 | 7 | 1 | 1 |
| 10 | WC23 | 1 | 8 | 1 | 1 |

下面分析物料 C 的开工时间和完工时间。首先假设每周工作 5 天，每天工作 8 小时，每天开始上班时间是 8 点，下班时间是 16 点。

根据表 5-3 所示可知，由于物料 C 的提前期是 1 周，其在第 1 周的计划产出量为 200 件是用于第 2 周物料 B 的装配作业的。这 200 件的最晚完工时间是第 1 周的最后一个工作日的结束。也就是说，工序 10 必须在第 1 周的周五 16 点之前完成。由于从工序 10 的 WC23 工作中心转移到其他工作中心的等待时间和移动时间都是 1 小时，因此，工序 10 在 WC23 工作中心的加工操作最晚必须在周五 14 点完成。因为在 WC23 工作中心的生产作业时间是 8 小时，因此，物料 C 最晚必须在周四 14 点完成。又因为物料在到达 WC23 工作中心能够加工之前，需要排队 1 小时，因此，该物料必须在周四 13 点之前到达 WC23 工作中心。按照上述过程，物料 C 最晚必须在周四 11 点完成 WC07 工作中心的加工，最晚必须在周三 12 点开始在 WC07 工作中心的加工，最晚必须在周三 10 点到达 WC07 工作中心，最晚必须在周三 9 点离开库房。由于采用了倒序排产法，所以得到的时间需求都是最晚时间，即最晚开工时间和最晚完工时间。至此得到了物料 C 的工序 5 和工序 10 的最晚开工时间和最晚完工时间，如表 5-10 所示。需要注意的是，这里把最晚开工时间和最晚完工时间简称为开工时间和完工时间。

表 5-10 物料 C 的开工时间和完工时间

| 工　序 | 工作中心编码 | 能力负荷 | 开工时间 | 完工时间 |
|---|---|---|---|---|
| 5 | WC07 | 6.65 | 第 1 周周三 12 点 | 第 1 周周四 11 点 |
| 10 | WC23 | 6.65 | 第 1 周周四 14 点 | 第 1 周周五 14 点 |

按照上述步骤可以求出物料 C 的分时段能力需求计划，如表 5-11 所示。注意将同一时段(周)中的能力负荷汇总在一起。

表 5-11　物料 C 的分时段能力需求计划

| 物料 | 工作中心 | 当期 | 1 | 2 | 3 | 4 | 5 | 6 | 7 | 8 | 9 | 10 |
|---|---|---|---|---|---|---|---|---|---|---|---|---|
| C | WC07 | | 6.65 | | 6.65 | 6.65 | | 6.65 | 6.65 | | | |
| | WC23 | | 6.65 | | 6.65 | 6.65 | | 6.65 | 6.65 | | | |

基于上述计算过程，针对物料 D、B、A 和 ZXCA-F2 重复上述计算过程，得到如表 5-12 所示的自行车 ZXCA-F2 的能力需求计划表。

表 5-12　分时段能力需求计划表

| 物料 | 工作中心 | 当期 | 1 | 2 | 3 | 4 | 5 | 6 | 7 | 8 | 9 | 10 |
|---|---|---|---|---|---|---|---|---|---|---|---|---|
| ZXCA-F2 | WC02 | | 3.22 | 3.22 | 3.22 | 4.12 | 4.12 | 4.12 | 4.12 | 5.02 | 5.02 | |
| A | WC07 | | 3.35 | 1.85 | 1.85 | 3.35 | 3.35 | 1.85 | 3.35 | 3.35 | | |
| | WC15 | | 12.35 | 6.35 | 6.35 | 12.35 | 12.35 | 6.35 | 12.35 | 12.35 | | |
| B | WC02 | | 2.65 | 2.65 | 2.65 | 2.65 | 4.65 | 2.65 | 2.65 | 4.65 | | |
| C | WC07 | | 6.65 | | 6.65 | 6.65 | | 6.65 | 6.65 | | | |
| | WC23 | | 6.65 | | 6.65 | 6.65 | | 6.65 | 6.65 | | | |
| D | WC39 | | 6.84 | | 6.84 | 6.84 | 6.84 | 6.84 | 6.84 | | | |

根据表 5-12 所示的能力需求数据，按照工作中心汇总在一起，即可得到如表 5-13 所示的 CRP 数据，即工作中心能力需求计划表。

表 5-13　工作中心能力需求计划表

| 工作中心 | 当期 | 1 | 2 | 3 | 4 | 5 | 6 | 7 | 8 | 9 | 10 |
|---|---|---|---|---|---|---|---|---|---|---|---|
| WC02 | | 5.87 | 5.87 | 5.87 | 6.77 | 8.77 | 6.77 | 6.77 | 9.67 | 5.02 | |
| WC07 | | 10.00 | 1.85 | 8.50 | 10.00 | 3.35 | 8.50 | 10.00 | 3.35 | | |
| WC15 | | 12.35 | 6.35 | 6.35 | 12.35 | 12.35 | 6.35 | 12.35 | 12.35 | | |
| WC23 | | 6.65 | | 6.65 | 6.65 | | 6.65 | 6.65 | | | |
| WC39 | | 6.84 | | 6.84 | 6.84 | 6.84 | 6.84 | 6.84 | | | |

得到工作中心的能力需求计划表之后，即可绘制能力负荷直方图。如果可用能力大于负荷，则表示能力多余、闲置。如果可用能力等于负荷，即表示能力和负荷一致，这是最为理想的状态。但是，如果可用能力小于负荷，则表示能力不足。能力不足时，需要采取合理有效的措施来解决这些问题。

# 5.4　CRP 的评价

通过前面的分析可以看出，CRP 实现了把 MRP 转变为分时段的能力需求计划，根据能力需求和可用能力之间的平衡关系可以判断 MRP 是否可行的功能。下面重点介绍有关 CRP 的前提条件、作业交叉和时段粒度等管理问题。

通常情况下，CRP 的前提条件是无限能力。也就是说，在能力需求计算过程中，不考虑工作中心可用能力的限制。当能力需求计划计算出来之后，再处理有关可用能力和能力需求之间产生冲突的地方。这些问题暴露出来之后，管理人员可以及早地采取相关措施，在计划阶段解决可用能力不足的问题，从而提高管理效率和质量。

在计算工序的开工时间和完工时间时，需要考虑等待时间、移动时间、排队时间、加工时间和准备时间等工艺时间。如果这些工艺时间之间是串行的，那么计算过程就会比较简单。如果这些工艺时间之间可以是并行、交叉的，那么不同的物料之间、不同的工序之间的交叉程度都可能是不同的。即使是同一种物料、相同的工序之间，但是由于批量的不同，他们的工艺时间的交叉程度也可能是不同的。在实际生产中，这种交叉程度既可能是线性的，也可能是阶梯形的，从而使得用计算机处理这种交叉现象的难度大大增加。在 ERP 系统中，是否考虑这种工艺时间的交叉现象，如何考虑这种现象的交叉程度等，是衡量 ERP 系统是否有效的一个重要因素。从这种现象可以看出，开发出一个符合生产管理实际的、灵活有效的 ERP 系统是非常不容易的。

时段粒度非常关键。时段粒度越细，则各种数据的管理越精细，各种细节问题也容易暴露出来，更容易采取合理有效的管理措施。但是，随着时段粒度的细化，数据量也越来越大，管理的复杂性也越来越高，管理的难度也越来越大。例如，时段是周，那么无论是周三的能力需求，还是周四的能力需求，都汇总到一个周次的能力需求中，从而掩盖了周三和周四的能力需求差别。如果时段是天，则周三、周四的差别即可显示出来。这种差别是否能够显示出来是非常重要的。假设每天的可用能力是 10 小时，每周的可用能力是 50 小时。如果周一、周二和周三的能力需求都是 3 小时，周四的能力需求是 12 小时，周五的能力需求是 20 小时。汇总后得到本周的能力需求是 41 小时，小于每周的可用能力 50 小时。看似每周的可用能力足够承担负荷了，但是实际上周四、周五的能力需求都超过了可用能力。由于时段的粒度为周，每天存在的问题就被掩盖了。同样，如果选择时段为日，则每天存在的问题就完全暴露了，但是小时中存在的问题就被掩盖了。因此，如何选择合适的时段粒度是一个不容忽视的问题。

## 5.5　本　章　小　结

本章主要讲述能力需求计划。首先介绍了 CRP 的基本概念和内容，接着比较 CRP 和 RCCP 之间的区别和联系；之后介绍了 CRP 的编制方式，即有限能力计划和无限能力计划；然后对 CRP 输入数据的类型和来源进行了详细的讲述；其后详细介绍了 CRP 的计算和处理过程；最后介绍了 CRP 中一些关键的管理问题。

## 5.6　思考和练习

1. 解释 CRP 的概念。

2. 简述 CRP 的主要作用。

3. 比较 CRP 和 RCCP。

4. 分析比较无限能力计划和有限能力计划。

5. CRP 的输入包括哪些数据？这些数据的特点分别是什么？

6. 简述 CRP 处理过程中的关键环节。

7. 分析 CRP 的计算过程。

8. 倒序排产法有什么特点？其主要思路是什么？

9. 如何计算工序的完工时间？

10. 工艺时间的交叉或并行如何影响 CRP？

11. 如何理解"时段粒度越精细，CRP 中的细节问题越容易暴露出来"？

12. 分组讨论：MRP 和 CRP 的关系。

# 第 6 章
# 采购作业计划和控制

## 案例研究：库存管理的变革

库存会消耗企业的存储管理费用、占用企业的流动资金、降低资金周转率，甚至造成浪费，加大企业的运作成本。造成库存数量不断膨胀的主要原因：一是传统生产管理方式对库存控制过松；二是传统制造方式需要较长的生产准备时间；三是生产计划部门和市场销售部门的职责目标不一致。对这些因素的消除是库存管理变革的重要标志。

20 世纪 50 年代，日本丰田公司把库存管理和控制提高到了革命性的高度，提出了一种高质量、低库存的生产方式，即 Just in time 缩写为 JIT，中文译为准时制生产。JIT 技术是库存管理的第一次革命，其基本思想是"在需要的时间、按需要的数量，生产需要的产品"，追求一种零库存的生产系统。JIT 又被称为看板管理，即在每一个运送零部件的集装箱里都有一个标牌，生产企业打开集装箱，将需要的零部件数量填写到标牌上，然后将标牌交给供应商。供应商接到标牌后，按照标牌上的提示，开始准备下一批零部件。理想情况是，生产企业刚刚用完上一批零部件，下一批零部件正好送到。通过精确地协调生产和供应，日本的制造企业大大降低了原材料的库存，提高了企业的运营效率，给企业带来了更多的利润。这次库存管理革命的主要目标是消除库存数量造成的膨胀。

存货管理的第二次变革动力来自于数控和传感技术、精密机床以及计算机等技术在工厂里的广泛应用，这些技术使得工厂的生产准备时间从先前的数天、数小时缩短到以分钟计。在计算机技术的支持和控制下，机器设备很快从一种工模具状态切换到另一种工模具状态而无需经冗长的人工处理、试车和调整，准备工作的加快使生产提前期的时间结构发生了关键的变化，困扰着传统工厂的在制品库存和间接成本也随之减少。例如，作为丰田公司的引擎供应商，洋马柴油机公司效仿丰田进行了作业程序的变革，在接下来的不到 5 年时间里，差不多将机型数量增加了 4 倍，但是，在制品的库存数量却减少了一半。这次库存管理革命的目标是大幅度降低生产准备时间。

从 20 世纪 90 年代信息技术和互联网技术兴起之后，存货管理发生或正在发生第三次革命。通过如 ERP 系统等信息系统在企业中的广泛应用，实现了企业的生产计划数据与市场销售信息充分共享，计划、采购、生产和销售等各部门之间也可以更好地协同，销售预测更加准确、可靠。例如，戴尔公司是这次革命的成功实践者。戴尔公司充分运用信息技术和互联网技术展开网上直销，根据顾客在网上的订单组织生产，提供个性化的产品和服务。据统计，戴尔公司完全消灭了成品库存，其生产准备时间以小时计算。

**课堂思考和问答:**

1. 库存数量是否越多越好? 为什么?

2. 造成库存数量不断膨胀的原因是什么?

3. 如果没有得到很好的控制, 库存数量可能会自我膨胀。为什么会出现这种现象? 结合具体的示例, 分组讨论。

4. 第一次库存变革的起因是什么? 这次库存变革的重要标志是什么?

5. 分析第二次库存变革的起因和内容。

6. 第三次库存变革与 ERP 系统有关联吗? 为什么?

MRP 的输出结果包括采购作业计划和生产作业计划, 作业计划是一种指导作业工作的微观计划。本章主要讲述采购作业计划的管理, 下一章将研究生产作业计划的管理。采购作业计划是指导采购作业工作的重要工具, 是开展企业内部生产活动的起点。采购作业计划的准确与否对企业的整个生产经营有重大的影响。本章从 4 个方面介绍采购作业计划的定义、特点和控制, 这些内容包括采购作业计划的基本概念和作用、采购作业流程的特点、采购作业的控制内容和方式以及库存管理和控制。

# 6.1 概　述

采购作业是指为了向企业提供满足生产和管理所需要的各种物料而必须采取的各种管理性和事务性的活动。这里需要解释的是, ERP 系统中的物料概念不仅包括原材料、毛坯件、电子元器件和办公用品等, 而且包含各种机器设备和运输工具等。但是, 在采购作业计划中涉及的采购对象主要是指原材料、毛坯件、电子元器件和办公用品等。多个采购作业组成的有序活动被称为采购作业流程。采购作业计划是根据企业的内外环境的特点而制定的有关采购作业活动的详细时间安排。概括地说, 采购作业、采购作业流程和采购作业计划都是采购管理的内容。采购管理在整个企业管理中所处的地位和作用表现在: 采购管理是企业生产经营管理的主要组成部分, 是企业按照计划组织生产活动的始点, 采取有效的采购管理方式是降低企业经营成本的重要环节。

就像销售管理、计划管理、生产管理、人力资源管理和财务管理等一样, 采购管理也是企业生产经营管理的重要组成内容。销售管理的主要目标是获取客户订单。人力资源管理的主要目标是开发满足生产经营活动的人力资源。采购管理是确保企业有合理的原材料、元器件满足生产活动的需要。财务管理包括了整个企业的财务预算、成本核算等活动。计划管理则是对这些管理活动的统筹安排。如果企业经营管理活动中缺乏采购管理环节, 整个企业的生产经营活动将变成无米之炊。采购管理活动的深入、细化和扩展的结果, 有可能形成 ERP 系统和 SCM 系统的有效集成。

从宏观的经营规划,经过 MPS,最后形成 MRP、采购作业计划和生产作业计划等指导实际工作的微观作业计划。按照计划开展实际作业的起点则是采购管理。因此,从某种意义上来说,采购管理是整个企业经营管理活动按照计划开展工作的起点。例如,对于自行车制造企业来说,采购到了钢管、钢丝和轮胎等物料之后,生产车间的作业计划方可开始。有人认为,从资金的形态来看,企业内部的生产流程包括计划管理、采购管理、库存管理和生产作业管理等。这种观点把采购管理与库存管理和生产作业管理并列,认为这些管理活动同等重要,且各自截然不同。但是,也有些人不同意这种并列观点,他们从物料的形态来看,认为库存管理是采购管理的一个重要环节,物料只有投入到生产环节才会发生本质上的变化。甚至还有更加激进的观点,认为采购管理、库存管理和生产作业管理都属于生产作业管理范畴,因为这些管理活动的核心是物料形态的转换,只有生产作业管理活动结束,物料形态才有可能转换为资金形态。但是,无论是什么样的观点,都不可否认采购管理作为整个管理活动实施的起点。作者认为,采购管理、库存管理和生产作业管理等活动各有特点,库存管理是联系和平衡采购作业计划和生产作业计划的桥梁和缓冲池。库存管理是采购作业计划的终点和车间加工作业计划的起点,是为了消除采购作业计划中各种不稳定因素,从而保证车间作业计划顺利执行的缓冲池。正是因此,本章最后一节将介绍库存管理和控制的特点、作用和内容。

有效的采购管理是降低企业经营成本的重要环节。在产品成本主要是由原材料、外购元器件构成的制造企业中,提高物料采购作业计划的准确率、降低物料的采购成本是采购管理的主要目标。如果物料采购数量过多或者到货时间过于提前,就会造成流动资金积压、因物料闲置而产生的丢失和变质、大量挤占有限的库房位置以及加大采购管理人员和库存管理人员的工作负荷等。如果物料采购数量过少或者到货时间延期,又会影响到正常的生产经营活动的进行,严重时造成生产停滞,会给企业带来不可估量的损失。在正确的时间、正确的地点、到达正确数量的正确物料是采购管理追求的目标。

## 6.2 采购管理中的基础数据

在采购管理中,除了前面讲过的物料属性中有关采购管理的基础数据之外,还会涉及大量的基础数据。

采购管理中常见的基础数据包括:供应商基本信息(供应商档案)、采购人员允许采购的物料类型、采购单据的级别设置(公有的、私有的、流程的等安全级别,仅查看、可修改、完整的访问级别,单据的审批规则等)、涉及运输安全的物料类型(例如,如果是危险物料需要相应的运输安全保障)、采购物料的质量等级(A、B、C 等级等)、供应商供货目录等。除此之外,还包括采购管理行为,例如采购的原材料数量超过限额时是否允许入库、是否能够设置提示报警,单据上的某些关键数据项例如单价、数量、资金总计等是否允许设置为空或者不可为空等。

# 6.3 采购作业流程

本节从两个大的方面来介绍采购作业流程。首先介绍采购作业流程的概念，给出常用的采购作业流程图，并且分析采购作业流程的特点；然后分析采购作业流程中的主要作业，这些作业包括供应商管理、生成采购作业计划、询价和洽谈、采购订单的生成和下达以及订单跟踪和到货验收等。

## 6.3.1 一般的采购作业流程

采购作业流程是指多个采购作业的序列。一般的采购作业流程示意图如图 6-1 所示。采购作业流程有 3 个特点。第一，这些采购作业之间的信息具有共享性，前面的采购作业为后面的采购作业提供基础信息，后面的采购作业基于这些共享信息展开工作。当然，有些采购作业之间信息的流动和共享是双向的。例如，"评估供应商"作业的主要信息基础来自于"收集供应商信息"作业，但是，前者的信息比后者的信息更加丰富。第二，各个采购作业的执行过程之间具有时间相关性，例如，"生成采购作业计划"作业在"请购单"作业之后执行，其顺序是不可改变的。第三，采购作业流程是一个整体，其所属的采购作业活动往往是不可缺少的。这些采购作业之间可以合并，也可以分解，但是，一般情况下不能遗漏。

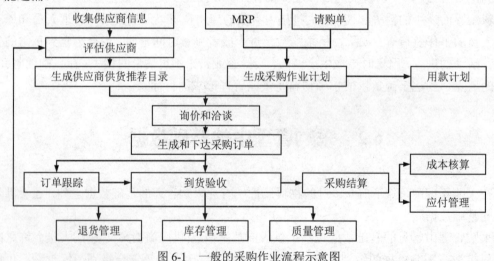

图 6-1 一般的采购作业流程示意图

在如图 6-1 所示的采购作业流程中，"收集供应商信息"、"评估供应商"和"生成供应商供货推荐目录"等作业都与供应商管理密切关联。MRP、"请购单"、"生成采购作业计划"和"用款计划"等作业都与采购作业计划的生成密切关联。下面主要介绍供应商管理、生成采购作业计划、询价和洽谈以及采购订单等主要的采购业务。

## 6.3.2  供应商管理

供应商管理主要采取分类管理模式，不同类型的供应商采取不同的管理模式。但是，分类管理模式的关键在于如何确定分类方式，例如，根据供应商的信誉和质量来分类、根据供应商所供物料的市场特性来分类或者根据企业与供应商之间的紧密关系来分类等。下面根据作者的 ERP 系统实施经验，结合中国企业和市场的特点，介绍一种有效的供应商双层分类管理模式。

在供应商双层分类管理模式中，首先按照供应商所供物料的市场特性把供应商分为垄断物料市场供应商、有显著差异物料供应商和无显著差异物料供应商。按照供应商的供货状况，可以把有显著差异物料供应商分为 A、B 和 C 三级。如图 6-2 所示的是供应商双层分类管理模式中的供应商结构示意图。

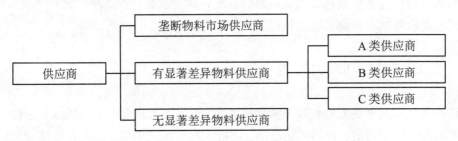

图 6-2  供应商双层分类结构示意图

垄断物料市场供应商是指那些完全垄断或几乎垄断市场上某种物料供应的供应商，例如，中国电力、电信、铁路、特殊钢材和微软 Office 系统等供应商都是特殊供应商，企业往往没有能力和办法去选择其他供应商，或者说，企业选择其他供应商的成本高昂。在计划经济体制下和不完全的市场经济体制下，在市场上的物料供应不充分等环境下，这种类型供应商的存在往往不可避免。对于这些特殊的供应商，企业应该采取密切供需关系的管理方式。

有显著差异物料供应商是指这些供应商之间，不同的供应商供应的物料具有质量上的差异、价格上的差异、服务上的差异、品牌上的差异和技术性能上的差异等，并且这些物料构成了企业产品的主要成本，或者说，与企业产品的质量和性能密切相关。例如，对于自行车制造企业来说，自行车制造厂需要的管材、丝材、轴承和轮胎等物料供应商就属于典型的有显著差异物料供应商。无论是从数量上，还是从管理投入方面，这些供应商都是企业供应商管理的重点。因此，可以把这些供应商分为 A、B 和 C 类供应商。不同类别的供应商具有不同的供货优先级，其中，A 类供应商具有最高的供货优先级，而 C 类供应商的供货优先级最低。按照企业规定的供应商评估政策，在一定的条件下，C 类供应商可以升级为 B 类供应商，同样，B 类供应商也可升为 A 类供应商。这种供货优先级类别的变化是可逆的。例如，A 类供应商也可以降级为 B 类供应商或 C 类供应商，B 类供应商可以降级为 C 类供应商，C 类供应商甚至可以被企业剔除出供应商队伍。

无显著差异物料供应商是指供应满足下列条件的物料供应商：这些物料不是企业主要

产品的构成部分；这些物料与企业产品的质量和性能关系不大；这些物料的价值相对来说比较低。对于这些物料的管理应该尽可能地采用简化的管理方式。这些物料往往包括生产用辅助物料、办公用品和劳动保护用品等。一般情况下，在无显著差异物料供应商的管理中，可以采取标准化采购管理方式和定额采购管理方式。标准化采购管理方式是指制定采购这些物料的标准品牌、型号和规格等，即必须从制定的标准中采购所需要的物料。需要注意的是，标准化采购管理方式也可以应用于有显著差异物料供应商的管理上。定额采购管理方式则是在给定的资金额度下采购所需要的物料的管理方式。哪些物料的采购适合用标准化管理方式，哪些物料的采购适合用定额管理方式，不同的企业有不同的标准。

无论是哪一种类型的供应商，其主要的信息包括供应商编码、供应商名称、简称、类型、所属国家、所属城市、地址、邮编、联系电话、传真电话、网址、电子邮箱以及会计信息、税务信息、银行信息、法人代表信息和联系人信息等。

评估供应商的内容主要包括供应商履约状况、供货质量状况、所供物料的成本状况、供货过程中的服务状况和供货能力状况等。

## 6.3.3 生成采购作业计划

采购作业计划的主要属性包括采购物料编码、名称、采购批次、采购数量、技术性能要求、采购作业开始日期、物料到货日期、审批人和审批日期等。采购作业计划应该遵循近期详细且确认、远期粗略且未确认的特点。这样做的好处是近期作业计划可以实施、远期作业有指导意义。

前面的内容提到过，MRP 是采购作业计划的主要来源。但是，这种说法并不十分准确。由于 MRP 计算物料的基础是 BOM，因此，那些没有包含在 BOM 中的物料无法从 MRP 的计算中得到。例如，许多生产辅助材料往往没有包含在 BOM 中，例如，生产过程中使用量较少的油漆、汽油、冷却液和棉纱等，这些辅助材料的采购管理往往是按照订货点法。按照订货点法管理的物料的采购需求通常通过请购单的形式表现出来。因此，严格地说，采购作业计划中的物料有两个不同的来源，即 MRP 和请购单。下面介绍请购单的特点和内容。

对于没有包括在 BOM 结构中的生产辅料、办公用品、劳动保护用品等物料，由需求部门或者库管部门提出采购申请，经有关人员审核后才能进行采购。请购单则是这种采购申请的表现形式。请购单具有下列一些特点，需求周期性地产生、经过审核后才能生效，以及既可以由需求部门提出也可以由库管部门提出等。因为请购单是需求来源的一种形式，因此，请购单上必须包含需求的物料编码和名称、需求的数量、需求的日期和需求数量的计算依据等。一般情况下，请购单上出现的物料是根据订货点法管理的，因此，它的需求是周期性的。不同的物料有不同的需求周期，常用的需求周期是月和周。由于请购单上的物料需求数量不是根据 MRP 自动计算出来的，相对来说主观意愿比较强，因此，需求的物料和数量应该经过更加严格的审核之后才能生效，以便尽可能地使得请购单上的需求合理和准确。在有些企业中，物料的管理是分散的，不同种类的物料根据其特点由不同的部门管理，这种管理模式下的请购单的提出者是使用部门。分散管理的优点在于需求更加贴近实际，但是，这种方式的最大缺点是存在需求失控的风险。在一些企业中，物料的管理采取了集中管理的手段，在这种管理模式下，请购单的提出往往是物管部门或库管部门。集中管理的优点是能够严格控制物料的需求，避免需求失控，其缺点是采购周期较长、有可能造成物料采购不能及时到位的物料缺乏风险。

请购单上的内容除了包括采购作业计划需要的信息之外，还应该包括申请单编码、需求部门、申请部门、申请人和申请日期等信息。

## 6.3.4　询价和洽谈

当采购作业计划生成之后，采购人员应该按照作业计划的要求，依照供应商供货推荐目录，根据供货商的资历和供货档案，选择和联系供应商，并且针对采购作业计划中物料的具体要求洽谈物料的价格、质量、技术性能要求和供货日期等。一般情况下，这种询价和洽谈的过程比较复杂，可以通过询价单和报价单的方式完成。

从管理角度来看，为了规范询价和洽谈作业，通常采取招标采购和非招标采购两种方式。招标采购又可以细分为公开招标和邀请招标两种方式。非招标采购可以继续分为比质比价采购、实地考察采购和基于供货商推荐目录采购等方式。不同的物料、不同的经营环境应该采用不同的采购方式。但是，在现有的 ERP 系统中，采购管理中的询价和洽谈的功能比较简单，大量的与询价和洽谈有关的管理活动并没有在 ERP 系统中体现出来。有些观点认为，ERP 系统中的采购管理功能应该足够强大，可以应对不同的采购管理方式。但是也有截然相反的观点，认为 ERP 系统作为一个以计划为核心的业务系统，不应该关注整个采购管理的细节，只应该记录采购管理中询价和洽谈的结果。这两种不同的观点在不同的环境下都有其合理性。

询价单是企业向初步选中的供应商发出的请求其提供报价的单据，这种单据详细列出了需要采购的物料名称、数量、技术性能要求和到货日期等信息。报价单是供应商在接到询价单后提供的物料供应价格、技术性能特点等信息。采购管理人员应该对报价单详细审核、比较和分析，按照管理上的具体要求确定提供物料的供应商，其最终成果是采购订单。从报价单过渡到采购订单，是企业的一个重要的决策环节。

## 6.3.5　采购订单

一般情况下，采购作业计划的具体实施通过采购订单工具完成，采购作业的执行表现为采购订单状态的改变。把采购订单作为采购作业计划的实施工具，这样做有 3 个显著的好处：第一，在管理上体现了计划和执行的分离，从而使得计划有落实，执行有指导和目标；第二，更能适应采购作业中的特殊情况，例如需要根据实际情况调整、增加、删除和更改采购作业计划的某些内容，但是又不希望直接对采购作业计划进行大规模的修改，那么可以通过修改采购订单来满足实际情况的需求；第三，对于那些未能纳入采购作业计划中的特殊物料或临时物料的采购可以通过采购订单来完成采购作业。

从信息管理的角度来看，每一个订单都由两部分组成，即订单概述信息和订单明细信息。对于采购订单来说，订单概述信息描述了供应商的基本信息、订单签订日期、签订地点、采购员、付款方式、税率和银行账号等信息，订单明细信息包括了采购物料的编码、名称、型号规格、数据依据、数量、计量单位、单价、金额、折扣和计划交货日期等信息。在 ERP 系统中，经常把订单概述信息称为订单头，订单明细信息称为订单身，订单头和订单身之间的关系常常是一对多关系。

采购订单的设计应该具备足够的灵活性，这些灵活性包括具有默认值、是否允许物料替代设置、是否允许修改订单以及是否允许多次到货等。例如，这里默认值的含义是订单签订日期取系统当前日期，但是用户可以修改为合法日期；计划交货日期等于订单签订日期加上该物料的采购提前期等。

按照采购订单的生成、下达、执行和完成的过程，可以把采购订单划分为多个不同的状态。常用的采购订单的状态是：生成、生成确认、下达、下达确认、取消、完成、超量完成和欠量完成等。根据采购订单的不同的状态，可以对采购订单进行不同的处理。例如，采购订单生命期的结束状态可以是完成、超量完成或欠量完成，管理人员可以对具有不同结束状态的采购订单采取不同的处理方式。

## 6.3.6 订单跟踪和到货验收

订单跟踪是指通过 ERP 系统随时查看已下达的采购订单到达的位置和被供应商处理的状态。订单跟踪的主要目的是确认供应商接收到订单，了解采购订单是否能被按时处理和传递采购订单的变化信息。当供应商接收到采购订单后，至少应该发回两个方面的信息，即已收到的采购订单和供应商对采购订单的处理预测。通过比较供应商的返回信息，可以准确地预测该采购订单的执行结果。对于那些被预测为不能及时完成的采购订单，应该把这些采购订单标记为大风险的采购订单，对于大风险的采购订单应该采取更多的监视和管理措施。将采购订单的变化信息传递给供应商，这是订单跟踪的另外一个重要目的。从逻辑上来说，传递采购订单的变化信息给供应商没有任何技术上的困难。但是，从管理的角度来看，这种变化能否被供应商采纳则不是一件简单的事情。这种采购订单的变化信息传递给供应商之后，将会给供应商带来一系列的问题，例如，满足采购订单要求的物料内容已经安排了生产计划；该采购订单所需的物料已经采购到货；该采购订单的内容已经在生产线上加工以及该采购订单的内容已经全部完成等。因此，从管理上来看，这种采购订单的变化信息是否影响供应商的生产取决于与供应商之间的协议和订单变化的程度。在当前的 ERP 系统中，这种订单跟踪的功能是比较弱的，一般只是记录供应商对采购订单的确认信息。如果希望增强订单跟踪的功能，从根本上来看，需要将企业的 ERP 系统与供应商的业务信息系统集成起来。集成不同企业的业务信息系统是一件更加复杂的工作。从某种意义上来说，SCM 系统可以用来实现更为强大的订单跟踪操作。

到货验收是指所采购的物料到达物料送交地点时采取的验收作业和对验收结果的处理措施。物料到达以后，应该通知有关人员进行物料到货登记，开始物料验收。不同的物料可以采取不同的物料验收方式。从目前来看，有两种比较流行的物料验收方式，即外观检查验收和技术性能采样试验验收。外观检查验收是一种简单的验收方式，主要是检查物料外观是否满足协议的要求、包装是否完整以及物料表面是否存在明显的瑕疵等。大多数的办公用品、劳动保护用品等可以采取这种验收方式。技术性能采样试验验收是一种较为严格的验收方式，其内容是采取物料样品送交有关的物理、化学和电气实验室，根据实验室的实验结果来判定到达的物料是否满足协议要求。产品的主要原材料、毛坯件和电器件等应该采取这种严格的验收方式。一般情况下，物料验收的最终结果有两种，合格和不合格。合格的物料可以入库，不合格的物料应该按照协议采取退货等处理措施。合格的物料入库以后，可以进行结算处理。从前面的分析可以看出，到货验收作业把多项管理活动如退货管理、库存管理、质量管理和结算管理等功能连接在一起。

# 6.4 采购作业控制

采购管理是企业整个生产经营活动的组成部分，是企业生产活动的起点，是降低产品成本的重要环节。因此，在 ERP 系统的采购管理模块中，应该加强对采购作业的控制。在 ERP 系统中，采购作业控制是指通过设置与采购作业相关的参数，将采购物料的数量和质量控制在预定范围内的风险防范措施。常用的采购作业控制措施包括预算控制措施、物料选用目录控制措施、采购订单控制措施、质量控制措施和财务付款控制措施等。下面详细介绍这些控制措施的特点和内容。

预算控制措施是指通过制定采购预算防止实际采购金额超过预算金额的控制方式。预算控制也是企业管理人员审核采购订单时判定该计划是否合理的一个重要依据。在 ERP 系统中，有两种常用的采购预算控制方式：一种是根据总账科目控制采购预算，另一种是根据部门、业务类型和采购物料类型控制采购预算。在根据总账科目控制采购预算的措施中，应该在科目预算中设置好相应的预算金额，然后在生成采购订单时逐行输入总账预算控制科目。这样，在审核采购订单时就可以计算采购订单是否超过了总账预算。需要注意的是，总账的预算控制金额是一个固定的数据(可以根据需要调整，但是调整后依是一个固定的数据)，但是，采购订单的金额分为 3 大部分，第一部分是已经完成的采购订单的采购金额，这是实际发生的采购金额；第二部分是已经下达但是没有完成的采购订单的采购金额，这是已经承诺的采购金额；第三部分则是正在审批的采购订单的采购金额，这是未承诺的采购金额。理想的状态应该是实际发生的采购金额和已经承诺的采购金额之和总是小于总账上的采购预算。如果实际发生的采购金额、已经承诺的采购金额和未承诺的采购金额之和依然小于总账上的采购预算，就应该批准当前正在审核的采购订单。如果采购金额之和大于总账上的采购预算，这时发生预算控制报警，应该考虑是取消正在审核的采购订单，还是增加总账的采购预算，甚至可以考虑如何对待已经承诺的采购金额。具体采取什么措施应该根据企业的实际情况而定。

物料选用目录控制措施是指物料的采购必须从批准的物料选用目录中选择，不能随意选择目录之外的物料。物料选用目录由设计、工艺、采购、质量和标准化等职能部门和技术人员基于国家标准、行业标准、国际标准、地方标准和企业标准等要求，根据供应商的供货历史状况，按照规定的程序确定。物料选用目录的主要内容是企业应该选用的物料名称、型号规格、技术性能和供应厂商等。由于市场上物料的千变万化不断更新，因此，物料选用目录应该随之及时更新，使其成为一种动态的物料选用目录。物料选用目录控制措施可以实现物料选用的高效率，降低物料选用风险。在实际采购管理中，如果发现某个物料必须通过物料选用目录选取，但是物料选用目录上提供的物料又不能满足要求时，可以通过严格的审批过程来解决这个问题，真正实现物料采购中的严格控制。

采购订单控制措施主要控制采购到货的物料数量、采购价格以及到货日期应该满足采购订单中的要求，实际中的数据和采购订单上的数据之差应该在事先规定好的误差范围内。例如，假设采购订单中某个物料的采购数量是 100 个，采购误差范围不超过 1%。如果到货数量是 101 个、100 个或 99 个，则都被认为是合理的，应该按照规定接收。但是，如果实际到货数量是 105 个，则这时的采购结果被系统认为是不合理的，并发出采购订单报警。这时的采购结果必须由一番严格的事先确定的处理程序进行处理之后才可以进行正常的到货验收处理。这种采购措施可以规避采购过程中不合理的采购内容，避免发生采购结果与采购订单不一致的采购失控现象。

质量控制措施是确保采购物料满足设计和工艺提出的技术性能指标要求的措施。如果物料的技术性能指标达到或超过了设计和工艺提出的技术性能指标基准，就认为该物料达到了质量要求。如果物料的技术性能指标低于设计和工艺提出的技术性能指标基准，则认为物料的质量低劣。在 ERP 系统的采购管理过程中，质量控制措施主要表现在下面几个方面：在供应商的选择方面，确保那些只提供合格物料的供应商才可以作为选择的对象，把好供应商的选择关；在物料到货时，加强物料的验收管理，不合格的物料不允许入库；做好供应商的评价，对供应商的每一次供货交易都进行评价，根据供应商的动态评价结果确定供应商的保留和删除等。

财务付款控制措施是指在采购付款时设置付款条件，只有满足指定的付款条件才可以付款。在 ERP 系统中，既可以控制对某个供应商的所有付款，也可以控制该供应商的某一笔付款。通过在采购订单中增加付款条件限制，可以实现在付款时提供付款警告，确保只有满足付款条件才可以付款。

为了安全起见，当采购作业过程中发生与控制内容冲突的事件时，系统应该自动报警，或者提供警告信息，或者锁定当前的状态。系统报警后，只有具有特定权限的人员才可以解除这种报警状态。系统报警状态解除之后，才可以执行正常的操作。这种在采购管理中操作、报警、报警解除和恢复操作的过程就是采购作业控制的过程。

# 6.5　库存管理和控制

库存管理是连接采购管理、生产管理和销售管理的桥梁，是企业生产管理过程中的重要组成部分。鉴于库存管理与采购管理密切关联，在本章中介绍库存管理。库存管理的内容非常丰富，本节主要介绍库存的分类和作用、库存的主要作业的特点、库存量的控制和库存管理策略等内容。

## 6.5.1　库存的分类和作用

在同一个企业中，由于物料的性质不同，需要不同的管理方式，因此产生了许多不同类型的仓库。在制造企业中，常用的库存包括原材料库、毛坯件库、电子元器件库、包装物库、低值易耗品库、在制品库、半成品库、产成品库和委托加工物料库等。

库存的作用包括保证生产作业和销售活动正常、稳定地运行。下面详细介绍库存的作用。

生产作业正常、稳定地运行是生产管理追求的目标。但是，有很多因素会使得生产作业处于不稳定运行状态，例如，生产作业的稳定运行需要有足够的原材料、毛坯件和电子元器件来保障，但是，由于种种原因可能造成供应商不能按时供应这些物料。一旦没有库存，那么，这种不稳定的供货状态将传导给生产作业，造成生产作业时而繁忙时而空闲、生产设备时而超载运转时而负荷不足的不稳定局面。解决这种问题的有效方法是增加适量的库存，当物料供应不及时的时候可以使用已有的库存，当物料供应过多时可以暂时存储在库存中。

市场总是千变万化的。当市场对企业产品的需求增大时，如果没有一定数量的库存，企业就会失去市场机会，给企业带来损失。虽然可以通过市场预测方法预测市场的需求，但是这种预测总是存在着或多或少的误差，库存正好可以弥补这些误差。

但是，库存绝不是越高越好。库存的最大弊端是占用企业大量的流动资金。除此之外，过多的库存需要占用更多的库房位置、容易造成物料损坏和丢失以及需要更多的人员来管理等。目前，许多企业通过采用供应链管理方式来降低库存。

## 6.5.2　库存作业

库存作业是指库存管理过程中的主要活动。这些活动包括入库作业、出库作业、库间调拨作业和库存盘点作业等。在这些库存作业中，一定要尽可能地保证库存记录的准确性。从某种意义上来说，库存记录的准确程度的高低是 ERP 系统实施成功和失败的标志。

入库作业是库存管理最基本的业务。仓库在收到采购物料、生产完工物料和销售退回物料后，保管员需要检验物料的数量、外观质量和型号规格等，验收入库后办理入库手续。常见的入库作业类型包括采购到货直接入库、采购到货检验转入库、销售退回到货直接入库、销售退回到货检验转入库、半成品临时入库、在制品临时入库、产成品入库以及其他入库等。入库处理的业务单据是入库单，入库单处理之后应该增加库存量。一般情况下，入库单应该支持下列处理方式：根据采购订单生成入库单、根据采购到货检验单生成入库单、根据生产订单生成入库单和手工输入入库单等。当根据采购订单直接生成入库单时，除了保留原始单据的信息之外，还应该增加入库数量、入库日期、入库仓库和货位以及操作保管员等信息。

与入库作业对应的是出库作业，出库作业也是最基本的库存管理作业。仓库根据销售订单、销售提货单和生产领料单等单据发放物料的过程称为出库作业。根据定义可知，出库作业的主要类型包括销售出库、生产领用以及展览领用等。出库作业的单据为出库单，出库单办理之后应该减少库存量。在 ERP 系统中，既可以根据销售订单生成出库单，也可以根据生产订单中对应的零料定额生成出库单，还可以手工录入出库单。

这里需要进一步解释的是，在制造企业中，出库作业往往和发料作业、送料作业和物料供应计划关联在一起。在许多制造企业中，库存管理不仅仅做到物料的保管，而且包含物料的发放和将发放的物料送达指定的生产加工地点。物料发放作业的复杂程度往往与物料的性质有关。有些物料是随时可以发放的，例如，毛坯件、外购电器件等；有些需要经过简单的下料处理，例如，棒材、丝材和板材等往往需要执行简单的切割等作业；有些需要经过配套，例如，有些小的电器元件、电线和紧固件等。因此，有些物料发放需要一定的提前期。在手工处理阶段，很多企业的物料发放是在物料供应计划指导下进行的。这里提到的物料供应计划是指根据物料的生产作业计划制定的有关发料、送料的具体时间安排。不同的 ERP 系统对物料的发放有不同的处理。有些 ERP 系统把物料发放和送料作为库存管理作业的内容，但是也有些 ERP 系统把物料发放作为生产作业的第一道工序。

在实际工作中，由于仓库位置的变化、物料状态的改变和管理方式的调整等原因，经常需要把物料从一个仓库移送到另一个仓库，这种库存管理方式称为库间调拨作业，也称为物料调拨、物料转库等。库间调拨有多种不同的形式，例如，同一个仓库中不同货位之间的物料移动，同一个部门中不同仓库之间的物料移动以及不同部门中不同仓库之间的物料移动等。在具体的作业处理中，根据仓库、货位之间的距离和调拨时间的长短，通常采取两种不同的调拨作业处理方式，即一步式调拨作业和两步式调拨作业。对于那些仓库或货位的物理位置比较接近的物料，适合采用一步式调拨作业处理方式。在一步式调拨作业中，物料发放和物料接收同步进行，不监控物料的在途过程。但是，对于仓库位置比较远，很难同步进行的调拨作业，适用于采用两步式调拨作业。在这种调拨作业中，物料发放和物料接收分步进行，并且监控物料的在途过程。库间调拨作业的单据大多数是转库单或调拨单。

库存盘点是库存管理中的一项重要工作，是确保库存中物料状态或存货状态达到高准确度的有效的管理措施，是 ERP 系统能够高质量顺利运行的管理保障。库存盘点是定期或不定期对仓库内的存货进行全部或部分的清点，以便于准确掌握当前的实际库存量，并且针对存货的账面数量与实际数量不符的差异，分析造成差异的原因，采取相应管理措施的过程。在实际工作中，有多种不同的库存盘点方法。按照盘点的对象是"账面"还是"实物"，可以把盘点分为账面存货盘点(也称为永续盘点)和实际存货盘点。永续盘点是根据出入库的数据资料计算出存货的账面盘点方法，实际存货盘点是通过对仓库中的实际存货进行清点得到实际存货数量的盘点方法。当存货实际数量大于账面数量时，称为盘盈；当存货实际数量小于账面数量时称为盘亏。盘盈、盘亏应该按照分析后的差异原因进行处理。在 ERP 系统中，这两种方法都是经常采取的盘点方法。可以通过设置盘点参数来控制盘点作业，常用的盘点参数包括盘点周期、额定损耗率等。

## 6.5.3  库存量控制

一般来说：如果库存量过低，则不能有效地满足生产和销售的需要；如果库存量过高，则造成流动资金积压、存货成本增高等问题。那么，什么样的库存量才是合适的呢？下面从库存的目的、库存的费用和订货的方式等多个角度来回答这个问题。

显而易见，库存的目的是保证生产和销售的正常进行。安全库存量、批量库存以及在途库存等都是为了实现库存的目的而产生的库存量。由于物料供应和需求经常产生波动，为了避免这种波动对生产造成影响，实际工作中采用安全库存来消除这些波动。一般认为，安全库存是为了防止实际需求超过计划需求而确定的库存量。安全库存过低或过高都是不合适的，实际中经常采用判断法、统计分析法来确定合理的安全库存量。批量库存是由于采用批量订货而实际产生的库存，经常采用的批量方法包括固定批量法、经济订货量法、定期用量法和因需定量法等。

库存的费用应该控制尽可能低。库存费用相关数据至少包含了物料的直接成本或计划价格、订货费用以及保管费用，有人认为还应该包含短缺损失。物料的计划价格是与供应商关联的，一般不能由企业自主调整。获取物料消耗的费用被称为订货费用，该费用又可以分为固定订货费用和变动订货费用，这些费用的高低主要与订货批量、订货次数相关。用于物料保管的费用是保管费用，这些费用也可以分为固定保管费用和变动保管费用。由于物料短缺造成的生产停滞、产品停销等损失通常作为短缺损失包含在库存费用中。只有综合考虑这些费用的原因才可能得到合理的库存费用。

只要知道了物料的订货时间，即可向供应商发出物料的订货通知。这里存在的主要问题是：如何知道物料的订货时间？显然，物料订货时间过早或过晚都会给企业带来损失。确定物料订货时间的方式被称为订货方式，有人也把订货方式称为订货策略。不同性质的物料往往有不同的订货方式。例如，企业的主要原材料与办公用品的订货方式常常是不一样的。经常采用的订货方式包括订货点法、周期审查法、经济订货批量法和 MRP 法等。下面详细介绍经济订货批量法。

经济订货批量法(economic order quantity，EOQ)的基本原理是确保总费用最小。总费用包括了库存的保管费用和采购的订货费用。一般情况下，订货费用随采购批量的加大而减少，但是保管费用随库存量的增加而增加。因此，既不能片面地减少库存，也不能盲目地增大采购的批量。EOQ 方法就是确定一个使总费用为最小的合理订货批量。EOQ 方法的经典模型如下：

$$EOQ = \sqrt{\frac{2QS}{I}}$$

上面的公式中，EOQ 表示订货批量(件)，Q 表示年需求量(件/年)，S 表示单次订货费用(元/次)，I 表示单位库存年保管费用(元/件年)。

例如，某自行车制造公司年需求某种规格的钢管 1000 千克，订货费用是每千克为 2.8 元/次，单位库存的年保管费用为 0.6 元/千克年，求最佳订货批量。

根据题意可知，Q=1000 千克/年，S=2.8 元/次，I=0.6 元/千克年。经济订货批量为：

$$EOQ = \sqrt{\frac{2QS}{I}} = \sqrt{\frac{2 \times 1000 \times 2.8}{0.6}} = 96.61 \approx 97$$

由上面的计算可知，最佳订货批量为 97 千克。

## 6.5.4　库存管理策略

库存管理策略是指按照企业的经营特点和物料的属性，对库存物料采取的综合管理方式的总称。在制造企业中，常用的库存管理策略包括 ABC 库存管理策略、批次管理策略和序列号管理策略。

ABC 库存管理策略是根据库存物料占用资金的大小进行分类管理的策略，其基本原理是库存中的少数物料经常占用库存的大部分资金，而大多数物料虽然数量巨大但是占用的库存资金比较少。这样可以根据物料的数量和占用资金之间的关系把物料分为 A、B 和 C 类。其中，A 类物料一般占用 60%～70%左右的库存资金，但是，其数量不超过 20%。B 类物料大约占用 20%的库存资金，其数量大约是 20%。C 类物料的数量往往占到库存物料总数量的 60%以上，但是，其占用的资金则不足库存资金总额的 10%。在 ABC 库存管理策略下，A 类物料是重点管理的物料，从订货、入库、保管、盘点、检查和发放等都应该严格按照库存管理制度进行管理，并且应该尽可能降低该类物料的库存数量。C 类物料的管理相对来说可以宽松一些。B 类物料的管理严格程度介于 A 类物料和 B 类物料之间。需要注意的是，ABC 库存管理策略是库存手工管理阶段常用的管理方法。在 ERP 系统中，由于计算机存储、计算和检索能力非常强大，有可能采取更加严格的物料管理和控制策略。从 ERP 系统作为辅助管理工具的角度来看，ABC 库存管理策略是比较粗放的。

批次管理策略是对物料进行逐批管理和控制的方式。在批次管理中，即使是同种类型的物料，如果其批次不同，则作为不同的物料来管理，不允许混批。这种管理方式常用于制药、食品、汽车、航空和航天等领域。例如，在乳制品行业中，今天收购的鲜牛奶与昨天收购的牛奶必须按照批次分开管理。在批次管理中，同一批次的物料可以用于多个产品中。如果某个批次中的物料发生了问题，那么不仅要检查包含了该物料的产品，而且还要检查包含了与该物料同一批次的物料的所有产品。一般在采购到货、入库、委托外加工和产品完工入库时创建批次。与其他物料相比，批次管理的物料需要增加更多的属性，这些属性包括是否批次管理、批次编码、批次说明、批次状态、生产日期、保质期和失效日期等。定义批次状态属性是非常重要的，常用的属性值包括"正常"、"过期"和"锁定"等。例如，在检查牛奶时，如果某盒牛奶有质量问题，则应该将这批牛奶的状态设置为"锁定"。

在中国，每一个人出生以后，都会被赋予一个唯一的 18 位的身份证号。该身份证号将伴随这个人的一生。通过查询身份证号可以了解这个人的各种信息。序列号管理策略与身份证管理有类似的地方。在序列号管理策略中，每一个物料都被赋予一个与之对应的序列号。该序列号将伴随该物料贯穿于物料的采购、库存、生产和销售等各个环节，这些环节的信息都与该序列号关联。序列号的设计应该满足唯一性、便于自动处理和易识别等特性。常用序列号的主要特征包括前缀、起始编号、步长和生成数量限制等。

# 6.6　本　章　小　结

本章讲述了采购作业计划和控制。这些内容是指导物料采购、管理和控制的重要依据。首先介绍了采购管理的概念、特点和作用；接着介绍了采购作业计划的内容和主要的采购作业的特点；然后详细分析了采购管理和控制的方法；最后对物料的库存管理和控制的内容和方法进行了阐述。

# 6.7　思考和练习

1. 什么是采购作业和采购作业计划？采购作业的输入和输出内容分别是什么？
2. 有人认为，有效的采购管理是降低企业经营成本的重要环节，为什么？谈谈你的看法。
3. 简述采购作业流程。
4. 简述供应商分类管理的内容。

5. 分析采购作业计划和请购单之间的关系。

6. 什么情况下应该采取招标采购？什么情况下应该采取非招标采购？在 ERP 系统中，如何实现招标采购和非招标采购？

7. 采购订单的作用是什么？

8. 本章提到过，"评估供应商"作业的主要信息基础来自于"收集供应商信息"作业，但是，前者的信息比后者的信息更加丰富，为什么？这句话有无一般性？谈谈你对这句话的理解。

9. 库存盘点的作用是什么？

10. 简述库存 ABC 管理策略。

11. 分组讨论：在现有的许多 ERP 系统中，采购管理中的询价和洽谈功能比较简单，大量的与询价和洽谈有关的管理活动并没有在 ERP 系统中体现出来。有观点认为，ERP 系统中的采购管理功能应该足够强大，可以应对不同的采购管理方式。但是也有截然相反的观点，认为 ERP 系统作为一个以计划为核心的业务系统，不应该关注整个采购过程的细节，只需记录采购管理中询价和洽谈的结果。谈谈你对这两种观点的看法。

# 第7章
# 生产作业计划和管理

## 案例研究：DC翻拍技巧

DC 是 digital camera(数码相机)的缩写。翻拍是把照片等原件制成复制品，有其便捷性，特别是输入数量比较多的照片时，翻拍比较快速。

先谈翻拍需要的器材。首先，数码相机是必不可少的。翻拍对于数码相机的微距是一个考验，实际上，这也是数码相机的一个优点。由于数码相机的 CCD 比传统相机的 135 底片小不少，在获得同样视角的画面的前提下，数码相机镜头的焦距要比传统相机小很多，这样可以更加接近被摄物体，提高拍摄质量。

其次，需要一个三脚架。虽然手持相机也是可以进行翻拍操作，但是，如果有三脚架，则可以提高翻拍出来的照片的质量。有的三脚架可以将云台倒装或倒置中轴，这将大大方便拍摄操作。

同时还需要有一定的光源，用来对翻拍的照片进行照明。建议所用的光源尽量柔和，这是因为照片表面有一定的反光，柔和的光源可以极大地避免这种有害的反光。

最后，需要一个平整的工作面，这个工作面可以是桌面，也可以是椅子，还可以是墙壁，乃至地板。实际上，许多照片的翻拍是在地板上面完成的。

以下讲述翻拍的方法与技巧。首先介绍最简单的普通彩色照片的翻拍。大家可以架好数码相机，并将相机设置为微距模式。需要注意的是，由于所有的数码相机均有最近自动对焦距离，例如，某个型号的数码相机，在普通微距模式下的最近对焦距离是 10 厘米，也就是说，相机至少需要离开被翻拍的照片 10 厘米，否则无法自动对焦。另外尽量使相机与工作面保持平行，以避免翻拍出来的照片产生变形。

在初步摆放好相机后，需要将翻拍的照片放置在相机镜头下面的相应位置上。需要注意的是，一定要保证所需翻拍的照片的平整，这也是为了避免形变，得到高质量的翻拍照片。此外，不要使用广角端进行拍摄，这是因为数码相机的广角端一般有桶形失真，建议使用 50mm 的焦距进行拍摄。但是，因为大多数的数码相机无变焦焦距的显示，所以只能大致地进行控制。然后需要仔细调整相机的位置，使照片尽量撑满整个画面。到此即可将三脚架上用于固定相机的手柄拧紧。如果使用的三脚架不够稳，那么，建议使用数码相机的自拍功能，这样可以极大地避免相机抖动，防止翻拍出来的照片模糊不清。

为了得到色彩准确的翻拍照片，建议大家使用相机内的自定义白平衡，做完这些准备工作后，即可按下快门进行拍摄。拍摄时可以使用光圈优先模式并将相机的光圈设置在 F4 左右，对于没有光圈优先模式的相机，可以使用 P 模式或者自动模式拍摄。

**课堂思考和问答：**

1. DC 翻拍过程是一个典型的作业过程。用自己的话叙述 DC 翻拍过程。
2. 在 DC 翻拍之前，需要做哪些准备工作？
3. 按照文中的叙述，你认为翻拍准备时间和实际拍摄时间哪一个更长？为什么？
4. 如果条件允许，自己练习 DC 翻拍，并且实际测量翻拍的准备时间和真正的拍摄时间。
5. DC 翻拍过程与生产作业之间是否存在相似性？为什么？

　　前面提到过，MRP 的输出包括采购作业计划和生产作业计划，采购作业计划和管理在前一章中已经介绍，本章重点介绍与生产作业计划相关的内容。生产作业计划是生产作业管理的起点，是指导生产作业调度、任务分派、过程监控和数据采集等工作的重要工具，是一系列加工、装配等增值活动的有序安排。本章将从 3 个方面讲述生产作业计划、管理和控制等方面的内容，这些内容包括生产作业的概念和特点、生产作业流程和关键活动以及生产作业管理和控制等。

# 7.1　概　　述

　　生产作业是指借助于工装、工具和设备等手段对物料进行加工、表面处理和装配等操作的活动，是改变物料形态和属性的过程，是实现产品设计、工艺设计以及向客户提交产成品的关键环节，是归集、分摊生产成本和实现价值转移的不可缺少的步骤，是生产管理、调度、协作、监控、分析和决策等管理活动的目标对象。

　　生产作业的首要表现形式是操作人员通过各种手段对物料进行处理的过程。这里的操作人员主要是指生产作业中的直接操作人员，例如，车工、铣工、刨工、磨工、钳工、表面处理工、钣金工、焊接工、铸造工和装配工等。各种加工手段既包括简单的台钳、车床，也包括复杂的数控加工中心、流水生产线等。

　　生产作业是改变物料形态和属性的过程。例如，一根棒材未加工处理时，仅仅是原材料库中的棒材物料。这根棒材经过加工、表面处理之后，是一根自行车的后轴，成为零件库中可以用于自行车装配的后轴零件。这种从原材料到零件的物料形态转换过程是通过生产作业完成的。

　　从宏观角度来看，生产流程包括设计、工艺、物料采购、生产作业、库存和销售等环节。生产作业作为其中的一个环节，其根本目标是实现设计的思想，为客户提供所需的产品。从某种程度上可以说，除销售之外的其他环节都是为生产作业环节提供服务。当然，每一个环节都有其存在的价值，生产作业环节的价值就在于其真正地改变物料的形态、属性。

生产作业是一个增值步骤，无论是操作人员的劳动，还是机器设备、工装工具的消耗和折旧，甚至是管理人员的工作，其劳动价值都随着生产作业的进行逐步转移到了生产作业的成果中，最终以产成品的价格表现出来。例如，一根棒材物料的价格是 10 元，但是加工后的后轴的价格是 25 元，这里增加的 15 元正是生产作业的劳动创造，是操作人员、管理人员和工装设备等价值转移的结果。

生产作业包括了许多复杂的活动，保持企业的整个生产作业处于平滑、稳定、连续和高效的状态不是一件简单的事情，需要耗费大量的管理、调度、协作、监控、分析和决策等活动，包括制定合理的生产作业计划、安排紧急的加班作业、与外部企业开展协作活动以及及时处理生产作业过程中出现的各种故障事故等。生产作业的复杂性通过管理工作的多样性和复杂性充分表现出来。在 ERP 系统中，生产作业管理系统的实现也比较复杂。研究生产作业的内容、特点和变化规律是设计、开发和使用生产作业管理系统的重要基础。

在 ERP 系统中，生产作业管理系统是一个重要的核心系统，它与多个子系统发生关联。这种多个系统与生产作业管理系统之间的关系示意图如图 7-1 所示。例如，MRP 生成的生产作业计划是生产作业管理系统的起点和触发器。基础数据管理系统向其提供产品结构、工艺路线和工作中心等用于加工、装配的基础数据。生产工具和设备的状况则由设备管理系统来管控。作业人员的考勤、分工、考核和培训等工作则与人力资源管理系统相关联。生产作业需要的原材料、毛坯以及电子元器件等则由库存管理系统提供。由于能力不足或工期紧迫，某些物料的加工需要借助采购管理系统来完成。生产作业过程中零部件的质量保障活动与质量管理系统不可分离。成本归集、核算和分析等活动显然是整个成本管理系统的组成部分。

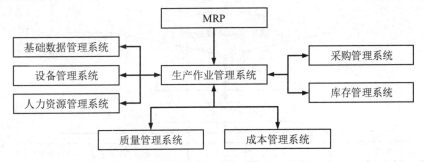

图 7-1　生产作业管理系统与其他系统之间的关系示意图

在 ERP 系统中，生产作业管理系统也被称为生产管理系统、车间管理系统、车间作业管理系统或工单管理系统等。也有些人认为，生产作业管理包括了离散型生产作业管理和流程型生产作业管理，但是，车间作业管理则仅指离散型生产作业管理。

# 7.2 生产作业流程

生产作业流程是多个生产作业活动的序列。生产作业计划对生产作业流程进行详细的时间安排。本节从两个方面研究生产作业流程。首先，描述常见的生产作业流程图，分析该流程图的特点。接着详细介绍生产作业流程图中的关键生产作业。这些关键生产作业包括生产作业计划、生产作业技术准备、生产任务和加工订单以及作业排序和派工单等。

## 7.2.1 生产作业流程图

由多个生产作业活动组成的生产作业流程的表现形式往往比较复杂。在不同管理类型的企业中，生产作业流程通常不相同。例如，流程型的化工企业与离散型的制造企业、汽车制造企业与电视制造企业以及生产汽车轮胎的企业与生产汽车发动机的企业，其生产作业流程的外在形式显然不尽相同。

从外观上看，虽然不同行业、不同类型的企业具有不同的生产作业流程。但是，从管理实质上来看，这些企业的生产作业计划有许多相似的地方。例如，生产作业计划之后是生产作业计划的实施、生产作业实施之后的成果进入到仓库或销售环节中。基于这种思想，绘制常见的生产作业流程图如图 7-2 所示。

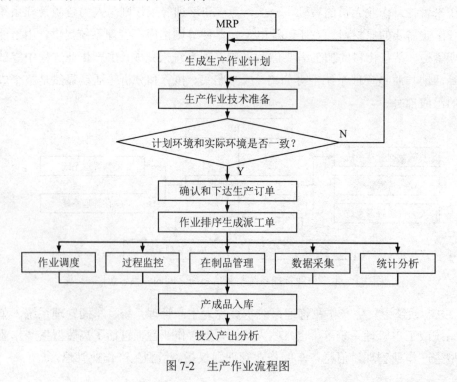

图 7-2　生产作业流程图

在如图 7-2 所示的生产作业流程图中，起点是 MRP。MRP 的运算结果包括了生产作业计划。生产作业计划是一种微观层的实施计划，是开展整个生产作业工作的触发器。生产作业计划的落实必须经过生产作业技术准备工作环节。这时需要执行一个重要的判断，制定生产作业计划依据的生产作业环境和条件是否与当前实际的生产作业环境和条件一致。只有当计划环境和条件与实际环境和条件一致或基本一致时，工作才可以继续进行。这时，需要对生产作业计划进行确认，确认后的生产作业计划作为生产订单下达。当多个生产订单任务下达到一个工作中心后，如何确定生产订单任务的安排顺序呢？这时需要采取合适的方法对多个生产任务或生产作业进行排序，经过排序的生产任务被称为派工单。当生产作业开始执行时，为了确保生产过程能够按照计划顺利执行，需要及时采取合理的作业调度措施，监控异常事件的发生，并且控制好在制品的数量，做好数据采集工作，提供有价值的生产统计数据。当生产作业完成后，经过检验，合格的产成品办理入库手续。最后，应该对整个生产作业过程的计划投入和实际产出进行分析，找出生产过程中存在的各种问题，并提出改进措施，以便在今后的生产作业中加以改进。

## 7.2.2 生产作业计划

生产作业计划是多个生产作业步骤的合理序列。也有人把生产作业计划称为生产计划订单。生产作业计划的来源是 MRP 的运算结果。MRP 的运算结果包括两部分，即用于指导采购管理工作的采购作业计划和用于指导生产作业管理工作的生产作业计划。在物料属性定义中，物料来源类型用于描述该物料是采购得到还是生产得到。在 BOM 结构中，如果某个物料的来源类型是生产，那么，当 MRP 运算结束之后，该物料就出现在生产作业计划的详细安排中。

生产作业计划中包括了计划编码、物料编码、物料数量、工艺路线编码、计划开始日期和计划完成日期等数据。其中，工艺路线由工序编码、工序名称、定额时间、工作中心编码和工作中心名称等数据组成。根据物料编码、物料数量和对应的工作中心编码，可以计算出该工作中心的工作负荷。

工序的定额时间通常由这几个部分组成，即加工准备时间、加工时间、等待时间、移动时间、排队时间等。据统计，在工序定额时间的组成中，加工时间不超过 10%。这种研究结果表明，物料在生产作业系统中的大多数时间是在制品消耗在加工准备、排队和移动等过程中的。

根据物料的最迟完成日期即可推算出其最迟开始日期。如果已知该物料的最早完成日期，则可以计算出最迟完成日期。

生产作业计划是开展生产作业活动的依据。生产作业内容、数量、日期安排和需要的加工手段等为生产作业的各项活动提供了基础。

但是，生产作业计划必须经过确认之后才能有效地指导生产作业活动的开展，这是因为生产作业计划是基于各种定额数据计算得到的，这些定额数据是否与实际情况相符，必须经过确认。

## 7.2.3 生产作业技术准备

生产作业技术准备指的是基于生产作业计划,对该作业计划需要的硬件技术、软件技术进行检查和准备,以确保生产作业计划顺利执行的系列技术活动。这里提到的硬件技术准备主要包括设备、工具、物料和人员等硬件资源的准备,软件技术准备主要是相关技术图纸和文档的准备。

当接到生产作业计划后,应该开展生产作业技术准备工作,明确工作内容、核实当前可用能力、解决出现的问题、确认生产作业计划以及落实各项技术准备工作。具体的生产作业技术准备工作流程如图 7-3 所示。

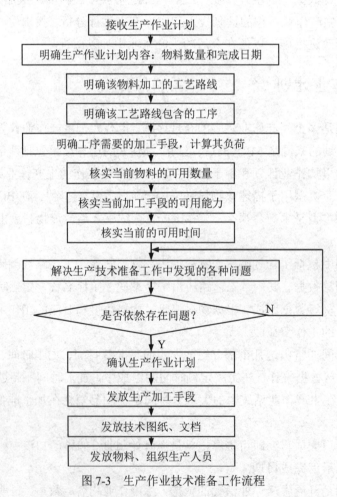

图 7-3　生产作业技术准备工作流程

接收到生产作业计划之后,应该立即开展生产作业技术准备工作。生产作业技术准备工作的第一步是明确生产作业计划的内容。这些内容包括:明确将要加工的物料名称、物料编码、物料数量和完成日期等;了解该物料的加工对应的工艺路线和工艺路线包含的工序；掌握每一个工序对应的定额时间、需要的工作中心和加工手段等，计算出对每一个工作中心需要的工作负荷。

从理论上来讲，MRP 经过能力平衡后，现有的物料数量、加工手段的能力以及可用时间都应该满足计划需要。但是，由于实际工作环境处于一个动态的变化过程中，需要对这些计划数据进一步核实。只有当这些计划数据都符合实际情况时，该作业计划才可以被确认。但是，一旦出现了现有物料的数量不足、当前加工手段的可用能力欠缺以及可用时间过短等不能满足需求的情况时，需要立即采取相应的解决措施。例如，如果当前物料的数量不足，可以考虑使用性能更好的替代物料；如果加工手段的可用能力欠缺，可以通过外协等方式来解决；如果可用时间过短，则可以采取交叉作业的方式等。

最后是落实生产作业技术准备工作的各项措施。这些落实工作包括发放生产加工手段、发放技术图纸和文档、发放物料以及组织生产人员等。

## 7.2.4　生产任务和加工订单

当确认生产作业计划之后，即可将其作为可行的生产任务来实施。可行的生产任务的表现形式是加工订单。加工订单有时也被称为制令单、制造令、加工单、工单或生产任务指令单等。

每一个加工订单都有一个唯一的编码，称为加工订单编码。每一个加工订单编码都对应一个产成品或半成品。每一个加工订单都应该有具体的任务，可以追溯到某个客户订单等。

加工订单通常包括 3 个部分的内容，即加工订单明细、加工订单工序明细和加工订单用料明细。

加工订单明细主要是描述各个加工订单的基本属性，例如：

- 要生产什么物料？其物料编码、物料名称和型号规格等是什么？
- 要生产多少数量？
- 该加工订单的来源任务是什么？例如，对应哪一个客户订单？
- 在什么时候开始生产？在什么时候必须完工入库？
- 按照什么样的工艺路线加工？
- 由哪一个生产部门制造？
- 在指定日期之前已经入库了多少数量？

加工订单工序明细主要用于描述指定的加工订单包含的工序编码、工序名称、额定时间和工作中心等属性，例如：

- 完成当前的加工订单需要经过哪些工序？
- 每道工序对应哪一个工作中心？
- 每道工序的开工日期和完工日期是什么？

- 每道工序耗费的加工准备时间、加工时间分别是多少？

在一些 ERP 系统中，加工订单明细的每一条记录被称为加工订单概况。加工订单由加工订单概况和加工订单工序明细组成。如表 7-1 所示的是一个经常使用的加工订单样式。

表 7-1　加工订单样式

加工订单编码：M2006080201

物料编码：T20B51892　　　　　　物料名称：后轴　　　　　　需要数量：200

计划开工日期：20060802　　　　　计划完成日期：20060804

| 工序编码 | 工作中心编码 | 加工准备时间 | 加工时间 | 计划开始日期 | 计划完成日期 |
| --- | --- | --- | --- | --- | --- |
| 5 | WC102 | 0.75 | 0.25 | 20060802 | 20060803 |
| 10 | WC105 | 1.25 | 0.25 | 20060802 | 20060803 |
| 15 | WC211 | 1.25 | 0.25 | 20060802 | 20060803 |
| 20 | WC212 | 1.25 | 0.75 | 20060802 | 20060803 |
| 25 | WC215 | 1.85 | 1.15 | 20060802 | 20060803 |
| 30 | WC361 | 1.85 | 1.15 | 20060802 | 20060803 |
| 35 | WC493 | 1.85 | 1.15 | 20060803 | 20060804 |
| 40 | WC496 | 1.85 | 1.20 | 20060803 | 20060804 |
| 45 | WC498 | 1.85 | 1.10 | 20060803 | 20060804 |

加工订单用料明细从物料角度描述加工订单，其主要内容如下：

- 完成每道工序需要用到哪些物料？
- 每种物料的单位用量、标准用量、损耗率、固定损耗和需求数量等。
- 每种物料的发料状况，包括欠料数量、已占用数量和已发料数量等。
- 每种物料分别发送到哪一个工作中心？

## 7.2.5　作业排序和派工单

在某个时段，当多个生产作业到达同一个工作中心加工时，需要确定这些作业的加工顺序，即对这些作业进行排序，确定作业的优先级，保证作业按期完成。从本质上来看，作业排序是一个核实是否有足够提前期的问题。常用的确定作业优先级的方法有紧迫系数法、最小单个工序平均时差法、最早订单完工日期法和先来先服务法等。下面主要介绍紧迫系数法和最小单个工序平均时差法。

紧迫系数(critical ratio, CR)是剩余可用时间与剩余计划提前期的动态比值，计算公式如下：

$$CR = \frac{(\text{计划完工日期} - \text{当前日期})}{\text{剩余的计划提前期}} = \frac{\text{剩余可用时间}}{\text{剩余的计划提前期}}$$

在 CR 的计算中，剩余可用时间与剩余的计划提前期之比值有以下 4 种情况：

- CR<0，CR 是负值，表示计划完工日期早于当前日期，已经拖期，这时应该重新考虑如何计划完工日期以及采取什么样的补救措施。
- CR=1，表示剩余可用时间正好等于剩余的计划提前期，剩余可用时间恰好够用。
- CR<1，表示剩余可用时间小于剩余的计划提前期，剩余可用时间不足，这时应该采取补救措施。
- CR>1，表示剩余可用时间大于剩余的计划提前期，剩余可用时间充足。

从上面的分析中可以看出，CR 值小者优先级高，必须采取合理的措施确保 CR 值小的物料加工顺利完成。

最小单个工序平均时差(least slack per operation，LSPO)则是从工序的角度来考虑作业的次序，这里的时差也可以称为缓冲时间、宽裕时间等。其计算公式如下：

$$LSPO = \frac{(加工件计划完工日期 - 当前日期 - 剩余的计划提前期)}{剩余工序数}$$

在上面的式子中，剩余的计划提前期等于剩余工序的所有提前期之和。LSPO 的值愈小，则剩余工序分摊的平均缓冲时间愈短，其优先级愈高。

派工单是一种面向工作中心说明生产作业加工优先级和安排生产任务的文件。加工订单经过作业排序后可以生成派工单。派工单往往是生产调度人员、工作中心操作人员工作的依据。典型的派工单样式如表 7-2 所示。

表 7-2　派工单样式

工作中心编码：WC892　　　　　工作中心名称：数控加工中心　　　　派工日期：20060810

| 物料编码 | 加工订单编码 | 工序编码 | 数量 | 开工日期 | 完工日期 | 剩余时间(天) | 优先级 |
|---|---|---|---|---|---|---|---|
| A025 | M20080801 | 25 | 10 | 20060811 | 20060812 | 1 | 1 |
| T229 | M20080812 | 25 | 20 | 20060812 | 20060813 | 1 | 2 |
| B123 | M20080815 | 30 | 25 | 20060812 | 20060813 | 1 | 3 |
| A091 | M20080818 | 25 | 28 | 20060815 | 20060818 | 2 | 6 |
| A088 | M20080819 | 15 | 18 | 20060816 | 20060819 | 3 | 7 |
| V812 | M20080821 | 30 | 19 | 20060818 | 20060819 | 1 | 4 |
| Z219 | M20080825 | 35 | 51 | 20060818 | 20060819 | 1 | 5 |

# 7.3　生产作业控制

生产作业控制是指确保生产作业按照作业计划稳定进行的各种有效方法和措施之和。生产作业控制的具体方法包括生产作业调度、生产作业监控、生产作业数据采集和生产作业统计分析等。下面详细介绍这些具体的生产作业控制措施。

## 7.3.1　生产作业监控和调度

　　生产作业调度是依据生产作业计划,对生产作业活动进行组织、指挥、控制和协调,确保生产作业活动均衡有序的方法。生产作业监控通常与生产作业调度关联在一起。生产作业监控用于监控生产过程中发生的各种异常现象,这些异常现象有可能对生产作业活动的稳定进行产生影响。通过采取各种合理、有效的生产调度措施,可以及时解决这些异常问题,确保生产过程的顺利进行。常见的生产过程异常现象如下:

- 机器设备故障,生产作业无法正常进行。
- 由于工装工具、加工设备的原因,造成大量的不合格加工件。
- 由于人员操作原因,造成大量不合格的加工件。
- 由于物料不合格,造成大量不合格的加工件。
- 生产作业现场管理混乱,造成大量加工件损坏、丢失。
- 由于设计更改或工艺方法更改,造成生产作业大规模的停滞。
- 由于大量物料浪费,造成现有库存物料不能满足加工需求。
- 关键加工人员缺勤,加工物料的关键环节操作被迫停止。
- 生产作业被迫延误。
- 突发停水停电事件。
- 突发人员冲突事件。
- 突发人身伤亡事故,生产作业停止等。

对于上述常见的异常现象,必须及时采取合理有效的调度措施。常见的调度措施如下:

- 及时维护、维修机器设备。
- 调整或更换加工手段。
- 教育、培训操作人员,持证上岗。
- 确保物料的质量。
- 制定和修改各项规章制度,依规治企。
- 提高设计质量,实施成组技术。
- 紧急采购物料、采用替换物料等。
- 尽可能通过加工手段确保加工质量。
- 加班、加点。
- 外协。
- 加强生产安全教育,严格安全操作规程。

## 7.3.2　生产作业数据采集

　　及时准确地采集生产作业现场的数据,是提高生产作业控制效率的基础。例如,如果生产调度人员不知道昨天的生产作业状况，就很难合理地安排今天的生产作业。生产计划管理部门、质量管理部门、成本核算部门和绩效考核部门等如果不能及时准确地掌握生产现状，就无法顺利开展相应的工作。生产作业数据采集需要明确下面 5 个问题：

- 采集数据的手段是什么？即用什么方法和工具采集数据？
- 采集的数据对象是什么？即采集哪些数据？
- 采集数据的频率是什么？即多长时间采集一次？
- 采集数据的粒度是什么？即数据的详细程度是什么？
- 采集数据的责任者是谁？即谁负责采集？

从采集手段来看，可以分为完全手工采集处理方式、完全计算机采集处理方式和混合采集处理方式。在完全手工采集处理方式中，一般采用表格、卡片、台账和票据等方式记录生产作业数据，然后再对这些数据进行汇总、统计和分析。完全计算机采集处理方式的特点是数据采集和数据处理全部是自动完成的，可以采用扫描器、磁性笔和光控传感器等手段采集数据，并且进行自动汇总和分析。在混合采集处理方式中，生产作业数据采集是手工采集和自动采集的混合，但数据的处理则是自动化的。

从采集的数据对象来看，可以把生产数据分为 5 个方面，即描述生产人员、管理人员等数量和考勤的劳动力数据；描述物料接收、发放、存储和移动的物流数据；描述生产作业中作业数量、工序时间和加工手段使用状况等的生产作业数据；描述生产作业对象合格和不合格数量、统计和分析不合格原因的质量数据；描述生产作业定额、实际统计数据、成本核算方式和科目设置等状况的财务数据等。

从采集数据的频率来看，不同的企业有不同的设置，即使同一种数据也有不同的考虑。如果企业生产作业环境变化比较大，应该采用高频率的采集方式。否则采用低频率的采集方式。例如，大多数企业采用每天或每周数据采集的方式，甚至有些企业每月统计一次。基于计算机辅助管理的 ERP 系统倾向于实现高频率的数据采集功能。在确定数据采集频率时，不仅要考虑生产方式、作业环境等因素，而且还要考虑数据采集的方式、工作量以及将要得到的数据量等因素。

从采集的数据粒度来看，如果按照工序来采集数据，数据采集的频率比较高，可以得到非常详细的生产作业状况。如果按照生产状况监测点，数据采集的频率相对来说比较低，得到生产作业数据也比较小。数据采集的粒度愈细，则频率高、数据量大，生产作业中的问题易于及早暴露出来。数据采集的粒度越粗，则频率低、数据量小，生产作业中的问题暴露的时间比较晚。从汇总的角度来看，在大多数企业中，与月报、周报相比，数据日报的粒度比较精细。但是，在金融企业中，即使是数据日报，粒度也常常是不足的。如何确定数据采集的粒度，需要综合考虑生产性质、管理方式和管理者的能力等因素。

谁负责数据采集工作呢？从 ERP 系统的使用现状来看，有两种形式。第一，数据采集点的作业人员直接采集生产作业数据，加工人员负责采集生产作业数据，质量检验人员负责采集质量检验结果数据，库存管理人员负责采集物料流动数据等。这是最及时、有效的数据采集形式。第二，设置数据管理人员，由数据管理人员负责采集相应的数据采集点中产生的各种生产作业数据。显然，前一种采集方式是分散式采集，后一种采集方式是集中式采集。每一种采集方式都有其各自的特点。

## 7.3.3 生产作业统计分析

对于生产管理人员来说，最理想的生产现场是整个生产作业都按照生产作业计划有条不紊地进行。这也是生产管理人员最感轻松的状况。实际上，理想的生产现场是很难得到或保持的，生产作业过程中总是会出现这样或那样的问题，生产管理人员必须及时处理这些问题。

按照问题的表现形式，可以把生产作业过程中出现的问题分为两大类，一类是已经出现的问题，一类是未出现但是已经潜伏的问题。解决已经出现的生产作业问题，毫无疑问是生产管理人员的责任。但是，如何发现生产作业过程中潜伏的问题，如何及早地采取措施，使问题在萌芽状态得到解决，这是检验管理人员管理水平高低的重要指标。生产作业统计分析则是及早发现生产作业过程中各种潜伏问题的重要工具。在生产作业统计分析中，有许多有效的方法，最经常使用的一种方法是投入/产出分析法。

投入/产出分析法是衡量能力执行情况的一种方法，它通过对计划投入和实际投入、计划产出和实际产出的比较，分析生产作业中潜伏的各种问题，以便采取相应的措施解决这些问题。例如，在自行车后轴的加工过程中，如果计划投入大于实际投入，则表明加工件到达加工地点有时间延迟；如果计划投入小于实际投入，则表明加工件提前到达指定工作中心。如果计划投入等于实际投入，则表明加工件按照作业计划准时到达指定的工作中心。在这种分析中，无论是加工件提前到达还是延迟到达，都是生产作业过程中某些问题的表现形式。对这些问题应该深入分析其原因，有可能是定额时间不准确，也有可能是机器设备故障，还有可能是操作人员的水平等。

如表 7-3 所示的是一个典型的投入/产出分析报告。在该分析报告中，计划投入表示该工作中心计划订单与已下达订单需要的工时；实际投入表示该工作中心实际接收的任务工时；累计投入偏差表示实际投入与计划投入之间的差距，其值为负值时，表示实际投入不足；计划产出表示计划完成的工时；实际产出表示该工作中心实际完成的工时；累计产出偏差表示计划产出与实际产出之间的差距。根据表 7-3 中的数据可以看出，该工作中心的任务不饱满，完成任务的效率比较差。应该根据具体的生产作业环境，分析产生这种现象的原因，并采取合理的措施解决当前存在的问题。

表 7-3　投入/产出分析报告

工作中心编码：WC892　　　工作中心名称：数控加工中心　　　报告日期：20060815
能力数据：120 小时　　　　投入允许偏差：20　　　　　　　产出允许偏差：20

| 时　　段 | 1 | 2 | 3 | 4 | 5 |
|---|---|---|---|---|---|
| 计划投入 | 120 | 120 | 120 | 120 | 120 |

(续表)

| 时 段 | 1 | 2 | 3 | 4 | 5 |
|---|---|---|---|---|---|
| 实际投入 | 120 | 110 | 115 | 135 | 110 |
| 累计投入偏差 | 0 | −10 | −15 | 0 | −10 |
| 计划产出 | 110 | 110 | 110 | 110 | 110 |
| 实际产出 | 110 | 100 | 105 | 110 | 105 |
| 累计产出偏差 | 0 | −10 | −15 | −15 | −20 |

# 7.4 本 章 小 结

本章讲述了生产作业计划的管理和控制，这是生产过程中复杂且关键的环节。本章首先介绍生产作业和生产作业管理的特点，分析了生产作业管理系统与 ERP 系统中其他子系统之间的关系；然后详细介绍了常见的生产作业流程，并且分析了其中的关键生产作业；最后介绍生产作业调度、监控、数据采集以及统计分析等管理和控制的内容。

# 7.5 思考和练习

1. 解释生产作业的概念和特点。
2. 分析生产作业管理系统在 ERP 系统中的位置。
3. 描述生产作业流程的特点和组成。
4. 生产作业技术准备工作包括哪些内容？
5. 分析生产作业计划与生产订单之间的异同点。
6. 紧迫系数的作用是什么？如何计算？
7. 分析派工单和生产订单之间的关系。
8. 如表 7-4 所示的是一个投入/产出分析报告的样式。计算出累计投入偏差和累计产出偏差。通过表中的数据，分析该工作中心当前面临的主要问题，给出解决这些问题的方法。

表 7-4　投入/产出分析报告

工作中心编码：WC812　　　　工作中心名称：车床　　　　报告日期：20110815

能力数据：120 小时　　　　投入允许偏差：10　　　　产出允许偏差：10

| 时 段 | 1 | 2 | 3 | 4 | 5 |
|---|---|---|---|---|---|
| 计划投入 | 120 | 120 | 120 | 120 | 120 |

(续表)

| 时　　段 | 1 | 2 | 3 | 4 | 5 |
|---|---|---|---|---|---|
| 实际投入 | 150 | 120 | 135 | 155 | 120 |
| 累计投入偏差 | | | | | |
| 计划产出 | 110 | 110 | 110 | 110 | 110 |
| 实际产出 | 120 | 120 | 125 | 130 | 135 |
| 累计产出偏差 | | | | | |

9. 分组讨论：在收集资料的基础上，总结生产作业过程中常见的问题和应该采取的调度措施。

# 第8章
# ERP系统的主要功能

**案例研究：是对还是错：ERP系统的标准**

2003年10月1日，中国首部关于ERP的标准规范——《企业信息化技术规范第一部分：企业资源规划系统(ERP)规范》(以下简称《ERP规范》)在一片争议声中正式实施。这个标准是在调查了国内2000多家企业，耗时两年形成的。尽管对ERP厂商来说，该规范只是一部行业推荐标准，并不强制要求所有的ERP企业执行。但是，作为一部国家权威部门制定的行业规范，厂商们关心的是这部新颁布的《ERP规范》究竟是国内ERP得以依靠的后盾，还是演变成ERP发展的绊脚石？

"我们更多的工作是放在对于标准的推广"。科技部生产力促进中心协会信息技术与推广部部长邓超这样表述了其最近的工作。作为制定《ERP规范》的标准工作组组长，邓超认为标准颁布以来更多的是对ERP用户起到了教育普及作用。

在标准颁布时，SAP、Oracle等公司一致认为：对属于软件产品的ERP制定行业标准在国际上并无先例。国外对软件行业一向没有过多的限制，仅仅是依靠市场来进行自我完善和调节。至今，SAP、Oracle等公司依然我行我素，继续坚持使用自己的标准和方法。

实际上，即便是参加标准制定的厂商，也更多地将标准看作是市场工具而非规范。一位参加过标准制定的ERP厂商人士宣称：对于参与制定标准的初衷，更多的是从自身市场需要而做出的。实际上标准的用处不大，顶多能够为用户选型提供简单参考。ERP标准是一个动态变化的系统工程，一套ERP系统的使用周期通常是5~10年，IT技术几个月就会有很大的变化，这套标准如果不及时进行修改，肯定会被淘汰。

ERP标准已经既成事实，它不断完善或者被新标准所替代也是完全可能的，但是，无论是哪种情况，ERP产业从此都将被"标准"所笼罩，这是不可逆转的。如有ERP厂商采取视而不见的鸵鸟态度，只能是自欺欺人。有的厂商已经把《ERP规范》作为市场竞争的筹码，其他厂商自然要担心对手以此来打压自己。

如何建立行业标准、把握当前时代的市场规律？这是摆在所有业内人士面前的共同难题。市场经济下的行业标准要体现市场竞争法则，这是大家的共识。这一市场竞争法则不是写在标准条文中的，而是体现在标准本身之外的市场操作层面中，这一新的市场法则不是谁说了算，而是市场自由公开博弈的结果。

**课堂思考和问答：**

1. 你认为国家颁布有关 ERP 系统的标准是对还是错？为什么？
2. SAP、Oracle 等公司不认可我国颁布的 ERP 系统标准，他们的理由是什么？你觉得为什么这些国外 ERP 系统巨头不认可我国颁布的这种标准？
3. 我国颁布 ERP 系统标准的主要原因是什么？
4. 市场经济、市场规律与行业标准和规范竞争之间的关系是什么？
5. 分组阅读和讨论 SJ/T11293−2003 标准。

企业是一个复杂的市场经营实体，为企业提供全方位管理的 ERP 系统自然具有复杂的功能。虽说 ERP 系统的功能原理是清晰的，但是，有关 ERP 系统的功能描述则是模糊的。为什么呢？这是因为至今还没有一个有关 ERP 系统功能的完整描述得到普遍认可。ERP 系统专家提不出这种描述，ERP 系统厂商更不可能提出这种描述，即使是非常权威的国家行业标准涉足这个领域后也无济于事。本章不是要提出一个希望大家都认可的 ERP 系统功能框架，而是从多个不同角度去研究 ERP 系统功能框架，力求为读者提供一种理解和学习 ERP 系统功能的方法。

## 8.1 行业标准中的 ERP 系统

2003 年 6 月 4 日，信息产业部发布编码为 SJ/T11293−2003 的中华人民共和国电子行业标准《企业信息化技术规范第 1 部分：企业资源规划(ERP)规范》，该标准已于 2003 年 10 月 1 日起正式实施。

SJ/T11293−2003 标准规定了对 ERP 系统的详细的功能技术要求。SJ/T11293−2003 标准给出了 20 个功能模块的功能描述、评比标准以及每个功能描述的重要程度。这 20 个功能框架如图 8-1 所示。

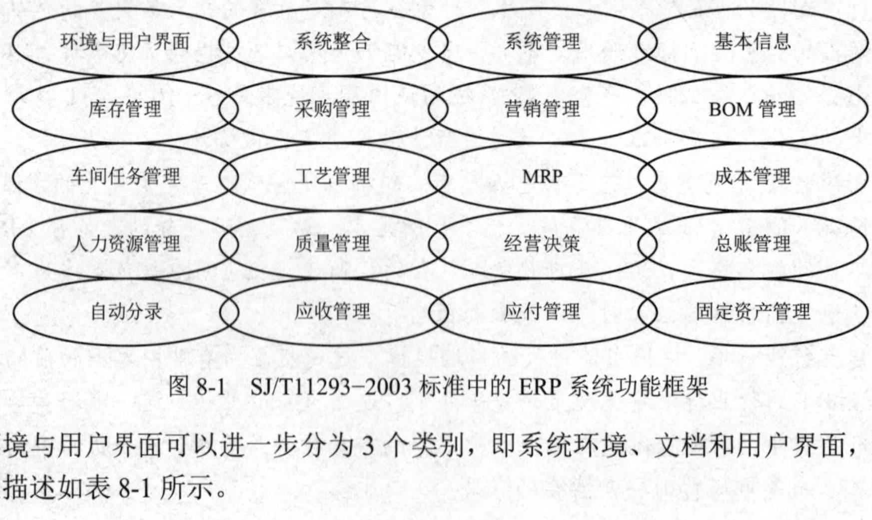
环境与用户界面
系统整合
系统管理
基本信息
库存管理
采购管理
营销管理
BOM 管理
车间任务管理
工艺管理
MRP
成本管理
人力资源管理
质量管理
经营决策
总账管理
自动分录
应收管理
应付管理
固定资产管理

图 8-1 SJ/T11293−2003 标准中的 ERP 系统功能框架

环境与用户界面可以进一步分为 3 个类别，即系统环境、文档和用户界面，这些类别的功能描述如表 8-1 所示。

表 8-1 环境与用户界面的功能类别和描述

| 类　别 | 功 能 描 述 |
|---|---|
| 系统环境 | 支持系统平台，包括 Windows/Unix/Linux |
| | 支持的数据库，包括 Oracle/SQL Server/Sybase/DB2/Informix |
| | 系统架构，包括多层客户机/服务器 |
| | 支持用户通过 Internet 访问系统 |
| | 自动电子信息传递，如报表可以通过 E-mail 传递 |
| | 异常信息检测与传递 |
| 文档 | 可以提供在线帮助、标准作业程序书、系统关联图和使用手册等文档 |
| | 在线帮助具有友好性 |
| 用户界面 | 用户界面最好是浏览器，并且可以自己配置界面 |
| | 多样化的主画面设计，如可以任意调整菜单的顺序、归类和自定义界面风格 |
| | 多媒体应用，可以保存多媒体数据，支持语言操作等 |
| | 资料搜寻辅助功能 |
| | 可以自定义单据格式和内容，支持单据套打 |
| | 可以审核单据 |
| | 灵活的报表执行、查询和输出等 |
| | 可以自行设计凭证 |
| | 批次作业管理 |

　　系统整合可以进一步分为工作流管理、子系统关系、集成电子商务应用、分布式数据库整合和企业应用集成等类别，有关这些类别的详细功能描述如表 8-2 所示。

表 8-2 系统整合的功能类别和描述

| 类　别 | 功 能 描 述 |
|---|---|
| 工作流管理 | 实现主流单据的送审、审核和驳回功能 |
| | 具有内置的或整合的工作流引擎 |
| | 使用者可以自行设置不同单据的不同流程 |
| | 具备审核过期管理、代理人管理等功能 |
| | 可以输入审核意见 |
| | 可以查询审核意见、单据审核状况、审核人员的审核绩效等 |
| 子系统关系 | 可定义子系统之间的关系，各子系统可单独运行 |
| 集成电子商务应用 | 提供与供应商之间的数据交换和电子采购，包括采购单、报价单、采购变更单、采购回复单、送货通知单、验收通知单和付款单等 |
| | 支持网上付款 |
| | 提供与客户间的数据交换和电子销售，包括电子产品目录、报价单、网上下单、订购单、订购变更单、订购回复单、送货通知单和清款单，可查询订单和货运进度 |

（续表）

| 类　　别 | 功 能 描 述 |
|---|---|
| 分布式数据库的整合 | 多下级企业或多营业点的分布式管理，可自由定义需要复制的信息 |
| 其他整合能力 | 多企业，支持处理多账务套业务、并表、并账和抵消分录等 |
| | 支持多币种业务 |
| | 多语言，支持中文、英文等 |
| | 提供多种库存计量单位的管理 |
| | 企业的基础数据一次录入全部共享，包括统计的部门编码、币种设定、岗位和人员信息、工作中心编码、仓库编码、工艺路线编码、设备编码、备件编码、工模具编码、物料编码、区间编码、科目编码、固定资产编码、计量单位、供应商分类和信息、采购订单编码、客户分类和信息、销售订单编码、生产订单编码和地区编码 |
| 企业应用集成 | 与其他应用的数据交换，支持 XML 接口，自定义数据导出条件，支持数据批量转换以及提供通用对外接口 |
| | 数据交换的自动执行，包括日志管理、回执管理 |
| | 企业信息门户，提供单一入口访问企业应用、个性化的用户界面 |

系统管理功能模块包括系统安全管理、数据库管理和报表生成器等多个功能类别，具体描述如表 8-3 所示。

表 8-3　系统管理的功能类别和描述

| 类　　别 | 功 能 描 述 |
|---|---|
| 系统安全管理 | 权限设置，可以复制和互换权限 |
| | 依据用户的需求设置各种功能权限，包括程序执行权、录入权、查询记录权、修改记录权、删除记录权、审核记录权、撤销审核记录权和输出记录权，将敏感字段设置为只读或隐藏 |
| | 依据职务或用户组设置各程序的各项功能权限 |
| | 记录级权限设置，定义权限的使用规则 |
| | 字段级权限设置 |
| | 金额管制权限，按照金额审核权限，依据金额授权 |
| | 密码控制，使用者可自行修改密码，系统管理员无法查询他人密码、加密 |
| 数据库管理 | 数据库查询，可以统计记录数，提供历史库 |
| | 数据库备份，可以把数据库备份到不同的介质上 |
| | 重要字段的修改留下修改记录，修改日志 |
| 报表生成器 | 自定义报表功能，包括报表编码、名称、用户、可打印字段、数据记录数量、打印顺序和汇总字段等 |

基本信息模块可以进一步分为基础参数设置、进销存参数设置、财务参数设置、币种与汇率管理、编码原则设置管理、职务类别管理、常用语管理、页脚/签核信息管理、假

日表管理、付款条件管理和自定义信息等类别，这些功能类别的详细描述如表 8-4 所示。

表 8-4　基本信息的功能类别和描述

| 类　　别 | 功　能　描　述 |
|---|---|
| 基础参数设置 | 日期格式设置 |
|  | 指定账本记账的本位币 |
|  | 税额计算既可以按单据的总金额计税，也可以按单据的明细项金额计税 |
|  | 设置单据审核日期的认定基础 |
| 进销存参数设置 | 设置结账年月、封账年月和冻结日期等 |
|  | 规避账务做账对业务操作的影响 |
| 财务参数设置 | 做账期别可以设置为一年 12 期或 13 期 |
|  | 会计封账年度、封账期间设置 |
|  | 应收封账年月、应付封账年月设置 |
|  | 工资核算年月设置 |
|  | 存款现行年度设置 |
| 币种与汇率管理 | 符合国家小数后的取位计算，单价、金额和成本可定义小数位数 |
|  | 可设定银行及报关汇率作为外币换算的依据，包括银行买进汇率、银行卖出汇率、报关买进汇率和报关卖出汇率 |
| 编码原则设置管理 | 设置编码原则的功能，包括多段数的定义，不限制每段字数，按照编码规则自动给出流水号 |
| 职务类别管理 | 可设定人员的职务，可对一人设定多种职务 |
| 常用语管理 | 个人常用语设置、企业常用语设置，常用语可串联并列 |
| 页脚/签核信息管理 | 报表与单据可设置页脚/签核信息 |
| 假日表管理 | 多种工作日历设置，可设置工厂假日表、银行假日表、生产班别假日表以及岗位与人员的对应关系，一人可有多个岗位，一个岗位可以设置多人 |
| 付款条件管理 | 可按天数或按月设置应收账款收款日，当应付和应收账款发生时自动推算 |

库存管理模块可以进一步分为基础数据、物料库存定义、批号管理、库存事务处理、盘点管理、库存预警和库存报表管理等功能类别，这些功能类别的详细描述如表 8-5 所示。

表 8-5　库存管理的功能类别和描述

| 类　　别 | 功　能　描　述 |
|---|---|
| 基础数据 | 查询是否判断权限，定义仓库类型、库存操作原因和库存初始化 |
| 物料库存定义 | 非存货科目的库存管理，可定义出入库规则，同一物料存放地点的管理，可将一个物料同时做多种应用分类的定义与查询，是否记录条形码和图号，提供一个物料的多种计量单位和换算率，是否有物料有效期管理，物料的订货方式(订货点法、MRP、JIT、依需求计算)，是否可定义采购领料时批量的调整，物料领送料是否支持看板管理模式，安全库存管理，定义物料的期量标准，存货出入库业务单据关联控制以及定义出入库方式等 |

(续表)

| 类　　别 | 功 能 描 述 |
|---|---|
| 批号管理 | 可按物料定义是否需要批号管理，定义批号管理的严谨度以及可以提供批号的各种跟踪 |
| 库存事务处理 | 入库、销售出库、领用、转拨和调整等库存事务作业，借出借入作业，库存调拨作业等 |
| 库存物料状态管理 | 质量状态、可销状态等 |
| 盘点管理 | 盘点事务方法、盘点作业的方便性和盘点作业的辅助报表 |
| 管理性报表 | 各种物料的库令分析、周转率分析、ABC 分析、再定货建议表、库存预测报表和各种库存账表 |
| 库存预警 | 可定义预警规则，包括保质期预警、失效期预警、最高最低预警和盘点预警等 |

　　采购管理可以进一步细分为供应商管理、价格管理、询价管理、请购管理、采购管理、合同管理、到货验收管理、退货管理、进口管理、管理性报表和计划管理等功能类别，其详细信息如表 8-6 所示。

表 8-6　采购管理的功能类别和描述

| 类　　别 | 功 能 描 述 |
|---|---|
| 供应商管理 | 供应商 ABC 分类、核准状态，供应商交货评等与品质评等，定义付款条件、税额计算方式，是否允许分批交货，设置结账区间、期间，供应商评定审核管理，委托代销业务 |
| 价格管理 | 物料定价因素(供应商、币种、价格单位、生效日期、数量、价格条件、付款条件和失效日期等)、价格变更程序和最高单价控制 |
| 询价管理 | 是否有询价单，是否可按采购数量的多少询价 |
| 请购管理 | 是否可按多企业请购、按部门请购、按 MRP 计划自动请购、按采购计划自动请购、按缺料状况自动请购、按订单自动请购和按订货点自动请购，可追溯请购来源，可转成采购单 |
| 采购管理 | 提供多仓库采购，允许国内外采购以及按订单自动采购，招标管理 |
| 合同管理 | 提供采购合同管理功能，采购变更程序和采购订单修改，采购订单状态的控制，订单跟踪，返利返物的管理，采购运输，包装物采购与退回，退货单 |
| 到货验收管理 | 到货管理功能、到货登记过程中的控制、是否提供质量检验后退货功能、验收入库的管理和收货方式等 |
| 退货管理 | 是否提供退货功能 |
| 进口管理 | 提供预付购料管理、赎单管理 |
| 管理性报表 | 根据供应商的采购信息及到货状况进行统计分析，包括早交、迟交、超交、缺交、溢价、低价、不良和扣款等分析，采购价格异常表 |
| 计划管理 | 与 MRP 衔接，采购计划驱动资金需求计划，多种采购方式 |

　　营销管理可以进一步分为价格管理、信用额度管理、销售预测、报价管理、接单管理、合同管理、订单变更、发货管理、税务整合、退货管理、出口文件、查询统计、销售管理、订单追踪、发货单追踪、存货核算、客户管理、计划管理、营销管理和分销管理等功能类别，这些功能类别的详细描述如表 8-7 所示。

表 8-7　营销管理的功能类别和描述

| 类　别 | 功　能　描　述 |
| --- | --- |
| 价格管理 | 物料定价因素(客户、币种、单位、日期、数量、价格条件、付款条件、区域别和国家别)，价格调整程序，最低单价控制，按客户查询价格、不同客户可设置不同的取价顺序(标准零售价、客户定价、零售价和定价)，可按照产品类别或指定物料设置产品折扣，支持特价政策 |
| 信用额度 | 信用额度控制时间与方式(订单确认、发生销售)，依据不同的风险计算占用信用额度的比率(已接单风险、已销货风险、未收账款风险、未兑现票据风险和账款逾期天数风险)，依据客户类别管控，依据币别设置和控制信用额度的层次 |
| 销售预测 | 提供销售量预测(对产品类型、产品类别、业务员业绩和分销商销售量等预测)，预测与实绩的考核、目标设定的方便性和预测订单管理 |
| 报价管理 | 新产品的估价功能，按订单数量报价和报价单的功能及控制点 |
| 接单管理 | 订单销售对象、订单类别管理 |
| 合同管理 | 一张订货单允许订购多种产品、多个交货期，提供选配件功能，支持多个交货地址和支持预收款作业，接单时提供稽核管理功能、订单监控功能，按销售订单进行判断、预测、分析功能 |
| 发货管理 | 备货管理，可分批发货，订单内容与发货内容自动核对，提供运费管理，一个订单可分批出货以及多个订单可一并出货，寄售管理、销售调拨、零售管理和包装物租借 |
| 税务整合 | 与金税系统整合(电脑开票) |
| 退货管理 | 一般退货作业、与订单钩稽功能、销退账务处理流程和退货流程控制 |
| 出口文件 | 提供形式发票作业处理流程、装运通知，提供装箱单功能和发票功能 |
| 查询统计 | 提供客户信息查询、发货单信息查询、计划查询、回款计划查询和销售员业绩排名查询 |
| 销售管理 | 业务单据组合生成，提供就不同销售类型，允许用户设置销售订单、出库单、发票、运输单和收款单等业务单据的任意组合自动生成功能 |
| 订单跟踪 | 可全面跟踪销售订单的执行状况，即发货、收款、开发票、回款和运输等 |
| 发货单跟踪 | 可全面跟踪发货单的执行情况，包括发货数、出库数、开发票和回款等 |
| 存货核算 | 可在销售出库的同时，进行成本核算 |
| 客户管理 | 客户基本信息管理、客户业务员管理，支持总店/连锁店管理模式以及支持客户组的定义和查询 |
| 计划管理 | 与 MRP 衔接，制定销售计划、销售利润计划、地区销售计划、客户组销售计划、部门销售计划、部门回款计划和个人回款计划 |
| 营销管理 | 销售区域定义，包装物销售与退回，销售数量合同管理、销售佣金管理、支持实物补贴管理、支持客户签收管理以及销售出库方式管理 |
| 分销管理 | 是否允许非要货调拨，配货方案中是否考虑要货单、销售计划、销售订单、实物库存量、可用库存量、最小发货批量、发货批量整数、安全库存量和最高库存量，配货方案可依据时间最优、运输路程最优或运输成本最优，考虑和控制信用额度 |

BOM 管理包括 BOM 类型、BOM 内容、BOM 的复制、BOM 的批处理、工程变更、替代料处理、材料承认和管理报表等功能，这些功能的详细描述如表 8-8 所示。

表 8-8　BOM 管理的功能类别和描述

| 类　　别 | 功　能　描　述 |
|---|---|
| BOM 类型 | 生产 BOM、工程 BOM、计划 BOM、配置 BOM、选用 BOM 和成本 BOM 等 |
| BOM 内容 | 是否可以保留修改记录、BOM 版本控制、利用物料的日期和生产数量控制生效、与工艺路线配合、定义物料在领用时的偏置时间、设置生产损耗率、结点数量是否能以分数表示、能否处理相关图片和技术文档以及支持虚拟件 |
| BOM 的复制 | 生产 BOM 之间的复制、工程 BOM 之间复制、生产 BOM 与工程 BOM 之间的复制 |
| BOM 批处理 | 物料的整批失效、替换、修改和生效功能，BOM 重排 |
| 工程变更 | 变更时是否能对正在执行的各种计划和订单进行提示和报警，完整的审批流程，是否保留每次变更的记录 |
| 替代料处理 | 针对不同的主料定义不同的替代料，替代料有生效控制和替代料的优先级 |
| 材料承认 | 提供材料厂牌承认处理、材料系列承认处理 |
| 管理报表 | 用料合并、物料多用途清单、物料结构展开、材料消耗定额汇总和工时定额汇总 |

车间任务管理可以进一步细分为生产任务管理、生产备料、领退料、生产完工管理、返工管理、委外加工和查询等功能类别，这些功能类别的详细描述如表 8-9 所示。

表 8-9　车间任务管理的功能类别和描述

| 类　　别 | 功　能　描　述 |
|---|---|
| 生产任务管理 | 工单类型(厂内制造工单、厂内返工工单、委外制造工单和委外返工工单)，工单来源(人工建立、由订单转入、由 MRP 转入、由通知单转入、由关联工单转入和制造命令拆分)，制造命令回收，工单对应的生产模式(多步骤装配式生产、以生产订单控制的流程式生产、以工艺流程卡控制的流程式生产、生产任务物料占用/释放、生产任务跟踪、多步骤批量轮番生产和多步骤单件小批生产)，工单状态(未发料工单、已发料工单、已开工工单、已完工工单、已关闭工单、已取消工单、拖期工单和缺料工单) |
| 生产备料 | 替代料处理方式、备料对库存影响，提供按生产用料模拟功能，根据生产订单提供缺料表，根据材料提供缺料表 |
| 领退料 | 发料方式、发料控制、发料单和退料单 |
| 生产完工管理 | 生产用料稽核、入库业务和入库检验 |
| 返工管理 | 返工单管理(返工单手工维护、返工单审核和自定义返工的工序工时)、返工单领料 |
| 委外加工 | 委外加工通知单管理、委外加工形态、委外单领料处理、厂商存料控制和厂商交货、委外单控制 |
| 查询 | 查询用料状况、领用明细、入库明细、采购状况和生产进度等 |

工艺管理可以包括流转作业、管理状态、在制品盘点、工艺流程变更、矫正及预防、批号追踪、工装刀具辅料维护和工作中心维护等功能，这些功能的详细描述如表 8-10 所示。

表 8-10　工艺管理的功能类别和描述

| 类　　别 | 功　能　描　述 |
|---|---|
| 流转作业 | 是否提供选择性工艺流程，是否提供工艺流程复制，是否能记载各环节作业规范，是否能记载各环节所使用的资源，各环节是否能有不同的工作日历，是否可以处理多项工作同时进行的工艺流程，是否能处理有副工艺流程汇入的状况，工艺流程中各环节物料计量单位是否可以不同，是否允许生产中途下线入库，各环节投入量是否可依特定材料的领料单计算，是否结合生产过程中检验以及是否能收集无效工时并分析其原因，是否提供工序间交接 |
| 管理信息和管理报告 | 在制品状态报告、车间任务分派、实际投入产出时间表、分类产出报告和人员生产率/设备利用率报告 |
| 在制品盘点 | 是否提供在制品盘点，是否提供各工位物料盘点、车间盘点，盘点表统计 |
| 工艺流程变更 | 变更时是否留下记录，是否有完整签字审核程序 |
| 矫正及预防 | 在生产过程中遇到重大问题时，是否能在系统中记载问题描述与对策；当问题尚未处理完毕时，系统是否能将该工作留置 |
| 批号追踪 | 是否可记录产品序号，是否可自产品序号或制造批号追踪当初生产过程，是否能从原料批号中查出有哪些制造批号或产品序号使用 |
| 工装刀具辅料维护 | 是否支持工序中多工装、多刀具和多辅料维护 |
| 工作中心维护 | 是否可维护利用率、效率等数据，是否可以设置能力核算方式(按设备、按人员以及按人员和设备)，是否可设置关键工作中心，是否可定义工作中心的设备，是否支持替代工作中心 |

MRP 可以进一步分为参数设定与计划调整、基本资料管理、资料维护管理、MRP 批次作业、MRP 报表管理、批次生产计划生成管理、能力需求计划、车间作业计划和准时生产等功能类别，这些功能类别的详细信息如表 8-11 所示。

表 8-11　MRP 的功能类别和描述

| 类　　别 | 功　能　描　述 |
|---|---|
| 参数设定与计划调整 | 完工入库期调整(统一天数或依据物料)、采购入库期调整(统一天数或依据物料)、采购计划发放选择(转请购或转采购)、采购件急件定义、生产件急件定义、替代料处理，请购单是否为供给来源以及订单是否为需求来源 |
| 基本资料管理 | 计划条件的设定、计划展望期代号的设定(日、周、旬、月和季)、提前期的推算，MRP 展开时可以精确到秒 |
| 基本资料维护管理 | 是否有提供使用者输入独立性需求的机制，按订货点产生需求，是否提供使用者输入销售预测的机制和销售预测能否与实际订单冲销，MPS 管理和维护，按职务(采购员、仓管员和计划员)定义物料属性以及入库期冻结，MPS 异常处理(中止、中止恢复、撤销、强制完工处理和强制完工处理恢复)，灵活制定各个时间段内的生产计划和生产计划的采购需求计划(是否可以调整采购物料的数量，是否可以增加新的采购物料以及是否可以记录对采购物料的调整原因)，生产计划与实际生产情况的比较 |
| MRP 批次作业 | 行动计划产生(采购计划、生产计划、替代料领用建议、采购变更计划和生产变更计划)，计划反查(是否能追溯到各阶段直到原始供给需求来源，是否能追踪替代料的替代状况)，MRP 执行范围作业(全部重生成、仅计算净改变和自挑选一部分物料计算) |
| 下达其他计划 | 支持对总装配套情况的分析(按提前天数、按配套时间)；下达工作中心使用计划，下达工装使用计划，下达辅料消耗计划以及下达刀具使用计划 |

(续表)

| 类　别 | 功　能　描　述 |
|---|---|
| MRP 报表管理 | 入库期调整建议表、生产计划明细表、取消替代建议表、取消生产或采购建议表、模拟版本比较表、未来库存水平预算表、采购预算表、生产计划表、生产线负荷明细表和工作中心负荷明细表 |
| 批次生产计划生成管理 | 批次计划来源的定义(订单、生产订单和 MPS)，批次管理(同物料编码不同，完工期将分开生成计划维护，可考虑于计划下达时的选项合批)，计划执行的警示(例如来源重复等)，提供计划来源记录，是否能以订单或指令编码追溯到各阶段生产状况与采购情景 |
| 能力需求计划 | 能力单位设置(可自定义能力度量单位、定义与标准能力度量单位的换算关系以及支持对不同工作中心定义不同的能力度量核算单位)，可用能力计划(根据已下达的车间订单和每个工作中心的额定能力水平，计算每一个工作中心的可用能力和负荷)，能力差异计算，能力/负荷调整，粗能力查询(资源清单维护)，关键工作中心细能力/工作中心细能力查询 |
| 车间作业计划 | 进度排程(支持按正常作业或交叉作业方式，倒排车间进度计划、顺排车间进度计划等)，进度跟踪(对生产订单工序进度进行实时追踪，并及时反馈生产进度) |
| 准时生产 | 是否可一线多品种、一品种多线排产，是否为一线多品种提供平准计划，是否提供上下线进度计划，是否提供零部件生产线计划 |

成本管理包括成本类型、标准成本的制定、事中成本、实际成本、分批实际成本分摊、费用分摊、成本分析、模拟成本和项目成立等多个功能类别，这些功能类别的详细描述如表 8-12 所示。

表 8-12　成本管理的功能类别和描述

| 类　别 | 功　能　描　述 |
|---|---|
| 成本类型 | 按成本汇集方式区分为分批成本制、分步成本制，按成本的性质区分为标准成本制、事中成本制和实际成本制 |
| 标准成本的制定 | 可提供多组标准成本供比较模拟使用，系统是否能协助整批修改材料、工资和间接制造费用分摊率等，成本核算时除使用生产用料清单外是否可使用成本自行定义的物料清单，成本核算时是否能依使用者需求决定是否考虑损耗率与产出率，支持根据产品 BOM 自动进行费用项目的卷积计算，支持辅助材料、工装和刀具单列成本项目进行标准成本计算 |
| 事中成本 | 成本费用差异分析、产品材料价格成本差异分析、产品材料消耗成本差异分析、产品材料成本总差异分析、产品工序人工费用差异分析、辅助材料消耗差异分析、工装使用差异分析和刀具使用差异分析 |
| 实际成本 | 成本计算方式(移动平均成本、月加权平均成本、先进先出、后进先出、计划价成本、年加权、个别计价法和批次法)，月底材料成本计算(以入库金额为其成本、以入库金额加上已发生的费用为其成本以及以入库金额加上已发生的费用但未入库部分以暂估金额为其成本)，费用分摊方式(以生产产量、以工时、以机时、以物料设定权值、以耗材额、以销货额和以固定值)，直接人工分摊方式(自行输入人工工时、以报工单汇总人工工时和由使用者自动定义成本动因)，间接制造费用分摊方式(自行输入人工工时、以报工单汇总人工工时、自行输入定额工时、由报工单汇总机器工时、由使用者自动定义成本动因和按重量分摊)，生产成本的计算方法(品种法、分批法、分步法和作业成本法)，完工产品成本的计算方法(约当产量比例法、按固定数和耗用原材料费用计价法)，当前投入产出数据的提取 |

(续表)

| 类　别 | 功　能　描　述 |
|---|---|
| 分批实际成本分摊 | 材料月底入库在制转出、直接人工月底入库在制转出和间接制造费用月底入库在制转出 |
| 费用分摊 | 分摊依据(按产量、定额)，费用在部门分摊(辅助部门间费用分摊、辅助部门向基本生产部门分摊和基本生产部门向产品分摊) |
| 成本分析 | 成本项目金额的结构分析、实际成本、计划成本、预算成本之间的比较分析和不同期间的成本分析 |
| 模拟成本 | 基本资料维护(维护工作中心费用率、工资率，制定模拟报价方案，模拟材料用量及成本资料转入，模拟材料用量及成本维护)，模拟报价运算，报表打印 |
| 项目成立 | 提供项目的成本结转功能，支持项目的多次成本计算功能，提供项目的间接成本结转功能，提供项目管理功能，支持项目单据类型和格式的自定义功能，按照各责任中心的目标进行控制和考核以及可以统计项目成本的原始费用等 |

人力资源管理可以进一步分为人事管理、合同管理、考勤管理、薪资管理、招聘管理、员工自助管理、ERP 接口、人力资源规划、职务职能管理、员工信息管理、招聘甄选管理、员工调配管理、员工离职管理、制度政策管理、劳动合同管理、培训开发管理、勤务管理系统、出差管理系统、休假管理系统、绩效管理系统、人事审批系统、总经理自助服务和直线经理自助服务等功能类别，这些功能类别的详细描述如表 8-13 所示。

表 8-13　人力资源管理的功能类别和描述

| 类　别 | 功　能　描　述 |
|---|---|
| 人事管理 | 多企业运作，员工基本信息(完整记载每位员工的各项人事信息，提供常用的证明文件，提供常用的基本信息表，提供多种筛选条件且自动选择列表栏位，提供职务/岗位系列管理功能和人员岗位设置)，人事状况统计表，人事变动管理，教育培训，奖惩，绩效考核，退休 |
| 合同管理 | 建立员工劳动合同台账、对预到期/到期合同的预警和处理以及合同违约金的处理 |
| 考勤管理 | 多班别、弹性工时，本地化的功能，出勤管理，考勤机连接，请假管理，加班管理，年假管理 |
| 薪资管理 | 多企业运作，机动调整各项计薪基准，符合本国所得税法规定，每月薪资、半月借支、薪资凭证、社会福利金计算、日常报销业务无现金管理、工资数据变动、工资表、个人所得税管理、工资分钱清单、工资分摊、工资分析表、数据接口管理、月末处理和工资类别汇总 |
| 招聘管理 | 基础设定(自行定义招聘方式、自行定义空缺职位、自行定义招聘计划和设定考试类型)，简历维护 |
| 员工自助管理 | 个人基本信息维护和查询、培训管理、考勤管理、绩效考核和薪资福利查询 |
| ERP 接口 | 可独立运行，可与 ERP 集成运行 |
| 人力资源规划 | 人力资源战略(确定更新率、增长率和离职率规划指标，确定新进、淘汰、调动和继续教育的基本目标)，人力需求预测，人力资源规划，成本预算管理，规划实施报表 |
| 职务职能管理 | 组织结构设计，岗位信息管理(提供标准的职务说明书，明确岗位的任职资格要求和考评指标，灵活调整和管理各岗位职级、岗位职责、在职资格和岗位编制等)，职等评估系统，核决权限管理、职务体系管理和职位综合报表 |

(续表)

| 类　　别 | 功　能　描　述 |
|---|---|
| 员工信息管理 | 基本员工信息，信息追踪系统，标准分类报表、综合查询表和自定义报表 |
| 招聘甄选管理 | 外部人才管理、内部竞聘信息、超编缺编信息、需求申请与审批、招聘计划管理、甄选过程管理、录用过程管理和招聘效果评估 |
| 员工调配管理 | 超编缺编信息、调配申请与审批、调配计划管理、调配过程管理、工作交接管理和调配供给分析 |
| 员工离职管理 | 超编缺编信息、离职申请与审批、离职计划管理、离职过程管理、工作交接管理和离职统计分析 |
| 制度政策管理 | 国家政策法律法规、企业制度管理、修改意见征集和异常事件管理 |
| 劳动合同管理 | 劳动合同台账、续签管理、变更管理和纠纷事件管理 |
| 培训开发管理 | 培训需求管理、培训课程管理、培训师资管理、培训计划管理、培训过程管理和培训效果评估 |
| 勤务管理系统 | 考勤方案设置、考勤机设置、出勤数据转入和出勤数据备份 |
| 出差管理系统 | 出差申请、出差计划管理、出差记录和出差工作辅助管理 |
| 休假管理系统 | 休假申请、休假计划管理、休假记录和休假辅助管理 |
| 绩效管理系统 | 考评体系管理、考评计划管理、考评过程管理、结果运行方案以及考评综合报表 |
| 人事审批系统 | 流程自定义、邮件系统连接、权限管理和远程审批 |
| 总经理自助服务 | 信息查询、审批事项 |
| 直线经理自助服务 | 信息查询、审批事项和业务事项(管理者桌面、差旅费报告批准、日常事务处理以及与工作流集成) |

质量管理的功能可以进一步分为弹性参数设定、管制图表、品质检验与记录、与 ERP 其他模块的集成以及售后服务等功能类别，这些功能类别的详细描述如表 8-14 所示。

表 8-14　质量管理的功能类别和描述

| 类　　别 | 功　能　描　述 |
|---|---|
| 弹性参数设定 | 提供计量检验产品质量、计数检验产品质量、系统自动计算供应商评测分数、各物料的到货检验方式、自定义的检验项目和检验规范、自定义不合格品的处理方法以及提供各种相关统计报表 |
| 管制图表 | 可针对不同物料编码定义不同的检验项目、质量检验流程，通过标准和缺陷等级，提供单次检验和复验作业 |
| 品质检验与记录 | 系统可记录在制不良和库存不良数量、不良状况、责任归属并提供后续交换、退出、折让和扣款等管理功能，在采购作业程序中自动产生进料检验单供质检人员检验处理，在委外加工作业程序中自动产生进料检验单供质检人员检验处理 |
| 与 ERP 其他模块的结合 | 提供制成品检验与在制品检验入库的整个功能，提供维修编码的建立，提供维修站明细表、厂商送修明细表，提供产品维护合约的记录与管理，提供内修及送原厂管理 |
| 售后服务 | 提供维修零件价格设定、维修进度管理 |

经营决策管理功能可以进一步细分为使用界面、财务分析、销售分析、存货分析、采购分析、制造分析和多维分析等功能类别，这些功能类别的详细描述如表 8-15 所示。

表 8-15　经营决策的功能类别和描述

| 类　　别 | 功　能　描　述 |
| --- | --- |
| 使用界面 | 支持使用者自订报表及查询，支持追溯功能，提供多种图表方式，资料的汇集可以年、半年、季和月为单位，可比较任何时间的资料，报表中各栏可作差额、差额百分比及比例等计算 |
| 财务分析 | 损益分析(费用分析、成本分析、收入分析、损益趋势分析和营业外收益分析)，资产负债分析(所有者权益分析、负债分析、资产分析和资产负债结构分析)，账款分析(应收账款分析、应付账款分析、逾期分析和账龄分析)，偿债能力经营指标分析(流动资产/流动负债比率分析、速动资产/流动负债比率分析和营运资金/资产总额比率分析)，营运能力经营指标分析(应收款项周转率分析、销货净额/平均应收项比率分析、平均收款日数分析、日数/应收款项周转率分析、流动资产周转率分析、存货周转率分析、销货成本/平均存货分析、存货维持日数分析、日数/存货周转率分析、流动资产占资产总额的比率分析、流动资产/资产总额分析、基金及长期投资占总资产的比率分析、固定资产占资产总额的比率分析、其他资产占资产总额的比率分析、现金占流动资产的比率分析、短期投资占流动资产的比率分析、应收款项占流动资产的比率分析、存货占流动资产的比率分析、预付款项占流动资产的比率分析、负债总额占资产总额的比率分析、所有者权益占资产总额的比率分析、固定资产占长期负债的比率分析和资产周转率分析)，收益力经营指标分析(销货净额/流动资产分析、利润率分析、净利/销货净额分析和资产报酬率分析)，成长力经营指标分析(销货净额/资产总额分析、销货净额/固定资产分析)，生产力经营指标分析(每人平均毛利增长率分析、本期每人平均毛利分析) |
| 销售分析 | 提供预测与实绩比较的目标管理机制，按照多种纬度(客户、客户分类、产品、产品类别、部门、业务员和时间)统计分析，业绩目标比较分析，业绩趋势比较分析，业绩排名统计分析，毛利目标比较分析，毛利趋势比较分析，毛利排名统计分析 |
| 存货分析 | 存量分析、周转率分析、盘盈盘亏分析和呆滞分析 |
| 采购分析 | 价格分析、收料分析和厂商评核 |
| 制造分析 | 生产绩效计算(品质优良率、损耗统计分析、工时统计分析、用料量及差异分析、生产效率分析和现场负荷分析)，制造成本分析，效率分析，生产线分析 |
| 多维分析 | 自定义分析报表、自定义报表的纬度测度以及允许自由组合数据表 |

总账管理功能可以进一步细分为账簿组织、外币管理、利润中心、核算项目、预算管理、会计凭证处理、期末处理、报表管理和网上银行等功能类别，这些功能类别的详细描述如表 8-16 所示。

表 8-16　总账管理的功能类别和描述

| 类　　别 | 功　能　描　述 |
| --- | --- |
| 账簿组织 | 支持多企业的账簿处理，同一企业内可支持多套账簿，多套账簿间的会计凭证可相互复制 |
| 外币管理 | 外币交易、期末调汇 |

(续表)

| 类　别 | 功 能 描 述 |
|---|---|
| 利润中心 | 利润中心的规划、费用分摊 |
| 核算项目 | 核算项目的种类(客户、供应商、员工、利润中心和使用者定义),核算项目的设置、管制 |
| 预算管理 | 预算编制 |
| 会计凭证处理 | 基本资料(会计科目编码方式、可设定多层结构的会计科目、可自行定义会计期间及起讫日期以及可自行设置会计凭证种类),凭证录入,记账处理 |
| 期末处理 | 年结账功能、月结账功能和封账设置 |
| 报表管理 | 符合会计电算化要求的凭证/账册,符合会计制度要求的财务报表、管理报表和历史查询 |
| 网上银行 | 基础设置、日常操作、统计查询和资金管理 |

　　自动分录管理可以进一步细分为基础设置、自动分录和稽核管理等功能类别。这些功能类别的详细描述如表 8-17 所示。

表 8-17　自动分录的功能类别和描述

| 类　别 | 功 能 描 述 |
|---|---|
| 基础设置 | 可生成会计凭证的单据类型(销货单、销退单、结账单、收款单、到货单、应付凭单、付款单、库存变动单、领料单、退料单、生产入库单、委外到货单、委外退货单、应收票据收票、应收票据兑现、应付票据开票、应付票据兑现、银行存提款、固定资产购入、固定资产改良、固定资产重估、固定资产报废、固定资产出售、固定资产折旧、员工薪资和外币汇率重估),生成会计凭证的科目设置 |
| 自动分录 | 生成方式、凭证处理 |
| 稽核管理 | 可由会计凭证反向追查各项交易号资料,对于已自动开立凭证的变动单据予以记录,避免重复生成凭证,生成凭证后,原始单据将无法修改,避免凭证与来源资料不一致 |

　　应收管理可以进一步细分为结账方式、开账单及发票、发票管理、销货退回及折让、预收款、支持多种收款方式、冲账、催收账款和管理报表等功能类别,这些功能类别的详细描述如表 8-18 所示。

表 8-18　应收管理的功能类别和描述

| 类　别 | 功 能 描 述 |
|---|---|
| 结账方式 | 账款对象可与销售对象不同,可按企业统一的月度结账日,可按客户设置每月结账日,根据客户信用度分析是否允许赊账 |
| 开账单及发票 | 可由订单销货系统自动转出结账单,可以输入非销售系统产生的其他收入,可指定销货税率并自动计算税额,可依据付款条件自动推算预计收款日 |
| 发票管理 | 使用者可选择发货的同时开具发票或将销货单与发票分开开具,提供多张销货单联合开具一张发票,提供一张销货单可开具多张发票,提供更换发票功能,可与国家规定的增值税专用发票防伪税控系统结合 |
| 销货退回与折让 | 可选择由销货退回资料自动生成销货退回单,提供销货折让功能 |

| 类　别 | 功　能　描　述 |
|---|---|
| 销货退回与折让 | 可选择由销货退回资料自动生成销货退回单,提供销货折让功能 |
| 预收款 | 提供预收款功能 |
| 支持多种收款方式 | 现金、票据和外币 |
| 冲账 | 收款冲账时可自动寻找所有可充抵的应收款,冲销时可以处理折旧,提供分批收款功能以及应收应付款项可互相冲销 |
| 催收账款 | 允许使用者定义账龄区间,提供客户对账单 |
| 管理报表 | 提供客户账款明细表、超期应收账款资料、信用额度余额检查表 |

应付账款管理功能可以进一步细分为应付票据、账款管理、付款冲账管理、台账管理、采购结算和报表管理等功能类别,这些功能类别的详细描述如表 8-19 所示。

表 8-19　应付账款管理的功能类别和描述

| 类　别 | 功　能　描　述 |
|---|---|
| 应付单据 | 采购专用发票录入、采购普通发票录入和费用发票录入 |
| 账款管理 | 灵活设置结账方式,形成应付账款 |
| 付款冲账管理 | 预付款管理、支持多种付款方式、退款处理和冲账管理 |
| 台账管理 | 按部门或按往来户列示,反映期初、本期发生和期末数,查询各个核算期 |
| 采购结算 | 发票与入库单进行勾对 |
| 报表管理 | 依供应商列出应付账款明细表,提供账龄分析报表 |

固定资产管理可以进一步细分为资产购入、基本资料、资产变动、折旧管理、资产预算与计划、资产盘点和报表管理等多个功能类别,这些功能类别的详细描述如表 8-20 所示。

表 8-20　固定资产管理的功能类别和描述

| 类　别 | 功　能　描　述 |
|---|---|
| 资产购入 | 提供资产请购功能,提供资产采购功能,可将资产采购验收资料自动添加至固定资产中,可在资产主数据记录相关采购发票号码及会计凭证信息,以及从企业内部领用商品作为固定资产时要能结算内部价格 |
| 基本资料 | 可定义资产的分类,进行差异化管理;可记录资产的保管单位、保管人员和保管地点;同一批购入的资产可以编相同的资产编码;税法没有规定必须计提折旧的资产,亦可纳入管理;提供资产主件附件的区分管理 |
| 资产变动 | 资产改良管理、资产重估管理、资产报废管理、资产出售管理、资产转移管理、资产送修管理、资产外借管理和资产投保管理 |
| 折旧管理 | 折旧方法设置(年限平均法、工作量法和加速折旧法,可设置第二、第三折旧方式,可自行定义折旧方式),提列折旧、折旧额分摊 |
| 资产预算与计划 | 针对部门、项目和企业,按一定年度制定资产采购、使用预算,根据预算制定哪个部门在哪个时间进行何种资产采购的计划 |
| 资产盘点 | 盘点资料(资产类别、保管单位和购入期间等),提供盘点卡或盘点清单以及盘点差异分析表 |
| 报表管理 | 提供资产清册,提供资产购入清册,提供资产明细账,提供资产保管单位清单、折旧明细表以及计划预算与实际值的比较 |

# 8.2 权威机构对 ERP 系统功能模块的认识

除了前面介绍的 SJ/T11293-2003 标准之外，我国还有许多权威机构对 ERP 系统的功能提出了自己的看法。这些权威机构包括国家制造业信息化工程办公室、CIMS 主题和 863 计划等。这些机构从不同的角度提出了对 ERP 系统功能模块的要求。需要注意的是，不同观点的 ERP 系统功能有很大的不同，并且许多术语的用法也不尽相同。下面详细介绍这些机构提出的 ERP 系统功能观点。

## 8.2.1 5 功能域观点

国家制造业信息化工程办公室提出了制造业信息化建设的一些具体要求。在 ERP 系统方面，该办公室认为至少应该具有 5 个功能域、23 个功能模块，其功能框架图如图 8-2 所示。此观点表达了 ERP 系统应该具备的最低功能要求，因为它没有涉及 ERP 系统的环境要求和经营决策要求等。

| 生产管理 | 采购管理 | 销售管理 | 库存管理 | 财务管理 |
|---|---|---|---|---|
| 基础数据<br>MPS<br>MRP<br>生产订单管理<br>生产作业管理<br>生产工序管理 | 采购计划管理<br>供应商信息管理<br>采购订单管理 | 销售计划管理<br>销售合同管理<br>销售客户管理 | 入库管理<br>出库管理<br>盘点与结转<br>库存分析<br>库存查询 | 总账管理<br>应收账管理<br>应付账管理<br>成本核算<br>固定资产管理<br>财务报表 |

图 8-2　5 功能域观点的功能框架图

生产管理功能域主要涉及生产基础数据、主生产计划和物料需求计划等内容，包括 6 个功能模块，这些功能模块的详细描述如表 8-21 所示。

表 8-21　生产管理的功能模块描述

| 功 能 模 块 | 功 能 描 述 |
|---|---|
| 基础数据 | BOM 管理、工艺路线管理、工时数据管理、用户权限管理和数据备份与恢复 |
| MPS | MPS 的编制、调整，能力需求计划的计算、能力负荷计算和粗能力资源平衡，MPS 的反馈与查询 |
| MRP | MRP 自动生成、编制和调整(顺排或倒排 MRP)，MRP 的可行性和平衡分析，MRP 和计划生产订单的查询，计划生产订单确认、计划请购单确认和拖期订单报告 |
| 生产订单管理 | 生产订单维护、查询，生产订单物料清单维护，生产订单缺料报告 |
| 生产作业管理 | 生产作业计划的编制、维护，调度计划编制、维护，生产作业计划查询，调度计划查询，生产作业计划统计等 |
| 生产工序管理 | 工序转移、起停和完工处理，工序异常处理及报告，包括拖期报告、返工报告、废品报告和停工报告等 |

采购管理领域涉及采购管理、供应商管理等内容，其主要的功能模块包括采购计划管理、供应商信息管理和采购订单管理等，这些功能模块的详细描述如表 8-22 所示。

表 8-22　采购管理的功能模块描述

| 功 能 模 块 | 功 能 描 述 |
| --- | --- |
| 采购计划管理 | 采购计划编制、维护，请购单管理 |
| 供应商信息管理 | 供应商信息定义、维护和查询 |
| 采购订单管理 | 供货信息管理，采购订单维护，到货、退货处理，采购订单统计、查询 |

销售管理领域主要包括销售计划管理、销售合同管理和销售客户管理等功能模块，这些功能模块的详细描述如表 8-23 所示。

表 8-23　销售管理的功能模块描述

| 功 能 模 块 | 功 能 描 述 |
| --- | --- |
| 销售计划管理 | 销售计划(年计划、月计划)的编制、维护，部门销售计划和销售人员销售计划的编制、维护，销售报价管理，销售定价管理 |
| 销售合同管理 | 销售合同的编制、维护，合同的发货、退货和结账管理，销售明细账查询、合同的执行情况和拖期情况查询等 |
| 销售客户管理 | 客户信息的收集、分类，客户信息分析、查询 |

库存管理领域主要涉及物料的库存管理和分析内容，具体包括入库管理、出库管理、盘点与结转、库存分析和库存查询等功能模块，这些功能模块的详细描述如表 8-24 所示。

表 8-24　库存管理的功能模块描述

| 功 能 模 块 | 功 能 描 述 |
| --- | --- |
| 入库管理 | 库存属性设置，采购入库管理、生产入库管理和其他入库管理 |
| 出库管理 | 生产出库管理、销售出库管理和其他出库管理 |
| 盘点与结转 | 库存盘点、库存结转 |
| 库存分析 | 库存变动情况分析、库存分类分析，库存预警包括库存超期报警、库存超限报警和库存进价超限报警等 |
| 库存查询 | 库存报表查询、出入库查询和库存情况查询 |

财务管理领域主要涉及总账管理、应收账管理、应付账管理、成本核算、固定资产管理和财务报表等功能模块，这些功能模块的详细描述如表 8-25 所示。

表 8-25　财务管理的功能模块描述

| 功 能 模 块 | 功 能 描 述 |
| --- | --- |
| 总账管理 | 记账凭证输入和登记，日记账、明细账、总分类账和其他报表编制 |
| 应收账管理 | 应收款管理、欠款客户管理、发票管理 |
| 应付账管理 | 应付款管理、发票管理、支票管理 |
| 成本核算 | 成本基础数据、成本计算、成本分析 |
| 固定资产管理 | 固定资产设置、固定资产科目、固定资产变动处理、固定资产折旧、固定资产查询 |
| 财务报表 | 损益表、资产负债表和现金流量表等 |

## 8.2.2　18 功能模块观点

CIM(计算机集成制造)表现了组织现代化生产的一种指导思想，CIMS(计算机集成制造系统)是这种指导思想的具体实现形式。经营管理系统是 CIMS 中的重要组成部分。一般认为，在 CIMS 中，经营管理系统包括 18 个功能模块，这些功能模块之间的关系如图 8-3 所示。

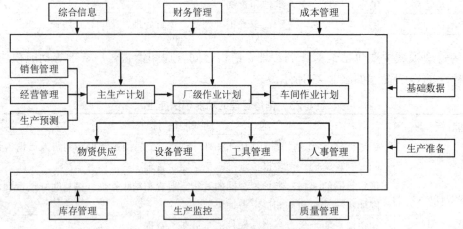

图 8-3　18 功能模块观点的功能框架图

在如图 8-3 所示的功能框架中，经营管理模块的作用是：根据外部市场数据、生产销售历史数据、同行业及相关行业的现状和发展数据以及企业内部的资源和生产技术数据等，确定企业的经营方针、目标和经营计划，制订生产计划大纲、进行产品报价等。

生产预测模块通过企业内部、外部市场和社会等各种相关资料，选择适当的预测方法，进行数据处理和分析，对产品需求、生产能力和工厂消耗品需求量进行预测。

销售管理模块对销售计划、销售合同和售后服务等进行全过程管理，主要功能包括编制销售计划、销售合同台账的维护、销售合同的统计和分类查询。销售合同监督执行包括合同执行情况检查、报告打印、合同拖期报告和客户拖欠款报告等。销售分析包括合同完成情况报告、客户订单统计报告、产品流向报告、销售成果报告、产品历年销售增长率和重点客户订货增长率等报告。客户档案管理包括客户基本情况、客户函件信息、客户档案资料、客户订单资料和售后服务情况等。

主生产计划模块根据企业的经营计划、生产计划大纲、销售计划以及生产预测来编制，其主要功能包括主生产计划的编制和维护、生产资源计划的编制及平衡核算以及企业主要的经济指标核算，并且模拟不同的主生产计划对生产资源和经济指标的影响，以便选择最佳生产方案。

厂级作业计划模块根据主生产计划、库存信息和生产技术数据来编制，以便缩短生产周期、减少在制品库存和外购件的库存，在规定的时间内，根据需要的数量，供给需要的部门。该模块的主要功能包括生成各生产车间的周生产作业计划、外购计划和外协计划，生成能力需求计划并进行能力平衡核算，产生计划例外信息，支持各种批量政策，具有原始需求追踪的功能，支持成组工艺、柔性制造和传统机群式的生产组织方式。

车间作业计划模块根据主生产计划和生产技术数据进行编制，并且按作业优先级合理地分配给每个工作中心或设备，具体功能包括车间作业计划编制和维护、短期能力平衡、车间任务下达并维护库存已分配量和可用库存、打印加工路线单以及装配分检单，并进行成套缺件分析。

生产监控模块的作用是实现均衡生产，避免停工待料和任务拖期，实施车间数据的采集，进行生产统计。具体功能包括监督车间在制品任务的执行、打印任务拖期报告、完工任务处理、工序进度报告、在线数据采集以及车间作业统计等。

库存管理模块用于对各种库存物料进行管理，进行库存资金占用和超储积压的分析，有效地控制库存资金，保证物料供应，为各级计划提供反馈信息。该模块的具体功能包括建立与维护库存主文件和流水账文件，库存单位换算，产生库存收、支、存的日、月、季和年报表，对独立需求的物料产生采购计划，库存资金占用分析、成套缺件分析和超储积压分析，清仓盘库处理，出库、入库操作，支持与自动化立体仓库的联机处理，支持同一物品在不同仓库、多货位存放等。

物资供应模块根据生产需求，按时、按质和按量组织物资供应，以最小的物资储备满足最佳的供货状态，避免造成物资积压和短缺，保证生产活动正常进行。具体地说，该模块的主要功能包括编制物资供应计划并进行平衡核算、物资供应合同的建立与维护、非生产用料维护、合同统计分析，物资在运、待检管理、合同执行监督和合同交货拖期报告，按各种分类方法查询并打印采购合同，维护供应商档案等。

设备管理模块用于对企业内部设备档案、运行状态、能力数据和维修计划进行维护，生成各种设备统计分析报告，为各级生产计划提供依据。该模块的具体功能包括设备台账管理、分类设备的查询与打印和设备能力数据维护，设备运行统计、设备利用率统计、设备完好状况统计和设备维修费用统计，设备维修计划的编制、设备预防性维修计划的编制和设备备件库存管理等。

工具管理模块用于对生产中的通用工具、刀具和专用工装进行管理，包括计划、采购、管理和维修等。该模块的详细功能包括工具库存管理、工装需求计划编制、工装消耗定额及工装寿命数据维护以及工装维修和报废处理等。

人事管理模块用于负责管理企业内部的全体员工，具体功能包括员工基本信息、人事档案管理，进行人才结构分析与预测，制订培训计划，根据生产计划大纲编制全员劳动计划、员工人数计划和工资总额计划等，进行人力资源的日常维护，进行劳动统计，产生各种人员报表和产生劳动统计报表等。

质量管理模块负责对生产过程中各阶段产品的质量进行统计和分析。质量管理对象包括原材料、外协件、在制品和产成品等。具体内容包括建立质量统计台账，产生各种质量分析统计报表等。

财务管理模块以价值的形式对企业的生产经营活动进行连续、全面和系统的核算，并根据核算资料进行分析，快速、准确地反映企业的经营状况，具体功能包括会计科目管理、财务管理，财务核算(固定资产核算、物料核算、销售核算、流动资金管理等)、固定资产管理和财务分析等。

成本管理模块用于及时、准确地计算产品计划成本与实际成本，进行成本分析，为制定销售价格提供可靠的依据，找出降低成本的途径，提高企业的经济效益。具体功能包括基本成本数据(包括产品物料实用量、物料差异率、差异分摊、质量成本和实际间接费用及分摊等)的维护、计划成本计算(包括产品物料定额成本计算、计划间接费用的分摊等)、实际成本核算和成本分析等。

　　基础数据模块负责对企业生产经营活动中的基础数据进行维护和集中管理，减少数据冗余，建立集中、统一和准确的企业技术与生产数据，支持各子系统的运行。该模块的详细功能包括基本数据(项目定义数据、产品结构数据、工艺路线及工时定额数据、工作中心数据、工装数据、产品结构单级多级展开、产品结构单级多级反查和产品物料消耗定额汇总等)的维护，数据合理性、完整性检查，产品结构复制和零部件成批替换功能，工程改变控制，工厂日常维护等。

　　综合信息模块以特定的模型和算法，将各子系统中的基本数据进行分析和处理，生成综合信息报告，以数字、文字、表格和图形等多种展示方式提供给各级管理人员，以便及时、准确地进行决策。该模块的主要功能包括企业基本情况查询、企业当前生产经营状况查询和生产过程中的各种问题查询等。

　　生产准备模块的主要任务是在制定新产品试制计划、主生产计划后，为保证这些计划的实现，对产品设计、工艺、工时、定额和工装等生产准备工作进行安排，并进行平衡核算、监督计划的执行。该模块主要采用网络计划方法，具体功能包括计算关键路径、查询和打印生产技术准备计划以及汇报生产技术准备计划进度等。

## 8.2.3　13 功能模块观点

　　ERP 系统的研究和开发曾经得到了我国 863 计划的支持。在"十五"期间，863 计划认为，新一代 ERP 软件的研究、开发及应用是软件专项重大应用共性软件与示范的重要内容之一，应将我国的制造业信息化重点行业和典型区域应用作为重点，在我国已有 ERP 工作及产业发展的基础上，结合我国的国情和先进的管理模式，采用先进的软件技术和平台，掌握 ERP 核心技术，研发出具有自主版权和知名品牌的新一代 ERP 系统。该系统应该具有通用、开放的特点，可以满足制造业信息化整体解决方案的集成化要求，支持网络化应用，具有新的系统结构，支持企业定制和快速实施。要在制造业信息化及企业管理现代化等方面大力推广应用 ERP 系统，加速 ERP 应用软件产业的发展，使我国自主版权的 ERP 软件产品在国内 ERP 市场上占据较大份额；通过 ERP 应用与我国操作系统、数据库和中间件等软件的捆绑和集成，推动我国软件产业的迅速发展，促进我国 ERP 及相关软件产业、咨询服务业的跨跃式发展。

　　在上述思想指导下，863 计划提出的新一代 ERP 系统至少包括 13 个功能模块，这些功能模块的框架如图 8-4 所示。

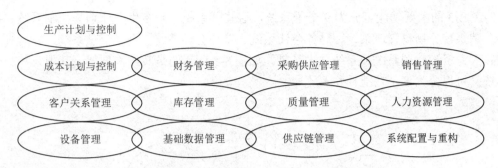

图 8-4　13 功能模块观点的功能框架

除了如图 8-4 所示的功能框架之外，863 计划还提出了其他一些具体的要求，其中，一些主要要求如下：

(1) 新一代 ERP 系统应体现适合中国国情的先进管理模式(提供管理模式对比分析报告)，并能够与企业建模和诊断工具集成，基于企业参考模型的重构与优化实现 ERP 系统的快速构建与动态重构。

(2) 新一代 ERP 系统应采用当前最先进的软件技术来实现，如软构件技术、中间件技术、Web 技术、J2EE 技术、XML 技术和 Web Service 技术等。

(3) 新一代 ERP 可以在 Windows NT/98/2000/XP、Linux 和 UNIX 等多种网络操作系统平台上运行，支持多种数据库管理系统，必须能在国产操作系统及国产数据库管理系统平台上运行。

(4) 新一代 ERP 系统应该是一个通用的、开放的平台，应能支持 ERP 应用的定制和快速实施，大幅度缩短 ERP 应用工程的实施周期。

(5) 结合制造业信息化应用示范工程，在大约 3 个左右典型行业和 20 家以上企业成功应用(为应用新一代 ERP 系统的企业，应该选取有代表性的大型企业)，取得显著的经济效益与社会效益。

# 8.3　国外典型的 ERP 系统

ERP 系统市场是一个竞争十分激烈的吉昌。从国外的 EPR 产品来看，SAP 公司和 Oracle 公司依然在 ERP 系统市场上处于领先地位。下面详细介绍 SAP 公司的 R/3 和 mySAP 系统的主要功能、Oracle 公司以及微软公司的 ERP 产品的功能及特点。

## 8.3.1　SAP 公司的 R/3 系统功能分析

SAP R/3 是当前世界上最有代表性的 ERP 系统。R/3 以模块化的形式提供了一整套业务措施，其功能强大而完善；模块之间有很好的集成性，流程可以重组和优化；R/3 可以灵活地裁剪，从而有效地满足各种特定行业的需要；R/3 具有开放性接口，可以将第三方软件产品有效地集成起来；支持多种语言，特别适用于跨国企业。正是因为 R/3 具有诸多优点，所以受到了世界上许多企业的青睐。据统计，世界 500 强企业中的 80%以上采用了 SAP 公司的 R/3 系统。

SAP R/3 的主要功能可分为 9 个子系统，这些子系统分别是生产计划与控制系统、销售和分销系统、物料管理系统、财务会计系统、管理会计系统、资产管理系统、质量管理系统、人力资源管理系统和系统技术基础，如图 8-5 所示的是其结构框架。其中，每一个子系统又可以分为多个功能模块。

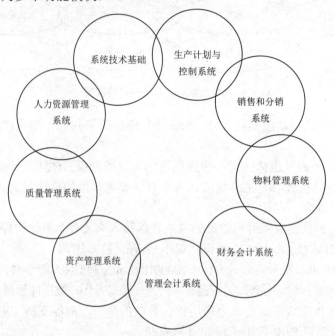

图 8-5　SAP R/3 的系统功能框架

### 1. 生产计划与控制系统

　　生产计划(production planning，PP)与控制系统是一个综合性的计划系统，包括制造执行系统的全部功能。它完整地集成各种应用领域的所有业务功能，支持客户订单快速处理。可以用 R/3 业务模型的组织实体同任何现有企业组织结构对应起来。R/3 支持跨越多个公司的事务处理，以及同一企业各组织实体之间的分销需求计划。生产计划与控制系统可以分为如图 8-6 所示的 7 个功能模块。下面详细介绍这些功能模块的特点。

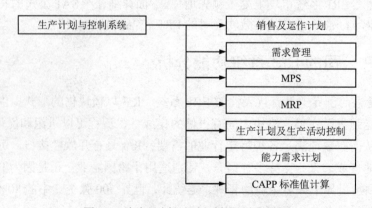

图 8-6　生产计划与控制系统的功能模块

销售和运作计划(sale and operation planning，SOP)是一个通用的计划和预测工具，可以用它来优化公司的业务，使公司的经营实现现代化管理。SOP 的集成功能使用户对公司的各项活动一目了然，可以汇总不同的内部和外部数据，作为设置现实经营目标的依据。SOP 的延展性使它适用于对任何逻辑数据进行高级的或详细的计划。弹性计划层次使得用户可以从几乎所有的组织单位(例如，销售组织、物料组、生产工厂和产品组等)的角度甚至整个企业的角度创建和查看数据。由于充分支持集中规划，SOP 适用于销售、生产、采购和库存管理等的中长期计划。

需求管理(demand management，DM)用于确定成品与重要部件的需求数量与交货日期。需求管理的结果就是所谓的需求大纲。为了创建需求大纲，必须首先定义用于计划某一产品的计划策略。该计划策略代表了用于计划与制造或者采购产品的不同生产方法。使用这些策略可以决定是否仅由销售订单来触发生产(定制)或者不由销售订单来触发生产(为库存生产)。如果需要，需求大纲中也可以既有销售订单也有库存订单。如果生产时间比标准的市场交货时间长，那么可以在任何销售订单存在之前生产成品或至少生产某些部件。在这种情况下，销售数量是预先计划好的(例如，在销售预测的指导下)。可以以计划的独立需求形式创建需求大纲。需求管理使用计划的独立需求，而客户需求是在销售订单管理中创建的。计划策略表示计划生产数量与日期的业务过程。在 SAP 系统中可以使用广泛的生产计划策略，范围从纯订货型生产到备货型生产。根据所选择的策略，可以使用销售订单或销售预测值来创建需求大纲，也可以选择把库存水平移至装配水平，以便由新接销售订单来触发最终装配。此外，也可以专门为装配执行需求管理。

MPS 和 MRP 用于定制可用能力和可产产品以满足需求数量。为了确保物料的可用量，为缓冲时间和安全库存指定了不同的数值，这不可避免地导致了高库存水平。尤其对于高价值的物料将会出现高仓储成本。为了降低这些高仓储成本并同时增加计划稳定性，成品计划和主部件应该很好地进行协调，因为这些产品的 MPS 对整个生产流程影响很大。相关零部件的计划依赖于成品的计划结果和主部件。成品级的频繁更改会引起完整计划运行不稳定。

MRP 的主要功能是保证物料的可用量，即为保证内部目的以及实现销售和分销的目的而采购或生产的数量。这个过程包含库存监控，特别是用于采购和生产的订货建议。在这个过程中，系统试图达到服务层次最优化与成本和资金占用最小化之间的平衡。

在一个公司内，内部作业通过订单被处理。一个生产订单指定何种物料将被生产、在何处生产以及使用什么作业并且应在什么日期完成。它指定在生产过程中需要的资源，以及订单成本如何被结算。来自计划层(MRP)的计划订单或内部请求一旦存在，生产作业控制就把特定订单的数据(比如日期和数量)加入已存在的信息中。生产订单被用于控制和监控工厂中的生产，作为成本会计的成本控制指令。

利用 R/3 系统，在工作中心中使用能力类别定义可用能力。当在人力计划和发展中计划人力时，可以计划到单独的人。根据定义的工作中心的不同，也可以定义下列能力类别：在工厂车间中的一台单独机器、操作一条生产线的一组人员、在工厂维护中的一个维护工作中心和项目系统中的工程师组等。订单是能力计划的核心。订单产生需求的同时产生它们被处理的资源的负载。在 SAP 系统中订单包括物料需求计划中的计划订单、工厂车间控制中的生产订单以及工厂维护中的工厂维护订单。订单提供排产的基本数据，订单中工序中的标准值和数量形成了排产和计算能力需求的基础。通过 R/3 系统能力评估，可以确定可用能力、能力需求，且把可用能力和能力需求加以比较。可以通过 R/3 能力均衡来调整工作中心中的不足和过载能力，以实现最佳的机器和生产线的执行和合适资源的选择。

计算机辅助工艺计划(computer aided process planning，CAPP)标准值的计算为确定工艺路线中的标准值提供了支持。这些标准值是利用执行工序的工作中心所允许的加工方法或工艺来计算的。在 SAP 系统中，这些标准值用于下列计算中：计划、能力计划和成本核算。在计划中，利用一个工艺路线中的一个工序中的标准值和数量来确定该工序的执行日期；在能力计划中，利用一个工序中的标准值和数量来确定执行该工序的能力需求；再将这些需求与工作中心所定义的可用能力进行比较。

### 2. 销售和分销系统

销售和分销系统(sale and distribution，SD)是一种处理过程驱动的应用系统，全面集成于 R/3 系统中。具有多企业、多语种以及多种货币的销售订单处理功能。SD 的定价灵活性和完备性很强。订单状况/顾客服务查询使得操作人员很方便地从系统中获得有关订单情况的大量信息，并用图表一目了然地表示订单的进度。R/3 订单输入允许利用客户的产品号码(而非自己的产品号码)进入一个客户订单。大量的订单输入功能允许像处理一份简单文件那样记录最大的销售订单，与此同时，在那个订单内仍可以快速地移到一个客户部件号码或一种专用产品号码的登记中。SD 中的折扣处理提供了多样选择，包括基于产品、产品组、客户及购买群体的折扣。R/3 的销售信息系统允许收集、合并和使用销售与分销活动中任何类型的数据。SD 中的服务包含一整套客户服务功能，包括呼叫管理、担保管理和服务合同处理等；它还包含出租或采购设备的维护和修理合同，并允许记录全过程，确保即时的服务响应和准确无误地开票。具体地说，SD 可以分为如图 8-7 所示的 10 个功能模块。下面详细介绍这些功能模块的功能。

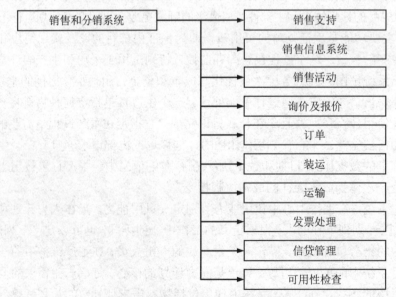

图 8-7　销售和分销系统的功能模块

销售支持模块可帮助销售和市场部门在对现有的客户提供支持的同时发展新的业务。销售支持将提供一个环境，使得所有的销售人员，包括现场销售人员和办事处的员工，都能提供和存取有关的客户、潜在客户、竞争对手及其产品和联系人等方面的有价值的信息。销售支持为客户服务和销售及市场人员的商业活动提供了工具和处理手段。该模块紧密地与 SD 的销售、发货和开票功能连接在一起，用于提供日常商业事务的附加的必要手段。销售支持使售前功能得以简化和自动化，使人们摆脱了重要的但很繁重的日常工作。

SD 的最重要工具之一就是销售信息系统。这个实时数据的共用库能方便地使操作人员为客户提供更加完善的服务。精确而实时的数据也意味着商业活动在效益上将有显著的提高。在 SD 中所有的销售、发货和开票处理提供的信息将通过中央销售信息系统输入到销售支持中。这将包括销售的一览表和销售订单的统计资料。销售信息系统具有广泛地用于制定有关销售信息的报表功能。这些报表能协助制定销售和商贸战略，并进一步分析计划的结果。例如，通过销售处和销售组可以制定出一个有关收到的订单的详细报表，并能够检查各个销售订单的历史。

任何企业的销售部门都要开展广泛的销售活动，而每一项活动都包含了大量自身的各种变化因素。这些活动包括从处理报价申请、报价单和销售订单到定价、信贷和产品可用性。这项工作中的任何一步稍有疏忽都可能造成订单丧失，甚至损害与良好客户的关系。最好的情形是，上面提到的所有的活动，甚至更多的活动都平稳进展：一个过程衔接着下一个过程，数据输入减至最少而误差则被消除。在销售中，可以通过销售处理功能模块来实现这些过程。在 R/3 中，销售处理模块可以提供询价、报价以及销售订单的处理和监控，广泛的复制功能可以将在订单输入中的误差和重复劳动减至最少，客户定义的凭证类型用于确定所有的销售订单、可用性检查、交货计划、发货点和路线，包括本国和外国货币税金确定在内的定价和客户信贷检查等。

询价和报价文件是关键的售前作业的指导性文件，并且还提供业务信息的资料库。当客户需要有关产品和服务的信息时，可以使用系统中的询价功能。这些文件提供有关潜在客户的重要信息。当销售开始时，可以快速地从询价或报价文件中取出信息并简单地输入到销售文件中。同时，SD 还包括了许多用于管理和监控这些文件的功能，可以分析销售之前的文件，以便衡量市场的动向，分析丧失销售的原因，以及建立用于计划和战略的基础。SD 提供了用于查阅系统中询价和报价的分析工具。应用选择标准可以随时获得感兴趣的信息。

SD 可以帮助操作人员处理不同的销售订单，这主要取决于特殊的需求。在一个屏幕上输入带有许多项目的销售订单，或利用一份扩展的订单视图来设置一项复杂的订单时，这些功能非常方便。SD 提供了加速订单输入过程的几种工具，包括复制功能、产品建议以及面向客户的订单管理等。

装运是供应链中的基本环节。装运部门的主要任务是确保对用户服务和保障分销资源计划。装运成本是后勤成本的主要部分。所以，靠 SAP 提供的灵活装运处理，可以提高总的成本效益，以便提高竞争力。在 SD 的装运处理中，有关正常交货过程的所有决策都可按如下事先安排：跟踪与用户的总协议，跟踪对物料的具体要求，然后对每一订单规定条件。这样可以使得装运过程合理化，并且可以自动实现。

运输是供应链中的一个基本要素。为确保产品装运按计划准时发放到客户所在地,有效的运输计划是必需的。运输成本在决定一个产品价格时起着相当大的作用。为保持产品的价格竞争优势,降低运输成本非常重要。有效的运输计划并及时处理能使运输成本降低。运输模块的目标是为运输提供基本功能,其功能包括运输计划和处理、运费计算、运费结算、客户运费计算、开出客户运费发票以及服务机构选择功能等。

出具发票是销售和分销系统中最后的活动。它支持的功能包括根据货物和服务发出发票,根据相应的请求发出凭单、形式发票,取消出具发票事务,发出回扣以及传递过账数据到财务会计等。

R/3 系统提供了强有力的信贷管理环境。通过集成来自财务会计和销售与分销的最新信息能有效减少信贷风险,尽快解决信贷扣留(由于信贷原因而引起的凭证冻结),加快订单处理。信贷管理具有下列特点:根据信贷管理的需要,可以规定基于判据多样性的自动化信贷检查,还可以规定在销售和分销循环的哪些临界点应执行这些检查。关键性的信贷状况,可通过内部电子邮件自动通知有关信贷管理人员。信贷管理人员从而快速而准确地审查客户的信贷状况,并根据信贷政策决定是否延长信贷。

按时交货对客户是至关重要的,它甚至会影响客户决定是否购买产品或相关服务。因此,SD 在订单输入时自动地确定交付的进度。交货计划包括所有在货物发出前肯定要发生的活动。交货计划可以确定产品的可用日期和装载日期。当输入客户要求的交货日期时,SD 能计算出装运活动的日期。系统可以确定什么时候产品必须获得,什么时候进行分拣、装载以及制定运输的计划,用以满足客户要求的交货日期。运输计划要考虑到运送的时间和用于装运所需的运输提前期,如果涉及外国运输的情况甚至要着重考虑。SD 也考虑了工作日历,例如,在确定运输日期时,需要考虑到货运代理商和其他的合伙人。

### 3. 物料管理系统

采购为计划提供重要的交货情况和市场供应情况,并且控制采购物料从请购到收货、检验和入库的详细流程,当货物接收时,相关的采购单进行自动检查。通过对供应商的谈判和报价的管理和比较,对价格实行严格控制,以取得最佳的效益,对供应商和采购部门的绩效评估可以协助采购部门改善采购环节中尚待完善的地方,同时在采购和应付账款、收货和成本核算部门之间建立有意义的信息通信以保证企业的某一环节所提供的信息能在其他所有有关的环节中反映出来。通过建立和维护采购订单方式来实现采购合同跟踪,安排供应商交货进度和评价采购活动绩效等需求目标,从而提高采购活动的效率,降低采购成本。库存管理系统负责现有库存的管理,直至它们被消耗。其基本目标是帮助企业维护准确的库存数量。它应能支持各种物料库存状况、库存变化历史以及发展趋势的联机查询,并能从多层次去查看库存状况。此外,物料管理系统(material management,MM)能提供基本的库存分析报告,帮助评价库存管理的绩效。库房管理系统保证了库房物料最优的库存吞吐量。不同的盘点方法都可用于库存的清点,范围可以涵盖样品库存到连续库存。物料管理系统包括的 5 个功能模块如图 8-8 所示。下面详细介绍这些模块的特点。

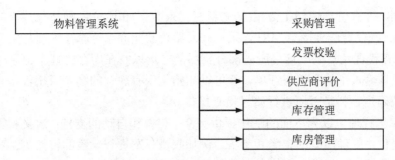

图 8-8　物料管理系统的功能框架

　　SAP 物料管理系统提供了强大和完善的采购管理模块功能，实现从确定采购需求、选择供应商、下达采购订单、追踪采购订单及催货、收货及发票校对以及付款等一系列涉及整个采购周期的所有活动。在物料管理系统中，可以为库存进行采购，也可以为直接消耗进行采购。同时可以选择不同的采购形式。采购管理模块支持使用一次性采购订单、使用具有后续发出核准订单的长期合同和使用长期计划协议和供货计划表这 3 种基本采购形式。可以在系统中建立和维护与采购有关的物料和供应商数据，从而加强对采购的控制及优化系统中的采购程序。这些主数据包括物料主数据、供应商主数据、采购信息记录、货源清单及配额的分配。物料主数据包括企业向外采购或内部生产的物料的详细信息。供应商主数据是关于外部供应商的信息。采购信息记录建立了物料和供应商之间的联系，方便选择报价的处理。货源清单规定了物料可能的供应来源，显示了可以从某一给定的供应商处订货物料的时间段。配额分配是根据配额，规定一定期间内物料总需求在特定的供应商之间如何进行分配。

　　发票校验提供物料管理部分和财务会计、成本控制和资产管理部分的连接。发票校验的目的是完成物料采购的全过程，物料采购从采购申请开始，接下来是采购和收货，并以收到发票而结束。它允许处理不基于物料采购的发票(例如，服务费、其他花费以及过程费用等)。它允许处理贷项凭证，既可以是发票的取消，也可以是打折扣。发票校验不是对支付进行处理，也不是对发票进行分析。这些需要处理的信息被传递到其他部门进行处理。

　　供应商评估功能可以优化采购操作，简化选择货源过程，不断跟踪和考察现有的供应关系。使用供应商评估模块能保证评估结果更客观，因为对所有供货商使用同一标准评估并由系统评分，尽量减少个人的主观印象影响。评分系统的分值为 1～100 分。供货商的表现用价格、质量、交货和服务 4 个主要标准度量。根据需要，最多可以定义 99 个评估标准。用户可以平衡每个标准在综合评估中的影响。每个主要标准可以分为几个子标准，以便进行更详细的评估。标准系统提供 5 个子标准，一般能满足评估目的。另外，用户最多可以自定义 20 个子标准。给子标准评分可用不同的方法：自动计算、半自动计算和手工输入。自动计算指的是分数根据系统中已有的数据确定。半自动计算指采购人员输入重要物料的分值，然后系统计算更高层的分数。手工计算指用户针对某个全局子标准输入某供货商的分数。

　　库存管理允许按数量和价值管理库存，计划、输入和检查物料移动，进行实地盘存。基于 MRP 确定的需求，物料从外部或内部采购。交货作为收货输入到库存管理中。在所有的业务期间，库存管理访问主数据(如物料主记录数据)和所有后勤部分共享的业务数据(如采购数据)。库存管理直接与 MRP、采购和发票校验相联系。库存管理与生产计划模块紧密相连：库存管理负责生产订单所需部分物料的待运以及在库存管理中记录仓库对产成品的接收。一旦输入了一个销售订单，就可以初始化现有库存的动态可用性检查。在物料移动中，系统确定物料是否应进行质量检查操作。

SAP 的库房管理可以为下面的工作提供灵活、有效和自动的支持：定义和管理仓库中的存储区和仓位；处理所有的记账和事务，例如收货、发货和一般的转储等；对库存的变动情况进行监测；按仓位进行存储；确保在存储管理系统中的记账与仓库中的实际库存情况一致；与材料管理系统、产品计划系统、质量管理系统和销售与分销系统的集成。

### 4. 财务会计系统

有效的、现代的财务会计系统必须满足企业内部的和法定的会计要求。SAP 公司保证其软件系统符合国际性应用的要求。在 SAP 系统中，发生的所有业务都将依据凭证的有关规定记账。这种规定将保证从资产负债表到每一张凭证的审计线索。在用户完成记账之后，即可看到凭证本身、科目的余额以及相关科目的清单。用户也可以立即对资产负债表和损益表进行分析。财务会计系统包括的 6 个功能模块其功能框架如图 8-9 所示。下面主要介绍总分类账管理、应付账款管理和应收账款管理等模块。

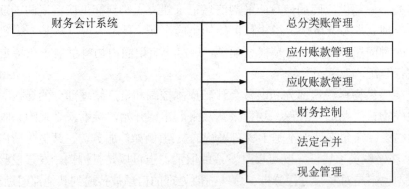

图 8-9　财务会计系统的功能框架

总分类账管理模块的中心任务是提供一个关于外部会计和所涉及科目的全景。总分类账会计核算所使用的会计科目表既可以用于单个公司，也可以用于整个集团公司。为了满足许多国家对货币的法规的要求，SAP 系统允许用户同时用多达 3 种货币作为记账和结算的本位币。所有的业务处理均能以记账本位币、集团公司货币以及客户自定义的硬通货记入账本。除了能够将后勤子系统与财会子系统集成之外，在财会系统内，总分类账同样能够与明细分类账紧密连接。所有与明细分类账中借方和贷方科目(包括固定资产模块)有关的业务，均会同时反映到总分类账和财务报表中。因此，明细分类账与总分类账之间总是一致的。

应付账款管理模块对所有供应商的财会数据进行管理。它是与采购模块集成的一个不可分割的部分：为每个供应商记录交货和发票。应付账款把发票数据提供给现金管理和预测模块以优化周转计划。如果有必要，用户可以对未兑现的应付账催款。催款程序支持此功能。用户可以对余额进行确认，对账单和与供应商的其他信函格式进行格式化以满足不同的要求。为了能够在应付账款上记录业务，系统可以产生余额清单、日记账、余额审记索引和其他内部评估。系统提供了供应商主记录、记账凭证、跨公司代码业务、处理凭证、供应商账户余额和未清/已清行项目、收付通知书、结算未清项目、定金、应付汇票、保证金、收付程序、支票管理和预制凭证等功能。

应收账款管理模块是对客户账户进行监测与控制的模块。在此模块中，账户分析、预警报告、逾期清单以及灵活的催款功能，都可以使用户能够方便地处理客户未清项。而信函功能适合任何企业的要求，可以用于付款通知书、对账单和账户清单。在收款时，用户既可以用简便的直接输入方式，也可以使用自动数据传输方式。销售与分销模块、现金管理模块以及在损益表中的客户特定的功能之间的预留接口，可以为所有业务处理提供更多的信息。此外，SAP 的信贷管理、流动资金计划以及利润核算功能也能提供实时的和一致化的数据。系统提供了客户主记录、记账凭证、跨公司代码业务、处理凭证、客户账户余额和未清/已清行项目、结算未清项目、定金、应收汇票、担保、信用管理、预制凭证和催款程序等功能。

### 5. 管理会计系统

所有的管理会计应用程序共享同样的数据源并使用一个标准化的报告系统。该系统包容各个国家的具体要求，这种能力意味着能适合于控制跨国的业务活动。R/3 的管理会计系统使用户能够密切地监控所有成本、收入、资源及期限，对计划成本与实际成本进行全面的比较。管理会计数据被完全集成到 R/3 的后勤、销售和财务会计的业务活动中。管理会计系统包括的 7 个功能模块如图 8-10 所示。下面介绍部分功能模块的特点。

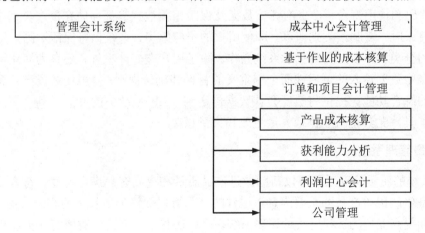

图 8-10　管理会计系统的功能框架

成本中心会计管理帮助用户确定在企业的何处生成何种成本，并将成本分配给产生该成本的部门。此类型的记录和分配不仅能够进行成本控制，也能作为其他管理会计核算部门(例如，成本对象控制)的核算基础。

作业成本法(activity-based cost，ABC)是一种测定业务过程和成本对象的成本完成量的方法。ABC 根据业务处理过程中使用资源的情况来分配成本。业务处理过程中发生的成本根据这些过程的使用情况来分配到成本对象中，例如，产品、服务、顾客及订单等。

在管理过程中必须单独监控的大量投资支出测算可以用内部订单或项目的方式来表示。 SAP 订单和项目会计管理系统的功能可用于各种投资支出测算，这些功能包括资源与成本计划功能，可与用户的材料管理与生产能力计划系统全面集成。广泛的选项功能用于监控实际成本、计划成本、原价及次级成本。未清项目管理功能用于管理采购订单、采购需求、材料及资金储备等。

产品成本核算支持下列成本会计核算程序：一般附加费、统计标准成本核算和基于边际成本的灵活的标准成本核算。此外，该模块也为无形产品和服务生产中的产品成本管理会计提供一个简单的成本评估程序。

利润中心会计支持面向销售的销售成本会计方法和基于期间会计方法的分析。利润中心会计的主要目的是确定利润中心的经营利润。该模块可以按期间会计方法和销售成本会计方法反映利润。

### 6. 资产管理系统

R/3 的资产管理系统使用户能够以电子形式监控固定资产和物料。它与 R/3 的会计系统等相集成，提供大量的功能用于控制并使用公司的资产。该系统提供了灵活的功能使用户能够对资产进行不同方式的折旧、估算利息以及保险金方面的处理。同样，用户也可以在内部分析时选择不同的指标和顺序来处理报表功能。用户自定义的对资产价值的评估模拟优化了用户的计划处理。这种模拟的功能为用户提供了对资产价值的不同视角，并且能处理计划值和实际的投资。资产分类支持固定资产的结构和分类。重要的默认值如分类标准、折旧代码和使用寿命、净资产评估数据及保险相关数据等都存储在资产类别中。需要编制资产目录时，复制该类别即可。即使用户的资产繁多，系统仍可保证对固定资产进行完整清晰的分类。许多工具简化了系统操作。除了用户友好环境外，还有为简化资产记录和增加记账中数据输入的可靠性而个别定义的替换和确认规则；模拟任意资产信息系统报表中折旧的综合功能；提供将资产会计数据传送到 SAP 系统中的灵活工具；提供大量处理数据的工具，尤其是用于执行大量更改和大量报废。

### 7. 质量管理系统

R/3 系统的质量管理系统可以帮助改进产品质量和提高客户满意程度。符合质量管理标准要求是生产优质产品的重要因素，这样的产品可以促进形成长久的客户/供应商关系，降低费用和提高竞争力。利用质量管理系统，可以在整个供应链中对所有业务流程实现质量管理。质量管理系统的主要功能包括质量计划、检验采购品质量、质量检验记录、质量通知单、质量证书以及质量控制等内容。如图 8-11 所示的是质量管理系统的功能框架。

全公司范围的质量计划可以减轻质量监管作业的负荷。集中组织质量计划活动，可以确保符合对质量管理的各种质量要求，检验方法和质量指标都可以存档和更新。

利用质量管理系统，预设的控制数据可以决定哪些物料需要检验，并将待检品存货类型入账。这种情形适用于来料检验、产成品检验和各种不同样品检验等场合。这样就保证了只有符合预先定义质量要求的产品才可以被放行以进行进一步的业务处理。采购部门可以获得供应商的最新质量评分，以及用于报价申请和采购订单的相关质量数据。

在 R/3 系统中,检验作业通过检验批号和相应检验结果进行存档。当记录检验结果时,可以有若干选择,既可以直接在 R/3 系统中输入检验结果;也可以通过将测量设备与 R/3 系统相连来传送检验结果;还可以通过将检验指标传递到带标准接口的子系统中,并利用这同一接口检索以获得检验结果。

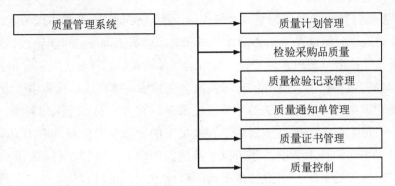

图 8-11　质量管理系统的功能框架

质量控制功能提供了一种监督、控制和改变作业流程的手段。R/3 系统支持以此为目的对质量控制图的应用。

质量通知单提供一种灵活而有效的手段来解决产品和服务的质量问题。可以利用质量通知单来处理对供应商的投诉、内部质量问题报告和客户立案诉。

可以定义纠错行动(作业),分配作业给负责人员和将处理活动同 SAP 业务工作流模块连接起来,以便迅速解决问题。通过同 R/3 系统管理会计系统的集成,可以很容易地区分处理一个质量通知单过程中所有发生的成本,最后还可以在因特网上生成质量通知单,以便允许客户直接介入质量问题管理过程。

除了伴随货品交运到客户的发货单据之外,供应商可以同时提交一份质量证书,以便证实交运产品的质量。除了打印出质量证书的硬拷贝方法之外,也可以通过传真直接从系统发送质量证书,还可以通过因特网检索交运货品的质量证书。

### 8. 人力资源管理系统

SAP R/3 的人力资源管理系统为企业的人力资源决策提供全方位的解决方案。这些领域包括人力资源规划、人事管理、时间管理、人事考勤管理、招聘管理、员工薪酬管理、培训计划以及差旅管理等。

在现代企业管理中,为了应付频繁的企业重组及人事变动,企业的管理者可以运用 SAP R/3 的人力资源系统编制本企业的组织结构和人员结构规划方案,通过各种方案在系统中的比较模拟评估,产生各种方案的结果数据,并通过直观的图形用户界面,为管理者最终决策提供辅助支持。除此之外,人力资源规划还可制定职务模型包括职位要求、升迁路径和培训计划,根据担任该职位员工的资格和条件,系统会提出针对本员工的一系列培训建议,一旦机构改组或职位变动,系统会提出一系列的职位变动和升迁建议。

在人事管理方面,人力资源系统的雇员主数据具有广泛的适应性,无论是数万员工的跨国公司还是只有几百人的小企业，SAP R/3 都可以将满足各个国家和地区特殊要求，将雇员主数据集中存储在一个系统中。用户还可以根据需要增加信息类型。一些重要文件和照片可以通过 SAP 的文档连接扫描进入系统。强大的报表功能可以按照用户的各种需要，选择不同的报表格式输出。

SAP R/3 系统将时间管理作为整体系统中的一个组成部分。根据本国或当地的日历，灵活安排企业的运作时间以及劳动力的作息时间表；对员工加班、作业轮班、员工假期以及员工作业顶替等做出一套周密的安排；运用远端考勤系统，将员工的实际出勤情况记录到主系统中；与员工薪酬、奖金有关的时间数据会在薪酬系统和成本核算中作进一步处理。

人事考勤管理是人力资源系统的主要组成部分。它分为员工个人资料和出勤考核管理两个部分。"员工个人资料"主要用于管理员工的一些个人资料。它不但可以快速、清楚地了解员工当前的基本情况，还可以了解他们的成长；支持多种职称类别并存，可以更合理地管理公司的员工；引进技术等级的管理方式，可以量化员工的工作能力，有效地提供员工能力相关报表。出勤考核管理部分主要用来管理员工日常上下班的考勤状况，并提供日明细和月/年汇总资料。考勤区间的设置可以按照公司需要安排公司的考勤时间；各种单据的管理，可以对以往的事情有据可查。在"人事考勤"管理组件中，系统不仅可以记录所有操作的数据，而且可以记录所有操作的日志，并按照规定的有效期对日志进行管理。

薪酬政策是公司发展战略的一个重要组成部分。SAP R/3 提供的薪酬管理系统能够根据公司跨地区、跨部门、跨工种的不同薪酬结构及处理流程，制定与之相适应的薪酬核算方法，并与时间管理直接集成，减少了人工介入，消除了接口中存在的问题。具有自动提供工资的各项扣减、员工贷款等功能。薪酬系统还具有强大的回算功能，当薪酬核算过程结束以后，员工的有关上一薪酬核算期的主数据发生变化，在下一薪酬核算期内，回算功能自动触发，并进行修正。

成熟的 Internet/Intranet 技术使得每一位雇员甚至求职者可以加入到 SAP R/3 系统中来。在人员招聘方面，企业可以通过 Internet 向外界发布招聘信息，应聘者可以根据兴趣选择空缺职位，输入必要的应聘者信息。应聘者申请一经成立，申请人就获得一个个人编号和密码。申请者可以追踪求职申请状况，查询应聘的处理进度。

在内部管理方面，Intranet 使员工交流更加方便，他们能够查询其他员工的电话号码、传真号码、房间号码、同事照片和地址。员工可以通过 Intranet 随时查询有关他本人的工时出勤记录、工资情况、差旅申请及费用。通过这种自助式服务，雇员甚至可以修改自己的数据，这就意味着人事部门从繁重、耗时的工作中解放出来，可以把精力集中到更高层的政策性工作中去。

### 9. 系统技术基础

系统技术基础可以分为在线帮助、多语言支持和工作流 3 个模块。在线帮助功能为用户提供了使用 R/3 的详细的帮助信息。它采用了超文本链接等技术，用户可以方便地浏览搜寻所需信息。用户可以以多种不同方式获得帮助。SAP R/3 是一个真正国际化的大型应用软件，提供了强大的多国语言及多国货币支持功能。SAP R/3 提供了强大实用的工作流解决方案。对于业务作业流程的灵活设计和持续有效的管理控制是 R/3 应用软件的基本特征，因而一些基本的业务作业流程管理功能已经内置于 R/3 系统的底层应用模块中。也就是说，R/3 提供了跨越不同应用模块的更高层次的工作流管理能力。

## 8.3.2　SAP 公司 mySAP ERP 系统功能分析

2005 年，SAP 公司发布了用来替代 R/3 系统的 mySAP ERP 系统。mySAP ERP 系统是目前广泛使用的 ERP 系统。mySAP ERP 系统具有自助服务、分析、财务、人力资本管理、运营和企业服务功能。此外，还包括对诸如用户管理、配置管理、集中数据管理和 Web 服务管理等系统管理问题的支持。以上功能都是基于 SAP NetWeaver 技术平台开发的。一般情况下，mySAP ERP 系统由 4 个系统组成，即财务系统(分析、财务管理)、人力资本系统、运营管理系统(采购和物流支持、产品开发和制造、销售和服务)以及公司服务系统，如图 8-12 所示的是其系统架构示意图。

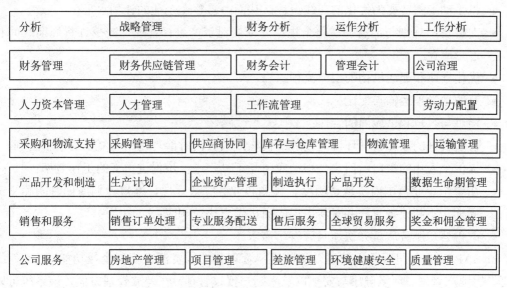

图 8-12　mySAP ERP 系统架构示意图

mySAP ERP 财务系统为众多行业提供了财务解决方案，是面向会计、财务报告、业绩管理和企业管理的企业软件解决方案。其具体功能如下：

- 在会计、报告、分析、企业管理、财务供应链和财产管理方面具有强大的功能；
- 全面支持不同行业流程；
- 面向跨国组织或国际化公司设计的可升级技术架构；
- 对当地市场要求、语言和通货的支持；
- 对所有财务流程和交易的内部控制与存档功能；

- 高级的财务与管理报告功能；
- 开放的集成平台，将财务管理解决方案与当前业务系统或应用连接起来。

使用 mySAP ERP 人力资本管理(Human Capital Management，HCM)，可以充分发挥每位员工的作用，并将员工的技能、行为和激励与业务目标和战略看齐。mySAP ERP HCM 提供了对个人和团队贡献进行管理、衡量和奖励的工具，可以快速、轻松地对人力和 IT 投资进行调配。mySAP ERP HCM 支持整个招聘、部署、潜能开发、激励并最终聘取有实力的员工的过程，对整个流程进行改善。其具体内容包括优化 HCM 流程并将它们在全球业务范围内无缝集成；提供实时信息访问，加快人力决策过程；支持合理配置项目和人选；在员工任职周期内支持员工和管理人员；授权员工在合作环境下对流程进行管理等。

mySAP ERP 运作系统可以改善端到端物流作业，并通过对诸如订单到现金、采购到支付等完整业务循环的支持，实现业务增值，保证业务流程或循环平滑运行、达到质量要求、符合相关规范与标准，从而改善物流业务运作。该系统帮助用户对整个产品生命周期进行管理并支持新产品的开发与推广。通过使用 mySAP ERP 运作系统，可以实现以下目标：

- 将手动步骤转变为优化的在线流程，从而改善整个企业的计划水平；
- 支持资产规划与部署，在整个生命周期内对资产进行管理，减少订货周期时间和过量库存；
- 优化仓库和配送机构的工作流程；
- 有效地管理运输与配送；
- 增进与客户和供应商的合作；
- 营造良好的项目管理环境，使外部机构或人员同时参与简单和复杂的项目管理；
- 提供个人化的接口、门户、移动应用和工具，进一步促进员工的工作效率；
- 在整个企业范围内实现透明度、预测和业务绩效管理，缩短计划周期时间和交货周期，不断改善流程并对新出现的商机做出快速响应；
- 改善客户服务质量并快速响应客户需求。

mySAP ERP 公司服务系统可以帮助用户管理并控制资源密集型企业功能，包括差旅管理、房地产管理、环境健康与安全以及激励与授权管理。在差旅管理方面，该系统可以帮助用户降低成本、优化管理过程，并支持来自供应商、全球配送系统和旅行社在赔偿和定价模型方面的变化，为差旅管理人员提供控制功能，帮助员工选择合适的旅行社并对人员是否符合差旅政策进行监督。在环境、健康与安全方面，该系统可以帮助用户对复杂而快速变化的环境、健康与安全规章及其后续影响进行管理，它涵盖了公司的各个方面，包括新产品开发、采购、制造、销售、配送、维修与维护。在房地产管理方面，该公司服务系统支持对商住两用房地产的管理，提供自动化与过程控制，帮助用户避免房屋闲置并降低与房地产开发、租赁及财产管理相关的费用。在激励与授权管理方面，公司服务能够支付并管理可变赔偿，并具有对组织结构变化、销售渠道变化和产品上市的核心支持功能。

知识：SAP S4 HANA

2015 年，SAP 公司推出了全新商务套件 SAP Business Suite 4 SAP HANA，简称 SAP S/4 HANA。SAP 公司花费了 5 年时间重写了全部代码，完全构架于 SAP HANA 平台，目的只有一个：从部署和应用两方面精简 ERP，以适应移动和工业 4.0 时代的企业运营。S/4 HANA 的精髓是简化(S 是 Simple 的缩写)，以便实现 IT 系统最大程度的简化，让系统变得足够敏捷，帮助用户更好地满足市场的需求。S/4 HANA 是基于高性能内存计算平台 HANA 的，支持移动终端，帮助用户加速物联网和大数据应用的进程，创建实时企业。S/4 HANA 是 SAP 公司云战略的重要组成部分，其核心功能置于云端平台，包括公有云、私有云以及混合云，实现与物联网、社交网络、移动终端融合。

## 8.3.3　Oracle 公司的电子商务套件系统功能特点

Oracle 公司是全球最大的数据库产品供应商，在陆续收购了 PeopleSoft、JD Edwards 和 Siebel 等公司之后，其电子商务套件系统在 ERP 系统市场上发展迅猛。2005 年发布的 Oracle 电子商务套件 11i.10 延续了 Oracle 提供解决方案的传统，能提供以行业为核心的新功能并满足企业和政府部门的独特需求。Oracle 电子商务套件 11i.10 还具有新商务智能，与传统商务智能方案相比，它能够降低更多的成本。为了确保 Oracle 应用产品满足各个垂直行业的独特需求，Oracle 公司与客户及主要行业用户组织紧密合作，推动基于行业需求及问题的新品开发。新版本针对的行业包括航空航天与国防、汽车、化工、通信、大众消费品、能源、医疗保健、高科技、工业制造、生命科学、政府部门、零售、旅游与交通运输以及公用事业。Oracle 电子商务套件的英文名称是 Oracle E-Business Suite 11i.10。Oracle 公司的电子商务套件系统的功能架构示意图如图 8-13 所示。

图 8-13　Oracle 公司的电子商务套件系统架构示意图

合同管理系统包括服务合同管理和销售合同管理两大部分。服务合同部分提供了合同编写与管理、定价与计费、担保和权利、合同变更管理、合同的续订、服务合同智能等功能。销售合同部分提供了合同条款库、合同编写、合同打印、管理销售协议、在 Oracle

报价管理中编写合同、在 Oracle 订单管理中编写合同以及管理合同文档等功能。

市场营销管理系统可以帮助用户计划、执行和分析市场营销活动以及复杂的推销活动，使整个企业的各个营销流程协调一致，促进业务结果的成功，通过追加销售和交叉销售活动来增加收入。

学习管理系统是一个企业学习管理系统，它为企业提供了一个完善、可扩展而且开放的基础架构，用于在线环境和教室环境下培训活动的管理、交付和跟踪。学员能够按照自己的进度和学习内容同教员及其他学员进行交互，使分布于诸多不同地点的学员能够方便地获得一致的培训。管理人员能够实现从订单处理到培训支付，从绩效评定到培训评估的关键业务流的自动化。

电子商务套件在同一系统中提供商务智能信息和交易信息，使客户能够以比采用传统商务智能方案低得多的成本，实时了解自己的业务运作状况，从而极大地扩展了 Oracle 实时商务智能的功能，可以提供更多的企业报表、关键衡量指标和企业角色分析表。

产品生命周期管理系统可以帮助企业协调管理从概念到淘汰整个产品生命周期中与产品相关的所有活动。该系统统一的数据模型提供了准确的单一产品视图，使得企业能够快速推出新产品，提高整个生命周期的产品价值，并计划未来的投资。其主要功能包括高级产品目录、项目协作、CADView-3D、采购寻源、配置器和项目管理等。

一组具有由信息驱动的销售、服务和市场营销等管理功能的应用程序构成了客户关系管理系统。该系统构建在一个开放、基于标准的体系结构之上，它可以简化业务流程和改进数据质量，并使所有关键部门能够从同一个来源获取数据。从评测市场营销活动到将现场工程师自动派遣到远程地点，客户关系管理系统都提供支持。

供应链管理系统系列应用产品将所有关键的供应链活动(从设计、计划和采购到制造和实施)整合在一起并使之自动化，统一的数据模型提供了企业整个供应链准确的单一视图，使企业能够在日益复杂的全球供应链上实施精益原则。

服务管理系统提供信息驱动的客户服务，通过向客户提供一致、准确的行动信息使座席和技术人员能够达到客户的期望值。通过全面集成网上自助服务、联系中心的座席辅助服务和现场服务等服务渠道，服务管理系统提供了一个单一平台，用来管理与服务相关的信息和流程。其主要内容包括电话服务、网上支持、交互中心、现场服务、返厂维修和服务合同等。

物流管理系统提供了运输计划、运输执行、仓库管理和条码识别等功能，可以支持客户顺利开展物流活动。

人力资源管理系统将从招聘到离职的整个过程自动化，用户可以根据企业战略目标调整劳动力。统一的数据模型提供了人力资源活动的单一、准确的视图，包括招聘、绩效管理、学习、薪酬管理和实时分析。

销售管理系统方面提供了激励性报酬管理、项目建议书管理、销售管理、网上商店管理、报价管理、电话销售管理、合作伙伴管理和销售合同管理等功能。

订单管理系列将从订单承诺和订单受理直到运输和发货的整个销售订单管理流程简化并自动化。该系统可以捕获包括 EDI、XML、电话销售和 Web 店面在内的多种渠道的需求信息，可以帮助客户降低订单履行成本，缩减订单履行周期时间，提高订单准确性和按时交货率。

高级采购管理系统可以帮助用户将整个采购流程自动化，提供的功能包括网上采购、网上供应商门户、采购寻源管理、采购智能、服务采购、采购合同管理及供应商网络等功能，可以大大降低客户的采购成本，提高采购效率。

生产制造管理系统支持离散制造、流程制造和混流制造等制造管理模式，并且在制造排程、车间管理方面提供支持。

维护管理系统适用于维护、维修、大修以及支持不动产、生产厂、运输队、公共基础设施和要求综合维护战略的长生命周期产品的服务部门。该系统在资产的整个生命周期的管理中提供支持：确定规格、购买、安装、维护和报废。该系统提供统一的企业数据模型和日常商务智能来测量从资产采购寻源到采购、试运转和资本化直至销账的资产负债表左方绩效。该系统集成实体资产和财务资产文档与目录，提供最佳的物料管理功能，实现多渠道和远程偶发事件处理，无缝管理分包给第三方的工作和确保工作队伍的任务安排与监督。

项目管理系统借助与项目相关的所有活动的单一、准确的视图来支持整个项目管理生命周期。企业能够选择正确的项目，分配合适的资源，前瞻性地简化执行过程并通过精确的预算、预测和开票/退款来跟踪收益率。其具体功能包括项目开票、项目协作、项目合同管理、项目成本核算、项目管理日常商务智能、工时与人工管理、项目资源管理、项目团队和项目计划管理等。

交互中心管理系统是一个产品系列，它集成了所有客户交互渠道——从电子邮件到 Web，从电话到语音 IP——从而将用户的联系中心转变成为一个功能强大的电子商务通信中心。交互中心管理系统与 Oracle 销售管理、服务管理、合同管理和市场营销管理等应用系统协同工作，为用户提供同步而又全面的客户视图和支持交叉销售、追加销售，并提供所有客户活动 360°视图所需的商务智能。

企业绩效管理系统将正确的信息和资源与战略目标联系起来，使企业可以达到领先的绩效水平。该系统使管理人员能够制定可赢利性战略，并把战略与运营计划相结合，从而有效地监控日常运营，并在整个企业内进行协作。统一的数据模型提供了整个企业范围内信息单一、准确的视图，提高了透明度，并加强了行动分析和快速执行能力。企业绩效管理系统使管理人员能够通过个性化的信息显示板和警报来监控日常绩效。

借助企业范围的日常商务智能，财务管理系统可以自动化并简化企业的所有财务管理业务流程，使企业能够做出更合理的决策，改善业务运营，降低成本。其主要功能包括基于活动的管理、财务分析器、租赁管理、高级收款管理、企业计划和预算、财务智能、应付账款管理、资产管理、总账管理、物业管理器、平衡记分卡、内部控制管理器、应收账款管理、网上费用报销、销售分析器、现金管理、网上资产管理和理财管理等。

 **知识：Oracle 公司的收购战略**

在应用软件领域，为了能够与 SAP 竞争，在云计算、大数据领域，为了能够与微软、亚马逊竞争，Oracle 公司采取了积极的收购战略。

2003 年，JD Edwards(爱德华兹)被 Peoplesoft 收购，次年底随 Peoplesoft 一起被 Oracle 纳入囊中。2004 年，Oracle 收购了 PeopleSoft(仁科)公司，PeopleSoft 曾被誉为世界第二大 ERP 供应商。2005 年，Oracle 并购了 Sieble 公司。2012 年 1 月，Oracle 收购了云计算客户服务提供商 RightNow；2 月，收购了人才管理云服务商 Taleo；7 月，又收购了社交媒体平台开发商 involver。2016 年 2 月，Oracle 收购了云计算创业公司 Ravello Systems；4 月，收购以色列大数据创业公司 Crosswise。Crosswise 平台结合了数据科学、大数据、机器学习等方面，识别同一用户使用的不同设备，包括个人电脑、手机、平板电脑、数字电视和其他可连接设备；5 月，收购了节能数据分析厂商 Opower，Opower 可以在不需用户安装任何智能设备的情况下，便可得知家庭中制冷、制热设备每天消耗了多少电能，同时还可以让用户看到邻居们的用电账单并进行比对，从而在比较中促进节能行为；7 月，Oracle 收购云 ERP 厂商 NetSuite。2017 年初，据报道，Oracle 又开始试图收购 Saleforce 公司，Saleforce 公司是"移动+云"时代企业软件的代表。

## 8.3.4　微软公司的 Microsoft Dynamics AX 系统功能特点

　　Microsoft Dynamics AX 是微软的 ERP 系统。作为一套全面的商务管理解决方案，Microsoft Dynamics AX 适用于各类大中型企业，其工作方式与众所熟悉的微软软件非常相似，可帮助企业员工大幅度提高工作效率。Microsoft Dynamics AX 通过统一并标准化公司运作流程，提高整个组织的透明度并简化合规性。如图 8-14 所示的是 Microsoft Dynamics AX 系统适用的功能结构示意图。

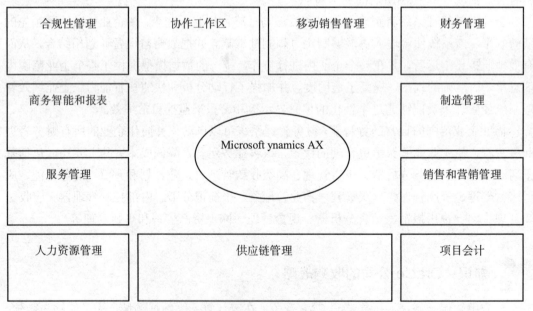

图 8-14　Microsoft Dynamics AX 系统适用的功能结构示意图

服务管理包括服务订单与合同、服务电话与分派、维修管理和服务预订等。

制造管理的主要功能包括：有限产能、无限产能和物料计划；作业级排产和排序；资源管理、车间作业管理、带有作业成本核算的工单管理、产品配置、质量管理以及精益制造等。

供应链管理主要功能包括：需求预测、多站点仓库管理、内部公司贸易、带有贸易协议的订单处理、库存管理、分销计划、物料编号和批号的预留和跟踪、订单承诺、采购管理、RFID、供应商自助服务门户以及企业对企业贸易伙伴集成等。

# 8.4　国内典型的 ERP 系统

目前，国内 ERP 系统市场上产品众多，良莠不齐，不同产品的功能差距很大。下面分别介绍 ERP-U8 系统、金蝶 EAS 系统、浪潮 ERP 系统以及易飞 ERP 系统、URP 系统等软件的功能特点。需要注意的是，在深入了解 ERP 系统的功能时，不仅要看其功能名称，更重要的是要看其功能的内容和处理业务问题的广度和深度。例如，某家 ERP 系统厂商曾对外宣称其产品具有高层支持系统的功能，但是，其包含的内容仅仅是一些常见的统计报表汇总而已，功能名称与实际内容相差甚远。

目前，用友公司提供的 ERP 产品线主要包括 NC、U9、U8 和 T 系列等。用友 NC 是为集团与行业企业提供的管理软件产品。用友 U9 面向快速发展与成长的中大型制造企业复杂应用，适应多组织供应链协同、多工厂制造协同、产业链协同、产品事业部等。U8 All-in-One 以用友 U8 为核心，融合了用友 PLM、CRM、BI、HR、分销零售、协同办公等产品。T6/T3/T1 针对中小企业的管理和理财。ERP-U8 系统是由用友公司推出的 ERP 系统，该系统面向中小企业。采用 ERP-U8 系统有助于整合企业资源。ERP-U8 系统的主要功能框架如图 8-15 所示。

| 成本管理 | 总账管理 | 工程变更 | 开户管理 |
| 资金管理 | 质量管理 | 车间管理 | 培训管理 |
| 预算管理 | 库存管理 | 生产订单管理 | 人事管理 |
| 项目管理 | 委外管理 | 需求规划 | 绩效管理 |
| 固定资产管理 | 采购管理 | 产能管理 | 薪酬管理 |
| 存货核算 | 销售管理 | MPS | 合并报表管理 |
| 应付管理 | 合同管理 | 物料清单管理 | 集团账务 |
| 应收管理 | 设备管理 | 市场管理 | 分销管理 |

图 8-15　ERP-U8 系统的功能框架

EAS 是企业应用套件(enterprise application suites)的简称,是金蝶公司开发的面向大中型企业的企业集成应用系统。EAS 的功能涵盖了企业的业务战略管理、风险管理、集团财务管理、战略人力资源管理、跨组织供应链、多工厂制造和外部产业链等管理领域需求,这些功能模块既可以高度集成,又可以独立应用。金蝶 EAS 提供了主要功能模块和作为实现技术的基础平台和企业门户,如图 8-16 所示的是其功能架构示意图。

浪潮公司的 ERP 产品线主要包括 ERP-GS、ERP-PS 等。浪潮 ERP-GS 企业管理软件是服务于大型集团企业信息化建设的产品,专为集团型客户设计的一套数据集中、管理集中、决策集中的全面解决方案,如图 8-17 所示的是其功能架构。浪潮 ERP-PS 系统是浪潮公司面向企业推出的一套标准化的 ERP 解决方案。浪潮 ERP-PS 解决方案主要从企业比较关心的财务、物流、生产管理、人力资源等入手,以企业工作流程为基础,对企业工作流程中每个节点的质量、进度和成本进行管理和控制。ERP-PS 系统主要包括财务管理、供应链管理、生产制造管理以及人力资源管理等功能。

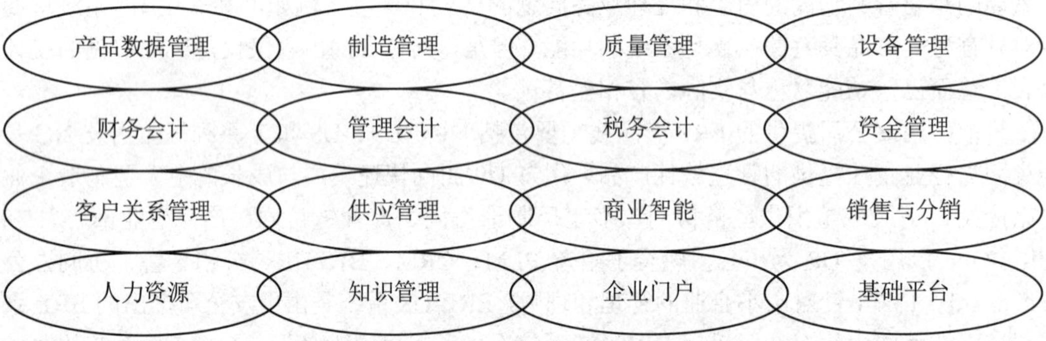

| 产品数据管理 | 制造管理 | 质量管理 | 设备管理 |
| 财务会计 | 管理会计 | 税务会计 | 资金管理 |
| 客户关系管理 | 供应管理 | 商业智能 | 销售与分销 |
| 人力资源 | 知识管理 | 企业门户 | 基础平台 |

图 8-16　金蝶 EAS 的功能架构示意图

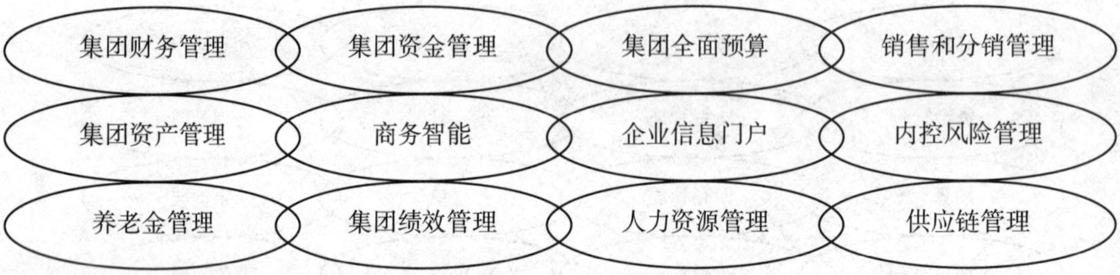

| 集团财务管理 | 集团资金管理 | 集团全面预算 | 销售和分销管理 |
| 集团资产管理 | 商务智能 | 企业信息门户 | 内控风险管理 |
| 养老金管理 | 集团绩效管理 | 人力资源管理 | 供应链管理 |

图 8-17　浪潮 ERP-GS 的功能架构

易飞 ERP 是神州数码公司推出的 ERP 系统,该系统面向中小企业。易飞 ERP 系统涵盖了中小企业的所有业务功能,这些模块既可以单独运行,也可以集成运行。如图 8-18 所示的是易飞 ERP 系统的功能框架。

| 管理维护 | 基本信息管理 | 订单管理 | BOM |
| MPS | MRP | 批次需求计划 | 采购管理 |
| 存货管理 | 工艺管理 | 工单管理 | 质量管理 |
| 人事薪资管理 | 总账管理 | 应付管理 | 应收管理 |
| 自动分录 | 成本核算 | 固定资产管理 | 刷卡管理 |
| 出口管理 | 进口管理 | 销售分析 | 维修服务管理 |

图 8-18　易飞 ERP 的功能架构

URP 是联盟体资源计划(union resource planning)的简称，是新中大公司开发的面向企业联盟体的管理模式和应用系统。URP 以企业联盟体资源优化为目标，实施传递企业之间的信息，使经济资源联盟体协同工作。如图 8-19 所示的是 URP 的功能架构图。

| 产品数据管理 | 协同设计 | 工艺管理 | 协同制造管理 |
| 采购管理 | 生产管理 | 质量管理 | 电子商务应用 |
| 销售业务管理 | 分销管理 | 市场营销 | 销售过程 |
| 客户服务 | 客户支持管理 | 服务机构管理 | OAS |
| 人力资源管理 | 财务会计 | 管理会计 | 企业资产管理 |
| 仓储管理 | 配送管理 | 决策支持管理 | 知识资源管理 |

图 8-19　新中大 URP 的功能架构图

# 8.5　本章小结

本章详细介绍了 ERP 系统的功能结构和特点。目前，对于 ERP 系统应该具备什么样的功能并没有一个权威的结论，本章从多个角度给出了这个问题的答案。国家颁布的标准有助于了解 ERP 系统并对其进行选型，了解各种权威部门颁布的 ERP 系统功能框架有助于全面理解 ERP 系统功能。作为最权威的 ERP 系统，SAP R/3 具备的功能具有很重要的参考价值。

# 8.6 思考和练习

1. 在 SJ/T11293-2003 标准中，ERP 系统可以分解为哪些功能模块？这种分解方式是否合理？为什么？

2. 在 SJ/T11293-2003 标准中，环境与用户界面功能模块的具体功能内容是什么？在这里，功能名称和功能内容是否一致？为什么？

3. 你是如何理解 SJ/T11293-2003 标准中的人力资源管理模块的？

4. 比较 5 功能域观点和 SJ/T11293-2003 标准的功能观点。两种观点的最大区别是什么？

5. 分析比较 18 功能模块观点和 13 功能模块观点的异同。

6. 分析比较 SJ/T11293-2003 标准和 SAP R/3 系统提供的功能模块。你认为 ERP 系统应该包括哪些基本功能模块？

7. 分组讨论：收集资料，讨论 SAP S4 HANA 主要功能。

8. 分组讨论：收集资料，分组讨论 ERP 市场的现状和发展趋势。

# 第9章
# ERP系统实施失败原因和成功因素探究

## 案例研究：为什么失败?

  1998年3月20日，北京市三露厂与联想集成(后来划归到神州数码)签订了ERP实施合同。在合同中，联想集成承诺6个月内完成实施，如不能按规定时间交工，违约金按5‰来赔偿。实施的ERP系统是联想集成独家代理瑞典Intentia公司的MOVEX系统。合作的双方，一方是化妆品行业的著名企业，1998年销售额超过7亿，有职工1200多人。一方是国内IT业领头羊的直属子公司。但是，由于MOVEX软件产品汉化不彻底，造成了一些表单无法正确生成等问题，后虽经再次实施、修改和汉化，软件产品提供商Intentia公司也派人来三露厂解决了一些技术问题。但是，由于汉化、报表生成等关键问题仍旧无法彻底解决，最终导致项目失败。合作结果是不欢而散，双方只得诉诸法律，在经历了15个月的ERP官司之后，经过庭内调解，三露厂向联想公司退还MOVEX系统，并且获得了200万元的赔偿。

  1998年初，河南许继集团采用Symix公司的产品来实施ERP。从1998年初签单，到同年7月份，许继集团实施ERP的进展过程正常，包括数据整理、业务流程重组以及物料清单的建立都很顺利。厂商的售后服务工作也基本到位，基本完成了产品的知识转移。另外，许继集团在培养自己的二次开发队伍方面也做了一定的工作。然而，计划赶不上变化。到了1998年8月份，许继集团内部为了适应市场变化，开始进行重大的机构调整。但是，许继集团的高层领导在调整的过程中，更多关注的是企业的生存、企业经营的合理化和利润最大化，显然没有认真考虑结构调整对ERP项目的影响。企业经营结构变了，而当时所用的ERP软件流程却已经定死了，Symix厂商似乎也无能为力，找不出很好的解决方案。于是，许继集团不得不与Symix公司友好协商，项目暂停，虽然已经运行了5个月，但是继续运行显然已经失去了意义。Symix的ERP系统的个别功能模块现在仅在许继集团下的某些分公司中运行。

  2000年，哈尔滨医药集团决定上ERP项目，参与软件争夺的两个主要对手是Oracle公司与利玛公司。刚开始，两家公司在ERP软件上打得难解难分，1年之后，Oracle公司击败了利玛公司，哈药决定选择 Oracle 的 ERP 系统。然而，事情发展极具戏剧性，尽管软件选型已经确定，但是为了争夺哈药实施 ERP 系统的项目，利玛联手哈尔滨本地的一家公司于 2001 年 10 月击败哈尔滨当地的另一家公司，成为哈药 ERP 项目实施服务的总包。出乎意料的是，2002 年 3 月哈药 ERP 系统实施项目出现了更加戏剧性的变化。利玛在哈药 ERP 项目的实施团队全部离职。整个哈药 ERP 系统实施项目也被迫终止。

### 课堂思考和问答

1. 北京三露厂 ERP 系统实施失败的主要原因是什么？
2. 许继集团的 ERP 系统实施失败的主要原因是什么？
3. 分析哈药集团的 ERP 系统实施失败的主要原因。
4. 课堂讨论，采取什么措施有可能避免出现这些 ERP 系统实施项目的失败结果。
5. 课堂讨论，收集资料，分析几个 ERP 系统实施失败的原因和实施成功的主要因素。

ERP 系统的工作原理是科学的，但是，市场上某个具体的 ERP 系统产品是否科学就不一定了，ERP 系统在某个企业的实施过程是否科学就更难确认了。ERP 系统的实施过程因为受到各种各样内外环境的影响，有许多成功的案例，但是也有不少失败的案例。本章将研究 ERP 系统实施的失败原因和成功因素。

# 9.1  ERP 系统实施失败原因探究

经常会在有关 ERP 系统实施状况的报告或文章中看到这样的统计数字：ERP 项目 80% 以上都不成功或者不完全成功，安装周期平均超计划 200%，成本平均超预算 300%。造成这种现象的原因很多。也有很多讨论和分析 ERP 系统实施失败原因的文章。但是，这些文章更多的是讨论个案，忽视了对整体 ERP 系统实施失败的本质原因的深入探讨和归类分析。近几年来，作者通过多种调查方式和渠道，陆续收集了国内外上百家已经实施或正在实施 ERP 系统的企业的数据，并且结合自己的 ERP 系统实施经历和体会，对这些企业数据进行了深入的研究和分析。作者认为，可以把 ERP 系统实施失败的原因归为以下 6 大类：

- 思想认识误区类原因；
- 产品和技术不成熟类原因；
- 企业管理基础薄弱类原因；
- 人员素质低下类原因；
- 项目管理不善类原因；
- 市场环境不健全类原因。

## 9.1.1　思想认识误区类原因

思想认识误区类原因是从理念和战略高度对失败原因的分析和总结，主要是指许多用户对企业信息化建设、ERP 系统的作用和特点理解不充分、认识不完整、战略方向不对头等造成的。这些原因的主要表现形式如下：

误区一，信息化建设可以一步到位，缺乏信息化建设的战略规划。

许多企业认为，既然进行信息化建设，就应该买最好的硬件，买最好的软件，搭建最好的网络，力争信息化建设一步到位，以后只要使用就可以了。但是，这种认识是不妥当的。如果盖一座大厦，那么有可能一步到位。但是，信息化建设是很难一步到位的。从客观上来讲，计算机硬件设备更新换代的速度很快，软件系统架构和开发工具也是日新月异，如果追求性能最高，那么付出的代价也是最大的，最终得不偿失。从主观上来讲，信息化建设不仅是一项技术性工程，而且是一项管理性工程。信息化建设的内容不是一成不变的，而是随着企业的发展变化而变化，因此也是无法一步到位的。信息化建设应该是一项立足于现状、着眼于未来且分步实施的系统工程项目。企业应该制定与企业战略一致的信息化建设规划，基于此制定相应的中长期建设规划和实施计划。

这种错误认识造成的后果是，对于信息化建设中正常的维护和扩充工作，认为都是由于信息化建设项目没有完成造成的，彻底否定信息化建设前期工作的成果，武断地认为信息化建设工作失败。

误区二，信息化建设就是 ERP 系统的实施，缺乏对 ERP 系统本质的深入理解。

许多企业认为，信息化建设就是 ERP 系统实施，ERP 系统实施成功之日就是信息化建设完成之时。实际上，这种认识是非常片面的。从行政事务管理上讲，ERP 系统无法代替 OAS 系统。从商务交易方面来看，ERP 系统无法取代电子商务系统。从产品设计和工艺来讲，ERP 系统与 CAD/CAM/CAPP/CAE/PDM/PLM 系统相比相去甚远。从信息系统的发展来看，ERP 系统主要是侧重于企业资源的规划和有效利用，而信息化建设则要求企业从技术到管理的主要工作都采用信息技术来完成。所以只能认为 ERP 系统的实施是企业信息化建设中的一项重要工作，是在企业信息化建设的战略规划指导下的一项战略举措。

这种错误认识造成的后果是，即使 ERP 系统实施完成，也并不能解决诸如 OAS、电子商务系统以及 CAD/CAM/CAPP/CAE/PDM/PLM 系统等问题，从而使企业认为 ERP 系统实施不完整，对 ERP 系统的实施结果做出错误的判断。

误区三，认为 ERP 系统是包治企业百病的灵丹妙药，对 ERP 系统的应用抱有过高的期望。

这种认识的根源在于缺乏对计算机技术、信息系统特别是 ERP 系统功能的理解，从而产生了对 ERP 系统的盲目崇拜。作者接触过的许多企业用户，发现他们对 ERP 系统感到很神秘。在企业中，无论遇到管理上的问题，还是遇到技术方面的问题，他们总是这样解释说："这些问题，等到 ERP 系统实施结束之后，就自然而然地得到解决了。"每当我听到这些话时，心里总是感到很不安，因为当前实施的 ERP 系统本身根本解决不了他们认为的 ERP 系统一定可以解决的那些技术问题或管理问题。

例如，某公司办公室的赵主任要求其下属在 3 天之内完成一个调查报告。结果 3 天后这个下属没有完成这个调查报告，造成赵主任的工作很被动，没法按时向上级报送材料。赵主任在向作者谈起这件事情时，感慨地说："ERP 系统实施后，肯定不会出现这样的问题。"

某公司计划处的钱处长在分析本月生产计划没有按期完成时，很自信地解释道："本月的新产品多，几乎所有的零部件都是新品，加工零件的工时定额无法准确地确定，加工零件使用的工装制造周期过长，零件所需要的特殊原材料的采购过程颇费周折，零件加工过程中零件图纸进行了两次修改，造成部分加工好的零件报废。这些是造成本月生产计划没有完成的主要原因。这些生产中的问题在使用 ERP 系统之后，就可以自然而然地解决了。"

企业中的许多问题，涉及方方面面的因素，应该具体问题具体分析。从本质上来讲，ERP 系统解决的是信息共享问题和提高工作效率问题。许多管理上的问题，必须从管理的角度加以解决。许多技术上的问题，必须从技术的角度加以解决。

捧得越高，摔得越惨。对 ERP 系统期望过高的错误认识产生的后果是：ERP 系统实施完成之后，即使从实施角度来看这次实施相当成功，也可能由于与用户的心理预期相差甚远，而使用户不认可这种实施结果是成功的。

误区四，贪大求全，对 ERP 系统实施的艰巨性、复杂性、长期性认识不足。

许多企业在实施 ERP 系统之前，抱着这样的想法，ERP 系统功能越全越好、价格越贵越好。应该说，这种想法有其合理性的一面。ERP 系统功能越全，自然就越强大，可以解决更多的问题，当然也就越好。但是，随着 ERP 系统功能的增强，该系统的使用会越来越复杂，覆盖的业务范围也会越来越广，涉及的业务流程也越来越多，处理的业务数据量也就越来越大，对操作人员的素质要求也越来越高，系统的实施难度也就越来越大。这种实施难度的增加，往往不是线性的，很多情况下是呈指数方式增长的。随着难度的增加，ERP 系统实施失败的风险急剧增长。一着不慎，满盘皆输。许多用户在要求 ERP 系统功能更加齐全的同时，却对 ERP 系统的实施提出了更严格的要求：在更短的时间内实施成功，早见成效。在这种对 ERP 系统实施的畸形要求下，ERP 系统实施的难度和结果可想而知。

有些 ERP 系统实施商也常犯这样的错误。为了获取最大的利益，许多 ERP 系统实施商根本不考虑企业的实际情况，而总是从自己的立场出发，一方面总是希望向企业提供功能最多、最全的 ERP 系统；另一方面又希望用最少的人力、最短的时间来完成这种实施。结果往往是不仅没有顺利、完整地实施 ERP 系统的各项功能，而且连 ERP 系统最基本的核心功能也没有实施好，最后致使企业留下了一片 ERP 系统实施失败的乱摊子。

误区五，重视硬件建设，轻视软件建设，不理解信息化建设的真正含义。

虽然许多用户标榜自己已经深刻理解了信息化建设的含义，表示自己会像重视硬件建设一样地重视软件建设，甚至与硬件建设相比，自己会更加重视软件建设。但是，实际上，这些用户依然是重视硬件建设而轻视软件建设。在购买计算机硬件设备时，许多用户愿意花费更多的资金来购买服务器、工作站、台式机、存储设备以及网络设备等。有时为了追求性能上更高的水平，即使这些更高的性能对企业的应用是多余的，用户依然愿意多付出几万、几十万、甚至几百万的资金来购买这些设备。但是，面对软件或者面对服务，则态度截然不同。软件价格被压了又压，服务价格被降了又降。有时，如果多付出几万元，就可以把 ERP 系统的并发用户数量增加 10 个，但是用户就是不愿意，认为费出无名。有时，如果多付出几万元或几十万元，当然这些费用在整个信息化建设中的比例甚小，即可获得更多的优质服务，但是这些用户还是不愿意，认为这些钱花得冤枉。

从某种意义上来讲，信息化建设的核心不是硬件建设，而是软件建设。信息化建设是一项长期的工作，需要边建设边维护。相比较而言，硬件建设和维护简单，软件建设和维护比较难。某个计算机硬件坏了，或者不能满足要求了，可以简单地更换它，这种更换对整个系统的正常运转影响不大。但是，如果某个功能模块不能满足需求了，或者某个软件产品的缺点太多而无法使用，希望使用更好的软件产品来代替。这时维护就非常困难。虽然可以通过 ERP 系统实施商来解决出现的问题，但是这种解决问题的代价是非常高昂的，并且还不能保证一定能很好地立即解决问题。虽然可以通过软件升级来解决，但是这种软件升级同样需要付出相当大的代价，同样也不能保证新版本一定比老版本好用。

在信息化建设时期，应尽可能地避免在软件建设上遗留问题。解决遗留问题的根本措施就是真正地重视软件建设，在软件建设上投入更多的资金、更多的人力和更多的时间。

误区六，企业拿钱去购买一个 ERP 系统软件，自己可以直接安装和使用。缺乏对 ERP 系统的管理软件本质的理解。

有些用户对 ERP 系统实施商的作用很不理解："我们干嘛花钱雇你们咨询公司为我们公司实施 ERP 系统呢？我们懂计算机技术。当需要 ERP 系统时，我们可以花钱去买一个 ERP 系统软件，自己在公司安装就可以使用了。我们能做的事情，干嘛花钱让你们来做呢？"这种语气是一种典型的技术观点的语气。在技术观点中，把 ERP 系统简单地看成是一个软件工具，可以像安装和使用诸如 Microsoft Word 工具一样安装和使用 ERP 系统。

笔者认为用户不是不能为自己安装 ERP 系统。相反，笔者建议，在条件允许的情况下，用户可以自己安装 ERP 系统。但是，笔者不赞成这种纯技术观点，原因有三。第一，ERP 系统涉及的并发操作人员众多，这些操作人员上至企业董事长、总经理，下至普通员工。这是任何一个普通软件工具不能相比的。第二，企业中几乎所有的商业机密，包括财务数据、计划数据、客户数据、成本数据以及人力资源数据等，都与 ERP 系统的运行息息相关。这也是任何一个普通软件工具不能相比的。其三，ERP 系统的正常运行，客观上要求企业员工整体素质的提高，要求每一位员工都能够按照工作标准完成本职工作，每一位员工都能根据工作标准及时地采取决策手段处理异常发生的工作，这是因为每一位员工工作的好坏都会影响 ERP 系统中数据的质量，都将会对其他员工的工作产生影响。仅仅依靠几个熟练掌握 ERP 系统运行的精英员工是不够的。这也是其他普通软件工具不能相比的。

从本质上来讲，ERP 系统的实施是一种基于 ERP 系统原理的管理思想的实践。应该以管理观点看待 ERP 系统的实施。借助于外部力量实施 ERP 系统的优势在于，该外部力量具有因签订实施 ERP 系统合约而形成的法定权，拥有因具有 ERP 系统实施丰富经验而形成的专家权和因具有冲破企业管理障碍和盲点的无私者无畏的势能力量而形成的奖赏权。正是因为拥有了这些职权，才使得外部力量可以有效地发出 ERP 系统实施的各项命令，从而推动 ERP 系统实施的各项工作。

误区七，借实施东风，树品牌形象，行捞钱之术，异化 ERP 系统实施。

许多企业，特别是许多上市企业，认为 ERP 系统的实施不仅是 ERP 系统的实施，也是展示现代化企业形象的机会，这是无可厚非的。但是，许多企业并没有停留在这种认识层次上，而是把 ERP 系统实施看作是一个操纵市场的新概念。据报道，某个上市企业借助于 ERP 系统实施新概念，从证券市场筹集了 3000 多万元资金。但是，根据该上市企业的 ERP 系统的实施水平来看，其整个实施项目的耗费最多不超过 1000 万元。那么，其他的资金哪里去了？如果说这些资金都应用到了 ERP 系统实施中，那么这种实施的代价就高得太离谱了。

实施 ERP 系统是一项艰巨的、高风险的工作，即使努力去做，也有可能实施失败。但是，如果不是单纯为了提高企业的经营管理水平、降低经营管理成本和增强市场竞争能力去实施 ERP 系统，而是在实施 ERP 系统的过程中掺杂了许多其他的想法，那么，这种 ERP 系统实施的效果就可想而知了。

误区八，一心求政绩，双目盯官帽，不顾企业实际经营状况，忽视 ERP 系统实施的客观规律。

有一些企业的领导，特别是一些国有企业的领导，不能正确地对待 ERP 系统实施这项工作。他们看到从中央到地方、从上级到同行，都在大力提倡信息化建设、竭力支持 ERP 系统实施，于是自己的脑袋跟着发热，行动上也不甘落后。但是，他们不是把实施 ERP 系统看作是企业发展壮大的机遇，而是把实施 ERP 系统看成是谋求自己今后向上发展的良机。表面上看，他们提出企业要进行信息化建设的理由冠冕堂皇，但是，从他们实际的行动来看是在借机铺设自己升官发财的道路。在 ERP 系统实施前期，这些企业领导不顾企业实际经营状况、不顾企业有无实施 ERP 系统的客观需求、不顾企业有无实施 ERP 系统的人力财力、不把握 ERP 系统实施的机会，乱铺摊子，争上项目。在 ERP 系统实施过程中，这些企业领导不按照科学的方式选择 ERP 系统、不按照公开的方式招标 ERP 系统实施商或咨询商以及不按照公平的方式签订 ERP 系统实施合约，只是按照上级领导的意图行事，按照自己的利益决策。在 ERP 系统实施结束后，不论效果如何，只管往自己脸上贴金，向上级报喜，向同行吹嘘，向报纸大谈经验和体会。

在这种思想指导下，ERP 系统实施已经没有了实质的意义，已经变成了这些企业领导升官发财的工具，对于这类领导而言 ERP 系统实施的目的就是一心一意地为自己捞取政治本钱、建设形象工程。

虽然这些企业领导的数量是极少的，但是这些企业领导的所作所为的危害性是巨大的：市场上没有了公平竞争，市场成了官场；决策中没有了反对声音，会议室成了一言堂；实施中没有了科学和合理，到处是随心所欲；结果中没有了对和错，只剩下个人的利益。

误区九，虎头蛇尾，企业领导不能始终如一地支持 ERP 系统的实施。

许多企业的领导，确实为了企业的长远发展，全力以赴地支持 ERP 系统实施。为了确保 ERP 系统实施工作的顺利进行，他们把这项工作美其名曰"一把手"工程。谁反对"一把手"工程，一把手就让他下岗；哪一项规章制度不符合"一把手"工程的要求，一把手就将其废弃；哪一项工作需要设置一个岗位，一把手马上就执行。

　　但是，这种一把手的工作往往是虎头蛇尾。开头干劲十足，但是随着 ERP 系统实施工作的开展，这些干劲也在逐渐消失。造成这种现象的原因很多，ERP 系统实施遇到了难题，又没有解决这些难题的有效方法。剪不断，理还乱。企业领导失去了支持 ERP 系统实施的雄心和勇气。在 ERP 系统实施的过程中，遇到了许多困难，解决这些问题会影响到多方面的利益。当这些利益难以平衡时，企业领导只好忍痛割爱，叫停 ERP 系统的实施。ERP 系统实施的进展和取得的阶段性成果，往往与企业领导的期望不一致。ERP 系统实施的某些成果，使得企业领导的某些权力丧失。企业领导惧怕失去更多的权力，影响自己的既得利益。最后，"一把手"工程中的一把手变成了反对"一把手"工程的一把手，"一把手"工程也就消失了。

　　从根本上来讲，造成这种错误认识的原因在于企业领导并没有完全理解 ERP 系统的特点和作用，没有掌握 ERP 系统实施的规律，没有认识到 ERP 系统将要在企业中所处的位置和带来的变化。"一把手"工程要求一把手始终如一地支持该项工程，要求"一把手"与 ERP 系统实施项目荣辱与共、胜败相随、同步进退。如果没有这种胆识和勇气，那么就不能把该项工程称为"一把手"工程。

　　误区十，保护主义思潮泛滥，扼杀了市场经济的竞争活力。

　　据调查，在 ERP 系统如火如荼地实施的背后，保护主义思潮泛滥，市场经济体制下形成的自由竞争的活力正在遭受扼杀。某些地方政府部门，出于保护和扶持本地企业的目的，规定辖区内的企业如果开展 ERP 系统实施，必须由政府部门指定的 ERP 系统供应商和实施商来承担这些 ERP 系统实施的项目。如果违反这项规定，那么政府将从资金融资、项目批复等多个渠道对该企业进行限制。这是典型的地方保护主义。某些行业主管部门，由于掌握所属企业领导的升降大权、技改资金的投向大权和大批合同审定权等，限制该行业内的所有企业的信息化建设都必须由该行业所属的某些公司承担，不准行业以外的 ERP 系统供应商和实施商染指本行业的企业。从而建立了行业壁垒，这是典型的行业保护主义。某些大型集团，利用自身的垄断优势，基于集团内小团体的利益，通过下文件、做报告、发指示、递传真以及千叮咛万嘱咐等多种形式，要求集团内部企业甚至与其集团合作的外部企业，采用指定的包括 ERP 系统在内的信息系统。如果违反这项规定，则集团总部通过各种方式打击和报复这些违反规定的企业。这是典型的集团保护主义。

　　这些保护主义破坏了市场经济的最基本的公开、公正和公平原则，扼杀了市场经济的自由竞争活力，结果是保护了落后的企业、保护了质量低劣的产品，提高了整个社会信息化建设的成本，放缓了整个社会信息化建设的步伐，破坏了整个社会信息化建设的风气。

## 9.1.2　产品和技术不成熟类原因

产品和技术不成熟类原因是指 ERP 系统和与产品相关的技术本身还存在着一些缺陷，也就是说，无论是产品中体现的思想，还是系统本身的功能、用户接口等方面，都存在着许多不足。因此，在实际应用中一些问题难以解决，无法完全满足用户的需要。这些产品和技术不成熟类原因的主要表现形式如下：

第一，ERP 系统需求不完整，导致产品功能差别很大。

到目前为止，有关 ERP 系统应该包括哪些功能，还没有一个普遍认可的定论。不同的 ERP 系统供应商有不同的说法。不论是国内的 ERP 系统供应商，还是国外的 ERP 系统供应商，他们提供的 ERP 系统的功能差别很大。从用户方来看，许多用户不知道 ERP 系统能够提供哪些功能，不知道哪些业务可以使用 ERP 系统完成，不知道哪些业务不能使用 ERP 系统完成。从 ERP 系统供应商来看，许多 ERP 系统供应商对 ERP 系统应该包括哪些功能的问题总是躲躲闪闪不愿意回答。对于 ERP 系统包含的功能，如果包括的功能很多很细，那么多到何种程度为好？细到什么样的程度合适？如果 ERP 系统的功能确实很多很细，那么该 ERP 系统的适应范围就很狭窄。

2003 年 6 月 4 日，中华人民共和国信息产业部批准颁布了中华人民共和国电子行业标准《企业信息化技术规范 第 1 部分：企业资源规划系统(ERP)规范》，该标准的代号是SJ/T11293-2003。该标准于 2003 年 10 月 1 日正式实施。该标准对 ERP 系统的研发、服务和功能提出了明确的技术要求。

但是，该标准从颁布之日起就引起很大的争议，许多公司不认同标准中的一些规定。再加上该标准是一项推荐性标准，因此该标准能起到多大的作用现在还是未知数。但是，作者认为，由国家权威部门颁布标准本身是一件好事。从某种意义上讲，标准是知识积累到一定程度后的产物，有了 ERP 系统标准就是 ERP 系统应用的一大进步。在 SJ/T11293-2003 标准的指导下，ERP 系统的需求描述能否得到完全解决，ERP 系统的功能能否在总体上达到一个一致的水平，这需要实践的检验。

第二，ERP 系统选型不合理，造成大马拉小车、小马拉大车、南辕北辙、得陇望蜀和左顾右盼等现象并存。

如果需要衣服，我们可以到服装商场去购买；如果需要电视机，我们可以去家电市场购买；如果需要汽车，我们可以到汽车交易市场去购买。这些商品都是很成熟的商品。如果我们有足够的钱，我们可以购买到数百元至数千元的服装、可以购买到数千元至数万元的电视机、可以购买到数万元至数十万元的汽车。一般情况下，如果这些商品的质量可以得到保障，我们完全可以放心使用。即使出现了质量问题，也可以通过正常的渠道来解决。

但是，如果需要一个 ERP 系统，可以直接到市场上购买吗？如果所购买的 ERP 系统出了质量问题，可以得到赔偿吗？如果 ERP 系统的功能不齐全，这是否属于质量问题？如果 ERP 系统经常瘫痪，由此造成的损失应由谁来承担？这些问题不好回答。

如果是一个成熟的或标准化产品，那么该产品应该有详细的规格说明，标识其型号、规格、尺寸、功能、技术特点和要求及服务特点和要求。但是，ERP 系统没有这些完整的标识。即使有产品说明、用户手册之类的标识，往往是内容简单、笼统，没有什么实际的意义。

因此，ERP 系统的选型成了 ERP 系统实施前的一种关键技术。有很多文章介绍如何选择 ERP 系统。按照这些专家的说法，选择 ERP 系统望、闻、切、问是不够的，还得来点摸、爬、滚、打。由于 ERP 系统选型很难，所以就出现了许多选型不合适的案例。有些几万人的大企业，年销售收入 10 亿元以上，却选择了一个功能有限的几万元的 ERP 系统。有些几百人的小企业，年销售收入不超过亿元，却选择了一个功能强大的耗费上千万元的 ERP 系统。有些企业买了 ERP 系统，却又想上 OAS 产品，买了 OAS 产品，却又想上 PDM 产品，得陇望蜀，结果是哪一个产品都没有上好。有些企业不知道买什么 ERP 系统，只能盲目地跟风、无奈地表示，邻居用什么 ERP 系统，我就用什么 ERP 系统。

当然，有些公司正在致力于解决这些问题，力争降低 ERP 系统的选型难度。据报道，有些公司推出了数千元至数万元的号称"标准"的 ERP 系统，并且希望将这种标准的 ERP 系统放在市场上销售。这种销售方式的效果如何，能否真正地解决 ERP 系统的选型问题，我们正在拭目以待。

第三，闭门造车、照猫画虎，产品缺乏实用性。

ERP 产品有着严格、规范和科学的基本原理，基于这种基本原理开发 ERP 产品应该没有什么问题。但是，实际情况并非如此。由于 ERP 产品是一种管理思想的体现，它涉及了管理上的各个方面。仅掌握了一些管理理论和 ERP 产品的基本原理，而缺乏良好的软件设计和开发技术的人员，是无法从事 ERP 产品开发的。仅学习和掌握了软件设计和开发技术，没有受到系统的管理理论、ERP 产品基本原理的教育的人员，也是无法从事 ERP 产品开发的。然而，即使受过管理理论和 ERP 产品的基本原理的系统教育，也受过计算机软件工程学科的完整教育，但是却没有从事过任何的管理实践，这种人员也是无法开发出优秀的 ERP 产品的。因此说，ERP 产品的开发是一项很艰难的工作。

实际上，有许多人在从事 ERP 产品开发却没有企业工作经验。我的一位朋友自豪地告诉我，他在一家非常著名的软件公司从事 ERP 产品开发，并且是 ERP 产品开发小组的核心成员。我了解这位朋友，他的计算机水平很高，但是他没有在企业从事过任何的管理工作。我经常心存疑虑，以这种方式开发出的 ERP 产品能否在企业中真正得到应用。

据了解，现在很多公司在开发 ERP 产品时，一般采用两种开发策略，即闭门造车策略和照猫画虎策略。

第一种策略是闭门造车策略。这种策略是不考虑实际情况，只是按照 ERP 产品开发小组几个核心人员的自我想象来开发，不考虑企业是流程型生产还是离散型生产，不考虑生产方式是订单式生产还是装配式生产，不考虑生产能力是按照产品布局的还是按照工艺布局的，不考虑工艺装备是加工式制造还是装配式制造，不考虑生产线上的工人是高级技师还是初级工，所有的主生产计划的制定方式都是一样的，所有的加工路线的制定方式是不变的，所有零件的加工提前期都是按照同样方式确定的。企业使用按照这种策略开发出来的 ERP 产品，就像一个肩背 100 公斤大米、手拿一把大号锉刀的初级电镀工在一块厚达 20mm 的钢板上加工 Φ1mm 孔径那样吃力。

第二种策略是照猫画虎策略。这种策略同样是不考虑实际情况，但是并不是按照几个开发人员的想象，而是参照某个知名的 ERP 产品来进行开发。在一次讨论 ERP 系统功能的会议上，有一个开发人员曾经这样说："ERP 产品的开发没有什么难的，照着做就行了，别人有什么功能自己就增加什么功能。"这种开发策略自然存在许多问题。版权问题是个大问题，有关讨论这个问题的文章很多，这里就不多说了。照猫画虎策略还有两个大问题：问题一，即使照着别人的 ERP 产品开发，但是，由于不完全理解别人的 ERP 产品的深层技术，因此无法开发出真正可比拟的 ERP 产品；问题二，不同的企业需要不同的 ERP 产品，别人的 ERP 产品也是随着企业需求的不同而变化的，仅仅照搬别人的某一种 ERP 产品是不够的，这种产品同样缺乏实用性，很难在其他用户那里得到很好的应用。

第四，产品可用性太低，缺陷太多，到处是 bug。

现在有一个奇怪的现象。从表面上看，一些 ERP 产品花枝招展、风华正茂，就像二十多岁的青春男女那样朝气蓬勃。但是，这些产品一运行，就像年逾古稀的老者一样，走一步摇三摇，上气不接下气，一幅老态龙钟的样子。这些 ERP 产品，在开发商的演示者手中，如行云流水般顺畅。但是，当用户实际操作这些 ERP 产品时，却错误频出。这种现象说明了 ERP 产品的可用性太低，缺陷太多。

造成这种现象的主要原因有三：一是系统开发周期太短，ERP 产品还没有开发完成，更谈不上做测试，就急急忙忙地包装上市了；二是开发人员的水平良莠不齐，有些公司的开发水平比较低，他们所开发的 ERP 产品简直就是滥竽充数；三是某些 ERP 产品升级太快，每一个版本都留下了大量的错误和 bug。

严格地说，这就是假冒伪劣产品，这些缺陷太多的 ERP 产品应该受到有关部门的处理。实际上，这些 ERP 产品依然在市场上销售，虽然这些产品损害了 ERP 系统的声誉，但是依然有人愿意购买。这是一个非常奇怪的现象。

第五，功能过于简单或功能不足，缺少异常处理功能，很难适应企业管理的变化和多样性。

某些 ERP 产品提供的管理功能，就像许多教科书中介绍的管理功能一样，非常标准和简单，没有异常处理功能。例如，在库存管理功能方面，只有入库功能、出库功能和盘点功能。无论是有色金属原材料的入库，还是劳保用品、办公用品的入库，都完全是一个模式，填写的信息元素也是一样的。如果入库的原材料不合格怎么办呢？没办法，没有退货功能。可以说，这些 ERP 产品除了记录有关产品或原材料的信息之外，别无他用。

举个不太恰当的例子。可以把这些功能过于简单的 ERP 产品比喻为小学生学习的算术课本的内容，而企业中的许多管理问题是需要大量使用大学生学习的高等数学知识来解决。

这说明，许多 ERP 产品还处于一个初级阶段，功能还很肤浅，还没有达到可以实际应用的程度。另外，当前的 ERP 市场上缺少 ERP 产品的准入制度。从某种意义上来看，当前市场上的许多 ERP 产品还需要继续完善。

第六，以不变应万变，一招走遍天下，造成 ERP 产品过于庞大和复杂。

作者见过一个著名的 ERP 产品。该 ERP 产品曾经在市场上有过叱咤风云的过去。该 ERP 产品的特点是特别复杂。作者第一次接触该产品时，为该产品的复杂性而惊叹不已。该公司的负责人得意洋洋地告诉作者，这种复杂性是该产品十多年的经验积累。据该公司的负责人介绍，其 ERP 产品已经在很多企业中实施了。每到一个企业实施时，该企业都会有许多自己特殊的需求，他们也就把满足这些特殊需求的功能增加到了 ERP 产品上。到目前为止，该 ERP 产品至少可以满足 10 多个不同类型企业的需要了。作者问："ERP 产品上的许多功能是矛盾的，不可能在一个企业中同时使用。这怎么办呢？"负责人答曰："企业需要什么功能，他们就使用什么功能好了。不需要的功能，不使用不就行了？"作者问："这些不需要的功能都显示在窗口上，会严重影响用户的操作。如果不小心，还很有可能发生操作失误的现象。为什么不把这些多余的内容删除？"负责人答曰："删除这些多余的内容，本身是很简单的。但是，这样做会大大增加版本管理的复杂性。虽然窗口中的内容显示得很多，但是只要习惯了，也就好了。"

作者坚持认为，汽车厂使用的 ERP 产品与自行车厂使用的 ERP 产品应该不一样，更不能与服装厂使用的 ERP 产品一样。

有些 ERP 产品供应商，扩充一种版本的内容去适用各种不同的企业。这是典型的以不变应万变的示例。这种现象的主要问题是：该 ERP 产品会越来越复杂，维护起来越来越困难，复杂到某种程度后就可能变得无法控制，用户使用这种 ERP 产品时会遇到许多自己根本不需要的信息和功能，操作起来很不方便，使得错误操作频频出现，大大影响了系统的正常使用。

单单依靠一种版本打天下的时代早已过去了，如果还呆呆地信奉这条原则，那么将会很快被市场淘汰。

第七，捡了芝麻，丢了西瓜。只是在细枝末叶上下工夫，忽视了系统整体功能和质量的改善。

作者使用过一个 ERP 产品。该产品很有些个性，特别是在细枝末叶的地方显示了开发人员的精细工作。例如，在有关物料单位的定义和物料单位之间的换算方面下了很大的工夫。用户可以为每一个物料定义多种物料单位，其中的一个物料单位是主单位，其他单位是次单位，还可以定义主单位和次单位之间、次单位之间的换算关系。如果能做好这些工作，确实显示了软件开发人员的开发实力和对管理的认识深度。但是，该软件在物料属性定义方面，却显得内容单薄，无论是有色金属，还是黑色金属；无论是劳保用品，还是办公用品，所使用的物料属性都清一色地使用以下信息：物料代号、物料名称、物料型号、物料规格、物料重量、单位、数量、单价和供货厂商。由于属性数量过少，所以许多物料无法准确地得到描述，例如，对于黑色金属没有表示技术状态的属性。

这是一种普遍的现象。相当一部分 ERP 产品在细节方面下了很大的功夫。无论是从软件开发角度来看，还是从管理思想方面评价，这些细节都体现出了该产品有相当高的水平。但是，从系统的整体来看，功能性和产品质量都还有很大的缺陷。实际上，这种现象也容易理解。系统的整体功能涉及整个系统的各个方面，对整体功能的修改和完善是非常困难的，牵一发而动全身。但是，许多细节往往与系统的整体功能关系不大，是否增加细节功能和增加多少，基本上都是独立的。

这种现象应该得到制止。一个软件产品，如果只是在细枝末节上渲染功能、自我陶醉，势必喧宾夺主，那么最终的结果必然是绣花枕头好看不好用。因此，千万不要捡了芝麻，丢了西瓜。

第八，产品的安全性差，企业的商业机密难以得到安全保障。

ERP 产品实施之后，企业中的几乎所有商业机密，包括财务数据、客户数据、成本数据、订单数据、计划数据、库存数据、人资数据及设备数据等都存储在系统中。如果该 ERP 产品具有完备的安全体系，那么该系统就能正常地运行。具有不同权限的用户操作和使用不同的业务数据，ERP 产品中的业务数据可以得到很好的安全保障。

但是，如果 ERP 产品的安全性比较差，那么企业的商业机密就很难得到安全保障。这些安全性差的 ERP 产品的主要表现为：用户的授权机制不灵活，权限粒度粗放，不能集体授权和收权；认证模式需要提供用户名称和口令，其中，口令没有长度和复杂程度的限制和期限的限制，口令容易被窃取；前端用户有权限管理，但是后台数据库却没有权限限制，只要能够访问后台数据库的用户都可以随意操纵各种业务数据；只注重应用系统权限的管理，忽视了操作系统的权限管理，许多数据文件没有被安全地保护；重要业务数据的操作没有日志，经常遇到业务数据被修改却无法追查的状况等。

无论是操作系统，还是后台数据库和应用程序，都应该具备严格、规范、完善和灵活方便的安全管理机制。缺乏完善的安全功能和审计功能的 ERP 产品，业务数据和商业机密无法得到安全保障，从而使这些 ERP 产品无法得到正常的应用。

第九，产品的可扩展性差，产品不能随着企业业务的发展壮大而随之增强。

一个企业不可能是一成不变的。随着时间的推移和社会的发展，企业的经营环境也会随之改变，企业的经营对象、业务流程和地理位置等都有可能发生变化。与企业经营管理密切相关的 ERP 产品，也应该随着企业的变化而变化，功能应该不断地增加。否则，企业正在使用的 ERP 系统就成了企业发展的障碍。

但是，现在的许多 ERP 产品的可扩展性比较差，主要表现在以下 3 个方面：一，许多 ERP 产品的体系架构不是基于结构的插件，而是基于功能的插件。结构的插件本身是没有任何功能的，只有与其他结构的插件组合在一起，才能形成特定功能的模块。功能的插件本身是有一定功能的，更多的功能插件的组合可以完成更强大的功能。但是，功能插件之间具有相关性，过多的功能插件的组合非常复杂，且功能插件的开发也非常烦琐。二，许多 ERP 产品的业务数据定义、业务流程都是固定的，是很难改变的。即使可以修改，这种修改也是相当复杂的。有些程序人员曾经表示，宁愿重新开发一个新的 ERP 产品，也不愿在旧的 ERP 产品上进行修改。三，许多 ERP 产品的文档不规范。在原有的软件上增加新的功能，需要很好地理解原有软件的设计思想和设计过程。但是，如果文档不规范，即文档种类不齐全、内容不完整及格式不标准，那么作为知识载体的 ERP 产品文档就失去了其应有的作用。

提高 ERP 产品的可扩展性，增强产品随着企业经营状况的变化而变化的可适用性，这样 ERP 产品才会有长远的生命力。

第十，产品的可操作性差，烦琐、复杂、重复且僵化，给人一种十分笨拙的感觉。

目前许多产品都有这样的一种现象，操作时过于烦琐和僵化。例如，某个 ERP 产品，操作人员在选择物料时，总是需要从企业的所有物料中选择，不能有丝毫的简化操作。普通的一个企业，物料动不动就是数万、数十万个。从如此多的物料中选择一个物料，至少需要翻数十个页面，这对操作人员的耐心是一次考验。如果希望创建一个 BOM，那么需要反复地选择物料。如果能够对物料进行逐层的选择，那么这种操作就可以得到大大的简化。

在一些 ERP 产品中，当执行一些操作时，特别是一些耗时的操作过程中，竟然没有提示信息。很多时候，当执行完某个操作后，由于长时间没有结果，给人一种这样茫然的感觉：操作死机了，还是正在执行？

作者使用过一个 ERP 产品，该 ERP 产品的 BOM 定义的操作性比较差。在一个企业中，许多不同的产品中包含着相同的部分(零件、组件等)，这些相同的部分是可以重用的。但是，该 ERP 产品不提供 BOM 结构的复制操作。这就造成每一个 BOM 结构都需要单独定义，无法充分利用已经存在的 BOM 结构中的部分内容。

作者接触过许多 ERP 产品的开发人员，在与他们谈话时了解到，他们的工作重点是如何增加 ERP 产品的功能、如何消除产品中的缺陷，但是对于如何提高产品的可操作性、用户易用性，他们总是说没有时间、没有精力和以后再做等，甚至一副不屑一顾的样子。

作者认为，ERP 产品首先是一个商品，才可以被用户接受。一个商品，如果不考虑用户体验，技术人员只是考虑自己的感觉，那么这种商品很难在市场上得到用户的认可。

第十一，用户界面风格不一致，术语不一致。用户界面是 ERP 产品的相貌，一定要着意打扮。

作为一个 ERP 产品，用户界面风格应该一致，界面大小、字段位置、排列方式、术语使用方式等都应该一致。否则会给人一种粗制滥造的感觉。下面通过两个实例说明这种现象。如图 9-1 和图 9-2 所示的都是描述物料基本属性的窗口部分。但是，这两个窗口中的物料属性的排列方式差别很大，例如，"有效天数"和"复检天数"属性的排列方式不一致，在图 9-1 中是水平排列，但是在图 9-2 中却变成了上下排列；"备注"属性的位置显然不同；"存货管理"和"保税品"属性分别至于顶部和底部；"保质期管理"属性的位置截然不同等。

图 9-1　物料基本信息窗口(部分)

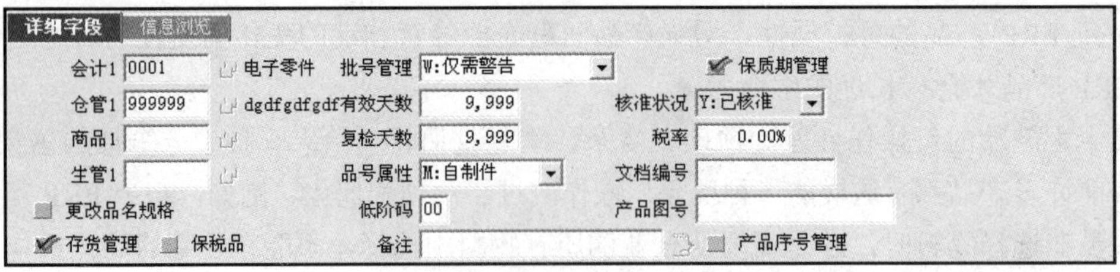

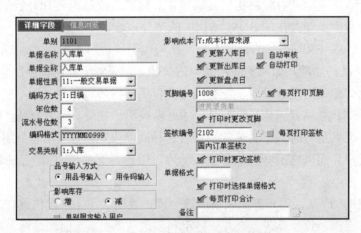
图 9-2　物料详细字段窗口(部分)

　　下面再看一个实例。如图 9-3 和图 9-4 所示的是某个 ERP 产品中设置单据属性的窗口(部分)。在这两个窗口中，"品号输入方式"的布局格式不一致，前一个窗口中有缩进，后一个窗口中没有缩进；"备注"属性的布置位置差别过大，前一个窗口中位于末尾，后一个窗口中却位于中间；"页脚编号"、"签核编号"和"单据格式"相关内容的布局方式显然不同；图 9-3 中的"单别限定输入用户"复选框显然与图 9-4 中的"限定输入用户"复选框不仅位置不同，而且术语也不一致。需要注意的是，图 9-3 中的"单别限定输入用户"复选框只显示了上半部分，该窗口本身即如此。这种不一致的现象还有很多。

图 9-3　设置入库单据性质窗口(部分)

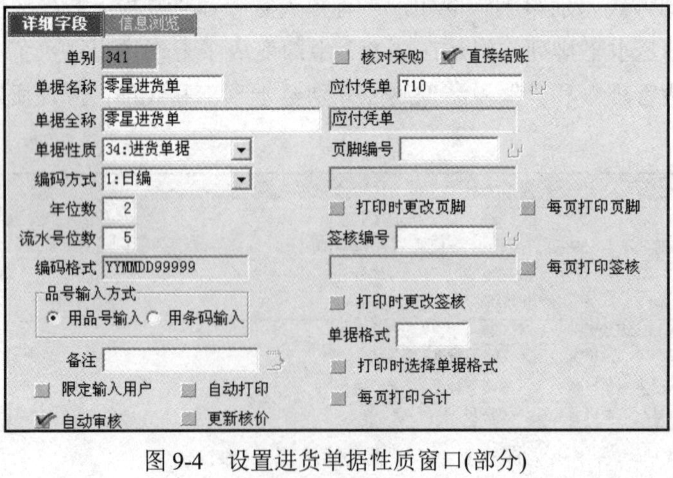

图 9-4　设置进货单据性质窗口(部分)

这些不一致现象大大影响了 ERP 产品的严肃性和权威性，降低了 ERP 产品的使用性，最终使得用户不愿意使用而导致 ERP 产品实施失败的后果。

第十二，各个模块之间的逻辑关系差，无法保证整体数据的一致性，这种现象最终导致 ERP 系统中数据质量低下，影响了 ERP 产品的声誉。

在 ERP 系统中，建立和维护模块之间的逻辑关系是企业业务的客观需求，是保障 ERP 系统中数据高质量的重要措施。但是，有相当多的 ERP 产品没有做好这项工作，使得 ERP 系统中的数据质量很难得到保障。

一位资深的 ERP 开发人员曾经向作者透露过一个秘密："有些 ERP 产品中的逻辑关系非常少，甚至许多模块之间没有建立逻辑关系。对此，ERP 产品厂商的说法是，这样做的目的是为了满足国内企业的实际需要。如果逻辑关系建立完善了，那么用户就没有办法根据自己的需要灵活地执行操作和使用数据。如果不建立完善的逻辑关系，那么用户可以根据实际情况，通过建立各种规章制度来确保业务数据之间的逻辑关系。但是，实际上，这是 ERP 产品厂商自欺欺人的做法，其目的是为了简化系统分析和设计的工作和躲避规范，为了简化代码的编写，ERP 系统内的许多必要的逻辑关系都被忽略了。"

ERP 产品是一种先进管理思想的表现形式，使用 ERP 产品是提高企业管理水平的重要措施。但是，这些说法是有前提条件的，即 ERP 产品必须严格按照 ERP 的基本理念和规范的软件工程方式进行开发，必须是一个系统的、完整的、有效的、严格的并基于计算机的辅助管理软件产品。这些对 ERP 产品的不负责任的做法、投机取巧的行为，不仅仅损害了某个公司的商业利益，而且也严重地损坏了 ERP 产品本身的声誉。

## 9.1.3　企业管理基础薄弱类原因

企业管理基础薄弱类原因是指由于企业的基础管理不到位而影响 ERP 系统实施效果的原因。无论是企业的规章制度建设，还是企业的计算机应用水平；无论是企业的资源编码，还是基础数据的积累和维护，都存在着亟待改进的问题。下面详细介绍企业管理基础薄弱的主要表现形式。

第一，企业规章制度不健全，业务流程管理混乱、业务流程设计不合理以及企业管理混乱，为 ERP 系统实施带来了管理障碍。

目前，我国的许多企业普遍处于感性管理阶段，缺乏理性的、科学的管理意识和手段。管理缺乏完整的管理标准和工作标准。现行规章制度可操作性差，活动质量难以度量，例如，校对、审核、审定及审批等活动缺乏定量衡量标准。企业内部职能界限、岗位分工定义模糊，部门之间扯皮现象严重，许多企业领导经常陷于日常琐碎事务的协调处理过程中，无法集中精力考虑企业的长远发展方向和重大决策。许多企业组织结构臃肿、管理层次冗余和命令下达方式繁杂，没有形成扁平化、高效率和敏捷反应客户需求的组织结构。企业普遍缺乏对业务流程进行表示、度量、分析和优化设计的方法和手段。企业没有形成面向业务流程的管理格局，本位主义、部门利益至上等现象造成了企业整体管理局面的无序状态。企业各管理环节的连贯性差、缺乏必要的信息技术支持手段，信息交互性差，使得许多信息形成隔离状态。在许多企业中，异常流程横行霸道，潜藏于企业运行中的各个环节，但是许多企业对这些反常现象熟视无睹，把异常流程当作正常流程对待，对异常流程的控制过于宽松，有过不究的现象十分严重。这些众多的管理问题为 ERP 的实施带来了严重的障碍，阻碍了 ERP 的顺利实施和应用。

ERP 的实施和应用要求企业具备规范的、标准的规章制度和业务流程，要求企业具备可以度量的管理标准和工作标准，要求企业具备使用计算机进行管理的习惯和文化。

第二，企业缺乏完整的、科学的资源编码体系，许多企业甚至没有统一的物料编码，企业资源管理混乱，为 ERP 系统实施带来了资源(特别是物料)的标识和识别阻力。

企业资源是企业从事正常生产经营活动中使用的各种产品、物料、设备、工具、图样和档案等有形物质。在手工管理阶段，相对来说，企业资源有无编码不是一件十分重要的事情，因为人们可以很方便地通过资源的各种属性来识别这些资源。但是，在基于计算机技术的信息系统管理阶段，企业资源作为信息管理的重要内容，合理、有效及唯一的资源标识则显得异常重要。因为在 ERP 系统中，各种资源是作为数据存储在数据库中的，这些资源的定义、存储、传输、识别和使用等都是基于这些资源的编码。

企业资源编码也是企业标准化工作的一项重要内容，是企业信息积累的一种重要方式，是企业提高产品质量的一条根本性的措施。但是，许多企业的技术标准与产品设计、工艺设计、物料采购、工装设计和配备等工作没有建立合理的关联，造成重复设计现象严重，工装工具数量爆炸，物料采购数量和渠道凌乱。

作者在一个企业调研过程中发现，该企业的产品并不复杂，产品型号不超过一百个，但是该企业使用的各种物料、零件和工装累计起来有数十万个。这些物料、零件和工装没有统一的编码，甚至物料根本就没有编码。该企业的许多问题几乎都与物料供应不及时、工装加工周期过长及零件质量低下有关。作者认为，如果该企业建立了系统、完整及科学的编码体系，那么许多问题就可以迎刃而解了。

第三，不重视企业基础数据的管理工作，严重缺乏基础数据的积累和维护工作，基础数据的准确性和时效性比较差，管理方式粗放，为 ERP 系统实施中的基础数据采集带来了许多额外的分析和评估工作。

在许多企业中，基础数据管理工作没有得到应有的重视，甚至许多企业没有建立基础数据管理机制。许多企业的管理方式依然是粗放式、定性和随意的，没有建立精细、定量和标准的管理机制。企业管理中的各项定量指标，例如，加工工时定额、材料用料定额、物料采购提前期、物料库存定额、零件库存定额和管理工时定额等，普遍缺乏科学的制定方法，数据不完善、不准确及定额维护工作延迟现象特别严重。

从某种意义上来讲，ERP 系统是一种基于精细化、定量化管理的信息系统。没有准确、有效的基础数据，就没有了 ERP 系统的管理。例如，加工工时定额不准确，ERP 系统就无法实现有效的排产工作；材料用料定额不准确，ERP 系统就无法准确地计算物料需求计划中物料的数量。

尤其需要引起重视的是许多企业缺乏管理工时定额。许多企业认为,日常管理工作是一种弹性工作,很难确定其工时定额。但是,这种想法是不正确的。实际上,日常管理工作完全可以通过科学分析和度量,准确地确定工时定额。当前,许多组织正在建立和完善日常管理工作的工作标准。例如,北京市公安局出入境管理处规定,办理因私出国护照的办理周期为 5 个工作日。这里的 5 个工作日就是一个工作标准。规范化和标准化日常管理工作是加强企业基础管理工作的一项重要内容,是提高企业管理水平的关键环节。

第四,企业标准化工作管理薄弱,产品结构更改频繁,BOM 数据复杂且维护困难,造成作业计划的制订和维护工作频繁,计划工作失去了准确性和权威性。

作者在一个数万人的大型企业调研时,发现一个现象,该企业的标准化工作由科技处下面的标准化室承担。在这个标准化室中,只有 3 个标准化工作人员。我问该公司的孙总经理:"标准化室的工作职责是什么?"孙总回答说:"组织制定和发布企业标准,负责审查产品图纸。"我又问:"负责审查产品图纸的什么内容?"孙总不耐烦地说:"审查的主要内容是,图纸上的字体和数字是否符合标准要求,要求填写的内容是否完整,产品图样的编码是否符合规定。"我不解,又问:"3 个人可以做好整个公司的标准化工作吗?"孙总笑曰:"足够了。"如果标准化工作真是这样,标准化工作休矣!

企业标准是企业知识积累的结晶,是实现企业知识重用的重要工具,企业标准化是实现企业知识积累和企业知识重用的首要工作。企业标准化工作不是企业的负担,不是可有可无的工作,不是仅仅审查产品图样的外表是否符合标准的规定,而是应该重点审查产品图样中的零部件是否按照标准规定选用标准件、通用件以及物料等。

目前,许多企业面临着多品种小批量的生产问题。解决这种问题的一种有效方法就是从产品设计的源头大力推进标准化工作。设计人员应该尽可能地选用标准件、通用件,标准化工作人员应该加快零部件设计和选用标准化、物料选用标准化、工装工具选用标准化的审定和发布工作。只有从源头上加大解决多品种小批量的生产问题的力度,才有可能将这种问题转化为对多品种大批量生产有利的环境,将劣势转化为优势。

第五,许多企业重视对 ERP 产品的选型和操作技能培训工作,忽略了对 ERP 管理思想的培训,增加了 ERP 系统实施的消极情绪的阻力。

重技术、轻管理,重技能培训、轻思想教育。这是我国许多企业待医治的通病。在 ERP 系统的培训和使用方面,这种思想的表现形式是:许多企业重视对 ERP 产品的选型和员工操作技能的培训工作,但是忽略了对 ERP 系统管理思想和这些思想将对企业生产经营产生什么样的影响的教育工作,造成了企业员工以各种消极形式阻碍 ERP 系统实施工作的顺利进行的现象。

在作者参与 ERP 系统实施的企业中,许多员工或多或少地产生这样的认识或情绪,"ERP 系统实施结束之后,我们就要下岗了。我为什么还要支持呢?""ERP 系统实施对企业当然有好处了,但是我们的利益也就没有了。""ERP 系统实施结束之后,我这个处长不知道是一个什么样的下场,我为什么和你们没日没夜地忙活呢?"作者了解到,有这些想法的员工绝对不是少数,许多国有大中型企业的员工尤其如此。

企业技术水平的提高,离不开员工的技术素质的提高;企业管理水平的提高,从根本上就是企业员工综合素质的提高。企业的绝大多数工作都是由人工操作完成的,离开了人,企业的工作马上就会陷于瘫痪。高素质的顶尖人才,是企业的重要资源;高素质的企业员工队伍,也是企业的宝贵财富。充分调动企业广大员工的工作积极性和能动性,是做好企业各项工作的基础。虽然 ERP 系统是一种基于计算机技术的信息系统,但是该系统的运行好坏、系统中数据质量的高低都与企业员工整体素质有密切的关系。

在进行 ERP 系统培训过程中,不仅要讲清楚如何操作 ERP 系统,而且还要为企业员工讲清楚以下几个问题:为什么要在企业中应用 ERP 系统? ERP 系统的应用与企业业务流程再造、组织机构重组之间的关系如何? ERP 系统的应用与每一位员工之间的关系如何? ERP 系统实施成功之后,哪些岗位有可能被取消,哪些岗位的工作内容会调整,会增加哪些新岗位? ERP 系统实施过程中,每一位员工应该树立什么样的态度,应该怎样支持 ERP 系统实施的工作? ERP 系统实施成功之后,企业应该怎样对待面临各种困难的员工?在解释这些问题时,一定要实事求是,不能报喜不报忧,也不能报忧不报喜,既要把困难说透,也要把好处讲清楚。

第六,许多企业的计算机应用水平整体较低,缺乏对计算机基本操作的训练和规范,为 ERP 系统实施带来了额外的负担和风险。

企业信息化建设是大势所趋,但是信息化建设不是一蹴而就的,而是需要脚踏实地、勤勤恳恳地工作。应该说,企业信息化建设是企业计算机应用水平达到一定程度的产物,是一种由量变到质变的自然过渡。企业信息化建设虽然可以借助外力加快实现的步骤,但是这种加快绝不能是毫无理由的揠苗助长的过程。

目前,在我国的许多企业中,计算机应用水平还比较低,有些人、有些部门还没有使用计算机。这种现象在企业的管理领域尤其如此。许多企业的管理工作,例如,制订生产计划、质量分析、设备维护及仓库保管等,都还处于手工管理阶段。即使有些管理部门配备了计算机,但是,这些计算机的主要作用是制作各种文档、报告和报表,即使有一些管理软件,这种软件也不是系统的、完整的、规范的,仅仅是一种随意的、局部的应用,没有起到有效管理的作用。许多企业中的员工,对计算机的应用还很神秘,有恐惧心理。

ERP 系统的实施是企业信息化建设中的重要环节,是企业计算机应用达到一定程度的自然产物。如果企业的计算机应用水平非常低,那么,在 ERP 系统实施过程中必然需要花费更多的时间和精力进行计算机应用的普及工作。这无疑延长了 ERP 的实施周期,提高了 ERP 系统的实施成本,增加了 ERP 系统的实施风险。

因此,应该大力推动企业计算机技术的应用,提高企业计算机应用水平,为企业顺利实施 ERP 系统打下一个坚实的基础。

## 9.1.4　人员素质低下类原因

人员素质低下类原因是指许多企业的人员素质与 ERP 系统实施后的客观要求还有相当大的差距。无论是企业领导,还是 ERP 系统管理和维护人员,其素质高低直接影响 ERP

系统实施和应用的成功和失败。下面详细介绍人员素质低下类原因的主要表现形式。

第一，缺乏既熟悉业务管理又掌握 ERP 系统技术的复合人才，造成 ERP 系统实施、使用和维护过于依赖外界力量。

既熟悉业务管理又掌握 ERP 系统技术的复合人才是当前企业最急需的人才。作者在许多企业调研中发现，很多企业领导坦言："当前企业缺乏既懂业务管理，又懂 ERP 系统技术的复合人才"。并且希望作者尽快地多推荐这方面的人才。作者理解这些企业领导求贤若渴的心情，正所谓千军易得，一将难求。

在 ERP 系统实施过程中，企业可以依赖 ERP 厂商、ERP 系统实施商及 ERP 咨询商等外界力量。但是，在 ERP 系统实施过程中，不能简单地把所有工作都交给这些外界力量，企业必须在实施过程中真正培养出自己的 ERP 系统人才。虽然有人认为，可以通过外包解决这种 ERP 系统复合人才不足的问题。但是外包方法也存在着以下问题：一，外包公司对本企业的业务管理往往不熟悉，很难深入到问题本质；二，ERP 系统应用过程中出现的许多问题频度很高，需要在现场及时解决，外包公司很难做好这一点；三，由于许多外包公司人员流动频繁，现实中，ERP 系统中存储的许多商业机密很难得到有效的保护；四，外包成本非常高。

作者认为，要想从根本上解决这个问题，可以通过以下 3 种途径：一，通过各种渠道高薪招聘既懂业务管理又懂 ERP 系统技术的复合人才，为其赋予 CIO 权力或相等权力的位置；二，企业应该不拘一格大胆地起用一些熟悉 ERP 系统技术的年轻人才，把他们放在类似 CIO 的职位上，通过磨练，把他们快速培养成企业亟需的复合人才；三，企业应该将一些有志于从事 ERP 系统技术工作的业务骨干，送到有关 ERP 技术的院校、公司进行重点培养。

第二，部分员工不会使用计算机，或者不习惯使用计算机来工作，使得 ERP 系统实施和应用缺乏人力资源的基础。

一个企业要想发展，需要两种人才。第一种人才是出类拔萃的业务骨干，这是企业建设和发展的宝贵的人才资源；第二种人才是业务综合素质高的员工队伍，这是企业建设和发展的人才基础。业务综合素质包括计算机能力等。随着企业的发展和壮大，信息化建设显得越来越重要，对具有计算机高素质的员工队伍要求也越来越严格。信息化建设的成功，特别是 ERP 系统实施的成功，必须基于大量掌握计算机技能的员工队伍。

另外，还有一些员工，习惯使用手工制作报告、手工统计数据，不习惯使用计算机工作。这种习惯必须改变。可以采取这样的措施改变这种习惯：循序渐进地强制规定某些报告、统计数据必须使用计算机来完成，等到时机成熟，强制完全使用计算机来完成工作。比如治疗慢性疾病，应该首先使用温药，待到某种程度时再使用猛药。

高素质的人才永远都是企业宝贵的财富。人才是可以培养出来的。企业不仅仅是需要人才的地方，而且也是培养人才的基地。企业一方面可以通过外界吸取自己需要的各种人才，另一方面又必须不断地提高企业现有员工队伍的技能素质。只有提高了企业员工队伍的整体素质，企业的各项工作才能做得更快、更好。这种对人才素质的要求，不仅是 ERP 系统实施的要求，而且是企业自身发展的客观要求。

第三，某些企业领导随心所欲，不愿意受到 ERP 运行系统的制约，造成与 ERP 系统运行有关的规章制度形同虚设。

企业需要法制，不能实行人治。企业是一个有机组织，其运行有自身的规律，企业中的每一位员工，上至企业领导，下到普通员工，都不能在企业运行过程中随心所欲、胡作非为，必须按照企业约定的各种规章制度行事。如果规章制度不合适，那么可以通过正常渠道和规定程序修改相应的规章制度。大量的实践证明，一个企业的规章制度能否被认真地执行，关键在于企业领导能否率先自觉地执行。在一个企业中，只有企业领导才能轻而易举地摧毁所建立的各项规章制度。

在一个企业中，ERP 系统实施完成之后，进入了运行阶段。ERP 运行有其自身的规律。应该按照规定的业务流程工作，应该按照 ERP 系统的统计数据指导工作。但是，有些企业领导，不愿意受到过多的约束，经常根据喜好和兴趣任意修改 ERP 系统中的业务数据。例如，如果工时数据不合适，随意修改工时数据；如果成本数据不合适，随意修改成本数据；如果计划数据不合适，随意修改计划数据。长期下去，这种做法会造成 ERP 运行系统中的基础数据和业务数据与企业的实际状况严重不符，ERP 运行系统形同虚设，最终导致 ERP 系统运行失败。

作者在一个企业实施 ERP 系统过程中，该企业的领导曾经提出这样一个问题："ERP系统运行之后，如果企业希望向银行系统和税务部门提供内容不同的报告时，应该怎么办呢？"这不是一个难以解决的问题，解决的办法其实很简单：向银行系统和税务部门提供内容相同的真实报告。

把一个简单问题看成一个复杂的问题，然后花费大量的时间、金钱和精力去解决这个复杂的问题。这是一种悲哀的现象。

第四，垃圾数据进，垃圾数据出。许多实施 ERP 系统的企业，在业务数据采集过程中，由于缺乏对有效数据的审查制度，许多无效数据被输入了 ERP 系统中，结果造成 ERP系统数据质量低下，由 ERP 系统提供的各种报告失去了指导工作的实际意义。

在 ERP 系统的运行过程中，业务数据采集是使用 ERP 系统的起点，是业务数据存储、处理、传输和使用的基础，是确保 ERP 系统数据高质量的重要环节，是实现由业务数据向管理信息转变的前提。鉴于业务数据采集在整个 ERP 系统运行过程中的重要性，必须建立和完善业务数据采集的管理规章制度，对采集过程、岗位设置、采集方式和工具、采集时间、数据采集前校对、数据采集后质量审查、数据质量校正、责任定义和追究有明确的、详细的且操作性强的规定。

许多企业由于业务数据采集混乱，例如，采集过程混乱、岗位设置模糊、采集方式和工具不规范、采集时间随意、缺少校对、缺乏质量审查和校正及责任不清，最终会造成数据质量满足不了业务正常使用的要求。这种现象必须通过建立可操作的规章制度来解决。

## 9.1.5　项目管理不善类原因

项目管理不善类原因是指 ERP 系统实施项目没有很好地按照项目管理的基本要求去执行，造成项目延期、费用超支、人员离职及项目计划没有实现等后果，甚至导致项目彻底的失败。研究 ERP 系统实施项目管理不善的原因，有利于在 ERP 系统实施过程中避免同样类型错误的发生，从而降低项目的风险。下面详细介绍项目管理不善类原因的表现形式。

第一，项目实施团队角色分工不清、责任不明，实施工作难以顺利地展开。

ERP 项目实施团队是 ERP 项目实施的动力和载体。一个成功的项目实施团队，至少包括 5 个角色，即负责整个项目的重大问题决策、资金分配、用户联系和协调、对外宣传及工作监督的项目总管角色；负责整个项目的工作计划安排、成员分工和调度、团队工作指导和协调、风险管理和控制及项目总结和汇报的项目经理；负责项目的企业管理调研、管理诊断、构思管理问题解决方案及编写管理咨询文档的管理顾问角色；负责项目的网络建设、ERP 系统培训、环境配置、数据库安装、ERP 系统安装、基础数据采集、样本数据试运行和运行及编写技术文档的技术顾问角色；负责整个项目的文档收集、分类、存储、维护、版本控制、借入借出及打印装订等工作的文档管理角色。不管项目大小，无论团队成员数量多少，这些角色都是必不可少的。

在对 ERP 系统实施项目的调研中，发现在很多失败的项目中，实施团队的角色分工不清，或者缺少某些角色。例如，有些实施团队的角色分工不细，造成权责不清，工作没法落实至具体工作人员，出了问题没人负责；有些团队没有管理顾问角色，只有技术顾问角色，不能有效地解决企业中的许多管理问题，造成企业中的管理问题无法真正得到解决；有些实施团队的主管长官意识浓厚，不顾分工和计划，随意安排员工的工作，造成团队中的许多员工角色失去了能动性，只能被动地按照主管的安排行事。

在 ERP 系统实施团队中，必须建立明确的分工和协作责任制，每一个角色都清楚自己的工作内容和职责所在，都清楚地知道如何与其他员工进行工作协作。只有这样，才能真正做好 ERP 系统的实施工作。

第二，实施人员缺乏相关行业背景知识或理解业务能力不足，实施工作无法深入地开展。

ERP 系统的实施工作不是人人都可以从事的。ERP 系统的实施工作是一项具有交叉学科性质的艰巨的工作，必须具有较高综合素质的人员才可以从事这项工作。但是，在 ERP 系统的实施案例中，由于实施人员缺乏相关的行业背景知识或对业务理解不足，最终导致实施工作无法深入地开展下去。

缺乏相关行业背景知识和业务知识的危害性在于，不理解行业术语，无法尽快地与用户的业务人员深入地沟通和交流，很容易失去用户的信任。ERP 系统不仅是一个软件产品，还是一种集成化的管理思想的载体。不了解用户的业务，就无法准确、有效地配置 ERP 系统。钢铁行业的流程型生产模式与汽车行业的离散型生产模式是不同的，金融行业的管理模式与机械加工行业的管理模式有极大的差别，家具行业的生产管理模式与空调器的生产管理模式又有天壤之别，制衣行业的业务流程与图书出版行业的业务流程相差甚远。

当然，要求一个 ERP 系统实施人员具有所有行业的相关知识是不现实的，也是不可能的。但是，作为一个 ERP 系统实施人员，最起码应该具备通常的企业管理知识和业务理解能力。这种要求并不苛刻，因为 ERP 系统不是一个普通的软件系统，而是一种承载管理思想的载体。ERP 系统的实施是集成化管理思想的实践。不懂管理基本原理的人无法从事 ERP 系统实施工作,不懂业务基本知识的人也无法从事 ERP 系统实施工作,不懂计算机基本技术的人无法从事 ERP 系统实施工作。这些说法不是凭空提出的,而是从大量的成功和失败案例中总结出来的。

第三,没有制定好阶段性目标和计划,工作盲目,造成人财物浪费、工作没有完成。

目标是工作的方向,计划是达到目标的可行措施。ERP 系统实施是一个庞大的工作项目,它的完成不是一蹴而就的。应该根据该项目的特点,制定出一些阶段性目标和计划,然后根据这些阶段性目标和计划,安排人力、财力和物力。

许多失败的 ERP 系统实施项目,一个很重要的原因是计划安排不合理。有些 ERP 系统实施项目,缺少计划或者计划过于粗放,操作性差,控制性也差;有些 ERP 系统实施项目,计划只是一个应付用户检查的摆设,实际执行与计划完全是两码事;有些 ERP 系统实施项目,计划安排不合理,目标设置偏离实际,忙闲不均,轻重缓急不清,造成人财物的分配不合理。

一个有效的 ERP 系统实施项目的实施计划,它至少有 3 个作用:它是深入理解 ERP 系统实施项目全过程的手段;它是合理分配人财物的依据;它是评价 ERP 系统实施项目工作好坏的重要基准。制定 ERP 系统实施项目的实施计划不是一件轻而易举的事情,而是需要耗费一定的时间、人力和财力的工作。如果对 ERP 系统实施项目的整个过程缺乏完整、细致的认识,就无法制定出精细、合理及有效的实施计划。如果制定出了合乎要求的 ERP 系统实施计划,那么,对 ERP 系统实施工作的认识必然是相当完整的。一般情况下,在一个 ERP 系统实施团队中,包括了多个不同的实施角色。这都是很有价值的人力资源。应该按照合理的实施计划,合理地分配这些资源,使得人尽其才、物尽其力。实施工作的好坏和成败,是一种相对的说法。例如,一个学生考试成绩是 5 分,该学生的成绩是好还是坏呢?不一定。如果成绩满分是 100 分,则该学生的成绩相当差;但是,如果成绩满分是 5 分,则该学生的成绩相当好。因此,实施计划也是实施项目的基准,是判定实施结果的一项重要工具。

第四,项目实施经费不足,实施工作无力继续进行。

许多 ERP 系统实施项目由于实施经费不足,造成实施工作无法继续进行。这是 ERP 系统实施项目中的一种常见现象,也是导致 ERP 系统实施项目失败的一个根本原因。

造成实施经费不足的原因主要有:项目计划安排不当,造成项目前期开支过大,后期经费不足;项目到期后没有按时完成,实施商不得不延期实施,但是用户只按照以前约定的期限支付项目费用,造成实施经费不足;ERP 系统实施项目的费用被任意挪作他用,造成 ERP 系统实施本身缺乏经费支持;在项目实施的过程中,项目范围被扩大,但是项目期限和费用却没有随之变化,造成项目后期的费用不足;签订 ERP 系统实施项目合同时,项目费用被一压再压,费用过低,造成项目后期各项开支捉襟见肘。

ERP 系统实施项目的开支内容主要包括实施商的日常办公费用、实施人员的工资、专家费用、通信费用和差旅费用等。在这些开支中,实施人员的工资和专家费用占了很大的比重。如果经费不足,那么就很难聘请到高水平的实施顾问和专家,如果没有高水平的实施顾问和专家参与到 ERP 系统实施过程中，那么，ERP 系统实施就很难保证有一个很好的结果。

据作者了解，有些 ERP 系统实施项目在实施的过程中，由于经费不足，造成实施顾问陆续离开实施团队，最终导致实施项目因缺乏人力而无法进行下去。

第五，系统实施商和用户缺乏有效的沟通渠道和方式，实施中的问题不能及时发现和解决，导致实施商和用户之间的矛盾激化，实施过程被迫停止。

沟通是一种非常重要的行为。无论是在日常生活中，还是在 ERP 系统实施过程中，沟通都是不可缺少的重要内容。沟通是在特定情境或环境中，两个或两个以上的人利用语言的、非语言的手段进行协商谈判以达到一致意见的过程。有效沟通包括两个方面的含义：一是，选择有效的沟通方式；二是，选择有效的冲突解决方案。

有效的沟通方式包括语言沟通和非语言沟通。语言沟通包括书面沟通和口头沟通，这些沟通方式的效果依据沟通环境的不同而不同，传言(又称流言、小道消息等)也会对有效沟通产生一定的影响。与口头沟通相比，书面沟通的特点是准确度高、易于保存、更加周密、更有逻辑性及条理更清楚，但是，这种沟通方式耗时、沟通的信息量受到限制、缺乏反馈。非语言沟通方式包括手势、面部表情和语调等。在 ERP 系统实施过程中，实施商和用户的沟通是非常频繁的，因此应该根据具体的场景选择合理的沟通方式。在大多数情况下，应该采取混合的沟通方式，例如，正式的报告、申请及建议，也包括口头上的汇报、交谈。作为一个实施商，在用户面前，应该时刻注意自己的各种行为，一定要表现出尊重他人、性格坚定、胸有成竹和处乱不惊。

在 ERP 系统实施过程中，实施商与用户的冲突也是在所难免的。例如，在处理某个具体问题时，用户认为这是实施商应该做的事情，而实施商认为这是额外的工作，导致双方争执不下，这是一种典型的冲突。对于这种冲突，一定要选择合理、有效的冲突解决方案。怎样有效地解决实施过程中的冲突现象呢？管理大师肯尼思·托马斯认为，冲突的处理者首先应该明白对方的意图，然后对冲突做出反应。个人的反应依赖于其合作精神和坚定性，合作精神是指个人为了适应他人的目标而调整自身所关注目标的程度，坚定性则指的是为了满足自身的要求而试图调整冲突的程度。基于此，肯尼思·托马斯提出了以下 5 种不同的解决冲突的方式：坚定而不合作的强制方式；坚定但是合作的协作方式；不坚定也不合作的回避方式；不坚定但是合作的迁就方式；坚定性折中和合作性折中的妥协方式。

在这些解决冲突的方式中，每一种方式都有自己的优点和缺点，没有一种方式是十全十美的。一定要根据冲突的实际情况，选择一种或多种冲突处理方式。例如，在 ERP 系统实施过程中，当需要对重大问题进行迅速处理时，或者当其他人的意见无足轻重时，应该采取强制方式来解决冲突。当问题特别重要而不可能通过妥协折中来解决时，或者冲突双方都希望双赢的局面出现时，最好的方式是协作。当冲突双方情绪高涨而需要时间恢复平静时，或者当武断的行动所带来的潜在破坏会超过冲突解决后获得的利益时，可以考虑采取回避方式。在 ERP 系统实施过程中，当争论的问题不是很重要时，或者希望为今后的工作建立信任时，迁就是一种不错的冲突解决方式。在 ERP 系统实施过程中，当冲突双方势均力敌时，或者当希望一项复杂问题取得暂时的解决办法时，可以选择妥协方式。

第六，随意改变 ERP 系统实施项目范围，造成项目内容膨胀，实施商压力过大，最终导致项目停滞。

在 ERP 系统实施项目中，经常看到一种奇怪的现象。无论是在实施前，还是在实施过程中，用户总是希望不断地扩大 ERP 系统实施项目的范围，而实施商总是对这件事闪烁其词，态度比较敷衍。作者曾经遇到过这样一个 ERP 系统实施项目，在签合约时，标的是 ERP 系统实施。但是在实施过程中，用户提出了增加业务流程再造的内容，实施商爽快地答应了。过一段时间，用户提出应该在项目中增加规范化、精细化及标准化管理的内容，实施商犹犹豫豫地答应了。又过了一段时间，用户提出了在项目中增加 OA、电子商务及 CRM 的内容，实施商咬紧牙关答应了。项目内容虽然不断地增加，但是相对而言，项目期限和费用的增加是非常有限的。用户很高兴，他们认为自己在这个项目上占了很大的便宜。但是，结果如何呢？本来一年的项目，现在拖了两年多，不要说 OA、CRM 及电子商务了，就连 ERP 系统也没有实施好。

造成这种奇怪现象的原因有很多。例如，实施商担心用户可能随时中断 ERP 系统实施，不敢对用户说不；实施商本着用户至上的原则，因此一味地迁就用户的无理需求；实施商没有一个可行的计划，自己也不清楚增加后的工作量和项目期限之间的关系，盲目地答应用户的需求。

有人会问，难道签订合约之后，用户就失去了更该项目范围的权利了吗？不是。用户至上的原则是实施商必须遵守的，但是这种遵守是有条件的。在变更合约的过程中，应该始终遵循权利和义务平衡的原则。如果用户提出了超出原有合约的项目范围，那么用户就应该增加费用开支、延长项目期限。ERP 系统的实施应该是一个用户和实施商双赢的项目，不是一方赢、一方输的单赢项目。对于实施商来说，应该慎重对待项目增加的内容，不要轻易地答应或允诺。是否增加项目的范围，一定要经过用户和实施商双方认真地协商才能够最终做出决策。

第七，ERP 系统实施期限太短或太长，实施过程无法控制，实施工作难以完成，最终导致实施项目不了了之。

据了解，有些 ERP 系统实施项目的期限根本不符合客观实际。要么是期限太短，例如，只有 3 个月；要么是期限太长，例如，拖了 5 年。有一家机械制造企业，3 年前开始 ERP 系统实施，结果实施不到半年，由于内外各种原因，该实施项目被迫停止。最近，该企业的 ERP 项目又被重新启动了。

期限过短的危害在于，由于企业中的许多管理问题没有得到彻底的解决，就匆匆忙忙地上 ERP 系统。ERP 系统运行之后，由于业务流程混乱、大量的业务数据与实际情况不相符，最终造成 ERP 系统无法使用。期限过长的危害在于，由于实施商和用户都没有 ERP 系统实施的压力，工作起来拖拖拉拉。在这期间，实施商的实施顾问频繁更换，用户方由于看不到 ERP 系统实施的效果，对 ERP 系统产生误解或漠不关心。再加上看到实施商的人员更换，结果造成对实施商和 ERP 系统的不信任，出现了信任危机。最终导致 ERP 系统实施项目不了了之。

ERP 系统实施的期限不能随心所欲地确定，应该遵循 ERP 系统实施的规律，按照用户的具体情况，科学地制订实施计划和确定 ERP 的实施期限。

第八，实施人员中途离职，实施项目被迫停工。

虽然这种现象的存在似乎有些奇怪，但是确确实实发生过。曾经有一家著名的 ERP 厂商，在东北一家企业实施 ERP 系统过程中，由于种种原因，实施人员中途突然纷纷离职，没有进行正常的工作交接，结果造成整个实施项目完全瘫痪，实施商和用户都损失惨重。虽然这种极端的现象很罕见，但是，实施顾问中途离职的现象是普遍的。

造成这种中途离职现象的原因很多，大致可以分为下面几种情况：实施顾问不满意当前的工资待遇；实施顾问无法承受当前工作的压力，不得不离开；实施顾问受约于环境，无法实现自己的理想和抱负；实施顾问找到了更好的工作；实施顾问希望进大学重新深造；实施顾问与用户之间关系紧张，很难在一块共同工作下去等。这类原因还可以举出许多例子。

这种现象不仅仅出现在 ERP 系统实施过程中，甚至在整个 IT 界都存在。要想彻底解决这种问题是非常困难的，但是具体到某一个公司，还是可以采取相应的预防措施。这些措施可以分为转移风险的合同类、避免风险的感情类和处理风险的临时类 3 类。合同类措施就是实施商在与实施顾问签订聘用合约时，明确双方的权利和义务，对中途撕毁合同者事先规定双方认可的严厉处罚条款，从法律上规避和转移实施顾问中途退出的风险。感情类措施就是强调实施商的高层主管与实施顾问之间多进行沟通，多一份关爱。ERP 系统实施是一种知识性很强的工作，需要实施顾问充分发挥自己的聪明才智。对实施顾问的关爱实际上就是对 ERP 系统实施工作的关爱，与实施顾问的沟通实际上就是预先发现风险苗头、预先采取措施解决问题的重要工作。临时类措施就是当实施顾问提出了离开的想法时应该采取的紧急措施。这种措施主要是平衡实施顾问离开将会对 ERP 项目带来的损失和留住实施顾问需要付出的代价，这也是不得已而为之的办法。

## 9.1.6　市场环境不健全类原因

市场环境不健全主要是指当前 ERP 系统市场运行比较混乱，缺乏合理的、完善的和有效的运行机制。无论是 ERP 产品的市场准入，还是对 ERP 产品实施过程的监督，无论是对 ERP 产品运行质量的认定，还是对 ERP 产品和实施价格的确定等方面，都表现出了一种无序的混乱状态。下面对市场环境不健全类原因进行介绍。

第一，在 ERP 产品市场准入方面，缺乏权威的、合理的、规范的以及高效的市场准入和退出制度，造成 ERP 产品鱼龙混杂、良莠不齐。

目前，我国 ERP 产品进入市场的门槛非常低，不论是谁家的软件，只要是标上了 ERP 系统的标签，就可以堂而皇之地进入 ERP 系统市场。君不见，某家软件公司，昨天还仅仅提供财务软件，今天就可以大张旗鼓地标上 ERP 产品的字样，从事各种 ERP 产品的市场宣传和销售活动了。这些事情表明，我国还没有建立起一个权威的 ERP 产品认定机构。当然，这里并没有说我国没有 ERP 产品认定机构。实际上，我国已经有了一些从事软件产品版权登记、软件产品认定的政府部门或组织，这些政府部门或组织也从事 ERP 产品认定工作。但是，这些 ERP 产品认定工作缺乏规范的程序、合理的要求及高效率的工作方式，其认定工作没有得到市场的认可，因此不是权威的 ERP 产品认定和市场准入机构。

什么样的 ERP 产品认定机构才是权威的 ERP 产品认定机构呢？如何建立权威的 ERP 产品认定机构？只有权威的 ERP 产品认定机构才拥有 ERP 产品市场准入的权力吗？这些问题都是在健全市场环境过程中必须回答和解决的。虽然作者无法在这里给出一个 ERP 产品认定的权威机构的准确定义和完整描述，但是个人认为这项工作不可能完全由政府通过行政手段来操作，而应该结合 ERP 产品市场的客观运行规律来操作。权威机构的确定，最终还是需要得到市场的认可。

第二，在 ERP 产品质量认定方面，还缺乏合理的、规范的和高效的 ERP 产品质量标准和质量事故认定规范，由此造成了许多 ERP 产品质量方面的许多法律纠纷。

例如，某个汽车制造企业在使用由某家软件公司提供的 ERP 产品过程中，由于 ERP 产品运行过程中出现故障，ERP 系统停止运行，结果造成该汽车制造企业停工，直接经济损失上千万元。该汽车制造企业认为这次事故是由于 ERP 产品质量存在瑕疵引起的，因此，ERP 产品厂商应该赔偿所有的经济损失。但是，ERP 产品厂商认为 ERP 产品质量不存在问题，这次事故是由于该企业的个别员工在使用 ERP 产品过程中由于使用程序不当造成的，企业应该追究该员工的责任。双方因此剑拔弩张，争论不休。

每一方都认为自己有理，都能说出一大堆理由，这些理由都是有据可查的。这种纠纷是很难得到解决的，因为缺乏合理的、规范的 ERP 产品质量标准和质量事故认定规范。这种纠纷对 ERP 系统自身的推广和发展是有百害而无一益的，它使得人们对 ERP 系统的信任度大大降低、对 ERP 系统的应用产生了抵触情绪。如果建立一种高效率的、规范的 ERP 产品质量标准和质量事故认定规范，那么遇到这种纠纷可以依据双方都认可的法律、法规，这样可以大大降低由于产品质量事故造成的许多法律纠纷。

第三，无论是 ERP 产品，还是 ERP 系统实施，漫天要价现象都很普遍，整个 ERP 产品市场缺乏合理的产品报价和实施报价的监督和制约机制。

在 ERP 产品销售和实施市场上，有的 ERP 产品和实施要价数千万元，有的 ERP 产品贴上了数百万元的价格，花上数十万元照样也可以买到可以使用的 ERP 产品，更有甚者，有些 ERP 产品厂商推出了 2 万元的 ERP 产品。ERP 产品怎么了？不同的 ERP 产品，其价格可以有一千倍的差别吗？一千倍的差别是什么概念？如果汽车市场上有 10 万元的汽车，那么你见过 1 亿元的天价汽车吗？如果电视机市场上普通的彩色电视机标价 2000 元，那么价值 200 万元的电视机应该是个什么样子呢？如果一个普通大学的一年学费是 5000 元，那么你付出了 500 万元一年的学费，这个学校应该为你提供什么样的教育呢？这些都是一千倍的差别造成的后果。

在 ERP 产品市场上，某些 ERP 产品厂商在产品销售过程中有没有涉嫌垄断 ERP 产品市场价格的行为呢？某些 ERP 产品实施商在实施 ERP 产品过程中有没有涉嫌商业欺诈行为呢？为什么同一个 ERP 产品厂商既能提供上千万的 ERP 产品，又提供价格仅有数万元的 ERP 产品呢？ERP 产品厂商报价的依据是什么？为什么会出现这种现象呢？有些人辩解说，ERP 产品是一种知识产品，知识是无价的。知识是无价的，但是当知识作为一种商品出现时，应该是有价格的。

现在，ERP 系统市场上之所以价格管理混乱，一方面说明了 ERP 产品市场是不成熟的，另一方面也表明 ERP 产品市场缺乏合理的产品报价和实施报价的监督和制约机制。

第四，有些人悲观地认为 ERP 产品实施的失败率高达 90%，相反，有些人则乐观地认为 ERP 产品实施的失败率只有 30%。同样的一个 ERP 系统实施现场，有些人认为该 ERP 系统实施失败了，而有些人则认为该项目取得了成功。为什么会出现这种相互矛盾的现象呢？根本原因是缺乏科学的、权威的 ERP 系统实施结果评判方法。

当前，对 ERP 系统的实施结果的判断一般有 3 种方式，一种方式是依据合同的约定进行判断，另一种方式是召开专家鉴定会，第三种方式通常是前两种方式的混合。但是，这些方式有许多不合理、不完善的地方。依据合同判断结果的关键是合同中应该有准确的、可以量化的约定条款，但是，通常的合同在这方面的约定非常笼统和模糊，这些模糊条款的可操作性比较差。专家鉴定会的关键是邀请到有真知灼见的专家，但是现行的专家鉴定会存在以下问题：第一，邀请的专家不是真正的专家，有领导代替专家的趋势；第二，专家对将要鉴定的 ERP 系统实施项目了解甚少，听得多，见得少，很难做出符合客观的结论；第三，往往许多专家都是由于亲朋好友、利害关系被邀请，专家的感性、利益等因素夹杂在将要被鉴定的项目中，因此很难做出公正的判断。另外，对于 ERP 系统实施效果的判断，现行的判断方式往往是在实施结束之后立刻进行判断。实际上，ERP 系统实施的效果只有通过相当一段时间的运行才可以真正地体现出来。

因此，应该建立一套科学的、权威的和可操作性强的 ERP 系统实施结果评判方法。这种评判方法应该包括建立科学的评价模型、合理的评价指标体系、规范的评价过程、格式标准的定性和定量结合的评价数据、动态的、可跟踪的评价结果和权威的发布渠道等。虽然这种实施评判方法不能解决实施过程中出现的所有问题，但是它可以像一面镜子一样，把实施过程和实施结果通过各种指标数据有效地展示出来，供人评头论足、分析诊断，从而最大限度地提高 ERP 系统的实施效果。

第五，目前，我国的许多 ERP 系统实施现场缺少相应的 ERP 系统实施项目监理工作或者 ERP 系统实施项目监理工作很不规范或完善。这也是造成 ERP 系统实施风险过大的一个重要原因。

从 ERP 系统所有者的角度来看，目前我国的 ERP 系统实施项目实施主体可以分为 3 大类型：一类是 ERP 系统的所有者就是实施者，由 ERP 系统厂商直接为用户提供实施服务；第二类是 ERP 系统的所有者仅仅提供 ERP 系统产品，而 ERP 系统的实施则由第三方提供，这里提到的第三方通常是提供 ERP 系统实施服务的咨询商；最后一类是 ERP 系统的最终用户自己实施 ERP 系统。这些类型都有自己存在的背景和特点。但是，这些实施类型都存在一个致命的缺点，即缺少项目的监理单位。

ERP 系统实施项目是一个庞大的项目，需要采用规范的项目管理方式进行管理。这种项目非常复杂，拥有许多难以重现的实施细节。这些实施细节实施的好坏，往往直接影响系统的实施质量，加大 ERP 系统实施的风险。为了科学化、规范化和透明化 ERP 系统实施项目的过程，降低 ERP 系统实施的风险，制约实施方的实施行为，项目监理工作是非常重要的和必要的。由于我国目前的 ERP 系统实施市场还很不规范，缺乏规范的、有效的和强制的 ERP 系统实施监理工作的法律和法规。从某种程度上来讲，这也是我国 ERP 系统实施失败率比较高的一个重要原因。

就像实施 ERP 系统一样，实施 ERP 系统的监理工作也是一项复杂的、系统的和科学的工作。ERP 系统实施项目的监理工作是 ERP 系统实施发展到一定程度的伴随产物，是提高 ERP 系统实施效率和效果、降低实施风险的一项重要制度保障。

 **其他观点：ERP 实施过程中的主要风险因素**

Davide Aloini 等人(2007)提出了 ERP 实施过程中需要防范的 19 个风险因素，这些因素包括 ERP 选型方法不当、项目团队知识和技能不足、高层管理人员很少参与、无效的沟通方式、关键用户很少参与、缺乏充分的 ERP 培训、系统架构复杂和实施的功能模块数量过多、不充分的 BPR、糟糕的管理行为、无效的项目管理技术、对变革管理认识不足、对遗留系统的管理不充分、无效的咨询服务、项目领导不力、IT 系统存在诸多问题、IT 系统维护性差、供应商的支持不足、无效的战略思考和规划以及财政管理出问题。

Amin Hakim 等人(2010)对 ERP 实施过程中的风险因素进行了分析。他们把这些风险因素分为 6 大类，即组织风险、技能风险、项目管理风险、系统风险、用户风险和技术风险。

在组织风险中，要考虑是否有足够的资源、要求改变的程度、BPR 的能力、公司目标的稳定性、项目目标和范围的稳定性等。

在技能风险中，要考虑以下内容：能够吸引和留住合格的工作人员、是否有经验丰富的专家、内部员工的最佳利用、拥有业务人员和技术人员、在公司内外资源进行交叉技术培训和支持交换等。

项目管理风险主要涉及目标的认识和确定、高层管理人员的支持和承诺、项目团队的组成和结构、有效的项目管理方法、项目经理保持稳定等。

系统风险主要包括理解和确认必需的改变、合适的硬件和软件、遗留软件系统问题、采纳 ERP 系统支持的标准规范等。

用户风险内容涉及用户对系统的理解程度、部门之间的协调性、获得用户支持、为终端用户提供充分的培训、低的用户阻力等。

技术风险主要是指研究以下内容：现有的技术基础设施、ERP 的掌握程度、对当前系统的变革准备、对 ERP 供应商的熟悉程度以及软件的采购和开发等。

**其他观点：ERP 实施过程中的关键失败因素**

Amin Amid 等人(2012)提出了 ERP 实施过程中的关键失败因素(critical failure factors, CFF)。这些 CFF 可以分为组织、项目管理、人力资源、管理、供应商和咨询顾问、流程和技术等类型。

组织类因素包括：组织的治理结构不当、部门之间矛盾和冲突、组织缺乏向 ERP 系统的适应性转变、组织文化和 ERP 系统的不适应、组织结构和 ERP 系统的不适应、战略目标不清晰、不稳定的管理定位。

项目管理类因素包括：组织和咨询顾问之间矛盾和冲突、组织和供应商之间矛盾和冲突、缺乏专业的项目实施团队、项目管理不到位、项目风险管理缺失、项目成本失控、项目延期、范围潜伸。

人力资源类因素包括：组织成员对变革的强大阻力、ERP 教育和培训不足、组织员工缺乏参与、与用户的沟通不畅、忽略变革管理、忽略对组织员工的正向激励、缺少关键用户、脱离现实的过高期望。

管理类因素包括：缺乏足够的前期准备工作、缺乏绩效评估系统、缺乏对项目艰巨性和长期性的考量、缺失高层管理人员的支持。

供应商和咨询顾问类因素包括：咨询顾问选择失误、供应商选择失误。

流程类因素包括：缺失以流程为导向的前景展望、不当的业务流程再造。

技术类因素包括：频繁的系统客户化定制、系统过于复杂、不准确的基础数据。

# 9.2　ERP 系统实施成功因素

ERP 系统实施的关键成功因素(critical success factors，CSF)指在 ERP 系统实施过程中影响成功的各种关键因素。许多研究人员在这方面做了大量的工作，不同的专家提出了许多不同的看法。下面重点介绍 ERP 系统实施专家 Toni Somers 和 Klara Nelson 的调查研究结果和信息系统专家 Esteves Sousa 和 Pastor Collado 的研究结果。

## 9.2.1　Toni Somers 和 Klara Nelson 的调查研究

Toni Somers 和 Klara Nelson (2004)对美国财富 500 强中的 86 个实施 ERP 系统的企业进行了广泛深入的调查和研究。他们把 ERP 系统的实施过程分为 6 个阶段，即启动阶段、采纳阶段、适应阶段、接受阶段、习惯阶段和正常运行阶段。总结出了 22 个关键成功因素，并且对这些关键成功因素进行调研和分析。在他们的研究中，86 个企业的行业分布状况如表 9-1 所示。从该表可以看出，制造业是 ERP 系统应用最深入的行业。

表 9-1　行业分布状况

| 行 业 类 型 | 调查的企业数量 | 比例(%) |
|---|---|---|
| 制造业 | 20 | 23.3 |
| 保健业 | 13 | 15.1 |
| 金融服务业 | 10 | 11.6 |
| 高新技术产业 | 10 | 11.6 |
| 零售商业 | 8 | 9.3 |
| 公用事业 | 7 | 8.1 |
| 保险业 | 6 | 7.0 |
| 政府部门 | 4 | 4.7 |
| 教育领域 | 3 | 3.5 |
| 咨询服务业 | 2 | 2.3 |
| 通讯业 | 2 | 2.3 |
| 其他行业 | 1 | 1.2 |

如表 9-2 所示的是回答问卷的人员的职务的分布状况。从这些调查中可以看到，CIO 和项目经理是回答这些问题的主要人员。这从另一个角度证明这些调查结果是比较符合 ERP 系统实施项目的实际情况的。

表 9-2　回答问卷的人员的职务

| 职　　务 | 调查的企业数量 | 比例(%) |
|---|---|---|
| CEO | 2 | 2.3 |
| CIO | 20 | 23.3 |
| 董事长 | 5 | 5.8 |
| 副董事长 | 10 | 11.6 |
| 总监 | 12 | 14.0 |
| 项目经理 | 37 | 43.0 |

如表 9-3 所示的是回答问卷企业所处的 ERP 系统实施阶段的统计。从这些统计数据来看，覆盖了 ERP 系统实施的早期、中期、后期运行的项目，这些数据反映了调查结果的结论比较全面和完整。

表 9-3　回答问卷的企业所处的 ERP 实施阶段

| 所处的实施阶段 | 比例(%) |
|---|---|
| 实施的早期和中期 | 30% |
| 实施的后期 | 20% |
| 实施完成后的一年内 | 20% |
| 实施完成超过一年 | 40% |

如表 9-4 所示按照重要程度从高到低降序列出了 22 个关键成功因素的期望值和标准偏差。其中，5 分表示非常关键，4 分表示关键度很高，3 分表示关键度高，2 分表示关键度中等，1 分表示关键度低。

从研究结果看到，企业高层管理人员对 ERP 系统实施的支持是整个项目成功的关键因素。完整的团队表示团队不仅仅应该具备技术能力，更重要的是具备管理能力和经验。团队成员之间应该具备能力互补、善于沟通合作的精神。信息共享、相互信任是实现部门之间合作的基础。作为关键的成功因素，明确的目标需要事先制定，它是工作的方向。对于耗资巨大、周期长的 ERP 系统实施项目，如果没有良好的范围管理、进度控制、投资管理和质量管理等项目管理工作，那么很难达到项目的成功。良好的沟通是确保工作正确进行的润滑剂，部门之间的沟通不仅是文化上的气氛，而且还应该有切实可行的手段保障。管理者通常对于 ERP 系统给予过高的期望值。在 ERP 系统实施过程中，管理者的期望必须得到控制，使其更加合理和实际。ERP 系统实施项目的成功往往与项目创新紧密关联，墨守成规一般是导致项目失败的原因。供应商的支持包括技术支持、维护和用户不间断的培训等内容。虽然市场上有很多 ERP 系统，但是真正适应特定企业的产品并不多。ERP 系统一旦选错成本非常高昂。数据问题往往导致 ERP 系统不能正常地运行，ERP 系统中只能容纳正确的、统一格式的数据。不完整的数据、不一致的数据格式必须经过分析和转换后才能输入到 ERP 系统中。许多失败的 ERP 系统实施项目常常把原因归结于没有足够的资金、没有足够的人手等。项目初期确定的项目资源往往是不足的，合理地确定资源是确保 ERP 系统实施项目成功的关键因素。增加由企业高层管理人员、实施团队成员和最终用户参与的监督委员会有助于对 ERP 系统实施项目进行监控。需要注意的是，这种监督委员会不能也不应该干涉实施团队的日常工作。无论是软件工具，还是新的业务流程，用户都应该理解和掌握。培训和教育是 ERP 系统实施的有效推动方式。新流程与旧流程之间的冲突问题只有依靠企业流程再造才能有效地解决。最小化定制的目的是尽可能地使用供应商提供的成熟软件，匆匆忙忙地修改代码往往是系统出现隐患的根本原因。企业的业务和组织结构总是会改变的，ERP 系统的体系架构应该能够适应这些变化。如何有效地管理变化是 ERP 系统实施项目中的一个棘手问题。作为一个巨大的项目，ERP 系统出现冲突、模糊及错误等问题是不可避免的，这些问题和解决这些问题的措施必须得到有效的管理。ERP 系统实施之后，用户企业与 ERP 系统厂商紧密地关联了起来。两者之间的合作伙伴关系有利于 ERP 系统的实施和运行。ERP 系统实施的进度应该加快，有效措施是利用 ERP 系统厂商提供的合理的工具。咨询顾问具有的行业经验、专家知识和中立的角色有助于 ERP 系统的实施。

表 9-4　ERP 系统实施过程中 CSF 的重要程度

| 序　号 | CSF | 期　望　值 | 标 准 偏 差 |
|---|---|---|---|
| 1 | 高层管理人员的支持 | 4.29 | 1.16 |
| 2 | 完整的项目团队 | 4.20 | 1.07 |

(续表)

| 序　号 | CSF | 期　望　值 | 标 准 偏 差 |
|---|---|---|---|
| 3 | 部门之间的协作 | 4.19 | 1.20 |
| 4 | 明确的目标 | 4.15 | 1.14 |
| 5 | 项目管理 | 4.13 | 0.96 |
| 6 | 部门之间的沟通 | 4.09 | 1.33 |
| 7 | 管理者的期望 | 4.06 | 1.37 |
| 8 | 项目创新 | 4.03 | 1.58 |
| 9 | 供应商支持 | 4.03 | 1.60 |
| 10 | 软件包的慎重选择 | 3.89 | 1.06 |
| 11 | 数据分析和转换 | 3.83 | 1.27 |
| 12 | 合理的资源 | 3.81 | 1.25 |
| 13 | 设置监督委员会 | 3.79 | 1.95 |
| 14 | 用户在软件使用方面的培训 | 3.79 | 1.16 |
| 15 | 开展对新业务流程的教育 | 3.76 | 1.18 |
| 16 | 业务流程再造 | 3.68 | 1.26 |
| 17 | 最小化定制 | 3.68 | 1.45 |
| 18 | 体系架构的选择 | 3.44 | 1.19 |
| 19 | 变化管理 | 3.43 | 1.34 |
| 20 | 与供应商建立合作伙伴关系 | 3.39 | 1.21 |
| 21 | 使用供应商提供的工具 | 3.15 | 1.57 |
| 22 | 利用咨询顾问 | 2.90 | 1.20 |

在 ERP 系统实施过程中，不同的阶段也有不同的 CSF。如表 9-5 所示列出了分阶段的前 5 个 CSF 的调查结果。在项目启动阶段，最重要的 CSF 包括体系架构的选择、明确的目标、与供应商合作的紧密程度、高层管理人员的支持和软件包的慎重选择。在采纳阶段中需要在投资方面做出决策，高层管理人员的支持、完整的项目团队、设置监督委员会、与供应商建立合作伙伴关系及增加资源是最关键的因素。在适应阶段中 ERP 系统已经安装并且开始逐渐使用，这时部门之间的沟通和协作、完整的项目团队、增加资源以及使用供应商提供的工具则变得尤其重要。部门之间的沟通和协作、高层管理人员的支持、完整项目团队以及开展对新业务流程的教育则是接受阶段关键的成功因素。当 ERP 系统在企业中不再是新鲜事物时，除了部门之间的沟通和协作、高层管理人员的支持依然是关键因素之外，供应商的支持和用户在软件使用方面的培训则在习惯阶段变成了关键因素。当 ERP 系统在企业已经正常运行时，这时的关键成功因素包括部门之间的沟通和协作、高层管理人员、供应商的支持和与供应商建立合作伙伴关系。

表 9-5　分阶段的 CSF 重要程度的调查结果

| 阶 段 名 称 | 序　号 | CSF | 回答者比例(%) |
|---|---|---|---|
| 启动阶段 | 1 | 体系架构的选择 | 71 |
| | 2 | 明确的目标 | 63 |
| | 3 | 与供应商合作的紧密程度 | 61 |
| | 4 | 高层管理人员的支持 | 61 |
| | 5 | 软件包的慎重选择 | 60 |
| 采纳阶段 | 1 | 高层管理人员的支持 | 68 |
| | 2 | 完整的项目团队 | 61 |
| | 3 | 设置监督委员会 | 60 |
| | 4 | 与供应商建立合作伙伴关系 | 60 |
| | 5 | 合理的资源 | 59 |
| 适应阶段 | 1 | 部门之间的沟通 | 65 |
| | 2 | 部门之间的协作 | 63 |
| | 3 | 完整的项目团队 | 63 |
| | 4 | 合理的资源 | 60 |
| | 5 | 使用供应商提供的工具 | 60 |
| 接受阶段 | 1 | 部门之间的沟通 | 64 |
| | 2 | 部门之间的协作 | 63 |
| | 3 | 高层管理人员的支持 | 56 |
| | 4 | 完整的项目团队 | 55 |
| | 5 | 开展对新业务流程的教育 | 53 |
| 习惯阶段 | 1 | 部门之间的沟通 | 51 |
| | 2 | 高层管理人员的支持 | 42 |
| | 3 | 部门之间的协作 | 41 |
| | 4 | 供应商的支持 | 36 |
| | 5 | 用户在软件使用方面的培训 | 36 |
| 正常运行阶段 | 1 | 部门之间的沟通 | 39 |
| | 2 | 部门之间的协作 | 35 |
| | 3 | 高层管理人员的支持 | 32 |
| | 4 | 供应商的支持 | 28 |
| | 5 | 与供应商建立合作伙伴关系 | 28 |

## 9.2.2　四维 CSF 模型

信息系统专家 Esteves Sousa 和 Pastor Collado (2000) 在基于大量研究资料的基础上，

对 CSF 进行了研究，提出了一种四维 CSF 模型。这个四维模型分别从组织、技术、战略和战术的角度描述了 ERP 系统实施的 CSF，如图 9-5 所示的是 ERP 系统实施的四维 CSF 模型。

| | 战略 | 战术 |
|---|---|---|
| 组织 | 持续的管理层支持<br>有效的组织变化管理<br>良好的项目范围管理<br>恰当的项目团队组成<br>深入进行企业流程再造<br>恰当的项目冠军角色<br>用户参与<br>合作伙伴之间的充分信任 | 参与的员工和咨询顾问<br>强有力的沟通能力<br>正式的项目计划<br>恰当的培训安排<br>异常预防措施<br>咨询顾问的合理使用<br>决策授权 |
| 技术 | 恰当的 ERP 实施战略<br>避免定制<br>恰当的 ERP 系统版本 | 恰当的软件配置<br>连贯的系统知识 |

图 9-5　ERP 系统实施的四维 CSF 模型

在如图 9-5 所示的四维 CSF 模型中，ERP 系统的实施问题可以分别从组织、技术、战略和战术 4 个角度来研究。组织角度主要涉及组织结构、企业文化以及业务流程等内容。技术角度偏重于 ERP 系统以及与其相关的硬件和软件。战略视角主要描述的是完成企业使命和长期目标的核心竞争力。战术视角关心的是与短期目标关联的业务活动。

Jose Esteves Sousa 和 Joan Pastor Collado 研究给出了四维 CSF 模型中各项内容的权重，从这些权重上可以看到这些内容的重要程度。在组织战略中，持续的管理层支持的权重达到了 10 分，是最重要的 CSF，如图 9-6 所示的是带有权重的四维 CSF 模型。

作为最重要的 CSF，持续的管理层支持包括企业高层管理人员的支持和中层管理人员的支持。其支持的程度取决于他们参与 ERP 系统实施的程度和意愿。这种支持对于实现项目的目标非常重要。

ERP 系统的实施是一个复杂的项目，要想在规定的时间内、按照预定的成本完成这项工作，势必引起组织的巨大变化。有效地组织变化管理能够确保新的系统被员工接受和使用。正确的组织变化管理方法是有效地实现人、技术和流程的集成。

良好的项目范围管理要达到 ERP 系统实施的项目目标与企业的使命和战略目标清晰地、一致地关联起来，它包括范围定义和后续的范围控制。良好的项目范围管理具体内容包括：项目涉及业务流程和业务单元的范围、将要实施的 ERP 系统的功能模块和将要被取代、被修改和被升级的技术、数据等。

ERP 系统实施项目，一般涉及业务人员、技术人员、厂商人员和咨询顾问。项目团队对流程有着巨大的影响力。恰当的项目团队组成应该至少包括第三方的咨询顾问和具备 ERP 系统知识的员工。

要想实现业务流程、ERP 系统和行业最佳的实践经验的集成，企业流程再造是一种有效的措施。企业流程应该根据企业的需求进行修改。在 ERP 系统实施前实施企业流程再造，还是在 ERP 系统实施之后进行，或是在 ERP 系统实施中进行，取决于企业管理层的决策。

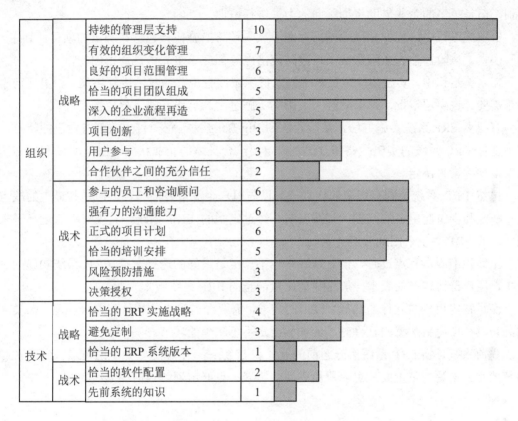

图 9-6　带有权重的四维 CSF 模型

ERP 系统实施项目的成功总是伴随着项目的技术创新和组织创新，这表明 ERP 系统实施的成功往往与创造分不开。

用户参与指用户参与到项目的各项活动中。用户参与的好处在于 ERP 系统可以更好地满足用户的需求，用户可以对项目有更深的理解。其目标是使得用户可以更好地学习、使用和接受 ERP 系统。

在 ERP 系统实施过程中，涉及咨询顾问、软件厂商及硬件厂商等。当这些合作伙伴之间达到互相信任的状态时，系统实施则可以更加顺利和高效，项目目标可以更好地实现。

参与的员工和咨询顾问可以达到两个目的：第一，使得员工对实施项目的成功更有信心；第二，咨询顾问的知识可以由团队成员共享。

沟通包括两个方面：一方面是面向团队成员的内部沟通，另一方面是面向整个组织的外部沟通。强有力的沟通能力表示沟通不完全在项目团队内部进行，而且在不同的阶段需要与企业进行不同的沟通。沟通应该按照计划有规律地进行。

正式的项目计划表示 ERP 系统实施过程的活动都有明确的时间、投资和质量要求。大多数项目失败的根源在于不能按期完成和超过资金预算。计划制定结束之后，必须对计划进行严格的监控。项目范围不能随意突破，项目计划应该尽可能地严格执行。

培训对象包括两个方面：技术用户和终端用户。有些企业自己组织有关 ERP 系统的培训，但是更多的企业借助咨询顾问的力量进行培训。

在实施过程中，问题和风险始终存在。风险预防措施应该包含在制定的项目计划中。风险因素、风险评估、风险影响及风险防范措施等都应该事先做过周密的安排。

在实施过程中，实施团队成员对于紧急情况应该有足够的权力进行决策。如果任何事情都需要经过层层审批，那么就会大大影响实施进度。这正是决策授权的目的。

有很多 ERP 系统实施方法，从阶段法到 Big Bang 法，每一种方法都有自己的特点。如何选择 ERP 系统的实施战略和方法，一定要结合具体的企业状况、ERP 系统和实施团队等多种因素来决定。

虽然 ERP 系统定制有很多的优点，可以与用户企业最好地结合，但是其最大的缺点是不稳定和会引起更多的问题。实践表明，经过定制的 ERP 系统，其失败率远远高于未经定制的 ERP 系统，因此应避免定制。

虽然说旧版本有点过时，但是新版本也不一定是最好的选择。在 ERP 系统实施的过程中，用户群比较多的版本一般是当前比较恰当的 ERP 系统版本。

满足特定用户的软件的功能、接口的需求，需要经过恰当的软件配置来实现。需要注意的是，在使用新配置的软件时，验证测试是不可缺少的环节。

先前系统是指 ERP 系统实施之前的业务和 IT 系统。了解这些系统的特点，对于 ERP 系统的实施来说非常重要，可以避免先前的错误、更好地理解当前的系统。

 **其他观点：IT 治理角度下的 ERP 实施关键成功因素**

Hsing-Jung Li 等人(2017)从 IT 治理角度对 ERP 实施的关键成功因素进行了总结，认为 35 个关键成功因素分布在 ERP 系统实施的 5 个阶段中。这 5 个阶段分别是评估阶段(evaluation)、获得(acquisition)、正式导入(formal introduction)、运营和维护(operation and maintenance)、扩张(expansion)。

IT 治理的 3 个视角分别是战略一致性(strategic alignment)、风险管理(risk management)、资源管理(resource management)。

35 个关键成功因素依次是高层管理(Top management support)，项目团队的能力(Project team competence)，部门间的合作(Interdepartmental co-operation)，清晰明确的目

标(Clear goals and objectives)，项目管理(Project management)，部门间的交流和沟通 (Interdepartmental communication)，预期管理(Management of expectations)，项目支持 (Project champion)，供应商不间断的支持(Ongoing vendor support)，软件包的选择和定制 (Package selection / customization)，数据分析和转换(Data analysis and conversion)，专用 的资产和资源(Dedicated assets/resource)，组建指导委员会(Use of steering committee)，用 户操作培训(User training on software)，新业务流程的教育(Education on new business processes)，业务流程再造(Business process reengineering)，体系架构选择或者系统配置 (Architecture choices/system configuration)，变更管理(Change management)，供应商合作 伙伴或者工具(Vendor partnership/tools)，聘请咨询顾问(Use of consultants)，业务与新的 信息系统的一致性(Alignment of the business with the new information system)，内部审计 活动(Internal audit activities)，可感知到的 ERP 系统的复杂度(Perceived degree of complexity of ERP systems)，竞争压力(Competitive pressure)，组织文化(Organizational culture)，风险管理(Risk management)，直接监督者的影响(Influence of direct supervisors)， 绩效考核方式(Performance evaluation schem)，内在动机(Intrinsic motivation)，可感知到 的有用性(Perceived usefulness)，工作规范(Job specifications)，知识管理能力(Knowledge Management Competence )，改进的信息访问方式(Improved access to information)，企业规 模(Firm Size)，和组织结构(Organizational Structure)。

## 9.3　本 章 小 结

　　本章讲述了 ERP 系统实施失败原因和成功因素。首先，对 ERP 系统实施的失败原因 进行了深入的分析，这些原因有助于读者理解 ERP 系统实施的特点。然后，结合两个研 究成果，对 ERP 系统实施的关键成功因素进行了详细介绍。无论失败的原因，还是成功 的因素，都有助于读者理解 ERP 系统的实施规律。

## 9.4　思考和练习

　　1. 在 ERP 系统实施的过程中，思想认识误区的主要表现是什么？

　　2. 为什么说 ERP 系统的技术不成熟？这种说法正确吗？谈谈你的看法。

　　3. 在企业实施 ERP 系统之前，企业应该达到的最低标准或满足的最低要求是什么？

　　4. 为什么会造成 ERP 系统实施项目管理不善的状况？

　　5. ERP 系统实施要求什么样的市场环境？谈谈你对这个问题的看法。

6. 部门之间的沟通和协作是 ERP 系统实施的 CSF，如何才能做好部门之间的沟通和协作？分组讨论。

7. 如何从战略和战术的角度研究 ERP 系统实施的 CSF？

8. 分组讨论：收集一些 ERP 系统实施的成功或失败的案例，对案例进行分析。

9. 分组讨论：ERP 系统实施的 CSF 和 CFF 之间的关联。

# 第 10 章
# 实施方法论

## 案例研究：上海飞利浦的ERP实施

飞利浦照明电子分别在荷兰、美国以及中国上海建立了三大区域性研发中心，形成了全球范围的研发网络。飞利浦照明电子在全球各地广设销售网络，还分别在美国、墨西哥、荷兰、印度、波兰、泰国、中国等地设生产机构，其中在中国有两个制造基地，分别设于上海和厦门。这样复杂的运作和管理体系仅仅依靠一个简单的信息通信平台和网络系统是不能支持的，需要一个整体的 ERP 系统。

为达成飞利浦建立全球性统一的 ERP 系统的战略动机，飞利浦照明电子集团与普华永道合作，在上海实现了 ERP 系统切换，并成功地实施了 SAP 系统战略。

该系统主要包括 7 个 SAP 模块，财务管理、生产计划管理和控制、产品数据管理、销售管理等。该 SAP 系统实施项目从正式启动到实施完毕仅用了 8 个月的时间。

此次飞利浦照明电子集团在上海的 SAP 实施主要借助集团在北美成功的实施经验，依靠成熟、资深的实施团队，以及由企业各业务部门骨干组成的项目核心小组和拥有企业最高管理层有力支持的项目管理小组，加上一整套简化的、行之有效的、周详完善的实施计划。同时对项目实行阶段性的质量保证检验，以确保项目实施的正确性和减小实施风险。

飞利浦照明集团在上海实施 SAP 采用以 SAP ASAP 为核心，重在知识转移、塑造企业内部人才和全公司参与的策略。该项目于 2001 年 3 月正式启动，于 2001 年 10 月成功上线。前后 8 个月的时间，在公司一个制造厂、两个仓库、一个研发中心实施了 SAP 的 7 个模块并同时支持 3 个区域分销中心和 12 个外协厂。

飞利浦照明电子集团在上海的 SAP 实施采取 Big Bang 战略，结果非常成功。全部工程按期、保质和在预算内完成，并计划使用滚动(Roll-out)实施战略在其厦门生产基地实施 SAP 系统。

这次 SAP 实施分为 6 个阶段，即项目准备阶段，定义清晰的项目目标，确定项目核心小组和实施伙伴，与公司上层全面达成共识，制定整套实施战略；业务蓝图阶段对公司的详细业务进行定义，从而明确整个项目实施的范围、周期；实现阶段对在业务蓝图阶段定义的流程进行系统配置，并由有经验的用户参与的系统功能与整体流程的不断测试、确认，同时对原始数据进行清理工作；最后准备阶段，整理、准备和输入主数据与初始数据，对系统整体元素和配置进行上线模拟，然后进行用户培训和系统切换；投入运行支持阶段，启动系统的生产运营，同时对新启动系统实行有组织的上线支持；维持阶段，在继续支持新启动系统的同时，集中精力稳定系统，完成实施知识转移。在整个 SAP 系统实施的 6 个阶段中，第 3 个阶段实现阶段最关键。在这个阶段，所有在业务蓝图阶段定义的处理流程和功能将被配制实现。

在实施过程中，项目管理小组特别注重项目与整个公司之间的交流，策划并执行了整套沟通交流策略。这个策略体现在各种可能的沟通渠道上，包括利用公司的内部网页、公司报刊、每周和每月公司管理会议、项目热线等。正是由于实施了沟通交流策略，缩短了公司接收新系统的准备时间，同时也使系统设计与配置更能被公司流程所有者接受，为新系统提前上线打下基础。

该项目另外一个重点实施策略是知识转移，为确保整个系统实施的成功和实施后仍能有效支持新启动系统起到了至关重要的作用，也为企业以后在节省开支的前提下独立自主地继续开发系统潜力、不断加强企业业务流程整合、充分挖掘此次投资潜力打下坚实基础。

飞利浦照明电子集团在上海进行 SAP ERP 系统的实施，深化了企业信息化层次，实现了内部资源的共享，增强了企业内部流程操作的有序性，加强了各业务部门之间的沟通和整合，重组、优化和改造了企业的物流、资金流、信息流，从而促使企业在管理水平和生产能力上发生质的变化，进而带来巨大的效益和潜能。

首先，加强了飞利浦集团内部资源的协同，使飞利浦照明电子集团在上海的各项业务，从研发资源共享管理、生产资源共享管理到市场资源共享管理这 3 大环节融入飞利浦照明电子集团在全球的整体运作和管理体系中。例如，飞利浦照明电子集团为北美市场推出新产品的设计数据(包括工程设计图纸、初始工艺流程，BOM 等)，上海基地可快速通过产品数据管理模块中获取这些数据，立即进行本地化处理和生产准备，大大缩短了从研发到市场的周期，大大提高了飞利浦照明电子集团在全球的市场反应速度。

其次，通过 SAP 系统的实施，加强了飞利浦照明电子集团各业务线(研发、制造和营销)之间信息共享，使各部门在统一的管理平台上协同工作，达到部门间运作的集成和流畅。例如，实施了有前瞻意义和战略作用的工作流技术。利用这项技术并结合文档管理系统，使原本复杂的工程的流程更加规范化、系统化和无纸化。由系统按照事先定义好的任务、对象、角色、事件和整个工作流来运作，等于是把人工有纸复杂的操作流程自动化无纸化。在此次 SAP 系统实施中，工作流技术还被用在请购订单到采购订单处理流程的自动化中。这种新技术有效地提高了工作效率，加深了企业的信息化层次，加快了企业的反应速度，增强了企业的灵活性。

第三，培养了一支企业内部的 ERP 实施和支持队伍。全面的知识转移是飞利浦照明电子集团在上海 SAP 项目始终贯彻的目标。在实施顾问的支持下，飞利浦项目小组成员全面掌握了 SAP 实施从流程设计、系统配制到测试、培训、数据准备以及切换上线全过程的技能。例如，飞利浦照明电子集团在上海 SAP 项目中所有的系统配置均由飞利浦项目小组成员完成，而一般 SAP 项目实施中的系统配置都是由专业实施顾问承担。

**课堂思考和问答：**

1. 飞利浦为什么要实施 ERP 系统？

2. 飞利浦在实施 ERP 系统中，采用了什么样的实施方法？

3. 飞利浦在实施 ERP 系统过程中，是否对 ERP 系统进行了定制？谈谈你的看法。

4. 你认为飞利浦的 6 阶段实施法是否合理？存在什么问题？为什么？

5. 案例中说，全面的知识转移是飞利浦照明电子集团在上海 SAP 项目始终贯彻的目标。谈谈你对这种目标的认识。

研究 ERP 系统的实施方法，可以为企业开展 ERP 实施提供方法和工具，有助于减少 ERP 实施工作的盲目性，有助于降低企业实施 ERP 系统的风险。本章将讲述 ERP 系统实施的原则、战略和常见的方法。

# 10.1　概　　述

ERP 系统实施是指将 ERP 系统合理地应用到客户的实际业务环境中，建立 ERP 运行系统的过程。ERP 系统实施的输入是 ERP 功能系统，输出则是 ERP 运行系统。ERP 系统实施过程也是 ERP 系统使用权转移的过程。ERP 系统用户可以在软件销售许可范围内安装和使用 ERP 系统。

将 ERP 功能系统合理地转变成 ERP 运行系统，之所以使用了"合理地"一词，说明这种转变是一种科学的转变，转变过程具有内在的规律性，这种转变不是且不应该是随心所欲地转变。实质上，这种转变过程就是 ERP 系统的实施过程。在 ERP 系统实施中，应该遵循 ERP 系统实施的科学规律，根据实施 ERP 系统的企业的特点，按照一定的理论和方法的要求，采用快捷有效的技术和工具。

从大量的统计数据来看，ERP 系统实施项目的周期长、投资高，对企业经营管理影响深远，造成实施失败率也非常高。关于失败的原因和成功的关键因素在上一章已经详细分析了，这里不再赘述。在大量研究和实践的基础上，作者提出了有关 ERP 系统实施时需要遵循的实施原则、规划实施过程的实施战略、指导实施操作的实施方法。ERP 系统实施方法论是 ERP 系统的实施原则、战略和方法的总称。

原则是说话或行事所依据的法则或标准。实施原则就是实施 ERP 系统过程中所依据的实施标准。这些实施原则是大量 ERP 系统实施成功和失败的经验教训的结晶。实施原则有助于指导和规范实施人员、实施过程的行为。

战略是指导整个战争或工作的全局计划和策略。ERP 实施战略就是指导实施 ERP 系统的全局性谋划。Big Bang 实施战略与面向职能实施战略是两种截然不同的全局性谋划。ERP 系统的实施战略应该与企业战略、企业信息化建设战略相一致。

方法是关于解决思想、说话及行动等问题的门路、程序等。ERP 实施方法是关于 ERP 系统实施的详细操作步骤、可以使用的工具以及异常问题处理方式等描述。

这里还有一个问题需要补充说明。在实施 ERP 系统过程中，涉及对传统系统的处理问题。传统系统是指在 ERP 系统实施之前企业正在使用的各类基于计算机的辅助管理信息系统。这些传统的系统通常都是分部门的或者分业务使用的，系统之间很少有信息共享。像美国这种计算机技术应用比较早的国家普遍存在着传统系统，因此，实施 ERP 系统时需要多方面考虑 ERP 系统与这些传统系统之间的关系以及如何处理这些传统系统。相对来说，在我国，普遍使用计算机信息系统的企业比较少，因此传统系统比较少。如何处理传统系统往往在决策是否上 ERP 系统时就已经决定。

# 10.2  ERP 系统的实施原则

ERP 系统的实施原则是大量 ERP 系统实施项目的经验和教训的知识结晶，是贯穿于整个实施过程的指导思想，是实施过程中应该遵循的行为规范，是降低实施项目的管理风险、提高实施结果的质量和加快实施进度的有效工具。

作者在对 ERP 系统实施项目进行大量研究的基础上，总结并提出了 10 个 ERP 系统的实施原则。这些实施原则包括目标原则、计划原则、个性化方案原则、用户参与原则、投入产出分析原则、先进性原则、最小化定制原则、控制项目范围潜伸原则、授权原则以及风险防范原则等。

(1) 目标原则。不论工作如何艰苦和复杂，ERP 系统实施工作应该满足给定的目标，即按照预定的期限、在预定的预算内完成预定的任务。无论是项目延期，还是项目开支超过预算，都是实施项目失败的标志。如果在实施过程中，ERP 系统实施项目的计划、预算发生了重大失误，或者项目的实施范围发生了重大变化，那么应该及时调整项目原定的计划和预算，并且通过协议来确认。目标原则本身不能改变，但是，目标原则中的目标可以根据项目的进展情况通过协商进行适当地调整。

(2) 计划原则。对于像 ERP 系统实施这样复杂的项目，详细的、可操作的工作计划是非常重要的。计划是对工作任务更加深入的理解、细化和落实，在对工作任务理解的基础上，可以将其细分成容易执行的活动，执行和完成这些细粒度的活动恰是工作任务落实的表现。计划是实施团队成员工作安排的依据。如何合理地安排实施团队成员的日常工作，是项目经理考虑的头等大事。有效地下达工作任务和检查是项目顺利进行的保障。工作计划恰是项目经理给各成员下达任务的主要依据。计划是项目进度和资金等资源的合理安排方式。项目进度是否正常、资金预算是否能满足实际需要，回答这些问题离不开合理的工作计划。需要注意的是，制订计划本身需要耗费一定的时间、人力和资金。

(3) 个性化方案原则。向客户提供适合客户需求的解决方案。每一个企业的领导风格、组织结构、企业文化、业务流程及人员状况都是不相同的，因此，这些企业实施 ERP 系统的解决方案都不可能完全相同。即使是同一个 ERP 系统、同一个实施团队，他们在不同企业采取的实施方案都应该是个性化的实施方案。通用的实施方案的作用是指导性的，不具备普遍操作的意义。

(4) 用户参与原则。无论是 ERP 系统厂商组成的实施团队，还是由管理咨询公司牵头组成的实施团队，用户方面应该派出业务人员参与到整个实施过程中。用户方面的业务人员更加熟悉业务流程，他们加入到实施团队之后，可以使得实施团队制定的具体的实施方案更贴近企业业务实际。但是，在用户派出业务人员参与实施团队时，应该遵循以下基本要求：第一，参与的人员数量不宜超过实施团队总人数的 10%；第二，参与的人员应该包括有丰富经验的业务人员和技术人员；第三，参与的人员应该是实施团队的正式成员，按照对实施团队成员的管理标准要求他们。

(5) 投入产出分析原则。ERP 系统实施项目不是"政绩工程"、"面子工程"和"样板工程"，而是实实在在的"效益工程"。就像投资建设一座工厂需要进行投资项目评估一样，投资 ERP 系统和实施也应该进行项目评估。项目评估中的其中一项就是进行投入产出分析。如果投入小于产出，那么该 ERP 系统实施项目是值得做的事情。如果投入远远大于产出，那么对 ERP 系统实施项目就应该非常慎重。实践证明，没有效益的项目是很难持续下去的。

(6) 先进性原则。先进性包括两个方面，即 ERP 系统实施前制定的方案的先进性和 ERP 系统实施过程中采用的技术先进性。在 ERP 系统实施前需要制定 ERP 系统实施方案，该方案经常以 ERP 系统实施咨询方案的形式出现。该方案包括业务流程设计方案、组织机构设计方案、岗位设置和岗位说明书编写方案、企业员工培训方案、ERP 系统安装调试方案以及基础数据整理方案等内容。该方案一定要达到先进性标准。在 ERP 系统实施过程中会出现各种各样的问题，例如，在编写岗位说明书时会遇到各个岗位之间的关联问题，这种关联体现了业务流程的特点，如何确保各个岗位说明书的完整，既不出现遗漏又不出现冲突，单单依靠文档管理和人员管理是不够的，必须借助于岗位说明书管理工具来解决。采用工具解决出现的诸多问题，正是先进性原则的表现形式。

(7) 最小化定制原则。在 ERP 系统实施过程中，ERP 系统的定制修改是不提倡的。因为这种修改在时间上总是比较仓促，修改后的 ERP 系统没有经过大量的测试和实践验证，再加上 ERP 系统本身的复杂性和关联性，常常是修改其中的一处便涉及和影响到系统中的其他多个模块，这种修改极其容易出现问题。一个稳定的 ERP 系统版本经常与规范的配置管理、严格的系统测试和大量的实践应用分不开的。如何解决当前选定的 ERP 系统与企业的实际情况不相符合的问题呢？有 3 种解决方案，第一，重新选择 ERP 系统，确保选定的 ERP 系统与企业的实际业务情况相符合；第二，修改企业的业务流程和组织设计，确保其适应当前选定的 ERP 系统；第三，对 ERP 系统进行适当的修改，但是，这种修改需要在一定的条件下完成，即 ERP 系统厂商必须提供修改 ERP 系统的配置方案，适当地延长整个 ERP 系统的实施周期及制定修改后的 ERP 系统验收方案。第一种方案适用于系统与实际差距比较大的情况；第二种方案适用于那些差距主要是由于非主要业务产生的情况；第三种方案则是最小化定制原则，适用于那些关键业务与 ERP 系统有差距的情况。

(8) 控制项目范围潜伸原则。项目范围定义了项目的具体工作内容、约定了工作深度、明确了工作质量，同时也划定了工作边界。项目范围是确定项目进度和资金预算的基础，是制定项目计划、项目实施团队成员的任务分工的重要依据。如果项目范围发生了变化，但是这种变化没能在项目进度、资金预算、项目计划以及成员任务分工中表现出来，那么项目失败的风险将会加大。虽说项目范围的显著变化很容易得到项目实施双方的认可和协商，并且通过协议确定下来。但是大量的、不显著的项目范围潜伸经常没有得到有效控制。项目范围潜伸指项目范围通过项目调研、需求分析及问题协商等众多形式悄然变化增大。因为这种变化是潜移默化的，并且在很多情况下是通过工作深度表现的，使得项目实施双方很难及时地发现和协商解决。控制项目范围潜伸最有效的方式就是明确定义项目范围和项目边界。

(9) 授权原则。从本质来看，ERP 系统实施既是一种技术应用项目，也是一种管理和知识创造项目。之所以说它是技术应用项目，这是因为 ERP 系统实施涉及大量的计算机软件、硬件、网络的安装、调试，这些工作都需要专业人员按照相应专业的业务操作规范来完成。之所以又说它是管理和知识创造项目，最主要的原因是 ERP 系统主要作为管理工具提供给各级操作人员，实现信息的采集、传递、存储、加工、分析和使用等管理工作的精细化、规范化及标准化。管理工作千变万化、千头万绪的特点使得实现管理工作的规范化、标准化是一项艰巨的任务。管理工作框架的规范和标准是一件容易的事情，但是管理工作的精细化的规范和标准则不仅需要管理技术，而且需要管理艺术。实际上，管理艺术就是知识创造的一种形式。在 ERP 系统实施的过程中，会碰到诸多的管理问题，这些问题的解决只能依靠经验丰富的专家和实施咨询顾问。按部就班地层层上报、等待下达解决问题的方案，这种思路只适用于解决管理技术场景，对于管理艺术场景的问题是无效的。授权原则表示对实施咨询顾问、经验丰富的员工赋予一定的权限，可以在出现问题时自行进行决策。例如，在整理基础数据时，物料属性的数量少则几十个，多则几百个，每一个属性值的获取都不是一件轻松的事情。减少物料属性数量，可以大大地加快物料基础数据的整理速度。对于特定的企业来说，哪些物料属性重要，哪些属性不甚重要，哪些属性没有意义，这些问题应该交给 ERP 系统实施咨询顾问来决策。授权原则体现了对实施工作要求的效率和效果，效率表示速度更快，效果表示结果更好。

(10) 防范风险原则。在整个 ERP 系统实施过程中，实施风险无处不在。对这些实施风险必须采取严格的控制和防范措施，实施风险管理。通常情况下，ERP 系统实施过程由多个阶段组成，每一个阶段都存在诸多的风险因素。风险因素识别、评估和管理是风险管理最基本的内容。每一个风险因素的发生概率、破坏程度以及对每一个风险因素的控制、转移及接受等都应该有明确的风险预案。风险管理是一项系统工作，应该从整个项目的角度出发，系统、完整地进行预防和控制，这是防范风险原则的要求。

# 10.3　ERP 系统的实施战略

ERP 系统实施战略指 ERP 系统实施目标、实施工作原理和采取的操作方法的总称。不同的企业，即使实施同一个 ERP 系统，也可能采用不同的实施战略。同一个企业可能采用同一种实施战略实施不同的 ERP 系统。

一般情况下，有 3 种不同的实施 ERP 系统的战略，即 Big Bang 实施战略(大爆炸实施战略)、面向模块的实施战略和面向流程的实施战略。

### 1. Big Bang 实施战略

在这种实施战略中，企业制定了庞大的 ERP 实施计划。在这种实施战略中，包括所有模块的整个 ERP 系统的安装在整个企业范围内一次性完成。如果执行得仔细和彻底，则 Big Bang 战略可以降低 ERP 系统的集成成本。早期的 ERP 系统实施经常采用这种实施战略，但是，这种战略的失败率比较高。今天，敢于尝试这种实施战略的企业不是很多。Big Bang 实施战略的前提是把 ERP 系统的实施作为一个巨大的信息系统的实施，而后者的实施战略一般采用自顶向下或由底向上法。但是，ERP 系统的实施比传统的信息系统实施复杂得多，因为 ERP 系统涉及的业务功能模块众多，并且 ERP 系统的实施要连续地调用各种业务流程，使相关的业务流程相连接。另外，参与到 ERP 系统中的许多部门和人员并不都是 IT/IS 专家。与传统的信息系统相比，ERP 系统更多地将现有的业务流程自动化。ERP 系统驱动这些业务流程传递各种信息、执行各种业务操作。

对于那些基础数据比较完整、管理制度比较健全、组织机构比较稳定、业务流程比较规范以及工作岗位职责定义比较明确，且有一定的计算机技术运行基础的企业，或者那些规模不是特别大的企业，适合采用这种类型的实施战略。

### 2. 面向模块的实施战略

面向模块的实施战略采用一次一个 ERP 系统模块的方式来实施 ERP 系统。一般情况下，这种实施战略把实施范围限制在一个职能部门。这种实施战略适合于那些并不共享多个跨部门和业务单元的通用业务流程的企业。在每一个单元安装一个独立的 ERP 系统的模块，在项目的后期阶段集成整个 ERP 系统的各个模块。这是 ERP 系统实施中最常使用的方法。每一个业务单元都可能有自己的 ERP 系统和数据库。面向模块的实施战略通过缩小 ERP 系统的实施范围而降低 ERP 系统的安装、定制和运行的风险。一个模块的成功实施有助于推动整个 ERP 系统实施项目的成功。

面向模块的实施战略特别适合于大企业的 ERP 系统实施。一般情况下，在这些规模庞大的企业中，各个业务部门之间比较独立。

### 3. 面向流程的实施战略

这种实施方法将重点放在支持一个或几个涉及多个业务单元的关键业务流程上。ERP 系统的初始化定制局限于与业务流程关联的功能方面。面向流程的实施战略可能最终导致 ERP 系统不断膨胀。

面向流程的实施战略适合于那些业务流程不是特别复杂的中小企业。例如，银行的业务相对来说比较单一，储蓄管理业务流程、信贷管理业务流程和结算管理业务流程是银行的关键业务流程。在这些业务流程比较单一的企业中，采用面向流程的实施战略极易获得成功。

## 10.4　ERP 系统的实施方法

实施方法也称为 ERP 系统实施的操作方法，是实施过程中各个活动的详细描述和工作方式约定。目前，许多研究人员和厂商都提出了许多不同的 ERP 系统实施方法，例如，

SAP、Oracle 等 ERP 系统厂商都有自己的实施方法。但是，到目前为止，并没有一个完全被公认的并具有普遍适用意义的实施方法。下面结合大量的 ERP 系统实施案例，根据作者的 ERP 系统实施体会，着重介绍 ASAP 法、11 阶段实施法和里程碑实施法。

## 10.4.1 ASAP 法

ASAP 法也被称为快速 SAP 实施法(Acelerated SAP)，是由 SAP 公司提出的描述 ERP 系统实施过程中各项活动的方法。该方法涵盖了 ERP 系统实施过程中的整个技术领域，重点解决诸如接口、数据转换及决策授权等实施问题。ASAP 法提供了许多实例、检查列表和模板等样本，这些样本作为知识的结晶，避免了大量重复的创造劳动，有助于加快 ERP 系统的实施过程。这些样本内容也被称为快速因子。ASAP 法包括 5 个阶段，即项目准备阶段、绘制业务蓝图阶段、实现阶段、系统调整阶段以及运行和持续支持阶段，如图 10-1 所示的是 ASAP 法的实施框架。支持这些阶段的活动包括程序管理、沟通管理、质量管理和变化管理。

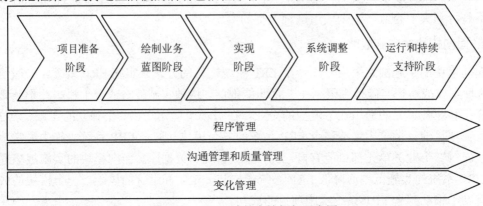

图 10-1 ASAP 法的实施框架示意图

第一阶段是项目准备阶段。该阶段的主要工作包括制定正确的项目计划和企业对整个项目进行评估的结果。Project Estimator 工具有助于完成该阶段的工作。具体地说，该阶段重点解决以下 4 项工作内容：

- 企业的高层决策人员达成 ERP 系统实施的共识；
- 给出清晰的、完整的和可评估的项目目标；
- 制定高效率的实施沟通方式和决策流程；
- 促使整个企业的文化气氛适合进行 ERP 系统实施。

第二阶段是绘制业务蓝图阶段。在 ASAP 法中，一种被称为 Business Engineer 的工具包括了一系列完整的预先定义的业务流程箱。在绘制业务蓝图阶段，SAP R/3 的业务范围局限于特定行业的业务流程。通过使用 Business Engineer 工具提供的问卷调查和模型，可以绘制反映企业未来状况的业务流程，内置的行业模板可以加速这种绘制速度并且提供预先定义的最佳的行业业务流程。该阶段的输出结果是全面、系统和完整的业务蓝图。业务蓝图是企业实施之后未来的业务状况的可视模型，该模型有助于项目团队定义项目范围，并且可以将注意力集中在那些运行 ERP 系统的业务流程上。

第三阶段是实现阶段。基于上一个阶段定义的业务蓝图，一个配置 SAP R/3 系统的实现阶段包含两步骤。第一步，按照定义的蓝图配置初始的基线系统；第二步，调整基线系统以便满足所有业务流程的需求。由于初始的基线系统是基于蓝图的，因此，该系统给出了当前业务实际运行的状况。

第四阶段是系统调整阶段。在该阶段中，需要对 SAP R/3 系统进行精细调整，确保系统可以满足生产环境的需要。除此之外，应该对调整后的系统进行环境测试，解决测试中出现的问题。终端用户的培训工作也在该阶段完成。该阶段应该完成对整个实施项目进行审计和鉴定的准备工作。

第五阶段是运行和持续支持阶段。ERP 系统正式开始了运行。对 ERP 系统的投资工作进行度量和评估。持续支持的目的是保持 ERP 系统连续稳定地运行。ASAP 法的 Implementation Assistant 工具提供了常见问题的问答。

程序管理要求每一个阶段中每一项活动都应该有严格明确的程序，并且尽可能地按照相应的工具来执行。在实施过程中建立有效的沟通方式有助于及时解决实施过程中出现的问题与误会。质量管理则需要明确每一项活动的标准、达到这些标准的方式以及检查活动结果的度量方式。变化管理有助于管理和维护实施过程中的各种修改操作。

## 10.4.2　11 阶段实施法

ERP 系统框架的设计目标应该是高伸缩性、容易实施和快速配置。许多实施方法都分解成多个阶段，这样逐个阶段地实施允许 ERP 系统渐进式地演变，而不要求整个系统的突然替换，以便最小化业务的混乱和控制实施的成本。下面介绍一种将整个实施过程分解为 11 步的实施方法论，该方法被称为 11 阶段实施法。该方法的优点为安全地管理、控制和监督；控制项目的成本和进度；提供高度的项目可视化和文档；提供系统、业务流程体系架构和平台，以便将来进一步改进、控制和防范风险。如图 10-2 所示的是 11 阶段实施的阶段框架示意图。

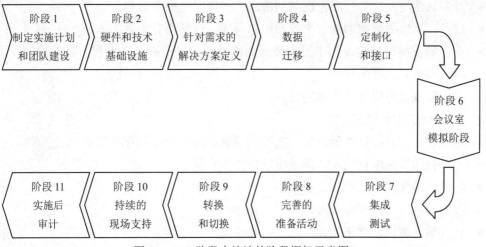

图 10-2　11 阶段实施法的阶段框架示意图

阶段 1：制定实施计划和团队建设。

- 创建客户/项目管理方式和团队
- 收集和整理所有的背景信息和文档
- 确认和证实该项目的目标
- 开发实施的框架和框架计划
- 开发支持技术的基础设施和配置计划
- 为用户和技术团队的成员提供教育
- 确认客户业务单元代表的参与
- 确认专家服务的名单和计划

阶段 2：硬件和技术基础设施。

- 获得所要求的、必需的硬件和网络
- 测试用户响应时间和网络负荷
- 创建支持框架模型

阶段 3：针对需求的解决方案定义。

- 项目团队参加教育和培训
- 在需要的地方，团队设计、开发和提炼新的业务流程
- 为了开发，确认定制的需求
- 为了提供数据映射，决策和转换定义
- 业务流程和桌面过程准备、验证和文档化，以便项目后期阶段的进行
- 把解决方案向更多的用户开放

阶段 4：数据迁移。

- 把传统系统中的数据映射到定义的解决方案的数据模式中
- 准备定制程序
- 准备只使用一次的程序来提取和格式化传统系统中的数据
- 准备一次性的数据加载和字段初始化程序，包括所有必要的参数
- 在开始数据转换前，为了提高数据的质量和删除不必要的数据，确认旧的、不准确的和孤立的传统数据
- 为团队成员分配净化数据的任务

阶段 5：定制化和接口。

- 定制化的需求：特殊的表格、定制的报告、接口和定制化开发
- 提供技术性的编程技能，满足唯一性的客户需求
- 设计和编写定制化的规格说明书
- 按照客户变化控制标准过程，修改程序
- 执行单元测试，修正错误

- 在会议室模拟和集成测试阶段，随时提供支持

阶段 6：会议室模拟阶段。

- 测试、演示和验证定义的解决方案
- 测试、验证所有的安装、数据迁移、流程和客户化定制
- 提供满足业务需求的解决方案
- 解决所有的问题，对出现的问题随时修正，不把问题带入下一个阶段
- 在会议室重复模拟，证明进行的改变是正确的和整个解决方案是正确的
- 在开始下一个阶段之前，由企业的主要领导进行决策

阶段 7：集成测试。

- 作为一种彩排，开始集成测试，以便真正开始运行
- 验证所有将要提交的解决方案
- 确保所有执行数据转换和加载系统必需的工作部分各就各位
- 选择和培训扩展的用户团队，以便开始最终的测试
- 验证解决方案是否满足业务需求，并且可以用来运行各种业务
- 持续运行必需的时间，最小化改变
- 确认下一个阶段开始的日期

阶段 8：完善的准备活动。

- 准备项目团队和业务准备
- 明确最终的切换(转换)和开始调度
- 在用户过程中的改变和培训文档都是齐全的
- 为扩展的用户社团提供培训
- 针对切换的日期、调度计划和实施与企业认真地沟通

阶段 9：转换和切换。

- 初始化将要采用新系统的生产环境
- 所有的数据都转换和加载到定义的解决方案中
- 团队执行详细的转变计划，并且进行所有的验证，确保完整地、准确地加载数据
- 客户在传统的系统上执行最终的月结
- 改变最终的基础设施
- 限制传统系统的使用，只能在必要的查询时使用

阶段 10：持续的现场支持。

- 当转换完成时，新系统已经就位，可以用于生产系统
- 用户、IT 和项目团队为新系统提供 24 小时的现场支持
- 任何问题都应该记录下来并且得到解决，提供解决报告
- 在起步的几周时间内，用户、IT 和项目团队支持起步阶段(开始运行阶段)

- 呼叫中心接收到求救信息，并且尽可能地解决这些问题。其余的问题应该提交项目团队的成员，然后基于轻重缓急的优先次序，解决这些问题
- 技术支持持续几个月，这种支持需要根据双方协议进行

阶段 11：实施后审计。

- 评估实施解决方案的进度和效果
- 观察和检查已经实施且正在运行的系统的运行效果
- 确认问题，包括性能问题和流程问题
- 确认哪些地方运行顺利
- 同用户一起，观察和检查进一步提高系统效果的机会
- 解决出现的问题
- 如有必要，提供一个长期的修正和提高计划

## 10.4.3　里程碑实施法

ERP 实施项目的管理，不仅是一门科学，也是一门艺术。成功的 ERP 系统的实施项目是完善的管理、团队成员的共同努力和恰当的实施方法的综合效果。快速实施法可以降低实施费用，但是需要把精力集中在阶段性的可交付成果之间的关系表上。

管理人员根据制定的实施计划定义和调度项目的里程碑，并且认识到关键的挑战来自于管理项目团队必须满足这些里程碑日期的要求。理解这种"日期管理"的关键路径是非常重要的，并且对于团队来说，应该很清楚地知道任务完成后的结果(可提交的成果)。

把实实在在的项目可提交的成果与每一个里程碑关联起来。当人们知道需要产生实实在在的可交付成果时，在给定的期限内，人们可以工作得更有效率。对于一个成功的 ERP 系统实施项目来说，有意义的可交付成果、正确的样例以及协调一致的、理性的工作团队都是重要的因素。

下面是一些 ERP 系统实施项目的里程碑和与其关联的可提交的成果的样例。

- 项目范围里程碑：项目范围文档和项目计划。
- AS-IS 流程映射里程碑：企业原始的流程图、打印的文档等。
- TO-BE 流程映射里程碑：部门职能流程白皮书。
- "会议室模拟"里程碑：流程脚本、修改的白皮书。
- 部门模拟和"实际"里程碑：修改的流程脚本和白皮书。
- 集成模拟里程碑：修改的流程脚本和白皮书、终端用户菜单和指令。
- 切换里程碑：切换计划。
- 迁移里程碑：迁移计划和脚本。
- 客户定制里程碑：程序规格说明书和文档。

**其他观点：ERP 实施的 ANP 方法**

Petri Hallikainen 等人(2009)提出了 ERP 实施的 analytic network process(ANP)方法，用来解决 ERP 实施过程中业务流程和信息技术的一致性问题。该方法分为 3 个层次，即战略层次、战术层次和运营层次。

战略层次包括 7 个阶段：(1)战略识别：评估当前的业务和 IT 战略；(2)环境分析：识别业务和 IT 机会和威胁；(3)资源分析：评估可用的关键技能和资源；(4)目标设置：确认最重要的业务和 IT 目标以及它们之间的关系；(5)差距分析：比较业务和 IT 的战略、资源、目标、机会和威胁；(6)资源分配：确定和一致化组织的业务和 IT 的战略选项；(7)ERP 决策：决策如何重新设计业务流程和选择 ERP。

战术层次包括 5 个阶段，(1)选型 ERP 软件：根据业务需求，通过比较选择最佳 ERP 软件；(2)选择供应商：选择指定软件的供应商；(3)选择模块：选择将要实施的功能模块；(4)模块排序：结构化问题描述、定义高层次模型、定义低层次模型、模型建构、数据采集、形成解决方案、敏感性分析；(5)最终排序决定。

运营层次包括 1 个阶段，即在组织环境中实施 ERP 系统。

# 10.5　本 章 小 结

本章讲述了 ERP 系统实施方法论。正确的实施方法有助于 ERP 系统实施获得成功。本章从 3 个角度来分析 ERP 系统实施方法论。首先，介绍了 ERP 系统实施过程中应该遵循的基本原则，这些原则都是经验教训的结晶；然后，介绍了有关实施战略的作用和典型的实施战略；最后，分析了几种典型的 ERP 系统实施方法。

# 10.6　思考和练习

1. 什么是 ERP 系统实施方法论？
2. ERP 系统实施原则、战略和方法之间的区别和联系是什么？
3. 怎样理解 ERP 系统实施过程中的个性化原则？
4. 举出几个典型的例子，讨论在 ERP 系统实施过程中为什么要遵循授权原则？
5. Big Bang 实施战略的特点是什么？
6. 分析面向流程的实施战略和面向模块的实施战略的异同点。

7. ASAP 实施方法适用于哪些类型的企业？

8. 11 阶段实施法的主要特点是什么？

9. 里程碑实施法的典型里程碑成果是什么？为什么？

10. 分组讨论：收集 ERP 实施案例，讨论和分析采用的实施方法。

# 第 11 章
# 实施团队管理技术

## 案例研究：刘邦论功和萧何让封

上曰："通侯诸将毋敢隐朕，皆言其情。吾所以有天下者何？项氏之所以先天下者何？"高起、王陵对曰："陛下慢而侮人，项羽仁而敬人。然陛下使人攻城略地，所降下者，因以与之，与天下同利也。项羽妒贤嫉能，有功者害之，贤者疑之，战胜而不与人功，得地而不与人利，此其所以先天下也。"上曰："公知其一，未知其二。夫运筹帷幄之中，决胜千里之外，吾不如子房；填国家，抚百姓，给馈饷，不绝粮道，吾不如萧何；连百万之众，战必胜，攻必取，吾不如韩信。三者皆人杰，吾能用之，此吾所以取天下者也。项羽有一范增而不能用，此所以为我禽也。"群臣说服。

陈狶反，上自将，至邯郸。而韩信谋反关中，吕后用何计诛信。上已闻诛信，使使拜丞相为相国，益封五千户，令卒五百人一都尉为相国卫。诸君皆贺，召平独吊。召平者，故秦东陵侯。平谓何曰："祸自此始矣。上暴露于外，而君守于内，非被矢石之难，而益君封置卫者，以今者淮阴新反于中，有疑君心。夫置卫卫君，非以宠君也。愿君让封勿受，悉以家私财佐军。"何从其计，上说。

## 课堂思考和问答：

1. 刘邦建立汉朝的主要原因是什么？
2. 子房在楚汉相争中扮演什么样的角色？
3. 萧何的主要才能是什么？他在刘邦团队中扮演什么样的角色？
4. 在以刘邦为首的团队中，韩信的角色是什么？
5. 在由刘邦、张良、萧何、韩信等人组成的团队中，刘邦的角色是什么？
6. 由刘邦、张良、萧何、韩信等人组成的团队是否是一个高绩效的工作团队？为什么？
7. 萧何为什么让封？从团队的沟通方式谈谈你的看法。

ERP 系统实施是一项复杂而艰巨的项目，其最终的完成需要依靠许多人的共同努力。从大量的 ERP 系统实施实践来看，实施团队在实施过程中起到了十分关键的作用。实施团队由许多成员组成，这些成员共同努力的合力是 ERP 系统实施项目成功的基础。如何组建合适的实施团队？实施团队中应该包括多少成员？这些成员应该具备什么样的条件和技能？实施团队中的成员应该如何工作才能形成一致的合力？这些问题的答案就是本章将要讲述的内容。

# 11.1 概　　述

实施团队负责 ERP 系统具体实施工作，它在整个 ERP 系统实施过程中起到决定性的作用。因为 ERP 系统不仅仅是一个技术系统，不能通过简单的安装即可完成，ERP 系统的实施是以 ERP 系统为核心的整个管理思想的实施，企业员工有一个从陌生到认识、从认识到理解以及从理解到接受的长期过程，实施过程中出现的大量的技术问题和管理问题的最终解决需要实施团队发挥聪明才智。实践证明，即使是非常优秀的 ERP 系统，如果实施团队在实施过程中工作不力，该 ERP 系统的实施也很难获得成功。

实施团队是联系用户企业、管理咨询公司和 ERP 系统供应商的桥梁。一般情况下，实施团队的主要成员来自管理咨询公司的管理顾问，用户企业和 ERP 系统供应商也会派代表参加到该实施团队中。从人员的技术结构来看，实施团队既包括 ERP 系统技术人员，也包括企业管理人员。既懂 ERP 系统技术知识，又有丰富的企业管理经验的复合人才最适合成为 ERP 系统实施团队的成员。

从实施团队中成员的数量来看，并没有一个普遍适用的规定。成员数量的多少与 ERP 系统实施项目的复杂程度有关。如果项目复杂，那么成员数量应该比较多。如果项目规模小，相对的，团队成员的数量比较少。但是，实施团队中的成员数量既不宜过少，也不宜过多。如果成员数量太少，许多工作可能无法顺利开展。但是，如果成员数量太多，团队本身的管理难度增大，也不利于有效地开展实施工作。从实践来看，实施团队的成员数量少则 3~5 人，多则数十人。大多数的 ERP 系统实施团队的成员数量在 10~20 人之间。

有很多人认为，实施团队是由 ERP 系统的开发人员组成的团队。这种说法是不正确的。虽然说开发人员可以作为成员参加到实施团队中，但是这种做法是低效率的。其原因如下：(1)开发人员参加到实施团队中是 ERP 系统应用初期的现象，目的是随时解决 ERP 系统中可能出现的各种异常和问题，这从另外一个角度表明 ERP 系统是不成熟的。(2)开发人员参加到实施团队中，没有体现出在 ERP 系统发展过程中出现的专业分工的发展趋势。开发人员擅长的工作是编写代码、修复系统中出现的异常。但是，实施人员主要是面对实施过程中出现的各种管理问题、与用户进行良好的沟通、提出解决这些问题的方案并且进行实践。(3)随着 ERP 系统的不断成熟，ERP 系统越来越庞大和复杂，开发人员的分工也越来越精细，某个开发人员除了熟悉自己开发的模块之外，对于绝大多数的其他功能模块是不熟悉的。当需要开发人员解决他们不熟悉的 ERP 系统模块中的问题时，他们的工作效率远远低于专业的实施人员。(4)由于实施过程是管理思想的灌输和管理问题的解决过程，在很多情况下需要采取机动灵活的管理变通方式，很多问题的解决方案需要借助大量的管理经验才能让用户同意和接受。如果开发人员没有丰富的管理经验，他是很难适应这种实施工作的。需要特别说明的是，如果某个 ERP 系统完全是由一个开发人员开发完成的，那么毫无疑问，该开发人员参与到实施团队中可以极大地提高实施团队的工作效率。

有许多企业认为，实施团队最好由用户企业内部有经验的员工组成。此观点也有疑问。从最理想的情况来看，这些有经验的员工可以包括管理经验丰富的业务人员和有计算机软硬件技术的技术人员，他们对企业非常熟悉。但是，如果依靠他们来实施 ERP 系统，则存在着以下问题：第一，虽然这些员工的管理经验和技术能力都可能很强，但是大多数员工缺乏 ERP 系统实施经验，遇到问题不能及时提出合理的方案。第二，这些员工缺乏足够的动力，实施 ERP 系统是一项艰巨的、创造性的工作，需要实施成员付出高出常人许多倍的劳动。如果这些付出不能得到相应的回报，那么由员工组成的实施团队的积极性会随着时间的推移和实施过程的深入而逐渐丧失。第三，实施 ERP 系统会对企业现行的组织结构、业务流程、岗位设置以及工作方式产生极大的冲击，大多数员工可能以各种显性或隐性的方式表现自己的抵触情绪，项目失败的风险很大，企业内部员工面对这种极大的风险可能会不由自主地产生畏惧，工作压力和心理压力过大。外来的和尚会念经，这句话对于 ERP 系统实施工作来说有一定的道理。

还有这样的一种观点：实施团队由 ERP 系统供应商的员工单独组成。此观点大谬矣。ERP 系统供应商的主要经营目的是销售自己的 ERP 系统。不管在任何情况下，这些供应商都会情不自禁地站在保护自己产品的立场上。当 ERP 系统出现问题时，他们可能想方设法掩盖自己的问题。为了销售自己的产品，他们或者过于迁就用户企业的许多不合理需求，或者敷衍用户企业的合理需求。在实施过程中，当有多个可选的解决方案时，他们判断解决方案的最简单方法就是哪一个方案与自己的产品能够更好地适应。但是，如果实施团队是中立的，则情况就大不一样。在很多情况下，有可能选择最优的解决方案。甚至在实施过程中，还可能提出更换 ERP 系统的情况。

 **其他观点：ERP 项目实施团队的人力资源成本平衡方法**

Malgorzata Plaza (2016)研究了 ERP 实施团队中的人力资源成本平衡问题，提出了一种人力资源成本平衡决策方法。在 ERP 实施过程中，如果缺乏外部咨询顾问，项目很难成功。但是如果全部依赖外部咨询顾问，那么人力资源成本就会大幅度提升。企业可以通过全面的内部员工 ERP 知识培训来弥补外部咨询顾问不足的问题，以便达到 ERP 实施的人力资源成本平衡。

# 11.2　团队管理的基本原理

鉴于实施团队的重要性，本书对团队管理的基本原理不厌其烦地详细介绍。下面从 5 个方面介绍团队管理的基本原理。这些方面包括团队发展的阶段、团队的典型类型、高效团队的特征、团队成员的角色分析和规范团队行为的方式。

### 11.2.1　团队发展的阶段

团队的发展是一个动态的过程。大多数团队始终处在一种连续变化的状态之中。尽管团队可能从来没有达到过稳定，但是仍然可以用一般的模式来描述大多数团队的演化过程。团队发展的过程可以分为 5 个阶段，即形成阶段、震荡阶段、规范阶段、执行阶段和解散阶段。如图 11-1 所示的是团队发展阶段示意图。

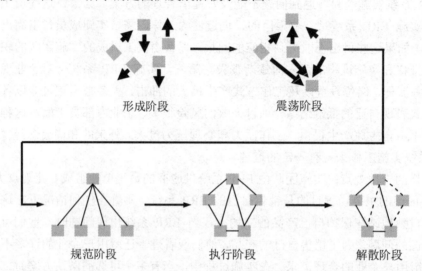

图 11-1　团队发展阶段示意图

第一个阶段是形成阶段(forming)。该阶段的特点是，组织的目标、结构和领导关系都还不是很确定。团队成员都在不断地摸索以确定什么样的行为是可接受的。当每位成员都已经意识到自己已是团队中的一部分时，这个阶段就完成了。

第二个阶段是震荡阶段(storming)，这是一个团队内部发生激烈冲突的阶段。团队成员虽然接受了团队存在这一事实，但是对于团队对个体施加影响的控制行为仍存有抵触。进一步地说，冲突的焦点在于谁将控制团队。当第二阶段完成时，团队内部将会产生一个相对明确的领导。

第三个阶段是规范阶段(norming)，团队中成员之间的关系有了进一步的发展，成员之间有了一定的凝聚力，更强烈的团队身份感与认同感形成了。当团队的结构图定下来，并且对什么是正确的成员行为已经达到共识时，规范化阶段就完成了。

第四个阶段是执行阶段(performing)，团队结构开始完全发挥作用并被团队成员所接受，成员的精力也从相互认识与相互了解转移到了执行必要的工作上。对于长期性存在的团队，执行阶段是团队发展的最后阶段。但是对于临时性团队，执行的任务是有限的。

第五个阶段是解散阶段(adjourning)，团队已经在为它的解散做准备，高水平的工作绩效已经不再是团队成员中首要关注的问题，他们的注意力已经转移至收尾活动。

很多人认为，所处阶段越高，团队的工作效率必然相对要高。实际上远非如此。尽管这种看法有时是对的，但是使团队效率提高的因素是非常复杂的。在大多数情况下，高水准的冲突常常会导致高水准的团队绩效。

对于一个具体的团队来说，例如，ERP 系统实施团队，这些发展阶段并非总是泾渭分明。但是，了解团队的发展阶段，对于如何更好地认识、管理和控制 ERP 系统实施团队的行为是十分有益的。

## 11.2.2　团队的典型类型

工作团队可以按其目标的不同进行分类。组织中 4 种最常见的团队类型分别是职能型团队、问题解决型团队、自我管理型团队和职能交叉型团队。如图 11-2 所示的是团队类型的结构示意图。

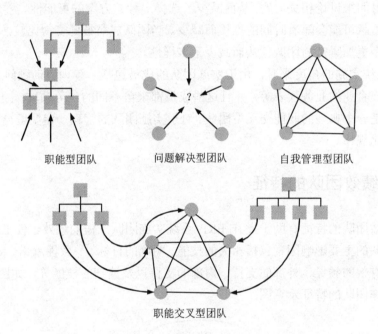

图 11-2　团队类型的结构示意图

职能型团队由职能单位中的管理者和员工组合而成。在职能型团队中，诸如职权、决策、领导及互动等问题相当简单和清晰。在特定的职能单位内，职能型团队主要致力于工作改进活动或解决一些具体问题。例如，在销售、生产及库存等职能领域内组成工作团队，独立地工作并且解决顾客提出的各种问题。问题解决型团队一般由 5～12 名员工组成，成员大多数来自相同的职能部门，每周花费几个小时聚在一起讨论如何提高质量、效率和工作环境等问题，共同交换意见并提出建议。问题解决型团队最典型的例子是流行于 20 世纪 80 年代的质量小组(quality circles，QC)。这些小组定期见面讨论质量问题，调查问题产生的原因，提出解决问题的建议。但是这些团队很少授权实施团队实施他们的建议，而是向管理层提出建议，管理层通常对所推荐的执行方案做出决策。自我管理型团队是一种正式的团体，虽然没有一个管理者，员工却要对整个工作过程负责。这种类型的工作团队还控制他们自己的工作节奏，自主决定如何分配工作、工作什么时候开始、什么时候结束以及什么时候检查自己的工作等，甚至有些自主管理型团队能够自主挑选团队成员并且让团队成员互相评价对方的绩效。职能交叉型团队大多数来自于同一个组织的同一职能层级、不同的业务领域，但是也有些这种类型团队的成员来自于不同的组织。这些成员聚在一起执行一些特殊的任务。不同业务领域的员工可以有效地通过职能交叉型团队来交流信息，提出新的创意，解决疑难问题，协调复杂任务，但是这种类型的团队比较难管理。在团队发展的早期，例如震荡阶段，成员需要耗费大量的时间去学习如何适应变化和复杂的工作条件。不过，由变化所带来的困难有时也会变为一种优势，因为在决策过程中，团体能够提供比个体更加完备的信息并且更具有创造力。工作团队的多样性有助于识别具有创造性或独特性的解决方案。进一步地说，多样性的存在会导致观点难以统一，这样团队成员通常会利用更多时间来讨论相关问题，从而减少了选择一种差方案的可能性。需要注意的是，团队的多样性贡献可能会随着时间的推移而减少。当团队成员彼此变得比较熟悉之后，他们就会结成一个更加紧密的团队，从而减少了多样性。

从 ERP 系统实施的角度来看，由于实施团队的成员包括了管理咨询顾问、ERP 系统厂商代表和用户企业的业务代表等，并且这些成员都来自不同的业务领域。因此，ERP 系统的实施团队是一个典型的职能交叉型团队。对于实施团队的管理一定要遵循职能交叉型团队的基本变化规律。

## 11.2.3　高绩效团队的特征

研究高绩效团队的特征有助于提升 ERP 系统实施团队工作的绩效。使工作团队成为高绩效工作团队的主要影响因素包括相关的技能、明确的目标、一致性承诺、良好的沟通、相互的信任、有效的领导、外部的支持、内部的支持以及谈判的技能等，如图 11-3 所示的是高绩效工作团队的特征示意图。

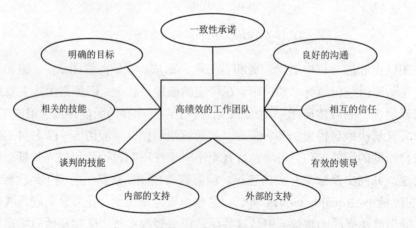

图 11-3　高绩效工作团队的特征示意图

高绩效工作团队对目标和信念有着清晰的认识，其目标体现了一定的价值或重要结果，而且这些目标的重要性在于能够鼓励个体成员去改变个人的某些观点，并使其朝向团队的共同目标努力。在高绩效的工作团队中，成员对团体目标要有所承诺，他们知道自己应该完成哪些工作，并且懂得如何在一起协作以达到这些目标。高效率的团队由能力型成员组合而成。他们具有相关的技术经验并有能力去取得期望的目标。当他们与其他人一起工作时，还必须具备追求卓越所需要的个性特征。这些相似的个体同样具备能力去重新调整自己的工作技能来适应团队的需要，这就是所谓的工作适应性。尤为重要的是不要忽略个性特征。需要注意的是，并不是每一位技术能手都能作为团队成员很好地工作。一般情况下，高绩效工作团队的成员同时具备专业技能和人际交往的能力。

高绩效工作团队具有成员之间高度交互信任的特征。也就是说，成员在真诚、品格和能力等方面要互相信任。这些成员向团队展示了强烈的忠诚和奉献精神，他们为了团队能取得成功愿意做任何他们所能够做的事情，这种精神被称为一致性承诺。大量的实践研究表明，团队成员的行为与团队是一致的。在团队中，成员非常重视自己与团队中其他成员之间关系的重新界定。一致性承诺的最主要特征是为团队成员奉献和付出更多的精力去达成目标。高绩效工作团队具有良好的沟通特征。团队成员能够在愿意和清晰了解的基础上沟通信息，这些信息包括口头和非口头信息。良好沟通的特征是可以从团队成员和管理方面得到良性的反馈。这有助于消除团队成员之间的误会。虽然说在进行工作设计时，职务说明、规则、程序以及其他形式的正式文件已经界定了成员的角色。但是，高绩效团队却趋向于弹性化并且在不断地进行调整，所以，团队成员之间必须具备足够的谈判技能。由于团队所面对的问题与相互关系经常在变化，所以成员要勇于面对并协调差异。

有效的领导者能够激发团队成员并领导他们共同度过最艰难的境地。领导者要帮助成员明确目标，向他们指出克服惰性有利于变革的发生。同时，他们还要增强团队成员的自信心，帮助他们更加充分地认识自己的潜力。最好的领导者不必亲自指挥或控制。有效的团队领导者逐渐在团队中扮演着教练和提供协助的角色。他们帮助团队但是并不控制团队。高绩效团队需要一个支持性氛围。从团队内部来看，团队应该有一个合理的基础性支持。这些内容包括适当的培训、能够评估团队成员的绩效并且容易理解的衡量系统、酬报团队行为的奖励计划以及支持性的人力资源管理系统。这种环境应能支持团队成员和强化他们的行为并有助于产生一个高水平的绩效。从外部来看，团队的管理者应该向团队提供完成工作必要的资源。

## 11.2.4  团队成员的角色分析

有关于团队成员应该扮演什么样的角色，有许多不同的看法。一种观点认为，工作团队成员经常扮演 9 种不同的角色；另外一种观点则认为工作团队成员由 8 种不同的角色组成。下面分别介绍这两种不同的观点。

### 1.9 角色观点

在 9 角色观点中，工作团队成员经常扮演 9 种不同的角色。这些角色名称如下：

- 创造—创新者(creator-innovator)
- 探索—促进者(explorer-promoter)
- 评价—开发者(assessor-developer)
- 推进—组织者(thruster-organizer)
- 安排—生产者(concluder-producer)
- 控制—检查者(controller-inspector)
- 支持—维护者(upholder-maintainer)
- 汇报—建议者(reporter-adviser)
- 联络者(linker)

创造—创新者通常具有丰富的想象力，擅长提出新思路和新概念。他们具有很强的独立性，喜欢按照自己的节奏、方法并使用自己的时间来进行工作。

探索—促进者更加注重寻求新思路并进行比较、归因。这些成员擅长于从创造—创新者那里挑选新想法，并寻找可以促进这些新想法生成的各种资源。但是，他们常常缺少耐心和控制技能来保证这些想法能够在细节上是可行的。

评价—开发者有很强的分析技能，他们往往会在决策制定之前倾其所能地对各种不同的想法进行分析与评估。

推进—组织者愿意建立操作性程序以使这些想法能够变为现实，并将事情做好。

安排—生产者一直跟踪到任务的最后期限，并且确保所有的任务最终完成。这种角色的成就感在于能将常规性生产标准化。

控制—检查者主要关心有关规章制度的建立和加强。他们擅长于检查细节并确保避免发生错误事件。他们希望通过检查确保所有的事实和数据都完整无缺。

支持—维护者对工作团队提供支持。当团队与团队外人员发生矛盾时为团队作辩护。同时，他们也大力支持团队的成员。他们的工作目标是保持团队的稳定。

汇报—建议者是很好的听众，他们不愿意将自己的观点强加给别人，更倾向于在决策之前提供更多的信息。他们鼓励团队在决策前尽可能地搜寻更多的信息并且在防止团队匆忙做出决定方面扮演重要的角色。

联络者角色与其他所有角色的工作都有交叉。该角色试图了解所有人的观点，他们既是协调人员又是汇总人员，尽量在团队成员之间建立协作关系。他们也认同其他团队成员对团队的贡献。在团队存有差异的情况下，他们积极尝试对人员和行为进行整合。

### 2.8 角色观点

在 8 角色观点中，工作团队主要由 8 个角色组成。这 8 个角色分别如下：

- 创新者(Innovator)
- 塑造者(sculptor)
- 指挥者(conductor)

- 科学家(scientist)
- 教练员(coach)
- 资料员(curator)
- 介入者(crusader)
- 探索者(explorer)

创新者角色主要是根据自己的想象力创建全新的思想和观点。他们认真地观察当前的工作情景，通过多个不同的角度考虑其所看到的内容。因此，创新者可以提出解决当前问题方案的基本思路，开发出长期发展的愿景，并且将自己的想法用一种通俗易懂的方式表示出来。对于团队中的其他成员来说，这些想法都只是猜想和推测。但是，对于创新者来说，这些想法是对事情的洞察和直觉。

塑造者角色擅长于通过自己的操作使得工作最终完成。他们总是希望对事情立即产生现实的影响、瞄准明确的目标、产生实实在在的结果。他们在工作中充分利用了自己的经验和借助于有效的工具。这些角色喜欢采取行动，并且鼓励其他人参与到自己的行动中。

指挥者角色指导组织按照合理的形式设计组织结构。他们的目标是有效地组织和协调周围的环境、制定合理的工作计划、确认和实现正确的业务流程。他们总是希望正确地定义团队成员的角色和设计这些角色的合理职责，使得各个成员技能和所从事工作的要求协调。

科学家角色负责解释事情如何发生和为什么发生的原因。他们对事情进行深入分析，提出事情运行的工作原理假设，并且采集证据论证他们的假设是否真实。他们总是为团队提供当前工作环境的思维模型，这些模型有助于团队理解当前的工作情景。

教练员角色通过协调团队成员之间的关系、创建有利于开展工作的团队气氛、关心团队成员的利益以及鼓励团队中的成员向其他人员提供优质的服务等试图创建团队工作融洽的环境。这些角色高度评价员工的工作、发现更多的角色机会和密切联系成员之间的关系。他们试图以团队同意的方式解决工作中出现的各种问题。

资料员角色负责对各种信息、想法和理解进行清晰的分类。他们喜欢认真地倾听、提出自己的疑问及吸收各种信息，使得他们能够清楚地理解所描述的内容。这些角色不断地扩展自己的知识和经验，以便他们可以基于美好的前景和清晰的实现途径展望未来。

介入者角色负责指出观点、想法和主意的重要性。在团队讨论时，这些角色基于自己的判断指出最有价值的内容。他们喜欢评价各种意见，并且强烈地支持自己认为最重要的内容。

探索者角色主要是寻找全新的、更好的方法来完成当前的工作。充当这个角色的人常常不遵守现有常规，而是冒着风险去追求全新的方式。他们经常对团队的现状提出挑战，总是试图找到一种经过改进的更好的方式。

## 11.2.5  规范团队行为的方式

团队与个体是不一样的，如何把个体成员转变成团队成员是团队管理者非常重视的问题。从当前的研究和实践来看，最常用的方法有 3 种，即甄选、培训和薪酬。

甄选是指在招聘团队成员时应该对个体成员进行认真、全面的分析。许多个体成员已经拥有成为一个有效团队成员所应该具备的人际交往能力。因此，在招聘团队成员时，组织不仅要检验他是否具备成功履行工作所需的技术能力，而且要确保申请者能够胜任团队中的不同角色。在招聘团队成员时，一定要注意下面几点。第一，如果申请人的团队能力非常欠缺，那么应该及时淘汰。第二，对于某些只具备一些基本团队技能的申请人可以尝试试用后聘用，同时需要经过正式培训，使其成为合格的团队成员。

大多数个体成员可以通过培训成为合格的团队成员，甚至很多原本很看重个体成就的人也可以被训练成为团队成员。培训中的主题内容可以包括团队问题的解决、沟通、谈判、解决冲突以及训练技能等。对于这些个体，通常需要经历前面讨论过的团队发展的 5 个阶段。

团队中的薪酬系统需要去激励协作性努力而不是去做激励性竞争。在很多团队中，薪酬的设计思路是，在实现团队绩效目标的基础上，设定考核底线，并按增长的百分比支付给团队成员。应该给予那些有效合作的团队成员晋升、加薪以及其他团队成员认可的薪酬形式。但是，不应该忽略个体的贡献。被酬报的范例应该还包括对新成员的培训、同团队成员分享信息、帮助解决团队中的冲突和掌握团队中欠缺的新技能等。

 **其他观点：ERP 团队中领导力、凝聚力和绩效的关系**

Eric Wang 等人(2005)研究了 ERP 实施团队的领导力、凝聚力和绩效的关系。他们认为，在 ERP 实施过程中，魅力型领导对实施团队的凝聚力和绩效有显著影响，因此 ERP 实施团队项目经理应该展示自己的领导魅力，从而提升团队的凝聚力和整体工作绩效。

# 11.3　实施团队中角色分析

根据团队管理的基本原理，对于 ERP 系统实施团队来说，至少包括 3 类角色，即管理类角色、实施技术类角色和支持类角色。这些类型的角色分别从不同角度完成实施团队的工作。下面详细介绍这些角色类型。

## 11.3.1　管理类角色

在管理类角色中，至少包括团队领导者角色和团队经理角色。这两个角色是保证整个 ERP 系统顺利实施和工作团队高绩效运行的关键角色。

### 1. 团队领导者角色

能胜任团队领导者角色的人应该反应敏捷，对 ERP 系统在本行业的发展有一个全面的认识。他知道用户为什么要进行 ERP 系统的实施，他知道如何说服用户企业的高层管理人员接受和支持 ERP 系统的实施并且获得足够的资金支持。团队领导者必须能从多角度全面描述 ERP 系统实施项目的工作。团队领导者掌握整个实施团队工作需要的资金，他懂得团队与团队外部合作的重要性。

团队领导者角色应该具备以下能力：

- 团队领导者负责整个 ERP 系统实施项目的战略决策，这些决策必须与用户企业的信息化战略目标和其他合作伙伴的战略目标协调一致。
- 团队领导者应该有非常敏锐的洞察力，对整个 ERP 系统实施项目有总体的把握，指出前进的方向。团队领导者应该能够看清楚迷宫中的道路和这些道路的前进方向，尽管他们不可能发现迷宫中隐藏的每一个陷阱。
- 团队领导者必须有高超的领导技巧，应该不断地表达自己对 ERP 系统实施项目的展望。这种激励和鼓舞的能力将会激发团队成员的斗志，增强他们克服工作中困难的勇气。
- 团队领导者必须懂得如何描绘未来、如何将这种愿景与用户企业的需求联系在一起。为了实现这种愿望，他们必须制订出相应的策略。
- 团队领导者必须有高明的管理技巧，他们懂得如何包装实施团队的工作成果、如何向用户企业提交或推销这些成果。他们必须懂得用户企业中各个业务部门的重要程度，并且保证 ERP 系统的实施顺序与企业运营的优先级统一起来。
- 团队领导者必须具备超人的沟通和协调能力，这些能力包括写作能力、语言表达能力和有效的倾听方式等。
- 团队领导者必须具备有效的管理财务的能力，保证资金的使用状况与实施团队的工作状况协调一致。
- 团队领导者必须对 ERP 系统的相关技术有一定的了解，他们可以独立地与他人谈论有关 ERP 系统技术的特点和企业的运营管理特点，但是他们不必会使用这些技术。
- 团队领导者必须让用户企业的高层管理人员了解 ERP 系统实施项目的进展状况，并且对整个项目负责。如果 ERP 系统实施过程中出现了什么问题，团队领导者就应该承担责任。
- 团队领导者应该参加用户企业参与的各项与 ERP 系统实施相关的会议。

## 2. 团队经理角色

与团队领导者不同的是，团队经理不需有全能的机智，但是他们需要有良好的组织技巧与高水平的管理能力。团队经理应该将时间花费在 ERP 系统实施项目的计划和工作指导上。团队经理必须了解和检查实施项目的所有细节，他们制定项目计划，每天检查计划的执行情况。团队经理必须明白如何才能成为一个谈判高手，因为他们需要经常处理各种冲突和各项任务的优先顺序。团队经理必须知道实施项目的关键路径是什么，并且明白应该采取什么样的措施来管理关键任务。团队经理应该经常与实施专家一起评价每个任务的技术合理性。

总之，团队经理应该具备如下的能力：

- 团队经理必须具有组建团队的高超技巧，使团队中的成员团结合作，朝着共同的目标努力。

- 团队经理必须保证整个 ERP 系统的实施项目内容符合用户企业的需要，并且以适当的方式领导团队的运作。

- 团队经理必须有很强的组织才能，并且密切注意各个细节。

- 团队经理必须具有高明的管理能力，并且是 ERP 系统实施的技术权威。在 ERP 系统实施过程中，团队经理要经常面对不同技术背景的团队成员，他们必须能与这些团队成员深入地交流和沟通。他们必须明确地知道每一个任务的完成时间。当某项任务的进度延期时，他们应该能够透过表面现象看出实施技术成员采用的方法和技术过程是否恰当。

- 团队经理必须能够有效地计划和分配可用的资源，力求实施项目进度的均衡。无论是团队成员的无事可做，还是承担过多的工作，都将导致团队工作效率低下，都对 ERP 系统实施项目有害无益。

- 团队经理必须能够及时、有效地处理资源短缺的问题。实施团队中的成员可能会离开，但是实施项目依然需要进行下去。这是必须面对的现实。团队经理如果不能及时从容地处理好这些问题，肯定不会取得成功。每次团队中成员离去时都恐慌不安的团队经理将不能控制实施项目的大局，也难干好他的工作。

- 团队经理必须是一个谈判高手。该角色要经常与各种风险承担者打交道，这些人总是认为自己的需求是最迫切的。风险承担者一般只是考虑自己的需求，有效的团队经理必须对风险承担者的每个需求进行评估，并且从整个实施项目的角度出发来判断这些需求的合理性。

- 团队经理必须懂得如何公布坏消息和如何发布好消息。他们认为 ERP 系统实施成功的关键之一是有一个消息灵通的团队成员。

- 团队经理必须能够召开并控制实施会议，他们必须能够在自己不出席会议时为工作组提供必要的动力。

- 团队经理必须能够控制实施项目的范围以及缓慢扩展的趋势。ERP 系统实施项目的这种缓慢扩展的趋势会影响实施项目的完成时间。团队经理必须清楚地知道应该如何恰如其分地表达这个问题。一般情况下，ERP 系统实施项目团队应该明确地认可项目范围的这种缓慢扩展，但是用户企业应该为这种范围的缓慢扩展付出实施项目适当延期和追加投资的代价。

- 团队经理必须能够进行恰当的风险管理。例如，当团队经理决定采用一种新技术或新工具处理业务流程再造工作时，必须懂得这项新技术或新工具会给项目计划带来怎样的影响。在 ERP 系统实施环境中，这是至关重要的，因为团队经理经常面对这些新技术、新工具。

- 团队经理必须善于倾听。他们必须集中注意力，知道应该在什么时候适当地发表自己的看法、什么时候继续倾听其他成员的讲话。

- 团队经理必须有足够的能力协调整个实施团队，必须能够协调团队成员之间的不同意见和矛盾。

- 团队经理必须帮助团队成员积极参与团队的工作，必须时刻注意每个人是否都满意目前的方式。
- 团队经理必须明白任务要么 100%完成，要么根本不做。没有 100%完成的任务与根本没做是一样的。试图管理一个只完成一部分的实施项目是典型的失败。
- 团队经理必须时刻意识到自己不能同时是一个领域实施专家。即使他们是一个领域实施专家，他们也必须站在团队经理的角色考虑问题，而不是钻到某个领域去集中解决技术问题。
- 团队经理必须能够挑选团队成员，并且设法激励他们努力工作。
- 团队经理必须非常了解每一个团队成员的个性和工作态度，并且合理地评价他们的工作业绩。
- 团队经理必须保证团队成员按照计划工作，不能工程逾期或超过预算。
- 团队经理必须能够留意 ERP 系统的行业走向，并能识别和考虑应该采用的新技术、新工具等。

## 11.3.2　实施技术类角色

实施技术类角色主要是那些负责 ERP 系统实施技术的行业专家。这些专家必须具备两方面的能力，一方面应具有业务领域的专业知识；另一方面应具有在该行业领域实施 ERP 系统的丰富经验。在 ERP 系统实施团队的实施技术类角色中，至少应该包括 6 种类型的专家角色，即生产运作管理和实施专家角色、财务管理和实施专家角色、人力资源管理和实施专家角色、市场营销和实施专家角色、质量管理和实施专家角色以及 ERP 系统基础数据编码和采集专家角色。下面逐个分析这些专家角色的特点。

生产运作管理和实施专家角色应该具备的专业知识包括具有制订生产计划(包括 MPS、MRP、CRP、采购作业计划和生产作业计划等)的知识，具有实施生产调度、协调生产过程中各种问题的知识，具有设备、工艺装备管理的知识，具有物料采购、仓储和管理的知识；还要具备 ERP 系统在生产领域实施的丰富经验。

财务管理和实施专家角色应该具备的专业知识包括具有财务管理的知识，具有成本核算的知识，具有资金管理的知识，具有财务分析的知识；还要具有 ERP 系统在财务管理领域实施的丰富经验。

人力资源管理和实施专家角色应该具备的专业知识包括具有人力资源规划管理、招聘管理、合同管理、人事管理、考勤管理、薪资管理、出差管理、休假管理、培训开发管理、绩效管理、甄选管理、调配管理以及离职管理等专业知识；还要具有 ERP 系统在人力资源管理领域实施的经验。

市场营销和实施专家角色应该具备的专业知识包括具有市场渠道建设和管理知识，具有产品定价策略和管理知识，具有促销策略和管理知识，具有客户关系管理知识，具有销售预测和销售合同管理知识等；还要具有 ERP 系统在市场营销领域实施的经验。

质量管理和实施专家角色应该具备的专业知识包括具有质量管理理论知识，具有质量管理体系建立和维护知识,具有质量检验管理和统计分析知识,具有质量重大事故处理知识等;还要具有 ERP 系统在质量管理领域实施的经验。

ERP 系统基础数据编码和采集专家角色应该具备的专业知识包括具有物料编码和物料属性管理知识,具有物料 BOM 设计和维护知识,具有工艺路线设计和维护知识,具有物料加工提前期确认和维护知识,具有工作中心确认、布局、能力定义及维护知识,具有制造日历设计、使用、维护知识等;还要具有 ERP 系统在基础数据编码和采集领域实施的经验。

### 11.3.3  支持类角色

支持类角色是指在 ERP 系统实施团队中起辅助作用的角色,这些角色是确保整个实施团队顺利工作不可缺少的重要因素。虽然这些角色不是决策者,也不是实施专家,但他们是决策者和实施专家正常工作的得力助手。这些支持类角色包括系统分析员角色、程序员角色、硬件和网络管理员角色、数据库管理员角色、ERP 系统教育和培训教师角色、技术文档编写员角色、会议记录和计时员角色等。下面详细介绍这些角色的特点。

从当前的 ERP 系统市场来看,ERP 系统有很多不完善的地方,现有的 ERP 系统往往需要经过定制才能满足企业特殊的需求。虽然在 ERP 系统实施过程中,并不提倡对 ERP 系统定制,但是定制 ERP 系统的需求总是客观存在的。定制 ERP 系统需要对 ERP 系统的需求进行分析。系统分析员角色负责 ERP 系统需求的分析和设计。要想成为一个优秀的系统分析员角色,必须懂得业务领域知识和软硬件技术。具体地说,系统分析员角色应该具备以下能力:

- 系统分析员角色必须有设计 ERP 系统的所有技术文档,包括需求分析规格说明书、概要设计规格说明书、详细设计规格说明书及数据库设计规格说明书等的能力。
- 系统分析员角色必须能清晰地描述整个 ERP 系统的体系结构,并且建议和维护标准和规范。
- 系统分析员角色必须拥有 ERP 系统设计及其相关工具的全面知识。
- 系统分析员角色必须拥有良好的技术沟通和交流技巧,虽然说他不需要有团队的领导技巧,但是如果兼有领导技巧对工作更加有利。
- 系统分析员角色必须精通评价和选择合适的系统架构。
- 系统分析员角色必须精通评价和挑选合适的硬件。
- 系统分析员角色必须精通评价和挑选合适的网络设备。
- 系统分析员角色必须精通评价和挑选合适的数据库管理系统软件。
- 系统分析员角色必须具有优秀的 ERP 系统需求分析技巧。
- 系统分析员角色必须具有教会用户和技术人员使用 ERP 系统的方式和技巧。
- 系统分析员角色应该留意 ERP 系统的行业走向,确定应该采取的技术。
- 系统分析员角色必须负责管理 ERP 系统中的基础数据,这些基础数据是确保 ERP 系统正确运行的基础。

- 系统分析员角色必须严格按照 ERP 系统设计标准执行。他们负责维护 ERP 系统设计的所有技术文档，并且负责整个系统的编码和命名规范。
- 系统分析员角色应该能够提供 ERP 系统的运行效率、网络能力需求、业务数据的规模和增长速度以及系统的安全等专业知识。

程序员角色是实现系统分析员角色的设计成果的关键技术人员。他们虽然不需要具备统揽 ERP 系统全局的能力，但是必须具有按照设计规格说明书准确实现设计目标的能力。程序员角色应该具备以下能力：

- 程序员角色具有与系统分析员角色沟通和交流的能力，能够快速地阅读和理解各种技术文档。
- 程序员角色是 ERP 系统开发工具使用专家，他们具有坚实的程序开发理论基础和很强的学习能力，可以快速掌握和灵活应用各种 ERP 系统开发工具。
- 程序员角色必须与系统分析员角色、ERP 系统实施专家、技术文档编写员密切合作，以便及时了解各种必需的信息。

硬件和网络管理员角色是确保 ERP 系统运行环境正常的关键技术人员。他们虽然不用编写代码，但是其工作是确保 ERP 系统正常运行的基础。硬件和网络管理员角色应该具备下列能力：

- 硬件和网络管理员角色必须具备选择、配置服务器和工作站等硬件设备的能力。
- 硬件和网络管理员角色必须具备修复、维护服务器和工作站等硬件设备的能力。
- 硬件和网络管理员角色必须具备选择、配置网络设备的能力。
- 硬件和网络管理员角色必须具备修复、维护网络设备的能力。

数据库管理员角色是确保数据库服务器正常运行并且执行数据库备份和恢复操作的关键技术人员。数据库管理员角色关心的是数据库的安全和保密。在 ERP 系统实施和测试过程中，数据库管理员角色是不可缺少的技术人员。一般情况下，数据库管理员角色应该具备以下能力：

- 数据库管理员角色必须具有备份和恢复数据库的能力，并且确保数据库在遭受到破坏之后能够迅速恢复到正常状态。
- 数据库管理员角色必须负责数据库中数据的安全，保证访问数据库的用户只能看到他允许看到的数据。
- 数据库管理员角色必须能实现监视数据库运行性能的过程。
- 数据库管理员角色负责将应用程序的数据库移动到产品数据库服务器中。
- 数据库管理员角色必须参与数据库的日常管理。

ERP 系统教育和培训教师角色。在许多 ERP 系统实施失败的项目中，其中一个突出的错误就是将 ERP 系统安装在用户的环境中、把 ERP 系统的大量文档放在用户的桌面上，但是却没有对他们进行全面的、系统的、规范的及恰当的教育和培训。如果希望取得 ERP 系统实施的成功，必须教会用户如何理解和使用 ERP 系统。另外，教育和培训教师应该具有 ERP 系统理论、企业管理理论、企业相关业务领域工作经验、ERP 系统实施经验、

ERP 系统设计和编码经验等专业知识，并且了解用户的需求。这些角色在教育和培训过程中每一句话，都应该是推动 ERP 系统实施顺利进行的力量。ERP 系统教育和培训教师角色应该具备以下能力：

- 教育和培训教师必须有高超的沟通才能和耐心。
- 教育和培训教师必须具有 ERP 系统理论和企业管理理论的系统知识。
- 教育和培训教师应该具有 ERP 系统分析、设计及编程的丰富经验。
- 教育和培训教师应该了解当前用户的业务知识。
- 教育和培训教师必须具有 ERP 系统在当前行业领域实施的丰富经验。
- 教育和培训教师不仅要教会用户如何使用 ERP 系统，而且应该让用户明白为什么要使用 ERP 系统。
- 教育和培训教师必须具有很强的写作能力。需要特别说明的是，好的 ERP 系统技术文档和好的 ERP 系统培训教材是不一样的。

技术文档编写员角色。我们必须正视这样一个现实，大多数的系统分析、设计及编码等开发人员不愿意编写技术文档。虽说让程序开发人员编写文档更有意义，但实际上让专业的技术文档编写人员编写文档更加合适。这些角色非常善于把他人的思想、成果及不规范的文档变成符合各种技术标准的、格式规范的文档，他们用词清晰准确、布局规范严谨且语言简洁流畅。在 ERP 系统实施这种技术文档数量巨大和意义重大的项目中，合理地定义和安排这种角色的位置是不可忽略的一项重要工作。技术文档编写员角色应该具备以下能力：

- 技术文档编写员必须具有很强的社交能力和无限的耐心，因为他们与各种实施专家和开发人员交流的工作量不会少于最终完成的技术文档工作量。
- 技术文档编写员必须具有 ERP 系统开发和实施的丰富工作经验。
- 技术文档编写员必须能够编写出结构清晰、文字简明的文档，并且使得编写出的文档符合有关的标准和规范。
- 技术文档编写员必须有足够的 ERP 系统和企业管理方面的专业词汇量。

会议记录和计时员角色。许多团队把大量的宝贵时间耗费在开会上，而不是落实在实际行动上。在会议计划时，除了必须明确开会的目的、主题之外，必须规定开会的开始时间和结束时间。工作团队应该赋予会议记录和计时员角色会议记录和计时的职责。会议记录的内容包括会议的日期、时间(精确到分钟)、地点、参加人员、议程、主要发言和会议结论等，并且在会议结束之后将整理过的会议纪要发送给每一位与会者，提醒与会者核实自己的发言和落实自己的工作任务。会议计时负责在会议结束前明确提醒与会者，并且给出会议结束的标志。例如，可以在会议结束前 20 分钟发出警告、前 10 分钟发出警告、前 5 分钟发出警告和前 1 分钟发出警告。当会议时间用完之后，会议主持人必须进行以下决策：

- 继续开会，这需要同与会者讨论并明确定义继续会议的开始时间和结束时间。一般情况下，最多只能有一次继续开会的决策。
- 结束会议，立即停止讨论，做出会议的总结和决定，宣布会议结束。
- 暂停会议，记录本次讨论的议题，下次会议时继续讨论。

**其他观点：ERP 项目生命周期中的角色和关键活动**

　　Toni Somers 等人(2004)研究了 ERP 项目整个生命周期中的角色和关键活动，并且认为，角色在不同的阶段有不同的重要性。他们把 ERP 项目生命周期分为 6 个不同的阶段，即初始阶段、采用阶段、适应阶段、接受阶段、习惯阶段和融入阶段。在 ERP 生命周期中，关键角色包括实实在在支持的高层管理人员、项目的拥护者、项目指导委员会、实施顾问、项目团队、软件供应商和客户之间的伙伴关系、支持快速实施的供应商提供的实施工具以及供应商的全力支持。ERP 项目生命周期中不同阶段的角色和活动的重要程度如表 11-1 所示。

表 11-1　ERP 生命周期中角色和活动的重要度

| 初始阶段 | 重要度 | 采用阶段 | 重要度 | 适应阶段 | 重要度 |
|---|---|---|---|---|---|
| 指导委员会 | 0.83 | 变革管理 | 0.73 | 变革管理 | 0.77 |
| 供应商支持 | 0.78 | 应用供应商工具 | 0.72 | 供应商支持 | 0.68 |
| 软件包的认真选型 | 0.73 | 高层管理支持 | 0.71 | 开展 BPR 教育 | 0.65 |
| 体系架构选择 | 0.72 | 供应商支持 | 0.71 | 部门合作 | 0.65 |
| 应用供应商工具 | 0.72 | 业务流程再造 | 0.70 | 部门沟通 | 0.64 |
| 明确的目标 | 0.71 | 指导委员会 | 0.68 | 软件操作培训 | 0.63 |
| 部门沟通 | 0.68 | 明确的目标 | 0.66 | 明确的目标 | 0.62 |
| 软件操作培训 | 0.67 | 项目管理 | 0.66 | 聘用咨询顾问 | 0.61 |
| 变革管理 | 0.66 | 部门合作 | 0.65 | 项目管理 | 0.60 |
| 项目拥护者 | 0.65 | 投入的专用资源 | 0.64 | 项目团队能力 | 0.60 |
| 高层管理支持 | 0.64 | 数据分析和转换 | 0.63 | 业务流程再造 | 0.59 |
| 业务流程再造 | 0.60 | 项目团队能力 | 0.63 | 数据分析和转换 | 0.59 |
| 供应商的良好合作 | 0.60 | 项目拥护者 | 0.62 | 项目拥护者 | 0.59 |
| 项目管理 | 0.58 | 聘用咨询顾问 | 0.61 | 最小化客户定制 | 0.58 |
| 项目团队能力 | 0.58 | 软件操作培训 | 0.60 | 高层管理支持 | 0.58 |
| 最小化客户定制 | 0.57 | 部门沟通 | 0.59 | 供应商的良好合作 | 0.55 |
| 投入的专用资源 | 0.57 | 供应商的良好合作 | 0.59 | 指导委员会 | 0.51 |
| 部门合作 | 0.53 | 开展 BPR 教育 | 0.57 | 应用供应商工具 | 0.51 |
| 聘用咨询顾问 | 0.53 | 软件包的认真选型 | 0.56 | 投入的专用资源 | 0.44 |
| 期望管理 | 0.53 | 期望管理 | 0.55 | 期望管理 | 0.44 |
| 开展 BPR 教育 | 0.48 | 最小化客户定制 | 0.52 | 体系架构选择 | 0.37 |
| 数据分析和转换 | 0.37 | 体系架构选择 | 0.51 | 软件包的认真选型 | 0.32 |
| 指导委员会 | 0.80 | 软件操作培训 | 0.67 | 聘用咨询顾问 | 0.57 |
| 部门合作 | 0.67 | 部门合作 | 0.55 | 部门合作 | 0.47 |
| 变革管理 | 0.65 | 部门沟通 | 0.55 | 部门沟通 | 0.41 |
| 部门沟通 | 0.63 | 高层管理支持 | 0.53 | 供应商的良好合作 | 0.40 |
| 高层管理支持 | 0.58 | 指导委员会 | 0.41 | 高层管理支持 | 0.39 |

(续表)

| 接受阶段 | 重要度 | 习惯阶段 | 重要度 | 融入阶段 | 重要度 |
|---|---|---|---|---|---|
| 开展 BPR 教育 | 0.57 | 应用供应商工具 | 0.40 | 最小化客户定制 | 0.28 |
| 业务流程再造 | 0.55 | 项目管理 | 0.38 | 供应商支持 | 0.28 |
| 投入的专用资源 | 0.54 | 明确的目标 | 0.35 | 项目拥护者 | 0.26 |
| 明确的目标 | 0.53 | 供应商支持 | 0.35 | 项目管理 | 0.24 |
| 项目管理 | 0.49 | 项目拥护者 | 0.33 | 软件操作培训 | 0.22 |
| 期望管理 | 0.48 | 变革管理 | 0.32 | 业务流程再造 | 0.22 |
| 软件操作培训 | 0.47 | 供应商的良好合作 | 0.28 | 项目团队能力 | 0.21 |
| 项目拥护者 | 0.46 | 业务流程再造 | 0.28 | 应用供应商工具 | 0.21 |
| 供应商支持 | 0.45 | 项目团队能力 | 0.25 | 变革管理 | 0.17 |
| 项目团队能力 | 0.44 | 最小化客户定制 | 0.24 | 期望管理 | 0.17 |
| 最小化客户定制 | 0.39 | 开展 BPR 教育 | 0.23 | 明确的目标 | 0.14 |
| 供应商的良好合作 | 0.37 | 期望管理 | 0.23 | 指导委员会 | 0.13 |
| 聘用咨询顾问 | 0.34 | 聘用咨询顾问 | 0.13 | 开展 BPR 教育 | 0.12 |
| 应用供应商工具 | 0.34 | 软件包的认真选型 | 0.12 | 体系架构选择 | 0.06 |
| 体系架构选择 | 0.23 | 投入的专用资源 | 0.11 | 投入的专用资源 | 0.06 |
| 数据分析和转换 | 0.23 | 体系架构选择 | 0.10 | 软件包的认真选型 | 0.04 |
| 软件包的认真选型 | 0.21 | 数据分析和转换 | 0.06 | 数据分析和转换 | 0.03 |

# 11.4  本 章 小 结

本章详细介绍了实施团队管理技术。首先,介绍了实施团队的基本特点;然后,从工作团队的理论高度研究团队的特点,这些理论内容包括团队发展的阶段、典型团队的类型、高效团队的特征、团队中的角色分析以及如何规范团队行为的方式;最后,对 ERP 系统实施团队中的角色和相应的职责进行了详细介绍。

# 11.5  思考和练习

1. 实施团队的主要特点是什么?

2. 简述团队发展的主要阶段。假设你作为负责人组织一个 ERP 系统实施团队。当你第一次对团队讲话时,你的讲话重点内容是什么?

3. 如何将 ERP 系统实施团队培养成一个高绩效的工作团队?

4. 你愿意个人单干,还是愿意作为团队中的一分子?为什么?

5. 团队领导者角色和团队经理角色能否由一个人承担?为什么?

6. 假设你是 ERP 系统实施团队的经理,你如何规范实施团队成员的行为?

7. ERP 系统基础数据编码和采集专家角色应该具备什么样的能力?

8. 如何理解会议记录和计时员角色的工作职责?

9. 分组讨论:收集 ERP 实施团队资料,讨论项目团队的角色、活动和绩效。

# 第12章
# ERP系统的选型技术

## 案例研究：如何选型ERP系统？

2001年，石钢公司为了适应战略调整后企业内外部信息由分散到整合、由滞后传递到快速反应的需要，公司高层领导经过考虑决定实施ERP系统，开始着手ERP系统实施的准备工作。

当时，在国内钢铁行业中，只有宝钢、湘钢等少数企业着手实施ERP系统或者实施了ERP系统的部分模块，但是，全面实施ERP系统的钢铁企业国内尚无先例，大多数企业还处于是否实施ERP系统的激烈争论中。石钢此时断然决定全面实施ERP系统，面临着巨大的风险和严峻的挑战。但是，在具体的实施过程中，石钢并不武断鲁莽。石钢高层领导认为，ERP系统实施成功的重要环节之一是选择一个好的ERP系统。为此，石钢非常重视ERP系统的选型工作，并不急于求成。

在2001~2002年的近两年间，石钢先后对国内外多家已经或正在实施ERP系统的同行业公司进行了实地考察。先后对SAP公司等ERP系统厂商，已实施ERP系统的典型企业，例如，韩国浦项、中国台湾中钢及中国天津钢管等，以及ERP系统实施咨询公司等进行了考察。石钢对ERP系统实施成功和失败的因素进行了全面、深入的分析，对实施风险特别是ERP系统选型等关键风险因素进行了评价，并制定了相应的规避风险的措施。

从2002年5月开始，石钢开始ERP系统实施项目发标，一直到10月最终签订实施ERP系统项目合同，历时5个月的时间。在这5个月的ERP系统选型期间，石钢组织招评标小组对参与投标的6家ERP系统厂商提供的石钢ERP系统解决方案进行了讨论和分析，对各家厂商提供的ERP系统从产品功能特点到实施咨询商的业绩进行了量化评估，最终决定将SAP系统作为石钢公司的ERP系统。

工欲善其事，必先利其器。一个好的 ERP 系统是 ERP 系统实施成功的重要基础。虽好的 ERP 系统不一定能保证 ERP 系统实施项目取得成功，但是一个综合性能差的 ERP 系统几乎是不可能实施成功的。大量的 ERP 系统实施的成功和失败案例说明了这一点。不过，需要说明的是，从当前的 ERP 系统市场来看，ERP 系统作为一个商品化的软件产品并不十分成熟，依然处在一个不断发展、完善的过程中。作为实施 ERP 系统的用户来说，十全十美的 ERP 系统只是一个美丽的梦想。但是，如果用户采用合适的 ERP 系统选型技术，完全有可能选到符合企业业务需求的、令人满意的 ERP 系统。本章将讲述 ERP 系统的选型技术。

# 12.1 概　述

当前，ERP 系统市场的竞争异常激烈。下面分别就国内外 ERP 系统产品的特点进行分析。

从国外 ERP 系统市场来看，多家 ERP 系统在市场上的份额彼消此长。据统计，2016 年全球排行前列的 ERP 系统分别是 SAP、Oracle、Microsoft Dynamics、Sage、NetSuite、Info、Epicor 等。SAP 系统持续保持市场领先优势。Oracle 公司借助于其数据库产品的优势，将 PeopleSoft 和 JD Edwards 多个 ERP 系统纳入麾下。SAP 系统和 Oracle 系统是大型企业的 ERP 选型首选。微软公司的 Microsoft Dynamics 系列产品中小型 ERP 市场中有很大的优势。Sage 公司的 ERP 系统，无论是流程型生产还是离散型生，无论是单一的还是混合的生产模式，都能适应。2016 年，Oracle 公司斥资 93 亿美元收购云 ERP 服务提供商 NetSuite，希望以此补强快速增长的云计算业务。Infor10 Business Cloud在汽车行业 ERP 领域有很大的优势。Epicor 软件公司是一家面向制造、分销、零售和服务等多个行业的商业软件解决方案提供商。

国内 ERP 系统市场依然态势不清，各厂商你来我往竞争十分激烈。据有关机构统计，2016 年，中国 ERP 市场的主要 ERP 厂商是用友、金蝶、浪潮、SAP、Oracle 等。用友公司的 ERP 产品主要是用友 NC6、用友 U9、用友 U8+、用友 T6 等。用友 NC6 是面向大型企业管理与电子商务平台，以客户为中心，将互联网、云计算、大数据、移动应用等新技术与集团企业运营管理最佳实践深度融合。用友 U8+是面向成长型企业互联网应用平台，为成长型企业提供预配置的管理与业务实践，以企业全面精细化管理方案为核心。金蝶 K/3 Cloud 是开放的 ERP 云管理平台，支持全渠道资源的接入，实现多渠道、组织业务间协同方案的销售，以及云服务及移动应用，产业链的供应与生产协同平台，为客户伙伴提供完整的 ERP 服务生态圈。

　　从国内外的 ERP 市场发展趋势来看，行业解决方案、成长型企业应用、大型企业管控模式、SaaS、云计算、RFID、大数据、移动计算等理念、方法和技术正在逐渐融合到传统 ERP 产品中。

# 12.2　5s 选型法

　　ERP 系统实施不仅仅是一项技术工作，也是一项复杂的管理工作。ERP 系统选型不仅仅应该考虑 ERP 系统本身的性能问题，而且需要考虑用户当前存在的各种管理问题。具体地说，ERP 系统选型技术需要解决 3 个方面的问题，即如何确定和明确用户本身的问题和需求、如何合理地评价市场上的 ERP 系统以及如何设计规范有效的 ERP 系统选型工作流程。本节提出 5s 选型法，目的是解决 ERP 系统选型过程中存在的这些问题。5s 选型法中的 s，是英文 stage(阶段)的简称。5s 的含义是 5 个阶段。5s 选型法就是将整个 ERP 系统选型过程规范为 5 个阶段，即内部准备阶段、考察阶段、模拟阶段、招标阶段和决策阶段。每一个阶段都包括若干个具体的活动。如图 12-1 所示的是 5s 选型法的阶段框架结构示意图。下面详细介绍各个阶段包括的主要活动和内容。

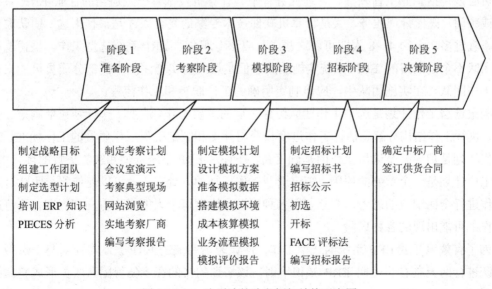

图 12-1　5s 选型法的阶段框架结构示意图

## 12.2.1　准备阶段

准备阶段工作的主要目标是找出企业当前存在的问题，明确企业内部需求和组建得力的 ERP 系统选型工作团队。该阶段的输入是企业高层领导决定实施 ERP 系统的发展战略，输出是制定好的选型工作计划。该阶段主要包括以下 5 个活动：

- 制定企业信息化战略
- 组建 ERP 系统选型工作团队
- 制定选型工作计划
- 培训 ERP 知识
- PIECES 分析

制定企业信息化战略不仅是 ERP 系统选型的首要任务，而且是整个 ERP 系统实施的第一位工作。ERP 系统实施项目是企业今后发展的重要管理基础和保障，是企业信息化战略的主要内容，是确保企业战略顺利实施的重要战略步骤。作为企业战略的重要组成部分的信息化战略必须与企业战略高度关联和协调一致。ERP 系统实施项目以及 ERP 系统选型必须在企业信息化战略指导下进行，是否有必要实施 ERP 系统、何时开始实施 ERP 系统、需要什么样的 ERP 系统、应该实施 ERP 系统中的哪些功能模块等问题的解决必须与企业信息化战略相一致。因此，制定企业信息化战略是 ERP 系统选型工作中的首要任务。实际中，制定企业信息化战略是企业高层领导的一项战略决策。

当决定实施 ERP 系统之后，应该着手成立 ERP 系统选型工作团队。选型工作团队的主要工作任务是提出选型工作方案，制定详细的选型工作计划以及具体执行选型工作。在组建选型工作团队时，需要注意下面几个方面的事情：团队成员一定要经过仔细挑选。团队成员应该包括企业主管领导、管理业务骨干、计算机技术骨干及适当的行业 ERP 系统专家或顾问。既懂管理业务，又是计算机软件技术专家的复合人才是最佳人选。团队成员数量不宜过多，大约 4～8 人即可。这些成员应该专职负责 ERP 系统选型工作。虽说选型工作团队不全是最终的 ERP 系统实施团队，但是最终的实施团队中的部分成员可能来自选型工作团队。在实施团队中，应该制定明确的工作职责和工作流程。

制定选型工作计划是选型工作团队组建之后的重要工作。选型工作计划包括确定工作范围、执行工作结构分解、估计工作进度和费用开支和制定确保工作质量的工作标准。选型工作计划是指导整个选型工作的基础工具。在许多 ERP 系统选型和实施失败的项目中，缺乏工作计划是一个重要的原因。制定选型工作计划的好处在于，可以促使整个团队对选型工作进行全面细致的思考，充分利用各种资源，协调每个人的工作方向和内容，防范选型工作中可能出现的各种风险。

为了有效地开展 ERP 系统的选型工作，应该邀请有关的 ERP 系统专家对整个选型工作团队进行两天左右的短期 ERP 知识培训。该培训的目的在于使得团队成员形成整体的 ERP 系统概念，了解 ERP 系统的基本原理，认识 ERP 系统的主要功能和功能特点。虽然这种短期培训不可能使团队成员成为 ERP 系统专家，但是，通过了解 ERP 系统的基本原理可以增强团队成员选型 ERP 系统的识别能力和判断能力。

知己知彼，百战不殆。选型团队在开始真正地走出企业选型 ERP 系统之前，必须对企业进行一个全面的调研，系统地了解当前存在的各种问题，深入地分析造成这些问题的真正原因，真正地理解应该需要一个什么样的 ERP 系统，这种 ERP 系统可以解决哪些问题。只有对企业的运行状况有了透彻的了解，才能对选型什么样的 ERP 系统有比较正确的认识。为了全面、快速地调研企业现状，可以采用 PIECES 分析法。本章 12.3 节将对 PIECES 分析法进行详细介绍。

## 12.2.2　考察阶段

按照准备阶段得到选型工作计划后，接着进入 ERP 系统选型的考察阶段。该阶段的主要任务是对整个 ERP 系统市场进行全方位的实地考察，得到第一手的 ERP 系统资料。该阶段的输入是上个阶段编制的 ERP 系统选型工作计划，输出是 ERP 系统考察报告。考察阶段有以下主要任务：

- 制定考察计划
- 在会议室观看 ERP 系统演示
- 考察 ERP 系统的应用现场
- 网站浏览和资料分析
- 实地考察 ERP 系统厂商总部和研发中心
- 编写考察报告

虽然在该阶段的开始我们已经拥有了选型工作计划，但是随着工作的深入开展，工作计划必须得到及时地维护，使其确实具有指导各项工作的实际意义。根据远粗近细的原则，需要对选型工作计划进行维护，细化考察阶段的工作计划，确认各项工作任务的开始日期、完成日期、工作内容、工作标准以及工作责任人。

在会议室观看 ERP 系统演示是考察阶段的一项重要工作内容。选型工作团队的所有成员必须全部参加。这里提到的会议室既可以是用户自己的会议室，也可以是 ERP 系统销售人员指定的会议室。观看演示的主要目的是建立对 ERP 系统的一个初步的感性认识。通常情况下，观看演示的时间比较短，短的可能是一个小时，长的可能是半天，最多不超过一天。在观看演示时，不要忙于下结论。演示之后，团队成员应该对演示的内容进行充分讨论和交流沟通，畅所欲言地发表自己的看法。在观看演示和讨论过程中，不要有领导、专家之分，无论什么意见和看法，都可以在会议上发表。

看完多家 ERP 系统演示之后，针对每一个 ERP 系统，根据 ERP 系统销售人员提供的资料，确定几个典型的用户，然后实地考察这些用户使用 ERP 系统的状况。在选择典型用户时，一定要选择同行业或类似行业的用户。这些典型的用户不仅仅包括实施 ERP 系统成功的企业，而且还要包括实施失败的用户，这样可以从正反两个方面深入地了解当前

ERP 系统的特点。在选择典型用户时，不仅选择那些实施已经结束的企业，而且应该包括正在实施 ERP 系统的企业。在考察这些 ERP 系统典型用户时，最好是自己单独去与用户沟通和交流，不宜由 ERP 系统销售人员陪同。在 ERP 系统应用现场，一方面应该听取有关技术人员对该 ERP 系统进行全面的介绍；另一方面应该到一些典型的数据采集点和业务管理部门观察操作人员的操作。每当考察结束之后，都应该针对考察内容进行充分讨论。考察典型用户结束之后，在团队成员集体讨论的基础上，可以对表现良好的 ERP 系统进行评价和排序，确定候选的 ERP 系统。候选的 ERP 系统至少应该超过 5 个。

网站浏览和资料分析活动的主要内容是，针对候选的 ERP 系统，登录 Internet 上的 ERP 系统专业网站和讨论区，收集大量的对这些 ERP 系统的评价资料。不能只收集中文资料，还应该根据团队情况适当地收集英文资料。对这些资料应该具体内容具体分析，正反两方面的言论都应该分析和研究，既不以偏概全、过分偏激，也不敷衍了事。

实地考察 ERP 系统厂商总部和其研发中心。用户可以根据自己的选型工作计划和预算，确定实地考察 ERP 系统厂商总部和其研发中心的数量和时间安排。考察 ERP 系统厂商总部的目的是感受该厂商的员工工作气氛和将来的服务质量，参观其研发中心和工作模式则可以从侧面了解该 ERP 系统的技术能力和产品质量。如果条件允许，至少应对 5 个候选 ERP 系统厂商进行考察。如果没有条件也最少应该考察 3 家厂商。

考察结束之后，编写考察报告。考察报告应该包括考察计划、实际的考察情况、团队成员发表的考察意见、团队形成的某些考察共识以及收集各种资料。考察报告中最具影响的内容可能是对候选 ERP 系统进行的评价和排序。考察报告完成之后应该向每一位成员提交电子版本，以便自己确认其中的记录和结论，并且允许成员修正报告中不合适的提法。需要注意的是，不同的意见一定要在报告中得到充分的体现。该考察报告应该作为重要的阶段性成果向用户最高管理层正式提交。

## 12.2.3　模拟阶段

模拟阶段的主要工作内容是指 ERP 系统厂商根据用户提供的整套业务数据，在用户按照厂商要求布置的会议室中模拟 ERP 系统的实际运行。该阶段的输入内容是考察报告提供的候选 ERP 系统，该阶段的输出结果是模拟评价报告。具体地说，该阶段包括以下几项主要任务：

- 制定模拟计划
- 用户和厂商共同设计模拟方案
- 准备模拟数据
- 搭建模拟环境
- 成本核算过程模拟
- 典型业务流程模拟
- 编写模拟评价报告

在模拟阶段，对选型工作计划进行更新，提出更加详细的模拟阶段的工作安排。由于模拟工作需要 ERP 系统厂商的配合，因此，编写模拟工作计划时应该在与 ERP 系统厂商协商的基础上确定具体的时间安排。每一个候选的 ERP 系统都应该参加模拟，但是不同的 ERP 系统的模拟工作应该单独进行。不过，也有专家认为，不同的 ERP 系统的模拟工作应该在同一时间和同一地点进行，因为这种竞争式的安排有利于 ERP 系统厂商的模拟工作效率。作者认为，无论是单独进行 ERP 系统模拟，还是同时进行 ERP 系统模拟，ERP 系统选型工作团队应该根据自己的具体情况进行选择。

用户和厂商共同设计的模拟方案是整个模拟工作的依据。模拟方案除了包括模拟的时间和地点安排之外，还应该包括对用户的具体要求和对厂商的具体要求。对厂商的具体要求应该包括提供参加模拟的人员名单和工作分工、对基础数据的要求、对业务流程的要求以及对模拟环境的要求。用户应该配合厂商的要求，提供相应的经过大大简化的一整套基础数据、一套业务流程、搭建模拟环境网络并且保证网络环境正常工作。该模拟方案应该得到双方的认可。模拟过程涉及的各种费用，双方可以通过友好谈判来商定。

准备模拟数据是用户按照厂商的要求提供的数据内容和数据格式。例如，可以提供一个产品的 BOM 结构、工艺路线、需要的所有物料的数据和属性、工作中心等，可以提供一个表单表示如何在业务流程中流转。这种模拟过程不宜模拟过多的产品生产状况，否则会使模拟过程复杂、模拟持续时间过长。不过，需要注意的是，虽然模拟数据是以简化的形式提供的，但是这些模拟数据是真实的业务数据并且极具典型意义。实际上，这种模拟数据的准备过程和准备方式也是检验 ERP 系统的重要内容。

搭建模拟环境指的是用户按照厂商提出的具体要求，结合本企业的业务特点，在会议室临时建立的可供 ERP 系统模拟运行的任务。应该按照实际运行环境的业务特点来搭建模拟环境，具体而细微。搭建模拟环境需要一定的投资，不过这种投资中的系统软件、硬件都可以在整个 ERP 系统实施中重用。

在模拟运行过程中，有 3 个内容是必须模拟运行的，一是模拟成本核算，查看 ERP 系统是否能够准确地计算出产品的成本；二是模拟业务流程，检查指定的表单是否能够按照指定的业务流程流转；三是试验整个模拟环境的安全，检查 ERP 系统的安全管理是否严密。如果这些模拟内容能够得到正确的结果，这是比较理想的情况。如果模拟结果不正确，一定要认真分析产生错误的原因。如果是基础数据设置不合理或者其他业务原因，那么应修改业务数据；如果是 ERP 系统设计的问题，那么该 ERP 系统就应该被淘汰。

编写模拟运行结果报告是模拟阶段的成果，也是一个非常重要的技术文档。可以从运行效率和运行效果两个方面对候选的 ERP 系统进行排序。ERP 系统的运行效率是指 ERP 系统的单位业务操作所需要的时间，运行效果则是 ERP 系统处理业务操作的正确性。对于用户来说，模拟阶段的主要作用就是用户亲自体验了某个 ERP 系统在用户的业务环境中的一次实际运行，也检验了用户的业务环境与指定的 ERP 系统之间的关联程度。该阶段结束之后将进入了招标阶段。

## 12.2.4　招标阶段

招标阶段是一个典型的商业运行阶段，是公开采购 ERP 系统的一种表现形式。从法律角度来看，招标过程是一个比较规范的商业过程。招标阶段的输入是选型工作计划，其输出是最终确定的、向用户高层领导推荐购买的 ERP 系统。该阶段包括以下主要活动：

- 制定招标计划
- 编写招标书
- 招标公示
- 初选
- 开标
- FACE 评标法
- 编写招标报告

招标计划是指招标工作的详细时间、工作内容安排，是在选型工作计划基础上进一步细化的结果。制定招标计划体现了选型工作计划动态变化的特点。需要强调的是，选型工作团队一定要按照国家有关的法律、法规编制和执行招标计划。

编写招标书是招标阶段的一项重要工作，是实现招标采购的不可缺少的环节。一般情况下，招标书由两部分组成，分为商务部分和技术部分。商务部分应该详细、准确和清晰地给出投标人须知、合同条件、投标书报价及其附件、法定代表人证明书及其授权委托书、财务建议书、合同协议书以及其他相关内容。技术部分应该详细给出 ERP 系统的招标背景、招标内容、详细的技术性能要求、产品交付方式、培训以及维护等相关技术内容。

招标公示即按照国家法律要求或行业惯例在指定的媒介上公开发布招标公告的活动。例如，可以在中国招标网上以 HTML 格式或 Word 格式发布招标公告。招标公告的格式应该规范，内容应该准确、清晰。

如果投标厂商众多，可以进行初选。初选是由选型工作团队对报名厂商进行初步筛选的活动。如果报名厂商的数量不多，那么该活动可以省略。

开标和评标是公开投标人的标书、投标人宣讲标书内容以及评标专家对投标书内容进行全面评价和比较的过程。实际上，这是对 ERP 系统本身进行评价的过程。可以采用 FACE 方法对 ERP 系统进行评价。有关 FACE 方法的详细内容可以参考本书 12.4 节。

编写招标报告是选型团队和评价专家记录整个评标过程和评标结果的活动。在招标报告中，最重要的内容是记录最后的评标结果，对 ERP 系统进行正式的排序，列在首位的 ERP 系统就是中标的 ERP 系统。

## 12.2.5　决策阶段

决策阶段是根据评标结果确认中标 ERP 系统的过程。决策阶段的输入是推荐的中标 ERP 系统厂商，该阶段的输出是签订 ERP 系统的供货合同。具体地说，决策阶段包括以下主要活动：

- 确定中标的 ERP 系统厂商
- 签订 ERP 系统供货合同

根据评标结果，用户企业的高层管理人员最终确认中标的 ERP 系统及其厂商，并且同意向该中标厂商发送中标通知书。

签订 ERP 系统供货合同是 5s 选型法的最后一项任务。该任务的主要目标就是根据招标书方案和投标书方案，用户和中标厂商签订具体的 ERP 系统供货合同。合同内容应该详细规定双方的权利和义务。供货合同是一份重要的法律文书，是整个选型工作的最终成果。需要注意的是，第一，合同的某些具体条款需要双方经过商务谈判来最终确定；第二，该合同应该在中标通知书发出之后的规定时间内完成。

决策阶段结束之后，只是选型工作暂时告一段落，接下来的工作是如何具体地实施 ERP 系统。

# 12.3　PIECES 方法

PIECES 方法是一种效果显著的分析企业中存在问题的方法。其中，PIECES 方法的名称是 6 个英文单词的首字母缩写，即：P 是 Performance 的缩写，表示提高系统的性能；I 是 Information 的缩写，表示提高信息的质量和改变信息的处理方式；E 是 Economics 的缩写，表示改善企业的成本、效益等经济状况；C 是 Control 的缩写，表示提高信息系统的安全和控制水平；E 是 Efficiency 的缩写，表示提高企业的人、财、物等使用效率；S 是 Service 的缩写，表示将要提高企业对客户、供应厂商、合作伙伴以及顾客等的服务质量。在 5s 选型法中，可以使用 PIECES 方法分析企业当前存在的各种问题。如图 12-2 所示的是 PIECES 方法的功能框架。

图 12-2　PIECES 方法的功能框架

性能用于描述企业当前的运行效率，可以分析当前业务的处理速度。性能的两个主要指标分别是吞吐量和响应时间。吞吐量表示单位时间内处理的业务量。响应时间表示完成一项业务所耗费的平均时间。例如，对于订单来说，如果分析单个订单从订单签订到交付产品需要的时间，那么这是响应时间的问题；如果订单的响应时间远远大于本行业的平均响应时间，那么企业在完成订单任务的过程中存在严重的性能问题。吞吐量则是换个角度研究性能问题。例如，某个生产自行车的企业，每个月平均完成价值 1000 万元的 5 万辆自行车，那么这种运行效率可以使用吞吐量指标描述；如果同行业月均完成价值 1200 万元的自行车，那么该企业的性能存在严重问题；但是，如果同行业月均平均完成价值 800 万元的自行车，那么该企业的运行性能则几乎没有什么大的问题。

信息和数据指标用于描述业务数据的输入、输出以及处理方面存在的各种问题。可以针对某一个具体的业务进行询问，这些提问内容如表 12-1 所示。一般情况下，当数据在输入和处理过程中时依然被称为数据，但是当数据处于输出位置时则被称为信息。

表 12-1　与信息和数据指标有关的提问

| 类　　型 | 问　题　描　述 |
|---|---|
| 输出 | 该项业务是否缺乏任何描述的信息？ |
| | 该项业务是否缺乏必要的信息？ |
| | 该项业务是否缺乏相关的信息？该项业务是否具有完整的信息？ |
| | 描述该项业务的信息是否过多？这些过多的信息是否应该删除？ |
| | 描述该项业务的信息形式是否不符合要求？是否需要提供丰富的信息表现形式？ |
| | 描述该项业务的信息是否正确的？如果是不正确的，为什么？ |
| | 描述该项业务的信息是否很难捕捉？ |
| | 描述该项业务的信息是否太慢？如何才能解决这种问题？ |
| 输入 | 是否无法捕捉描述该项业务的数据？ |
| | 虽然能捕捉到描述该项业务的数据，但是否不能及时地捕捉这些数据？ |
| | 虽然能捕捉到描述该项业务的数据，但这些数据中是否经常存在错误？ |
| | 虽然能捕捉到描述该项业务的数据，但这种捕捉过程是否困难？ |
| | 某些业务数据是否存在在多个位置上捕捉？捕捉到的业务数据是否存在冗余？ |
| | 描述某些业务的数据是否太多？很多数据是否没有必要存在？ |
| | 是否存在通过非法途径捕捉业务数据？为什么会产生这种现象？ |
| 存储的数据 | 某项业务的数据是否在多个文件或数据库中存储？是否存在数据孤岛现象？ |
| | 已存储的业务数据是否准确？ |
| | 已存储的数据是否安全，是否容易遭到无意或恶意的破坏？ |
| | 已存储的数据的组织方式是否合适？使用起来是否方便、烦琐？ |
| | 已存储的数据是否灵活，即这些已存储的数据是否容易满足新的业务信息需要？ |
| | 已存储的数据是否不可访问？ |

经济指标主要是从成本和收益的角度分析企业当前存在的问题。例如，如果企业中的某项业务或产品的成本无法计算出来，那么该企业显然存在严重的成本问题；如果新的市场需求已经形成，但是企业却没有从提供满足这种新的需求的产品或服务中获取收益，那么该企业也存在着严重的收益问题。在经济指标方面，如表 12-2 所示的是常见的成本问题和收益问题。

表 12-2　经济指标中的常见问题

| 类　型 | 问 题 描 述 |
| --- | --- |
| 成本 | 业务或产品或服务的成本是未知数 |
| | 业务或产品或服务的成本不可跟踪 |
| | 业务或产品或服务的成本在同行业水平中过高 |
| 收益 | 新的市场需求已经形成，企业却没有从提供满足这些需求的产品或服务中得到收益 |
| | 当前的市场营销方式已经改进，企业却没有从中获取收益 |
| | 订单数量提高了，但企业却没有得到更多的收益 |

控制和安全指标用于描述安全性机制和控制手段的数量。如果安全性机制和控制手段的数量过少，那么，其中的一种表现形式为输入的数据不完整或缺少输入数据。例如，在填写人事基本情况的表格中，漏填了性别和出生日期这类重要的信息，但是这种表格居然也被接受了。在企业的某项业务中，如果需要 10 多个人的签字，则表示安全性机制和控制手段的数量太多，使得业务的处理速度大大降低。如表 12-3 所示的是控制和安全指标的常见问题。

表 12-3　控制和安全指标中的常见问题

| 类　型 | 问 题 描 述 |
| --- | --- |
| 太少 | 输入的业务数据不完整 |
| | 业务数据很容易受到攻击 |
| | 数据或信息可以轻而易举地被未授权的人使用，道德防线很容易突破 |
| | 存储在不同的文件或数据库中的冗余数据之间不一致 |
| | 无法保护数据隐私 |
| | 出现了错误的处理方式(由于人、机器、软件等各种原因) |
| | 出现了决策错误 |
| 太多 | 复杂的官僚体制降低了系统处理的速度 |
| | 控制客户或员工访问系统的方式很不方便 |
| | 过多的控制引起了处理速度的迟缓 |

效率指标用于判断企业业务中是否存在浪费时间、物料和人力资源等现象。例如，如果数据被重复处理，那么这种处理显然是没有必要的，它浪费了人、机器或计算机的时间。以下列出了常见的用于描述效率指标的问题：

- 业务数据被重复记录、输入或复制，浪费了人、机器或计算机的时间。
- 业务数据被重复处理，浪费了人、机器或计算机的时间。

- 信息被重复生成，浪费了人、机器或计算机的时间。
- 在业务执行过程中，人、机器或计算机浪费了物料。
- 在业务执行过程中，为了完成任务所付出的努力是多余的。
- 在业务执行过程中，为了完成任务所需要的物料是多余的。

服务指标主要从业务结果角度来分析企业当前系统存在的问题。企业信息既可能是手工处理的业务系统，也可能是基于计算机的信息系统。以下列出了用于描述服务指标的常见问题：

- 当前系统生成的结果是不准确的。
- 当前系统生成的信息之间是不一致的。
- 当前系统生成的结果是不可靠的。
- 学习当前系统是非常困难的。
- 使用当前系统是非常困难的。
- 当前系统的使用方式是笨拙的。
- 对于新业务，当前系统无法处理。
- 修改当前系统是困难的。
- 当前系统与其他系统是不兼容的。
- 当前系统与其他系统是不协调的。

根据企业系统的当前状况，按照 PIECES 方法，逐个问题进行回答。通过对这些回答进行全面、系统的分析，即可找到企业当前业务系统中存在的各种问题。解决这些问题应该是选型 ERP 系统的主要目标。

# 12.4  FACE 方法

FACE 方法是评价 ERP 系统的一种技术。其中，FACE 方法的名称是 4 个英文单词的首字母缩写，即：F 是 Functionary 的缩写，表示对 ERP 系统满足企业业务需求的功能模块、运行性能以及定制方面的评价；A 是 Assurance 的缩写，表示对 ERP 系统提供的产品质量、服务水平方面的评价；C 是 Cost 的缩写，该指标对 ERP 系统的价格、总拥有成本方面的评价；E 是 Environment 的缩写，表示从运行环境、技术发展趋势等方面对 ERP 系统进行评价。如图 12-3 所示的是 FACE 方法的指标框架。

可以根据 6 个指标评价 ERP 系统的功能，即功能模块、工作流程、响应时间、定制程度、计算准确度以及可伸缩性。

功能模块指标主要是评价 ERP 系统具有的功能模块和企业需求的关联程度。如果企业的所有需求都可以在 ERP 系统中找到对应的功能模块，这是最理想的情况。在实际工作中，可以根据 ERP 系统满足业务需求的程度来评价 ERP 系统。

工作流引擎指标用于评价 ERP 系统的工作流引擎的功能。工作流引擎是否具有可视性、是否能够处理各种复杂的情况、是否可以读取和存储数据库中的业务数据以及是否具有提醒功能等，都是评价工作流引擎的重要内容。

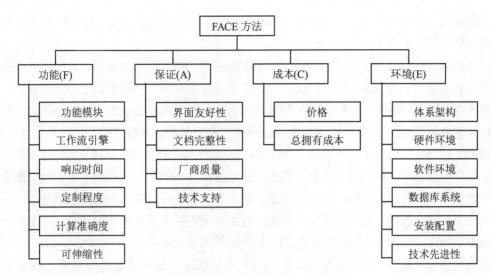

图 12-3　FACE 方法的指标框架

响应时间指标是评价 ERP 系统处理单个查询业务需要的时间。响应时间越短，表示 ERP 系统的性能越高。响应时间可能会随着运行环境、并发用户数量的不同而变化。因此，应该基于一种标准环境来评价 ERP 系统的响应时间。

定制程度指标用于描述 ERP 系统是否需要定制，需要定制功能模块的数量，定制内容的复杂程度，定制工作量的大小，厂商对定制的态度，是否能够随着业务变化而增删功能以及用户是否能够自行定制等方面的内容。需要注意的是，经过定制的 ERP 系统可能会存在一定的安全质量隐患。因此，不建议通过大量的定制来满足用户的需求。

计算准确度指标用于描述 ERP 系统的正确性。虽然 ERP 系统功能强大，但是 ERP 系统可能存在着或多或少的错误。这些错误内容包括采用的算法存在错误、数据或信息之间不一致以及单位换算造成的错误等。可以从选型过程的模拟阶段的结果评价该指标。

可伸缩性指标主要用于描述 ERP 系统处理不同业务流量时具有的性能。对于一个 ERP 系统来说，不仅可以高效率地处理少量的并发事务，而且可以高效率地处理大量的并发事务，这是此 ERP 系统具有良好的可伸缩性的标志。高的可伸缩性指标可以满足用户业务不断扩展、壮大的需要。

如果希望评价 ERP 系统的保证内容，可以从界面友好性、文档完整性、厂商质量和技术支持 4 个方面来衡量。

界面友好性指标主要描述 ERP 系统的易学习性、易操作性和易使用性。好的 ERP 系统不仅具有良好的功能，而且易教、易学且操作简便。许多操作要求往往能与人的习惯相一致。操作错误应该有提示，操作时应该提示等待信息，如果不按照要求执行操作往往无法执行操作等。如果需要培训，大约需要多长时间的培训等。

文档完整性指标主要用于描述 ERP 系统配套的 ERP 系统用户手册、培训手册等内容的情况，特殊功能模块也应该提供相关的设计文档。这些文档的格式应该清晰、完整和规范，结构合理，内容易阅读、易理解。需要注意的是，除了现有文档之外，是否还需要补充、完善和增加文档等。

厂商质量指标主要用于描述 ERP 系统厂商的持续经营能力。可以从以下几个方面来评价 ERP 系统厂商是否具有长期经营的能力：厂商的研发能力如何、厂商的财务质量如何、厂商的销售网络如何、厂商是否在 ERP 系统领域中积累了足够多的经验、该厂商在 ERP 系统领域的核心竞争力是什么、厂商的客户群如何以及其他厂商对其的评价以及客户群对其的评价等。

技术支持指标主要用于评价 ERP 系统厂商对客户提供的技术维护、狭义的技术支持、技术恢复和技术增强等工作。技术维护主要用于描述解决存在的各种问题的能力，狭义的技术支持主要包括提供的技术培训、会议、调研、观察、建议及升级等内容，技术恢复主要是将 ERP 系统的异常状态恢复到正常状态的能力，技术增强主要用于描述 ERP 系统的扩展能力。

ERP 系统的成本是一个非常重要的评价内容。应该从两个方面考虑成本，即 ERP 系统的采购价格和 ERP 系统的总拥有成本。ERP 系统的采购价格比较容易判断，ERP 系统的总拥有成本的确定是一项复杂的工作。但是，在采购 ERP 系统之前，必须考虑 ERP 系统的总拥有成本，否则会出现一系列意想不到的问题。

评价 ERP 系统的环境因素可以从这些方面进行分析，即体系架构、硬件环境、软件环境、数据库系统、安装配置和技术先进型等。

体系架构指标主要用于描述 ERP 系统的组成部分和这些组成部分之间的关系。实际上，可以从多个角度来分析 ERP 系统的体系架构。C/S 架构和 B/S 架构都各有特点，相对来说 B/S 架构更有发展潜力。从电子商务系统角度来看，与门户网站无缝连接的基于 Internet 的 ERP 系统具有足够大的吸引力。从协作角度来看，SCM(供应链关系管理)、CRM(客户关系管理系统)与 ERP 系统完整集成的 EAI(enterprise application integrated，企业应用集成)也非常具有竞争实力。

硬件环境指标和软件环境指标用于描述 ERP 系统运行需要的硬件环境、网络环境和软件环境，如果加上数据库系统，也可以称为 ERP 系统的运行平台。是 Unix、Linux 环境，还是 Windows 环境，或者都可以运行，这些平台都有自己的特点，用户应该从可靠性、已拥有的资源等多个方面分析这些平台优劣。毫无疑问，确保 ERP 系统的安全性、可用性都是非常重要的因素。

数据库系统指标是非常重要的评价内容。当前数据库市场竞争激烈，Oracle、DB2、Microsoft SQL Server 以及 Sybase ASE 等数据库系统产品都各有特点。只支持一家的产品，还是支持多家厂商的产品，是评价 ERP 系统的适用性的重要因素。

安装配置指标重点描述 ERP 系统本身的安装、配置的方便和快捷程度。为了安装 ERP 系统，需要做哪些工作、提供了哪些工具以及需要多长的时间等都是需要事先考虑的因素。

最后一个指标是技术先进性。虽然该指标比较笼统，但是对于 ERP 系统评价来说是必不可少的内容。ERP 系统在一个企业的运行寿命至少是 15 年，甚至高达 20 年以上。ERP 系统的先进性是延长 ERP 系统运行寿命的重要因素。无论是硬件设备、还是软件工具，甚至是体系结构，高的技术先进性有更好的扩充性和更长的适应时间。

**其他观点：影响 ERP 选型的主要因素**

ERP 系统专家 Birdogan Baki 和 Kemal Cakar (2005) 对 ERP 选择方法论进行了研究，提出了 17 个需要考虑的因素。这些因素包括功能性(覆盖用户业务范围和灵活性)、技术标准(硬件、软件以及 IT 发展趋势的考虑)、成本(考虑总拥有成本)、服务和支持(ERP 供应商成为用户合作伙伴的可能性和对领域知识的熟悉程度)、前景(应该考虑供应商的发展前景)、系统可靠性(对同类用户使用情况、行业标杆企业应用状况的关注)、与其他系统的兼容性(与企业遗留系统的兼容程度)、易定制性(ERP 供应商应该提供方便的定制工具)、供应商的市场位置、与组织结构的适应性、供应商的领域知识、供应商的声誉(尤其关注在本领域的成功项目)、与联盟企业系统的适应性、模块之间的集成性、实施时间、实施的方法(方法应该有效)以及咨询性(咨询顾问有经验、能够对企业流程进行分析)。

Chun-Chin Wei 等人(2005)提出了一个选型 ERP 系统的 AHP 方法。该方法分为 3 个层次。第一个层次可以分为选型合适的 ERP 系统指标和选择合适的 ERP 系统厂商指标。选型 ERP 系统指标又可以分为最小化成本(价格、维护成本、咨询费用、基础设施成本)、最小化实施时间、具备完整的功能(完成的功能模块、功能的适应性、安全性)、具备友好性的用户界面和操作方式(易操作性、易学习性)、具备系统灵活性(可以有效升级、易于集成、易于二次开发定制)、具备高的系统可靠性(稳定性、可恢复性)等指标。选择合适的 ERP 系统厂商指标又可以分为具有好的信誉(财务状况、供应商规模、市场份额)、提供高质量的技术能力(研发能力、技术支持能力、实施能力)、提供后续服务(担保、咨询服务、培训服务、服务效率)等指标。

# 12.5 本章小结

本章讲述了 ERP 系统的选型技术。首先，介绍了 ERP 系统市场的特点，对国内外主流的 ERP 系统进行了介绍；然后，详细介绍了适用于 ERP 系统选型的 5s 方法，5s 方法是一种方便有效的 ERP 系统选型技术；最后，对 ERP 系统选型过程中的关键技术进行了讲述，这些关键技术包括 PIECES 方法和 FACE 方法。

# 12.6 思考和练习

1. SAP 系统有可能垄断 ERP 系统市场吗？为什么？
2. 收集有关 Oracle 公司收购 PeopleSoft 产品的资料，从战略角度分析其中的原因。
3. 收集国内的 ERP 系统资料，分析和讨论这些产品市场份额的变化。
4. 选型 ERP 系统的难点是什么？为什么？如何解决这些难点？
5. 什么是 5s 选型法？
6. 按照团队工作原理，分析选型工作团队的特点。

7. 在选型过程中，为什么强调要进行模拟？如果不进行模拟，那么会存在什么样的隐患？

8. 描述 PIECES 方法的特点。

9. 分析 FACE 方法的指标框架的特点。

10. 分组讨论：收集国外的 ERP 系统资料，分析和讨论这些产品市场份额的变化。

# 第 13 章
# ERP系统培训技术

## 案例研究：培训内容和培训需求

2004 年，有关机构在全国 26 个城市、近 20 个行业的 3500 多家各种类型中小企业中开展了"中小企业经营管理者培训需求调查"，共收回问卷 2894 份。在这次调查中，中小企业经营管理者对培训内容的需求比较集中，充分反映了这一群体的整体特征。

在所选择的各项内容中，排在第一位的是"中小企业管理知识"，比例高达 79.5%；其次为"中小企业管理能力训练"，比例为 46.7%；第三是"中小企业热点难点问题"。

我国中小企业经营管理者对"中小企业管理知识"需求内容的细分也表现出较高的一致性，有 33.8%的企业经营管理者选择"市场营销"，其次为"企业战略"，占 28.5%，"人力资源"为 25.8%，"财务管理与资本经营"为 23.7%。"企业会计、生产运作、技术创新以及组织结构与设计"等选择比例较低，分别仅为 7.9%，12.8%，15.5%和9%。

在培训方式的选择上，中小企业经营管理者更倾向于"集中培训"，所占比例高达 62.6%，这一方面反映了中小企业经营管理者对培训的重视，因为舍得用整块时间培训是非常难得的；另一方面也表明中小企业经营管理者普遍认为集中培训的效果要好于其他形式。

## 课堂思考和问答：

1. 你认为这次中小企业经营管理者培训需求调查是否取得了成功？为什么？

2. 如何理解中小企业和大企业？这两种类型企业的主要区别是什么？

3. 在这次调查中，为什么没有出现有关企业信息化建设的调查内容？互相讨论，谈谈各自对这个问题的理解。

4. 假设有关部门要求对我国中小企业的信息化建设，尤其是 ERP 系统建设进行培训需求调研。请你设计调研方案。

5. 根据你收集到的资料，谈谈 ERP 系统培训在 ERP 系统实施过程中的作用。

ERP 系统培训在 ERP 系统实施过程中起着推动 ERP 系统实施工作的重要作用。ERP 系统培训工作是 ERP 知识传播过程，也是企业员工理解和接受 ERP 系统的有效手段。本章讲述 ERP 系统培训技术。

# 13.1 概　　述

ERP 系统实施是一项极其复杂、对企业现有秩序冲击和影响巨大的项目。一方面，ERP 系统是一种新的管理思想和管理理念的载体；另一方面，ERP 系统的技术性非常强。因此，为了顺利完成 ERP 系统的实施工作，并且使得企业员工从内心接受这种思想、管理和工具，培训工作显得尤其重要。ERP 系统培训是向企业员工灌输 ERP 系统的管理理念的过程，是学习 ERP 系统的操作技能的过程，是 ERP 系统实施团队与企业各级员工深入沟通的方式，是 ERP 系统实施工作中的重要环节。

ERP 系统培训是灌输 ERP 系统的管理理念的过程。对于企业的大多数员工来说，ERP 系统是一个全新的概念。无论是 MPS、MRP 和 CRP 等术语，还是信息共享、工作流程，企业员工要想真正地接受 ERP 系统的管理理念，必须真正地理解和掌握 ERP 系统。在许多失败的 ERP 系统实施案例中，其中一个重要的原因，就是企业员工不理解 ERP 系统，由此产生各种各样的误解，所以不配合、不支持，甚至基于恐怖心理而千方百计地消极抵触。只有当企业员工真正理解和掌握 ERP 系统的理念后，认为 ERP 系统确实可以提高企业的管理水平，可以降低员工的工作负荷，此时这些员工才能更好地配合 ERP 系统实施工作。

ERP 系统培训是学习 ERP 系统的操作技能的过程。ERP 系统的使用是一项技术性非常强的工作。操作 ERP 系统，不仅需要掌握软件本身的使用方法，而且需要掌握使用和维护硬件、网络等技术。掌握技术性工作的诀窍在于学习和反复地练习。ERP 系统实施完成之后，管理人员的主要工作都是通过操作 ERP 系统完成，因此必须熟练掌握 ERP 系统的操作技能。从技能传授角度来看，ERP 系统培训包括两个方面的内容，即培训顾问讲解 ERP 系统的操作技术过程和员工反复练习所讲授的操作技术的过程。

ERP 系统培训是 ERP 系统实施团队与企业各级员工深入沟通的方式。对于 ERP 系统实施团队如何深入地了解企业现状和员工素质，如何按照企业的特点实施 ERP 系统，这种培训提供了很好的机会。从员工角度来看，如何系统地了解 ERP 系统实施团队的工作方式，如何让实施团队成员详细地解答自己心中的各种疑问，如何与其他员工深入交流对 ERP 系统实施的看法，这种培训是一次非常有效的沟通方式。从沟通角度来看，ERP 系统培训不仅是传授知识和技能的过程，并且是互相理解、答疑解惑和沟通交流的平台。

ERP 系统培训是 ERP 系统实施工作中的重要环节。ERP 系统实施不仅需要安装和调试 ERP 系统，并且要让企业员工熟悉、理解和掌握 ERP 系统。ERP 系统培训是实施工作的重要内容，是不可缺少的重要环节。如果缺少 ERP 系统的培训工作或者没有很好地组织这项工作，则 ERP 系统实施就很难真正取得成功。

# 13.2　编写培训方案

培训方案是 ERP 系统培训工作的总体计划和安排。培训方案的主要内容包括确定培训方案的设计原则、制定合理的培训计划、设置符合企业现状和需求的培训课程以及建立确保培训质量的培训评估系统等。下面详细介绍 ERP 系统培训方案的主要内容。

## 13.2.1　培训方案的设计原则

为了做好 ERP 系统的培训工作，根据 ERP 系统培训内容的特点，在编写 ERP 系统培训方案时，应该遵循一些有效的设计原则。这些原则包括适用性原则、先进性原则、理论结合实践原则以及服务原则等。

适用性原则表示 ERP 系统的培训工作一定要结合企业的实际状况来开展，不能随意照搬其他企业的培训方案。例如，机械制造企业与医药企业的 ERP 系统培训方案是截然不同的，甚至同属于机械制造企业的自行车制造企业与汽车制造企业的培训方案也有明显的差别。适用性原则表现在多个方面，例如，不同的企业应该有不同的培训方案，培训方案随员工素质的不同而变化，甚至对同一个企业内部不同管理层次的管理人员的培训内容也不完全相同。

先进性原则表示培训内容和培训方式都应该采取最为有效的方式。从培训内容来看，ERP 系统的思想、理论以及 ERP 系统的操作技能都应该是先进的、正确的、完整的、系统的和全面的。从培训方式来看，培训的整个组织过程、计划安排、培训手段和培训顾问的素质和能力都应该是先进的、有效的。

理论结合实践原则表示在培训过程中，除了培训 ERP 系统的基本理论之外，不仅包括大量的 ERP 系统案例，更重要的是结合当前企业的经营现状来讲解。掌握理论的最终目的是为了解决实际中存在的问题。实施 ERP 系统的最终目标是解决企业当前存在的各种管理问题，真正提高企业的经营管理水平。例如，在讲到 ERP 系统的销售管理时，一定要结合当前企业的销售现状，指出销售中存在的问题，结合 ERP 系统提出解决这些问题的思路。在讲到 ERP 系统的库存管理时，一定要结合企业当前物料管理或库存管理的现状，指出管理过程中存在的各种问题，基于 ERP 系统给出解决这些问题的答案。在 ERP 系统培训过程中，切记不能仅为了讲解 ERP 系统的理论而讲解。

服务原则表示 ERP 系统培训不仅是提供知识、技能的传授，而且是为企业用户提供服务的过程。这项原则要求整个 ERP 系统培训过程都要始终贯穿服务的主线，提高服务质量是 ERP 系统培训顾问的理念。该原则的具体表现形式包括认真地准备培训的内容、耐心地解答员工提出的各种问题等，以确保员工经过培训能有收获、能真正地理解和执行 ERP 系统的实施工作。

## 13.2.2　制订培训计划

培训计划是培训方案的重要组成部分，是整个培训工作的具体安排，是落实培训资源、协调企业内部工作的重要手段。

一般情况下，培训计划应该包括下列内容。

- Why：明确 ERP 系统培训的目标，并且对目标进行分析，具体的分析内容包括企业的长期发展目标分析、个人的长远发展目标分析以及企业所处外部环境的发展趋势分析。

- What：明确 ERP 系统培训的内容。这些内容应该包括 ERP 系统理论、ERP 系统产品、ERP 系统实施的方法、ERP 系统实施过程中可能出现的各种问题、ERP 系统操作技巧以及 ERP 系统使用过程中常见问题和解决方法等。

- When：明确何时开始、何时结束 ERP 系统的培训。需要注意的是，ERP 系统的培训不是一次性的，是分期分批举行的，明确每一期培训的开始日期和结束日期，有利于企业员工合理安排自己的工作。

- Where：明确 ERP 系统培训的地点。根据企业自己的需要，既可以把培训工作安排在自己的企业内部，也可以把培训工作安排在企业附近的某个位置，当然还可以异地安排培训工作。不论哪一种安排方式，都有其优点和缺点。例如，如果将培训工作安排在企业内部，则优点是成本低、上课时间可以更加灵活，对工作的影响也不大，缺点是工作可能会对培训产生负面的影响。

- Who：明确 ERP 系统的培训对象。这些培训对象包括企业的高层主管领导、管理人员、技术人员和操作人员等。不同的培训内容，其培训对象也不完全相同。例如，高层主管领导更加关心的是 ERP 系统的理论和 ERP 系统将会给企业带来什么样的变化，操作人员则主要关注 ERP 系统产品本身和如何执行操作。

- 培训采用的具体形式：这里需要明确是集中培训还是分期分批培训，是在教室里上课还是在现场或通过网络远程培训，是讲授还是做实验，是现场参观还是现场操作等。这些形式都有自己的特点，一定要结合企业的具体情况和所选择的 ERP 系统的特点来确定培训形式。

- 培训的具体课程安排：在培训方案中，一定要给出详细的、准确的和完整的课程表，企业各部门、各位员工可以通过课程表来选课和安排自己的工作。课程安排一定要疏密有序，并且是通过进行实际的培训调查，征求了多方面的意见后形成的。

- 培训顾问：最好的培训教师是实施团队的实施顾问。这种培训顾问最好具备下列一些经历和能力：在企业从事过技术工作和管理工作，在大学接受过 ERP 系统的专业学习，在软件公司从事过 ERP 系统或信息系统的分析、设计、开发、测试和培训等工作，在管理咨询公司从事过 ERP 系统实施和培训工作，多次作为专家参加 ERP 系统实施评标和验收会议等。

- 培训组织工作的分工和标准：培训不仅是一项复杂的教务工作，而且是需要经过大量协调和落实的事务工作，从课程表的设置、培训顾问的安排，到学员的通知、考勤，都需要明确负责人员。每一项工作都应该明确工作内容和工作标准，便于检查和考核每一个岗位工作人员的工作效果。

- 培训活动的具体日程：除了设置培训的开始日期、结束日期和培训课程表之外，还应该详细给出培训活动的具体日程，这些培训活动丰富，例如，开学典礼、参加的领导、考试考查的方式、考试考查的时间及考试结束后的照相等。

- 培训资源的具体使用：培训资源包括培训资金的预算、培训教材的采购、学习用具的配备、教室的落实、多媒体授课工具的安排和教室卫生的打扫和保持等。
- 培训效果的评价：课程结束之后，必须对整个培训效果进行评价。这种评价包括 3 个方面，第一，员工学习掌握情况的考试考查；第二，培训顾问的授课状况调查和评估；第三，培训工作的组织和落实情况的评估。奖优罚劣，促进 ERP 系统培训工作不断提高质量和效果。

制订培训计划的常用工具包括召开培训计划会议、业务部门沟通以及企业领导决策等。培训计划会议对培训方案草稿进行论证，参加培训计划会议的人员包括企业主管领导、培训方案的起草者、培训课程的开发者、计划部门的主管和各业务部门的主管，也可以包括将要参加培训学习的企业员工。培训计划应该与有关业务部门的主管进行多次的沟通。为了便于领导决策，培训计划应该最少包括两个方案，其中的一个方案作为主要培训方案，另一个方案作为备选和应急方案。

## 13.2.3　设置培训课程

ERP 系统培训工作的核心内容是设置培训课程。但是，设置培训课程不是零散、孤立的事情，而是一个系统的工程，需要统一、完整地确定需要培训的内容和设置恰当的课程。根据 ERP 系统培训工作的特点，可以将 ERP 系统培训课程分为以下几个层次：

- 培训管理者的培训课程
- 培训顾问的培训课程
- 常规管理培训课程
- ERP 系统理论培训课程
- 计算机基本操作技能培训课程
- ERP 系统操作培训课程
- ERP 系统技术培训课程

培训管理者的培训课程的主要培训对象是企业中从事战略管理的培训工作管理者和从事培训实施工作的培训操作人员。这类课程主要包括以下内容：

- 企业战略目标与培训目标、培训战略
- 企业培训战略、培训战术和 ERP 系统培训分析
- 人力资源开发、培训开发和 ERP 系统培训
- 一般培训模式和 ERP 系统培训模式的特点
- 企业培训文化、组织和流程
- 企业培训评估管理和 ERP 系统培训评估管理之间的关系
- 现代培训技术和远程培训
- 培训管理者自我成长
- 培训需求、计划、实施和控制

- ERP 系统培训成功和失败案例研讨

培训顾问的培训课程的主要对象是培训顾问。作为一名优秀的 ERP 系统培训顾问，不仅需要大量掌握所担当主讲的课程的系统理论知识，还需要丰富的相关工作经验，除此之外，还需要具备出色的语言表达能力和授课技巧，这样才能使得所讲的 ERP 系统知识被企业员工理解和接受。当然，前两项内容要求并非能够通过短期培训来完全掌握，只能通过长期的经验积累。实际上，培训顾问的培训课程主要是为了提高 ERP 系统培训顾问的语言表达能力和授课技巧而设的，这些课程主要包括以下内容：

- 教育学、心理学与 ERP 系统培训
- 现代演讲艺术、声光电技术在 ERP 系统培训中的运用
- 培训顾问的角色和地位
- 培训顾问的素质要求和自我成长
- 培训顾问的授课风格
- ERP 系统培训课程开发和授课准备
- ERP 系统培训技巧
- 如何增强自己的说服力
- 如何开发有效的 ERP 系统培训课件

常规管理培训课程的主要对象是企业的所有管理人员和技术人员，它包括管理知识和管理技能培训项目。这类课程并不像市场营销管理培训那样强调专业领域的知识和技能，而是更加重视常规管理知识的培训，目的是提高整个企业员工的管理素质。常规管理培训课程的主要内容包括以下内容：

- 管理理论的演变和发展趋势
- 现代管理者的挑战和误区
- 组织愿景和组织战略
- 学习型组织再造和 BPR
- 企业文化管理技术和艺术
- 目标和绩效管理技术和艺术
- 计划与执行管理技术和艺术
- 有效授权管理技术和艺术
- 控制与改善管理技术和艺术
- 沟通与协调管理技术和艺术
- 下属培育、激励管理技术和艺术
- 信息和资源管理技术和艺术
- 倾听与询问能力训练
- 观察与分析能力训练
- 面谈和谈判能力训练
- 会议技能训练
- 创新能力训练

ERP 系统理论培训课程的主要对象是企业的所有管理人员和技术人员,培训的主要内容包括 ERP 系统思想和理论。这些课程的目的是让企业管理人员和技术人员对 ERP 系统管理思想和产品有一个正确的认识,抛弃误会与偏见。ERP 系统理论培训课程的主要内容包括以下内容:

- 现代管理理论和管理技术
- ERP 系统原理和实施技术
- MRP II 和 ERP
- ERP 和 ERP II
- ERP 和 SCM、CRM
- ERP 和 DSS
- 管理信息系统原理
- ERP 思想和 ERP 系统
- ERP 市场的主流产品
- ERP 系统成功和失败原因探究
- 典型 ERP 系统实施案例研讨

计算机基本操作技能培训课程的主要培训对象是那些没有计算机操作和使用经验的企业员工。这类课程的主要内容包括计算机的基本原理、办公软件以及 Internet 技术等,其目的是提高企业员工的整体计算机素质。这类课程主要包括以下内容:

- 计算机基本原理和组成
- Microsoft Word 培训教程
- Microsoft PowerPoint 培训教程
- Microsoft Excel 培训教程
- Internet 技术
- 计算机网络基本原理
- 计算机使用技巧
- 汉字输入方法和技巧

ERP 系统操作培训课程的主要对象是操作 ERP 系统的使用人员,其目的是熟练掌握 ERP 系统的使用方法。这门课程也是整个 ERP 系统培训工作的主要内容。可以根据 ERP 系统模块来进行各类业务人员培训,这类课程主要包括以下内容:

- 生产计划人员如何使用和操作 ERP 系统
- 物料采购人员如何使用和操作 ERP 系统
- 库存管理人员如何使用和操作 ERP 系统
- 生产现场管理人员如何使用和操作 ERP 系统
- 生产统计人员如何使用和操作 ERP 系统
- 销售管理人员如何使用和操作 ERP 系统
- 设备管理人员如何使用和操作 ERP 系统
- 质量管理人员如何使用和操作 ERP 系统

- 财务管理人员如何使用和操作 ERP 系统
- 人力资源管理人员如何使用和操作 ERP 系统
- 产品开发人员如何使用和操作 ERP 系统
- 业务部门主管如何使用和操作 ERP 系统
- 企业主管如何使用和操作 ERP 系统

ERP 系统技术培训课程的主要对象是企业信息中心负责维护 ERP 系统的技术人员。这些技术人员应该掌握 ERP 系统的操作技术、基础数据整理和设置技术、业务数据备份和恢复技术以及 ERP 系统使用过程中常见问题分析和解决技术等。虽然这些技术人员不可能解决 ERP 系统使用过程中遇到的所有问题,但是他们应该尽可能解决各种偶然出现的问题。这类课程主要包括以下内容:

- ERP 系统常见问题问答
- 计算机硬件常见问题问答
- 计算机网络常见问题问答
- 操作系统常见问题问答
- 如何做一个合格的 ERP 系统管理员
- 如何做一个合格的数据库管理员
- 如何做一个合格的网络管理员
- 基础数据整理、设置和维护
- 系统安全设置和维护

## 13.2.4  建立培训评估系统

需要注意的是,培训评估系统不仅是对参加培训员工的考核,而且是对整个培训过程的评价,其目的是为企业领导正确评估 ERP 系统培训提供依据。下面分别从 ERP 系统培训内容、ERP 系统培训评估的信息收集方法和 ERP 系统培训评估工具等角度研究如何建立有效的培训评估系统。

一般情况下,在建立 ERP 系统培训评估系统时,可以从 3 个阶段来考虑。这 3 个阶段分别是 ERP 系统培训前的评估、ERP 系统培训中的评估和 ERP 系统培训后的评估。

ERP 系统培训前的主要评估内容包括 ERP 系统培训需求整体评估,培训对象知识、技能和工作态度评估,培训对象工作成效及行为评估和培训计划评估。

ERP 系统培训中的评估内容包括培训组织准备工作评估,培训学员参与培训情况评估,培训内容和形式评估,培训顾问和培训管理者的评估,培训进度和中间效果的评估以及培训环境和现代培训设施应用评估等。

ERP 系统培训后的评估内容包括培训目标达成情况评估,培训效果效益综合评估以及培训顾问和培训管理者的工作绩效评估。

可以通过多种方式、多种渠道收集有关 ERP 系统培训评估的信息,这些信息收集方法包括通过资料收集、通过观察收集、通过访问收集及通过培训调查方式收集等。

通过资料收集方法可以收集的信息包括培训方案的资料,有关培训方案的领导批示,有关培训的录音，有关培训的调查问卷原始资料和统计分析资料，有关培训的考核资料，有关培训的录像资料，有关培训实施人员编写的会议纪要、现场记录等以及培训顾问编写的培训教程、教案等。

通过观察收集方法可以收集的信息包括培训组织准备工作观察，培训实施现场观察，培训对象参加情况观察，培训对象反映情况观察和培训后一段时间内培训对象的各种情景变化观察等。

通过访问收集方法可以收集到的信息包括访问培训对象，访问培训顾问，访问培训管理者，访问培训实施者，访问培训学员的领导和下属等。

通过培训调查收集方法可以收集到的信息包括培训需求调查，培训组织调查，培训内容及形式调查，培训顾问调查，培训效果综合调查等。

可以采用多种形式的 ERP 系统培训评估工具来进行评估。这些评估工具包括空白表格法、封闭式的调查问卷法以及开放式的调查问卷法等。

如图 13-1 所示的是一个典型的空白表格，使用该表格可以收集 ERP 系统培训过程中观察到的有关信息。这些信息可以作为培训中评估的重要数据。表格中应该提供一些观察项目，并适当地留一些空白，以便更加灵活地收集评估信息。

**ERP 系统培训中观察收集培训评估信息表格**

表格编号：　　　　　　　观察日期：　　　　　　　观察人员：

| 观察对象 | 观察项目 | 观察结果 |
|---|---|---|
| 培训环境及设施 | 教室卫生、光线、温度 | |
| | 教室桌椅 | |
| | 教室电脑、投影仪、音响 | |
| | 场所 | |
| | | |
| | | |
| 培训对象参加培训情况 | 出勤情况 | |
| | 课堂秩序 | |
| | 提问题和回答问题 | |
| | 笔记、作业情况 | |
| | | |
| | | |
| 培训顾问 | 备课状况 | |
| | 授课状况 | |
| | 行为状况 | |
| | 提问题、解答问题状况 | |
| | 案例状况 | |
| | | |
| 培训管理者 | 是否出席在现场 | |
| | 是否准备好各种服务 | |
| | 是否协调处理培训中问题 | |
| | 是否保持周围环境 | |
| | | |
| | | |

图 13-1　ERP 系统培训中观察收集培训评估信息表格

封闭式调查问卷法是指在 ERP 系统培训中，发放给培训学员、培训顾问以及培训管理者等人，并且需要他们按照选项进行选择的调查问卷的方法。一般情况下，在这些调查问卷中，有 3~5 个可选答案。如图 13-2 所示的是一个典型的用于调查培训课程设置和教材选择方面的封闭式调查问卷。这些问卷的问题一定要言简意赅，切忌长篇大论。另外，在这种封闭式调查问卷中，最后一定要留出一些空白，以便让答卷人自主发表意见。

### ERP 系统培训课程及教材评估调查问卷

    为了了解 ERP 系统培训课程及教材的使用状况，提高 ERP 系统培训工作质量，请您认真填写本调查问卷。在每一个问题中，请选择最恰当的答案。谢谢您的配合和帮助。

1. 培训前后发放给您的有关 ERP 系统培训内容的课本和资料的完整性和质量情况如何？
○ 很好　　　　○ 好　　　　○ 一般　　　　○ 差　　　　○ 很差

2. 培训教材内容的适用性如何？
○ 很好　　　　○ 好　　　　○ 一般　　　　○ 差　　　　○ 很差

3. 培训课程的安排是否满足您的需求？
○ 很好　　　　○ 好　　　　○ 一般　　　　○ 差　　　　○ 很差

4. 课程内容能否满足培训目标？
○ 很好　　　　○ 好　　　　○ 一般　　　　○ 差　　　　○ 很差

5. 课程内容的正确性如何？
○ 很好　　　　○ 好　　　　○ 一般　　　　○ 差　　　　○ 很差

6. 课程内容的系统性、逻辑性如何？
○ 很好　　　　○ 好　　　　○ 一般　　　　○ 差　　　　○ 很差

7. 课程内容的创新性如何？
○ 很好　　　　○ 好　　　　○ 一般　　　　○ 差　　　　○ 很差

8. 课程内容与企业的现实联系程度如何？
○ 很好　　　　○ 好　　　　○ 一般　　　　○ 差　　　　○ 很差

9. 课程案例的适用性如何？
○ 很好　　　　○ 好　　　　○ 一般　　　　○ 差　　　　○ 很差

10. 讲课重点是否突出？
○ 很好　　　　○ 好　　　　○ 一般　　　　○ 差　　　　○ 很差

11. 课程的讲课速度如何？
○ 太快　　　　○ 快　　　　○ 正好　　　　○ 慢　　　　○ 太慢

12. 课程的深浅程度如何？
○ 太深　　　　○ 深　　　　○ 正好　　　　○ 浅　　　　○ 太浅

13. 课堂练习的适用性如何？
○ 太多　　　　○ 多　　　　○ 正好　　　　○ 少　　　　○ 太少

14. 培训过程中的讨论、练习与课程主题密切程度如何？
○ 很强　　　　○ 强　　　　○ 一般　　　　○ 差　　　　○ 很差

15. 你认为今后的课程安排应该如何调整？

_____

_____

_____

图 13-2　ERP 系统培训课程及教材评估调查问卷

开放式的调查问卷法的特点是调查问卷不是依照选择来回答，而是按照调查问卷中的问题由答卷人自由回答。这种问卷的好处是可以为答卷人回答问题提供更大的空间，问卷设计人可以得到更多的回答。其缺点是这种方式不易控制回答的完整性，且对这种调查问卷的结果不易进行统计处理分析。如图 13-3 所示的是有关 ERP 系统的培训综合调查问卷。

### ERP 系统培训评估综合调查问卷

为了了解 ERP 系统培训课程及教材的使用状况，提高 ERP 系统培训工作质量，请您认真填写本调查问卷。在每一个问题下面，请写上自己的答案。谢谢您的配合和帮助。

一、关于培训组织

1. 在界定本次 ERP 系统培训目标过程中，您的培训需求是如何让培训管理者了解到的？

_____

_____

2. 本次培训的内容是否适合您的需求？为什么？

_____

_____

3. 本次培训的组织工作应该进行哪些调整，如何调整？

_____

_____

二、关于培训课程和教材

1. 本次 ERP 系统培训课程安排，哪些内容非常适用？

_____

2. 本次培训的课程有哪些不足？您认为应该如何改善？

_____

3. 本次使用的培训教材的优点是什么？缺点是什么？

_____

_____

三、关于培训形式和结构

1. 本次培训形式有哪些优点？

_____

2. 本次培训形式有哪些缺点，您认为应该如何改善？

_____

四、关于培训环境和设施

1. 本次 ERP 系统培训环境安排有哪些优点？

_____

2. 本次 ERP 系统培训环境安排有哪些不足，您认为应该如何改善？

_____

_____

图 13-3 ERP 系统培训评估综合调查问卷

3. 本次培训的设施应用有哪些可取之处？

_____

4. 本次培训的设施应用有哪些不足，您认为应该怎样改善？

_____

五、关于培训顾问和培训管理人员

1. 本次培训的 ERP 系统培训顾问的优点是什么？

_____

2. 本次培训的 ERP 系统培训顾问的缺点是什么，应该如何改正？

_____

3. 本次培训的管理人员的优点是什么？

_____

4. 本次培训的管理人员的缺点是什么，应该如何改正？

_____

_____

六、关于培训效益

1. 您认为自己从本次 ERP 系统培训中得到的最大收获是什么？

_____

2. 您认为自己在本次 ERP 系统培训中投入的时间和费用对于收获来说值得吗，为什么？

_____

_____

七、关于培训后的行动

1. 您将如何运用在本次培训过程中学到的知识？

_____

2. 您认为还应该增加哪些培训内容，才能对自己有更大的提高，为什么？

_____

_____

图 13-3　ERP 系统培训评估综合调查问卷(续)

# 13.3　实施培训方案

在 ERP 系统培训过程中，培训方案编写完成且经批准之后，即可开始培训方案实施阶段。实施培训方案是指按照培训方案要求逐步落实培训内容的过程。下面从培训前的动员、选择合适的培训方法、培训顾问的素质和风格以及培训顾问的授课技巧等若干个方面介绍如何有效地实施培训方案。

## 13.3.1　培训前的动员

很多企业在开始 ERP 系统培训时，只是下达一个通知而已。其实，这种只下达通知的方式是不够的。由于 ERP 系统培训工作关系到 ERP 系统实施是否成功，这项工作是极其重要的，因此，应该在培训前从舆论上做好 ERP 系统培训的准备工作。具体地说，ERP 系统培训前的动员包括以下内容：告知有关 ERP 系统培训的详细情况，清除负面因素，综合不同的意见，了解特殊需求以及强调培训纪律等。如图 13-4 所示的是某公司 ERP 系统培训通知的示意图。

**ERP 系统培训通知**

1. ERP 系统培训详细安排。
2. ERP 系统培训的重大意义和奖罚措施。
3. 有关培训日程安排的解释。
4. 特殊事项说明。
5. 培训纪律声明。

2005 年 8 月 20 日
飞龙自行车制造有限公司

图 13-4　飞龙公司的 ERP 系统培训通知

ERP 系统培训前的动员工作可以通过召开培训动员大会和发放培训通知两种方式进行，二者缺一不可。

告知有关 ERP 系统培训的详细情况就是明确培训日期、时间、地点、报到方式、住宿和就餐的具体安排，以及培训日程安排、培训的主要内容、培训将采取的形式和培训课程主讲培训顾问等。这些内容应该尽可能详细，并且应该配合地图等进行说明。

清除负面因素的含义是指强调这次 ERP 系统培训工作对于整个企业和接受培训的员工个人的重要意义，一定要引起员工的普遍重视。例如，在飞龙自行车制造公司的 ERP 系统培训之前，该企业为了引起员工的普遍重视，特地规定，在指定的日期内所有的员工必须接受 ERP 系统培训且通过考试，否则薪资待遇、职务升迁将会受到明显的影响。

综合不同意见关注的是参加培训者对于培训内容、日期和时间、地点及培训顾问等安排可能会有不同的意见而对此进行的解释。实践证明，这种不同意见是普遍存在的，如果忽视这种对于 ERP 系统培训安排的不同意见的存在而不加以解释，培训对象对 ERP 系统培训工作的不满很容易转化为对培训的消极对待。这样，不仅培训对象自己在培训过程中表现不佳，而且也会影响其他人的培训效果。

了解特殊需求体现了对培训对象的关怀和尊重。其具体内容包括培训对象的住宿要求、就餐要求、学习要求以及个人习惯等。通过关怀培训对象的个人要求，可以增加学员的满意度，从而对培训效果产生积极的促进作用。

强调培训纪律也是需要特别关注的问题。在 ERP 系统培训实践中，经常出现这种现象，由于极个别培训对象业务繁忙，经常接听手机或来回走动，严重影响培训顾问的正常授课，并且影响其他培训对象的注意力。因此，诸如此类的行为一定要事前强调，明确以下纪律：

- 遵守培训安排，按时就餐
- 按时携带证件进入培训场所
- 不在培训场所吸烟
- 不在培训场所乱扔纸屑杂物
- 不在培训场所大声喧哗
- 不在培训过程中随便走动、出入
- 不在培训过程中接听电话
- 不在培训过程中私下讨论
- 不在培训过程中迟到早退、睡觉
- 不在培训过程中从事与培训无关的事情

## 13.3.2 选择合适的培训方法

培训方法是指将培训课程内容传授给培训对象的具体形式和方法。在 ERP 系统培训中，培训方法经常随培训课程内容、培训对象的素质以及培训环境的要求的不同而变化。常见的培训方法包括课堂讲授法、分组竞争法、工具培训法、案例培训法、调查培训法、实践练习培训法、讨论培训法和角色扮演培训法等。

课堂讲授法就是通常所说的讲座和主题演讲。在采用课堂讲授法时，培训顾问应该遵循 3 个原则，即讲授内容之间的逻辑性要强，吸引学员的注意；把握课程难点，授课内容详略得当；突出主要内容，帮助学员理解和记忆。这种方法的优点在于一次性传授的内容较多，且全面；培训实施环境要求不高，条件宽松；培训顾问自由度高，可以最大限度地发挥培训顾问的水平。这种方法存在的缺点在于讲课内容过多，学员记忆和消化困难；授课效果与培训顾问的水平直接相关；培训顾问与学员之间的沟通交流机会不多，属于灌输式培训；由于面向全体学员，无法顾及个体差异。

分组竞争法是指将学员分成若干个小组，培训顾问向学员发放有关 ERP 系统的讨论题，每个小组学员按照要求到指定的时间地点进行准备，在规定的时限内准备完成后再回到培训场所，按照抽取的顺序分别派小组代表登台讲授该小组的讨论结果。这种方法的优点在于激发学员参与的积极性；提高学员的竞争意识和自我提高意识；巩固授课内容；加深对授课内容的理解。但是，这种方法也存在相对浪费时间、培训效率不高的缺点。

工具培训法是指借助教学工具来增强教学效果的一种培训方式。在 ERP 系统培训过程中，通常可以借助一些稀奇古怪的东西辅助授课，增强培训效果。例如，可以借助高速公路和羊肠小路的照片比喻计算机管理信息和手工管理信息之间的差别。工具培训法的优点在于可以吸引学员的注意力，使得培训内容形象化，提高学员的记忆效果。其缺点在于工具选择或开发时间过多，同一个学员只能应用一次，且工具应用过多会起到负面效果。

案例培训法是指结合培训过程中的培训内容，提供现实中的真实案例，由学员发挥自己的学识和经验，通过讨论解决案例提出的问题的方法。这种方法有助于培养学员的实际工作和解决问题的能力。案例培训法的成败关键在于培训顾问提供的案例是否与培训对象急需解决的问题关联。这种方法的优点在于培训的参与性强，学员变被动接受为主动参与，有利于提高学员解决问题的能力，激发学员参与培训的积极性，便于交流学员的学识和经验，激发学员思考，发挥学员潜能。这种方法的不足之处在于培训效率低，案例开发困难且耗费时间和精力。

调查培训法是指 ERP 系统培训顾问根据课程内容和学员需要，统一组织学员深入实际进行观察、收集资料和研究，最后得出结论的培训方式。采用这种方法时需要充分地准备，过程中培训顾问要注意跟进，调查结束后要有总结。这种方法的优点在于生动、直观，理论联系实际，学员接受效果比较好，提高学员参与的积极性。但是，这种方法的不足之处是组织调查有难度，容易流于形式，且因各个学员的经历和素质不同，培训的效果也不同。

实践练习培训法是指在培训过程中将"听"、"看"和"干"有机地结合起来，使学员不仅掌握理论知识，而且在实践中掌握操作技能。在 ERP 系统培训中，这是一种常见的培训方式。这种培训方法的主要步骤包括课程准备阶段、到达现场阶段、培训顾问示范阶段、学员模仿阶段和学员练习阶段。这种方法的优点在于实效性强，学员愿意参与，能够在短期内掌握所培训的内容，其缺点是培训顾问必须有丰富的实践操作经验，而且对培训环境要求比较高。

讨论培训法也是 ERP 系统培训过程中常用的培训方法，这一方法着重解决实际问题，可以分为小组研讨、全体研讨、报告人进行报告和辩论等形式。这种方法中，讨论主持人既可以是培训顾问，也可以是学员。这种方法的优点在于学员的参与性强，能够各抒己见，能够加深对问题的全面认识和理解，并且可以帮助学员解决实际问题。这种方法的缺点在于讨论容易偏题，主持人如果不能够掌握局面，就不能充分发挥培训顾问的作用。

角色扮演培训法是指通过设置场景和问题使学员分别扮演 ERP 系统实施前后工作的角色，并且运用学员已有的经验和技能进行表演，且让一部分学员做观众。表演结束之后，观众和培训顾问分析和点评。这种方法的主要步骤是讲授提示、角色表演、分析点评和总结。这种培训方法的优点在于学员参与性较强，学员和培训顾问之间的互动交流充分，可以提高学员参加培训的积极性，实效性强，能够强化学员的反应能力和心理素质。这种方法的缺点是控制过程比较困难，着重体现的是参与扮演者自身存在的问题的分析和点评，不具有普遍性，不利于全面提高学员的能力。

### 13.3.3　培训顾问的素质和风格

ERP 系统实施能否取得成功，很大程度上取决于 ERP 系统培训是否获得成功。ERP 系统培训是否取得成功，很大程度上取决于培训顾问的素质和风格。下面针对培训顾问应该具备的素质和风格进行介绍。

培训顾问的素质主要指培训顾问具备良好的教育背景、丰富的实际工作经验并掌握现代培训的专业技能等。具体地说，作为一个 ERP 系统培训顾问，应该具备以下素质。

- 具备扎实的管理知识、计算机知识和 ERP 理论知识。具备所讲授课程内容的系统专业知识是对培训顾问最基本的素质要求。另外还应该具备现代教育学、心理学以及演讲艺术的知识。灵活地运用这些专业知识对于改善培训效果是非常重要的。

- 具备丰富的 ERP 系统实施工作经验。对于 ERP 系统培训顾问来说，具备丰富的工作经验包括 3 个方面的含义，第一，具有作为 ERP 系统培训顾问职业的工作经验；第二，具有与培训对象同行业或曾经在相似岗位上的工作经验；第三，在实践中积累了大量的成功与失败的经验和教训。因为 ERP 系统培训不仅是教给学员成功的经验，而且也注重培养学员回避风险的能力。这样的 ERP 系统培训才有血有肉。

- 具备良好的心理素质。如果培训顾问讲课时过于紧张，就可能在讲课过程中逻辑混乱、丢三落四，造成的后果是学员对培训顾问丧失信心。优秀的 ERP 系统培训顾问应该始终对自己充满信心，坚信自己的授课内容是最完整的、对学员是最有益的。

- 具备良好的专业形象。作为一名优秀的 ERP 系统培训顾问，不仅在课堂上展示自己扎实的专业知识，而且在 ERP 系统实施过程中以及其他工作中，都始终表现出专业知识的力量和效果。培训顾问的专业知识和外部形象应该是一个整体，只有这样才能对学员产生影响力。切记，在 ERP 系统培训过程中，不能上课说一套，下课做一套。

- 具备专业娴熟的授课技巧。作为专业的 ERP 系统培训顾问，授课时不仅仅要掌握娴熟的语言表达艺术，例如，详略得当、重点突出且通俗易懂，还应该具备良好的身体语言的应用技巧。在 ERP 系统培训中，特别强调培训顾问与学员之间的互动性。互动性能否得到充分的体现，在于培训顾问对学员心理的把握，在于培训顾问的观察能力。另外，培训顾问应该具备很强的时间概念，不拖堂、不断档。

- 具备良好的道德素养。在 ERP 系统培训过程中，培训顾问的主要目的是传授知识、解决疑难问题。在教学过程中，适当的幽默可以调节枯燥气氛、吸引学员的注意力。但是，培训顾问切忌开低级庸俗的玩笑，不能随声附和某些学员的议论，且不宜宣扬一些奇谈怪论。

- 具备较强的备课能力。ERP 系统培训顾问的培训不是专家的报告，切忌照本宣科。培训顾问一定要在培训大纲的基础上，按照自己的理解和经验，穿插大量的素材，给学员提供一种有理有据且详略得当的讲座。这种授课方式需要大量的准备工作，需要有较强的备课能力。

- 具备使用现代培训技术的能力。ERP 系统培训具有计算机科学、管理科学培训的特征，在很多情况下，需要借助于计算机演示、投影设备以及声控设备等现代培训技术。如果不能有效地利用这些现代技术手段，那么 ERP 系统培训很难取得好的效果。

　　ERP 系统培训顾问的授课风格与其个人性格、习惯和态度等方面密切相关。一般情况下，可以把培训顾问的授课风格分为 6 种类型，即新闻播报型、专业教育型、讲台表演型、经验分享型、群众煽动型和活动组织型。每一种风格都有自己的特点。如果 ERP 系统培训顾问能够认识并形成自己的授课风格，并且把自己授课内容紧密结合起来，那么会取得更好的培训效果。下面分析这些授课风格的特点。

- 新闻播报型的培训顾问就像电视上的新闻播报员一样面无表情、照本宣科且缺乏形体语言。如果在整个培训过程中培训顾问都是这样，那么学员对培训课程就会感到索然无味。在 ERP 系统培训过程中，这种风格的培训顾问是不宜上讲台的。
- 专业教育型的培训顾问一般来自教育部门，自己有丰富的教学经验，但是缺乏实际的工作经历，把 ERP 系统培训班的学员当成学校的学生。这种风格的培训顾问的授课特点是理论性强、逻辑思路清晰而且专业知识扎实，但是讲课内容缺乏实用性。这种风格的培训顾问适合传授知识的课程，但是不太适合实践性课程。
- 讲台表演型的培训顾问善于应用肢体语言、面部表情以及感情等因素强化培训效果，给学员的感觉是课堂气氛活跃、轻松，培训顾问幽默感强。如果培训顾问的理论基础扎实、实践经验丰富，那么应当是非常优秀的培训顾问。否则培训顾问只会胡吹乱侃，致使学员的收获不大。
- 经验分享型的培训顾问一般具有丰富的实战经验，但是专业理论并不系统扎实，他们的授课内容主要是基于自己的经验。如果这种风格的培训顾问能够在 ERP 系统理论上下点工夫，那么其授课效果会更好。
- 群众煽动型的培训顾问的授课鼓励性特别强，表现能力出色，善于把握学员的心理，课堂气氛活跃。但是，这种风格的培训顾问不宜讲授知识性、系统性较强的课程，善于讲授例如 ERP 系统的现状和未来、ERP 系统对企业带来的影响等这类课程。
- 活动组织型的培训顾问的授课逻辑思路和语言表达方面可能不是专长，也不具备特别强的煽动性，但是其组织能力特别强，特别擅长教授分组讨论、答辩和竞赛这类需要协调、组织才能的课程。

应该说，培训顾问的风格是多种多样的，上面列举的风格只是其中的一部分。对于一个具体的 ERP 系统培训顾问来说，通常兼具多种授课风格，授课风格也不是一成不变的。至于哪一种培训风格更好，应该根据具体的培训对象、培训内容、培训环境及培训时间等各种情况来确定。

## 13.3.4　培训顾问的授课技巧

ERP 系统培训课程能否取得良好的效果，除了需要培训顾问具备良好的专业知识、丰富的工作经验之外，还需要掌握适当的授课技巧。采用恰当的授课技巧有助事半功倍、改善培训效果。在 ERP 系统培训过程中，常用的授课技巧包括备课时的准备技巧、授课前的控制技巧、培训开始技巧、课堂气氛的调节技巧、负面效应的排除技巧、培训末尾的结束技巧以及培训后的自我检讨技巧。

备课时的准备工作可以从下面几个方面入手，设计课程的逻辑主线、总结实践经验、穿插恰当的小故事、预测讲课时间和速度以及自我操练。课程的逻辑性是授课是否成功的主要因素，是培训顾问应该具备的基本能力，是确保学员有收获的主要影响因素。逻辑性强的课程有助于吸引学员的注意力，增强他们的记忆。讲课时列举的实践经验并非越多越好，一定要少而精、恰到好处，因此必须对实践经验进行总结，明确哪些 ERP 系统的成功经验可以使用，哪些失败的教训应该借鉴。应该根据课程内容，适当地准备一些恰当、有趣的小故事，以便学员从这些小故事中受到启发。备课内容和数量受限于讲课时间，一定要在规定的时间内将内容讲授完毕，切莫打乱授课计划。在真正开始培训之前，一定要进行自我操练，操练内容包括检验时间和授课速度是否合适、培训课程设计是否合理、巩固授课内容、熟悉培训方法以及熟悉授课过程等。

授课前的控制内容包括情绪控制、形象控制、培训设施的控制和时间控制等。由于第一次上课，面对众多的陌生面孔，培训顾问可能会有些紧张。这时，克服紧张的最好方法是对自己充满信心。作为 ERP 系统培训顾问，往往是高科技、专业知识渊博的代表，因此一定要注意自己的发型、服装、领带和皮鞋等外表。在授课前，培训顾问一定要对将要使用的培训设施进行全面检查和调试，包括电源、音响音量、屏幕位置、白板笔、讲台高度以及培训场所的布局等。授课前的时间控制主要包括两个方面，第一是提前到场，第二是准时开讲。

万事开头难。良好的开始是成功的一半。这些话都强调了开场白的重要性。对于 ERP 系统培训来说，好的开场白有助于提高学员对培训顾问的认可程度、拉近培训顾问与学员之间的距离。好的开场白方法包括开宗明义法、故事比喻法、自我解嘲法、双向沟通法、设问法、事实法和独特创意法等。开宗明义法是直接切入主题，简洁明快、干净利索。故事比喻法是通过与课程内容相关的小故事开始，目的是吸引学员的兴趣，调动大家听课的积极性。自我解嘲法是培训顾问先对自己进行一番嘲弄，使学员感到亲切，消除台上台下的距离感。但是，这种方法切忌损害培训顾问自身的形象。双向沟通法是指在授课之初，培训顾问征求学员意见，或者通过自我介绍来彼此认识。这种方法有助于培训顾问把握学员的基本状况，使授课的针对性更强。设问法是通过提出问题开始自己的培训课程，这种方法有助于吸引学员注意力、激起学员好奇心并明确自己的授课主题。事实法就是通过大量的数据和确凿的事实开始授课内容。事实胜于雄辩。恰当的事实有助于增强课程内容的力量。独特创意法表示培训顾问采取一种平常难于想象的方式开始自己的课程，目的是给学员一种焕然一新的感觉。

课堂气氛往往取决于培训顾问对培训场所的控制能力和技巧。这些技巧往往表现在眼神、音调、语气、板书及手势等方面技巧的运用。在授课过程中，培训顾问应该眼光正对学员，面对所有学员，眼神应该关注培训场所的各个位置，并且从这些关注中了解学员对所讲内容的理解和反应，及时调整自己的授课方式。讲课过程中如果音调平淡、没有重点，那么学员就会感到索然无味。讲课时，在音调方面，一定要做到高低结合、快慢结合，时而低缓平和，时而激昂高亢，突出重点。讲课时一定要准确、肯定，不用"也许"、"大概"和"估计"等模棱两可的词。适当的手势有助于学员领会授课内容。在使用手势方面，因该遵循这些原则，即配合自己的形态、与肢体动作结合并切忌手势重复。板书应该根据需要书写，并且要工整、条理清晰，切忌长篇大论。

在授课过程中，有些负面影响是可以预料的，例如，学员睡觉、学员注意力分散或学员故意给老师出难题等，而有些负面影响是难以预料的。例如，有人突然进入教室、突然停电等。对这些负面影响，培训顾问应该随机应变、灵活化解。例如，如果发现学员注意力分散，可以通过小故事、小笑话吸引他。如果有人睡觉，可以直呼其名让其回答问题等。

在培训课程末尾时，一定要给学员一种回味无穷的感觉。常用的课程末尾结束技巧包括重申主题法、祝福语结束法、小故事比喻法、名言佐证法、行动鼓励法和设身处地法等。重申主题法就是重复授课主题，做到首尾呼应，不出现离题。祝福语结束法有助于给学员留下一个美好的印象，切忌过于俗套、缺乏新意。小故事比喻法可以把培训结尾与培训开始时的说法一致起来，使学员有所思考。名言佐证法有利于提高课程内容对学员的说服力，并且加深对授课内容的理解。行动鼓励法是鼓励学员采取行动，运用所学的知识和技能，去解决工作中的问题。设身处地法是指站在学员的角度对培训内容进行总结和发表感想。

培训结束之后，培训顾问应该通过自我检讨来发现自身存在的不足，总结成功经验，改进授课方式，提高授课水平，创造更好的培训效果。培训顾问可以通过 3 个渠道来进行自我检讨，即对照反躬自查表检讨、学员意见调查和培训管理者意见调查。对于 ERP 系统培训顾问自身来说，反躬自查表的效果更好。如表 13-1 所示的是 ERP 系统培训顾问常用的反躬自查表。

表 13-1　ERP 系统培训顾问反躬自查表

| 自查项目类型 | 自 查 内 容 | 自 查 结 果 |
|---|---|---|
| 检查自己 | 我觉得自己的信心十足吗？ | |
| | 我对所讲的 ERP 内容经验丰富吗？ | |
| | 我希望自己登台授课吗？ | |
| | 我对这次授课充满热情了吗？ | |
| | 我的仪容仪表整齐、恰当吗？ | |
| | 我排除了所有的负面的想法吗？ | |
| | 我准备得充分吗？ | |
| | 我准备的 PPT 是否充满了创意？ | |
| 检查内容 | 我是否设计了课程的主线？ | |
| | 我所讲授的 ERP 内容是学员需要的吗？ | |
| | 我所讲授的 ERP 内容会对学员带来好处？ | |
| | 我的开场白合适吗？ | |
| | 我准备的小故事是否恰当？ | |
| | 我讲授的内容的范围和深度是否合适？ | |
| | 我是否有效地控制了时间和速度？ | |
| | 我讲授的内容是否清晰易懂？ | |
| | 我是如何得到学员的反应的？ | |
| | 我对这次授课最满意的内容是什么？ | |
| | 我对这次授课最不满意的内容是什么？ | |

(续表)

| 自查项目类型 | 自 查 内 容 | 自 查 结 果 |
|---|---|---|
| 检查授课过程 | 我是否检查了培训设施? | |
| | 我的表情、动作合适吗? | |
| | 我是否将我对 ERP 系统理解的理念传达了出去? | |

# 13.4　本　章　小　结

　　本章从 3 个方面讲述了 ERP 系统培训技术。首先,对 ERP 系统培训工作的特点进行了研究;其次,对 ERP 系统培训方案的内容和架构进行了探讨;最后,详细分析了 ERP 系统培训实施过程中的关键点,这些关键点包括培训前的动员、合适的培训方法、培训顾问的素质和风格以及培训顾问的授课技巧等。

# 13.5　思考和练习

　　1. ERP 系统培训工作的特点是什么?

　　2. ERP 系统培训与计算机技术培训的异同点是什么?

　　3. ERP 系统培训与一般管理理论培训的异同点是什么?

　　4. 分析 ERP 系统培训方案的设计原则。

　　5. ERP 系统的培训计划应该包括哪些内容?为什么?这种培训计划的主要特点是什么?

　　6. 在 ERP 系统培训过程中,应该设置哪些培训课程?分组讨论这些培训课程是否合适?为什么?有没有更好的培训课程设计建议?

　　7. ERP 系统培训评估系统的作用是什么?

　　8. ERP 系统培训前的动员的内容是什么?

　　9. 在 ERP 系统培训中,哪些培训方法更加合适?为什么?

　　10. 分组讨论:作为 ERP 系统培训顾问,应该具备什么样的素质和风格?

　　11. 分组讨论:你认为最适合 ERP 系统培训顾问的授课技巧是什么?

# 第 14 章
# 业务流程再造技术

## 案例研究：GTE公司业务流程再造

GTE 公司的电话营业部面临新的竞争威胁。由于该部在该公司的地位举足轻重，例如，其收入占公司年总收入 200 亿美元的 25%，因此公司决定对电话营业部进行再造。

GTE 公司经过分析认为，它必须提供极其优质的客户服务才有可能适应新的急剧变化的市场环境。如果按照通常的做法，从企业内部着眼，在现有的维修、账务处理和营销基础上进行小打小闹式的改进，不能起到任何显著的效果。相反，这次公司决定首先利用从外到内的分析方法审视营运流程。在这种分析过程中，公司站在顾客的角度，将顾客作为第一考虑因素。对于顾客来说，他们最希望公司提供一步到位的购买服务，也就是说，顾客只需一个电话就可以确定电话声音选择、查询账单及预约时间等。

1992 年底，为了将规划付诸行动，公司决定在格莱德·得克萨斯开始"顾客关怀中心"的行动。规划首先从维修工开始。过去他们的工作一直是从顾客处记录信息，填写完烦琐的票据，然后将其送往检查线路和开关的人手中，直到他们发现和确定了毛病之所在为止。根据统计，在过去打来的 200 个电话中，平均只有一个电话的要求可以立即得到解决。现在，在规划中，GTE 公司希望这种问题都应该在顾客打电话的同时就能完成。他们采取了下面一系列措施。

第一步，将检测和开关装置挪到现在被称为全能技师的维修工的办公桌上，并且培训他们如何使用这些工具。GTE 公司放弃了过去根据维修工处理电话的速度来评价其工作效率的方法，采取了以维修工能不延后处理、立即解决问题的数量来评价维修工的工作效率和效果。这种评价方法激发了维修工认真、全面且快速解决顾客问题的积极性。现在，已经有 30%的问题可以被立即处理完成。GTE 公司并不就此满足，而是制定了 70%的问题应该立即处理完成的更高的目标。

第二步，将销售、账务处理与维修工作连接起来。GTE 公司通过采用新的软件系统，使得顾客打入电话时可以直接与任何服务部门联系。业务人员通过使用这种新软件，可以访问公司的业务数据库，几乎可以处理顾客的每一个需求。

GTE 公司的高层管理人员马克·菲勒在评价其业务流程再造时说，在"顾客关怀中心"的行动中，公司已经削减了大量冗余的、非增值工作，生产效率提高了 30%左右。

**课堂思考和问答：**

1. GTE 公司为什么要进行业务流程再造？

2. GTE 公司为什么选择从维修工开始进行业务流程再造？为什么不选择从销售人员开始的业务流程进行再造？

3. GTE 公司是如何进行流程再造的？你认为 GTE 公司的业务流程再造成功吗？为什么？

4. 谈谈流程再造前后，GTE 公司是如何评价维修工的工作效率呢？

5. 收集相关的业务流程再造案例，分析业务流程再造的原因、过程和效果。

ERP 系统的实施与业务流程再造之间的关系很密切，密切到谁也离不开谁的地步。ERP 系统实施之后，将对企业的业务流程、组织结构和岗位设置产生重大的影响，企业必须具有与 ERP 系统运行相适应的业务流程。这客观上要求实施业务流程再造。反过来，实施业务流程再造，必须有工具来支撑，这种工具正是 ERP 系统。虽然说 ERP 系统与业务流程再造之间的关系紧密，但是，由于实践中这些工作都非常复杂，且影响整个企业，因此在 ERP 系统实施过程中，如何看待业务流程再造、何时实施业务流程再造以及如何实施业务流程再造都是急需解决的关键问题。本章讲述业务流程再造方法和技术。

# 14.1 概　述

许多人认为，只要在企业中采用了信息技术，那么，企业中的所有问题都会迎刃而解，企业的生产成本就会大幅度下降，企业的生产效率就会自动地大幅度提高。实际上，这种想法是错误的，大量的企业实践证明了这一点。原因何在呢？美国管理咨询专家 Hammer 博士发现了其中的奥妙。1990 年，Hammer 博士首先提出了业务流程再造(business process reengineering，BPR)的概念。他认为，业务流程再造就是从根本上考虑和彻底地设计企业的流程，使其在成本、质量、服务和速度等关键指标上取得显著的提高。根本上考虑就是对企业现有的业务流程提出最根本的疑问，再造时必须抛弃传统的框框、约束和规则。彻底地设计就是要从零开始，创造性地使用一种全新的方法来完成满足客户需求的流程。显著的提高就是要取得经营业绩极大的飞跃。企业再造的对象是流程，而不是任务、人员和组织结构等。

之后，许多研究人员对业务流程再造进行了研究和实践。信息技术专家 Davenport 提出了业务流程创新(business process innovation，BPI)的概念。他认为流程创新是一种革命的新方法，这种方法通过使用信息技术和人力资源管理技术对企业的流程进行创新，可以极大地改善企业的成本、时间及质量等指标。管理专家 Morrow 等人提出了业务流程再设计(business process redesign，BPR)的概念。这种方法就是通过检查和简化企业关键流程中的活动和信息流，达到降低成本、提高质量和增大柔性的目的。决策专家 Kaplan 等人提出了核心流程再设计(core process redesign，CPR)的概念。CPR 方法就是对企业运营进行根本性的再思考，对其工作流程、决策、组织和信息系统同时以集成的方式进行再设计。组织专家 Loewenthal 提出了组织再造(organization reengineering，OR)的概念。他强调以组织核心竞争力为重点，对业务流程和组织结构进行根本性的再思考和再设计，以达到组织业绩的巨大提高。学者 Grover 等人提出了企业流程变化管理(business process change management，BPCM)的概念。BPCM 是一种战略驱动的组织变革，是对企业流程的改善和重新设计，通过改变管理、信息、技术以及组织结构和人之间的关系来达到企业在质量、响应速度、成本、柔性、客户满意度、股票价值以及其他重要的流程业绩方面取得竞争优势。

面向流程的思想是 BPR 的根本基础，其表现形式是在再造过程中以流程为核心，采取面向流程的管理方式。面向流程的思想是 BPR 管理思想最根本的基础，体现出了业务流程必须快捷地满足客户要求的本质特征，真正地表达了 BPR 思想的精髓，也是对传统的面向职能管理方式的异化。一般情况下，企业的管理方式可以这样描述：客户需求可以使用产品或服务来表示，产品或服务的完成需要企业的生产或服务流程，企业的生产或服务流程需要企业中的各种职能部门来保证。面向职能的管理方式就是从职能部门出发考虑客户需求，而面向流程的管理方式就是从提供产品或服务的各种业务流程出发来考虑客户的各种需求。面向流程比面向职能更加直接地面对客户需求，对客户的需求变化更加敏感和快捷，提高了产品或服务的质量和效率。从组织结构来看，面向职能的管理方式是一种递阶式的结构，人们关心的是部门的职能，而面向流程的管理方式是一种扁平化的结构，人们关心的焦点是流程。从运营机制方面来看，面向职能中的业务流程是被各种职能部门分割的不连续的流程，流程的优化由于条块分割只能达到局部最优，而面向流程中的各种业务流程则是简单、连续的流程，各种流程的性能指标如成本、时间及质量等可以达到全局最优。从员工的角度来看，面向职能管理方式中员工的工作以个人为中心，按照职能安排工作，并且对客户只能进行有限的关注；而在面向流程管理方式中则以工作团队为中心，按照流程来安排而关注的重点是客户需求。

BPR 的第二个思想基础是系统集成。该思想在 BPR 实践中的具体体现就是通过使用信息技术把流程中过于细致的分工有机地集成在一起，是对传统分工论的异化，它强调在企业流程中各活动之间应该尽可能地整合在一起，而不是把流程中的活动分解得越细越好。系统集成的思想包括了多种集成方法，例如，理论集成、流程集成、组织集成、技术集成和企业集成等。理论集成表示在 BPR 中要综合使用多种理论、方法和技术，例如，系统工程理论、并行工程理论、流程管理理论、工业工程理论、信息技术以及信息系统等。理论集成就是指在这些理论的基础上，研究如何更加合理、有效地进行活动的集成。流程集成就是使用面向流程的思想取代面向职能的思想，以流程为中心，在流程的基础上，组织工作团队和组织结构。企业中有多个流程，这些流程要放在一起综合考虑，以便从整体上提高企业的性能指标。组织集成就是针对流程管理的特点，组建跨职能工作团队、建立工作团队之间的协调机制、减少中间管理层以及形成扁平化组织结构，提高组织对企业外界环境需求的响应速度，简化或取消企业内部的许多管理和控制。技术集成是指在 BPR 中信息技术的软件、硬件和人 3 者之间的集成。这些信息技术包括网络技术、数据库技术和应用技术等。技术集成不仅要求硬件和软件的集成，而且强调技术与人的集成，使技术真正地为人服务，满足使用者的各种需求，使技术能够真正地发挥作用。企业集成是指将供应商、客户以及竞争对手等多个企业通过网络和协议连接起来组成虚拟企业。这种集成就是企业之间的集成，是对传统经济实体结构的一种模糊化和异化趋势。

# 14.2　BPR 的基本原则

规则是做一件事情必须遵守的规章制度或约定，是理论或思想的表现形式，BPR 的基本规则是实施 BPR 时应该遵循的规范，是 BPR 理论的表现形式，也是 BPR 取得成功的保障。根据作者对 BPR 理论和规则的研究和总结，指导 BPR 过程的规则有 26 个，可以把这些规则分成 5 类，即面向流程类规则、系统集成类规则、并行性类规则、可靠性类规则和组织再造类规则。下面具体介绍这些规则。

### 1. 面向流程类规则

面向流程在 BPR 中的体现就是面向客户、面向目标和面向具体的业务流程，其思想本质就是面向直接为客户提供服务的流程。面向流程类规则就是面向流程思想在 BPR 过程中的具体表现。

规则 1，回归自然，像流水一样管理。

该规则是为了简化当前由于管理理论发展的历史而造成的分工过细的复杂的管理方式和庞大的递阶式组织机构。由于信息技术的广泛应用，许多协调、组织和控制工作可以集中进行，不再需要人为地分解而造成复杂化。管理方式应该尽可能地简化，使企业管理回归到像流水一样的自然状态。这是面向客户、面向流程和面向目标的基本规则。

规则 2，面向客户需求。

该规则要求企业的所有工作以客户需求为中心，以客户满意为目的。这个规则也是企业存在的最根本的原因之一。许多企业主管忽视了业务流程面向客户需求这一最根本的原则，把工作精力放到了具体的任务、部门协调等方面，使得复杂的业务流程难以满足客户的经常变化的需求，常常使得企业经营不知不觉地陷入了困境。

规则 3，单点接触客户。

该规则是保证满足客户需求、提高服务质量的一种策略方式，是为了改变传统的多点接触客户而实际上又无人负责的局面。BPR 后的流程和客户之间应该只有一个连接点。当流程比较简单时，只有一个普通工作人员与客户接触；当流程比较复杂或者过于分散时，专门安排流程负责人与客户联系。

规则 4，面向流程管理模式。

该规则是相对于当前的面向职能管理模式而言的。面向职能管理模式造成的条块分割阻碍了面向客户规则的应用，而面向流程管理模式则突出了面向客户规则在实际中的应用。面向流程管理模式规则是 BPR 的思想本质之一。

规则 5，流程多样化。

该规则是指为客户提供产品或服务的流程可以有多种多样的形式，没有必要千篇一律。流程应该具有充分的柔性，可以随着时间和空间的变化而具有最大的环境适应性。

规则 6，面向目标。

该规则所指的目标是企业的成本、时间、质量、客户服务以及环境保护等目标，不是指这些本质目标衍生的其他目标。该规则强调企业的业务流程应该把力量放在主要的目标上，而不要被一些衍生的目标耗费了自己的力量。

### 2. 系统集成类规则

系统集成类规则是指在企业流程的许多活动中广泛应用信息技术、自动化技术，减少活动的数量，缩短流程的客户响应时间。

规则 7，尽量使用信息技术使流程自动化和无须手动处理。

该规则要求信息技术、自动化技术在业务流程中要广泛应用，这既是推动 BPR 的触发器，又是实施 BPR 的手段。

规则 8，使用信息技术协调分散和集中的矛盾。

对于业务流程中地理位置分散的活动，该规则要求灵活应用计算机网络技术和数据库技术把这些活动平滑地连接起来，实现信息、软件和其他资源的共享，加强流程中活动之间的合作与协调。

规则 9，把流程活动的串行结构变为并行结构，实现一个库原则。

该规则是系统集成和并行思想的综合体现。把由于信息孤立而建立的"抛过墙"式串行结构转变为共享数据库的并行结构。只有实现了信息共享，活动之间才可以减轻依赖，才可能在流程中实行并行结构。

规则 10，把流程中活动的反馈结构变为基于 CSCW 方式的并行结构过程。

流程中的活动有 3 种结构，即串行结构、并行结构和反馈结构。反馈结构活动的集成应该使用计算机系统协同工作(computer support cooperation work，CSCW)方式进行协调，把反馈活动集成为并行活动。

规则 11，减少检查、校对和控制。

该规则要求尽可能地减少流程中的活动数量，对于检查、校对和控制等活动，能够使用协同工作方式解决就一定要使用协同工作方式来解决。当必须进行控制时，一定要求控制产生的收益大于控制耗费的成本，否则就应取消控制活动或改变控制活动的方式。该规则还要求在 BPR 中提倡总量控制和延迟控制，集成检查、校对和控制的活动。

规则 12，横向集成活动——把几个活动合并成一个活动。

该规则要求在 BPR 过程中，打破原有的职能界限和任务划分，尽可能将跨越不同职能部门由不同专业人员完成的工作任务集成起来，合并成一个可以由一个人或工作团队完成的整合活动。

规则 13，操作人员根据自己的知识、经验、专家系统或其他决策工具进行决策。

该规则一方面要求将决策权力下放给基层操作人员，另一方面要求信息技术广泛应用到操作人员中，将企业的最高层领导、基层操作人员、管理技术以及信息技术集成到一起，缩短信息反馈和制定决策的周期，提高企业流程的响应速度。

### 3. 并行性类规则

规则 14，推行并行工程。

该规则要求在 BPR 之后的企业流程中广泛使用并行技术，降低流程的周期，减少流程中串行操作的信息传递和反馈等时间。在使用并行工程时，一定要依靠网络、协作平台及工作流等技术实现信息共享和人员之间的相互协调。

### 4. 可靠性类规则

可靠性规则就是描述流程完成规定任务的能力和概率的一种规则。可靠性规则是流程再造中简化流程的理论基础，是评价流程再造是否成功的一项关键指标。要保证流程再造之后的可靠性高于流程再造之前的可靠性，使得再造之后的流程简单、健壮。

规则 15，减少中间环节或串行变并行。

该规则是可靠性的基本要求，也是流程简化的理论依据，是提高流程可靠性的基本手段。

规则 16，变事后管理为事前管理，减少不必要的审核、检查和控制等活动。

该规则要求活动本身的完成应该尽量满足可靠性的要求，把各种可能发生的问题都放在完成活动本身时解决，减少不必要的为了保证活动或流程本身的完成而不是流程目标所要求的活动。

规则 17，尽量删除流程中不增值的活动。

该规则所指的不增值活动包括不提供或不接收信息的活动、产生超过现实需要的活动和由于流程断裂而产生的协调活动这 3 种活动类型。该规则可以简化流程和提高流程可靠性。

规则 18，删除冗余的处理和冗余的信息集。

该规则要求信息的来源和处理不能出现在多处，否则会造成信息之间的不一致，使得流程中信息的可靠性降低。应该使信息来源和信息处理都在同一个位置。

规则 19，在活动合并中，用通路代替边。

该规则要求将中间过程尽可能地删除或集成，例如，$X \rightarrow T_{r_1} \rightarrow T_{r_2} \rightarrow \cdots \rightarrow T_{r_n} \rightarrow Y$ 可以简化为 $X \xrightarrow{T_r} Y$，其中，$T_r = T_{r_1} \rightarrow T_{r_2} \rightarrow \cdots \rightarrow T_{r_n}$。

### 5. 组织再造类规则

流程再造必然引起人力资源的重新配置和管理方式的改变，因此，不可避免地引起组织再造。组织再造反过来促使流程再造顺利进行。为了适应再造后流程的变化，企业组织管理必须依照一定的管理思想和理论，组织再造类规则就是这些思想和理论的具体表现。

规则 20，基层工作单位不是个人而是自我管理的工作团队。

因为流程再造以后的活动比现在的活动在范围上、深度上均要广得多，已经超出了一个人的工作能力范围，所以必须有一个自我管理、分工协作的工作团队来完成这种再造后的集成活动。工作团队就是指一个具有共同目标的、由不同专长的人组成的小组，这是一个高度自治、分工协作且相互职责可述的工作单元。

规则 21，企业组织结构趋于扁平化，减少中层管理人员。

扁平化的组织结构是相对于传统的层次状的组织结构而言的，是从管理跨度的角度来考虑的。层次状结构的管理层次较多而管理幅度较窄，扁平化结构的管理层次较少而管理幅度较宽。随着社会的进步，人的素质大幅度地提高并组建了工作团队，由于信息技术的广泛应用，中层管理人员的存在逐步失去了必要性，因此应该尽可能地减少中层管理人员。

规则 22，员工工作内容的丰富化、多元化。

该规则要求在再造后的组织中应该淡化不同类型工作之间的界限，拓宽员工的视野和丰富员工的工作内容，员工有更多的时间用在增值的工作上，可以从事流程中更大部分的工作，工作对员工素质要求更高。

规则 23，员工的工作目标由让上级满意转变为让客户满意。

在流程再造中，流程中员工的工作目标是为了满足客户的需要，所关心的是流程的结果而不是在让上级满意的流程中付出的工作量。这也是面向流程、面向客户规则在组织管理、绩效评估中的体现。

规则 24，衡量员工绩效标准由工作量到创造价值。

因为整个流程完成以后才会产生可度量的价值，而流程中每一个步骤的效率与绩效和整个流程的效率与绩效是不成比例的。因此，应该着重衡量员工所创造的价值，而不是投入流程活动的工作量。

规则 25，由培训到教育。

在不断变化的环境中，不可能教会员工可能发生的每一种情况如何处理，只能教会他们如何洞察和理解新情况，如何判断和处理新问题。教育就是教人"为什么这样做"，提高员工的洞察力、理解力和判断力，把员工培养成智能型的复合人才，而不是简单地培训员工"如何做"。

规则 26，由监督控制到指导协调。

再造后的流程，由于员工的素质大大提高、中间管理层减少、组成了工作团队、鼓励员工自主决策、流程更加简单可靠，而且管理者和操作者之间的界限趋于模糊，因此，管理者的角色不是传统组织中监督控制角色，而是指导协调和处理异常事件的角色。

# 14.3　业务流程再造框架

BPR 研究人员提出了许多有价值的 BPR 框架。在这些 BPR 框架中，BPR 生命周期法是最有影响的 BPR 框架之一。下面详细介绍 BPR 生命周期法。如图 14-1 所示的是具有 6 个阶段的 BPR 生命周期法的示意图。

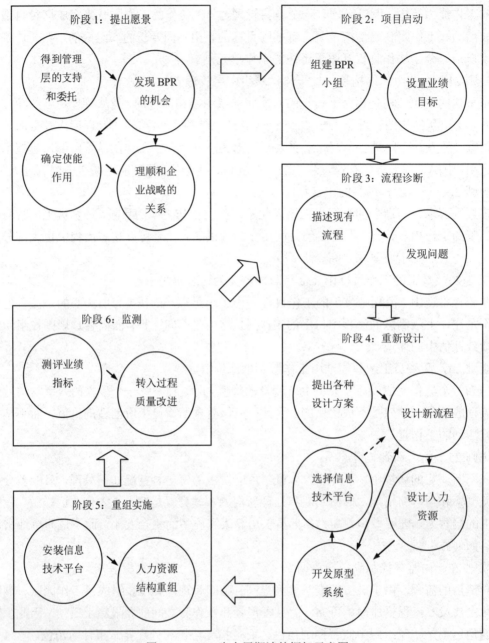

图 14-1　BPR 生命周期法的框架示意图

阶段 1，提出愿景。没有组织高层管理人员的支持，BPR 是不可能实施的。因此，BRP 项目的实施首先应该得到组织高层管理人员的支持。其次，还要确定组织中的关键业务流程、发现 BPR 的机会和明确 IT/IS 的使能作用。同时，BPR 的目标应该与组织战略目标保持一致。

(1) 得到高层管理人员的支持：组织的高层管理人员和所有的职能部门主管都必须认识到 BPR 的重要性和必要性，明确自己在该项目中应负有的责任和义务。这是一场非常艰巨的任务，要想让他们认识重新构造内部流程的必要性是一件极其困难的事情。可以采取的主要手段是，把 BPR 的潜在利益和成本摆在高级管理人员面前，让他们接受并且促成方案的成功。

(2) BPR 机会的确定：一个组织中往往有许多大小不等的业务流程。但是，值得进行 BPR 的流程应该是那些对组织战略有重要影响的关键和核心业务流程。一般情况下，一个组织往往有 3～5 个核心业务流程。组织应该根据自身的特点确定 BPR 的候选业务流程。

(3) 确定 IT 的使能作用：在 BPR 方案中，需要确定 IT/IS 对 BPR 的使能作用。

(4) 理顺和组织战略之间的关系：在发现了 BPR 的机会和确定了 IT 的使能作用以后，接着应该把他们和组织的战略目标相比较，确保 BPR 的目标和组织的战略目标一致。

阶段 2，项目启动。项目启动阶段是组织进行 BPR 的必要准备。BPR 的进行必须有合适的人员，还必须有明确的目标。

(1) 组建 BPR 小组：组织高层管理人员应该首先指定一个 BPR 小组负责人。然后，由该负责人组建项目小组。BPR 小组成员一般来自业务流程所跨越的各个职能部门的主管以及对现有的活动执行情况比较了解的业务人员，小组中还必须包括信息系统领域的各种专家。除此之外，BPR 小组还应该聘请组织外部有经验的咨询专家担任 BPR 顾问。

(2) 设置绩效目标：BPR 达到的结果是绩效的巨大飞跃，常见的目标包括降低成本、减少时间、缩短周期、提高质量以及提高客户满意度等。

阶段 3，流程诊断。在重新设计新流程之前，必须详细了解现有的业务流程是如何运作的，分析现有流程中存在的各种问题。

(1) 描述现有流程：具体的描述内容包括对流程从头至尾的完整描述，区分流程中的组成元素，把一个大的流程分解成子流程及记录现有流程的绩效等。

(2) 发现问题：流程中存在的问题可以分类为不增值的活动、企业政策等。

阶段 4，重新设计阶段。为了达到流程改进的目标，BPR 小组应该根据问题分析得到的结果，采用系统性的方法对流程进行重新设计。

(1) 提出各种设计方案：BPR 小组应该利用各种有效的方法对现有流程中的每一个环节、每一条政策提出质疑并且提出各种可行的解决方案，以及支持每一种可能的解决方案的信息系统的应用。

(2) 设计新流程：从各种方案中选择可以实现的、合理的新流程方案。

(3) 设计人力资源结构：为了有效地支持流程运行，组织结构和人力资源配置必须做出相应的调整。

(4) 开发原型系统：在 BPR 中原型系统可以用来显示和证实新流程设计方案。

(5) 选择 IT 平台：根据新过程方案和人力资源结构设置，选择具体的可支持新流程运营的 IT 平台和方案。如果有必要，可以返回对流程进行重新设计。

阶段 5，重组实施。在该阶段，主要任务是开发和安装支持新流程的信息系统，以及支持新流程运行的组织机构。

(1) 安装 IT 平台：主要任务是根据新流程的需求开发信息系统。

(2) 人力资源重组：主要任务是使组织平稳地向新型组织过渡，具体内容包括工作单元重组、岗位调整、人员裁减、培训以及授权员工等。

阶段 6，监测。检查和评估 BPR 后新流程的效果，如果有必要则进行必要的反馈，重新进行问题的诊断等。根据实际情况对流程不断地进行改进。

(1) 评估绩效指标：具体内容包括新过程的绩效、信息系统的绩效和组织的整体绩效等。需要注意的是，BPR 不能通过牺牲其他业务流程的效率来提高某个流程的效率。

(2) 转入过程质量改进。BPR 的目标与 TQM 质量管理活动所追求的目标不同，监测阶段将追求 BRP 的彻底改善和 TQM 的连续改进建立了联系。

# 14.4　BPR 中的争论和技术难点

根据前面介绍的 BPR 的原则和框架，可以在 ERP 系统实施过程中遵循这些基本思想和步骤。说起来容易做起来难。在大量的 ERP 系统实施和 BPR 实践中，存在许多很难有效解决的问题，对于 ERP 系统实施和 BPR 实践之间的关系，也有许多截然不同的看法。下面将对其中的一些争论和技术难点进行介绍和分析。

## 14.4.1　先 BPR 再 ERP，还是先 ERP 再 BPR

在 ERP 系统实施过程中，有关何时进行 BPR，有两种截然不同的看法。一种观点认为，应该先进行 BPR，然后才能实施 ERP 系统。另一种观点认为，只能在 ERP 系统实施之后，才能进行 BPR。两种观点各有自己的理由。

"先进行 BPR，后实施 ERP 系统"观点的主要理由是，信息技术和信息系统作为一种管理手段，它在企业中的应用是不可否认的趋势，管理手段的改变必须在某种恰当的管理思想、管理理论指导下建立与其相适应的管理模式、业务流程。BPR 正是符合这种管理需求的一种管理思想。应该说，作为一种管理理论，BPR 并不成熟。但是，作为一种管理思想指导企业进行流程分析和设计，修正经典管理理论中的分工思想，BPR 是一种很好的选择。集成、并行、减少中间环节以及目标回归客户等原则都是 BPR 思想的精髓。但是，如何在企业开展 BPR？如何使得 BPR 之后的业务流程能够持续地保持？解决这些问题必须有相应的工具支持。这种工具正是 ERP 系统。如果没有 ERP 系统，那么再造后的业务流程由于缺乏物质手段的支持可能会逐渐退化到再造前的状态。从另一个角度来看，业务流程进行 BPR 之后，流程才能实现信息共享，才能更加符合信息系统的要求，ERP 系统的实施才能顺利达到目的。在这种观点中，BPR 是目的和核心，是现代管理思想和理论的客观需求，ERP 系统实施本身不是目标，只是实施 BPR 的手段。因此，可以把这种观点称为 BPR 中心论。

"先实施 ERP 系统，再考虑 BPR"的观点认为，ERP 系统实施本身是一项复杂的工作，BPR 又是一项复杂的工作，这些工作都需要改变企业员工的工作习惯。相对来说，员工更容易接受 ERP 系统实施，而可能反对 BPR 的实施，因为 BPR 会对企业的现有秩序、组织结构、利益集团和思想理念产生更大的冲击。员工对 BPR 的抵触情绪会对 ERP 系统的实施工作带来更大的阻力。这种观点认为，BPR 工作涉及企业的方方面面，实在是太复杂了，在 ERP 系统实施之前，人们很难对 BPR 进行良好的规划。只有在企业实施 ERP 系统且 ERP 系统正常运行一段时间之后，才能根据企业的实际情况进行管理上的调整，这种管理上的调整就是 BPR。这种观点以 ERP 系统为中心，认为 ERP 系统实施和运行是目的，是否实施 BPR 和如何实施 BPR，完全根据 ERP 系统运行后的状况而定。如果企业现有环境能够很好地运行 ERP 系统，则没有必要对企业进行 BPR。在这种观点中，BPR 只是被动地适应 ERP 系统运行的需要，因此可以将其称为 BPR 适应论。

作者在 ERP 系统实施过程中，与多家企业打交道，发现这两种观点都很典型。即便是同种类型的企业，企业的观点也不相同。在一家制造企业中实施 ERP 系统时，该企业的领导主动表示，应该先进行 BPR，将企业现有的业务流程规范化之后，再实施 ERP 系统。在另一家制造企业中，作者却碰到了截然不同的看法。这家企业的负责人明确告诉作者，只实施 ERP 系统，不要试图在企业运行 BPR。

是 BPR 中心论正确呢，还是 BPR 适应论更好？作者认为不能简单地用"对"或"错"回答。每一个企业的经营环境、管理模式及员工素质都各不相同，因此，每一个企业在实施 ERP 系统时都应该具体分析各自的特点再决定如何对待 BPR。

但是，在大多数企业中，在实施 ERP 系统之前，按照 BPR 中心论，对企业的管理流程进行全面的分析和优化设计，规范化业务流程和岗位设置，是一种有效的选择。如果企业的管理惰性比较大，任何流程重组、岗位调整的做法都会给企业的正常运行带来过大的冲击，那么按照 BPR 适应论的观点实施 ERP 系统无疑是正确的选择。

## 14.4.2 流程识别

业务流程是指为了完成某项业务工作而需要执行的一系列活动的总称。从概念上来说，业务流程与活动是容易区分的。但是，从实际的操作来看，业务流程与活动的区分是比较困难的。因为从不同的角度来看，一项活动有可能变成一个业务流程，一个业务流程有可能只是一个更大的业务流程中的活动。要解决这种问题，就需要从根本上解决流程识别问题。流程识别的主要内容包括关键业务流程与一般业务流程的识别、业务流程层次的识别、业务流程粒度的识别以及业务流程之间接口的识别。

从某种角度来看，企业就是一张由纵横交错的业务流程组成的业务流程网。在这些业务流程中，有些业务流程非常重要，例如，飞龙自行车制造公司的销售业务流程对于整个企业来说是非常重要的。但是，有些业务流程并不重要，例如，自行车公司中的购买办公用品业务流程就处于次要地位。进行 BPR，不能所有的业务流程眉毛胡子一把抓，一定要分清主次、轻重和缓急，只有这样才能做好企业的 BPR 工作，否则可能由于业务流程的数量过多使得 BPR 工作陷入不可收拾的困境。一般情况下，可以把业务流程分成关键业务流程和一般业务流程，关键业务流程是对整个企业经营密切关联的业务流程，一般业务流程则是那些对企业经营影响不大的业务流程或者辅助关键业务流程的业务流程。对企业实施 BPR 实际上就是对企业的这些关键业务流程实施 BPR。一般情况下，可以根据以下依据判断识别关键业务流程。

- 是否与为企业客户提供产品、服务紧密关联，该业务流程的运转效果直接影响客户对企业的整体印象？
- 是否涉及企业中的许多业务人员，这些业务人员包括技术人员和管理人员？
- 是否与企业中经常出现的各种问题关联？

只区分关键业务流程和一般业务流程是远远不够的，还应该明确划分关键业务流程的层次。例如，自行车销售业务流程显然是自行车制造公司的关键业务流程。在自行车销售业务流程中，还包含了自行车配件销售业务流程、自行车批量销售业务流程以及自行车零售业务流程等。是从顶层业务流程分析开始好呢，还是从底层业务流程开始分析好呢？这也是一个仁者见仁、智者见智的问题。在很多情况下，对于业务流程的分析，应该采取自顶向下和自底向上相结合的分析方式进行。如果业务流程中存在的问题比较多，就应该把分析的重点放在流程的细节方面，只有这样才能够真正发现问题产生的原因。例如，如果飞龙自行车制造公司发现影响企业效益的主要原因是销售业务流程，那么应该对销售业务流程进行深入的分析。反之，如果认为影响企业效益的主要原因是产品的型号规格比较单一，那么就要对产品研发业务流程进行更多的关注。

业务流程的粒度包括两个方面，一是业务流程中的活动是不可或不宜再继续分解的，二是由这些不可或不宜分解的活动组成的业务流程。如何确定业务流程的粒度，特别是如何确定业务流程中活动的粒度，是一个不能回避又具有挑战性的问题。需要特别说明的是，这里提到的业务流程主要是管理领域中的业务流程，不是工业工程领域中动作研究或工艺流程。可以从业务流程的本质入手解决这个问题。若干个活动之所以可以组成一个有内在联系的流程，在于这些活动之间存在着业务信息、成本信息、物料信息及管理信息等。原始表单往往是业务信息的载体和表现形式，记录了成本数据的表单通过层层活动进行汇总从而形成成本信息，与物料形体关联的表单则显然是物料信息的流动方式，审批权限的设置和实施往往是管理信息的流动方式。在确认某个活动是否是原子活动，即是否是粒度活动时，可以基于下面的原则进行判断。

- 单人工作原则，不宜将单个操作人员可以完成的活动分解开。
- 信息共享原则，即在做某项业务时，假设需要的各种业务信息都是可以共享的，避免由于信息孤立而将活动分解开。
- 权限设置原则，由于管理上的需要，设置的审批活动可以作为粒度活动。

- 工作标准化原则，某项活动可以基于工具并按照工作标准重复完成，那么该项活动适合作为粒度活动。

业务流程之间的接口是指不同的业务流程之间的信息连接方式。在确定业务流程之间的接口时，需要着重回答这些问题：这些不同的业务流程涉及哪些表单，表单上的信息元素是否完整，不同表单上的信息是如何连接的，不同表单的来源是否相同，不同表单是否可以组合到一个表单上，这些不同的业务流程能否合并成一个业务流程？通过回答这些问题来解决业务流程之间的接口问题。例如，在飞龙自行车制造公司中的销售业务流程中包括了发货业务流程、销货业务流程、退货业务流程以及应收账款处理业务流程等子流程，且这些子流程之间存在信息关联。如果该公司的经营瓶颈存在于销售业务流程中，则应该对其子流程进行详细分解、分析，否则可以将销售业务流程作为一个整体来研究。

## 14.4.3　流程表示

识别流程出来之后，如何准确、清晰且有效地表示流程，以便与人交流和分析，这种问题被称为流程表示，也有些人称之为流程建模。从当前的 BPR 研究和实践状况来看，有 3 种比较典型的流程表示法，即简单表示法、IDEF 法和 DFD 法。下面分别介绍这 3 种典型的流程建模方法的特点。

简单表示法只是用矩形方框和箭线表示业务流程，其中矩形方框表示流程中的活动，箭线表示业务流程中的信息流动方向。下面通过一个物料代用业务流程示例来介绍这种方法的特点。

例如，在飞龙自行车制造公司这种机械制造企业中，物料代用现象非常普遍。物料代用指的是用现有物料代替技术文件中要求的某种物料。例如，某个技术文件中要求用规格为 Φ85 的 45 号钢。从工艺的角度来看，这种要求是合理的。但是，由于当前库存中没有这种型号的物料，或者这种型号的物料数量比较少，不可能专门为此需求进行采购，所以可以通过物料代用业务流程采用规格为 Φ100 的物料代用。如图 14-2 所示的是再造前的物料代用业务流程。

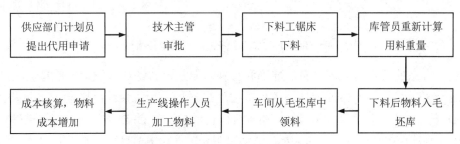

图 14-2　再造前的物料代用业务流程

飞龙自行车制造公司实施 ERP 系统，对这种物料代用业务流程进行了再造。如图 14-3 所示的是再造后的物料代用业务流程。

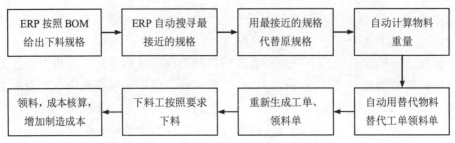

图 14-3　再造后的物料代用业务流程

这里研究重点不在于这种物料代用业务流程的再造是否恰当，而在于研究简单表示法如何描述业务流程。简单表示法的优点是简单、快捷和直观，但其缺点也是显著的，即表示不准确、不清晰，没有规范地表示活动的输入信息、输出信息、活动的参与者以及执行活动的依据等。

IDEF 方法是一种规范的建模方法族，它包括了许多具体的方法。例如，IDEF0 就是一种经常使用的业务流程表示法。在 IDEF0 中，除了可以表示出活动之外，还可以表示出该活动的输入、输出、约束和机制。如图 14-4 所示的是一种采用 IDEF0 方法表示的生产管理业务流程示意图。

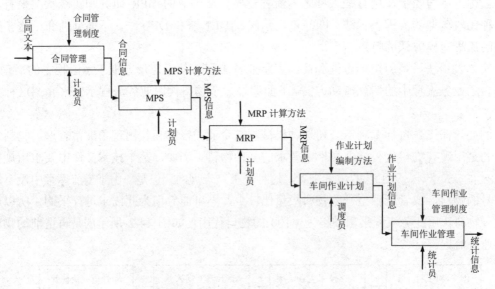

图 14-4　IDEF0 方法表示的生产管理业务流程

IDEF0 方法的特点是比较规范、准确和直观，但是该方法结构烦琐、信息量大。该方法特别适合采用基于计算机的软件系统处理，如果采用手工直接绘制则会过于复杂。

DFD 方法则是一种适合手工操作的业务流程表示法。在 DFD 方法中，可以准确、清晰地表示出业务流程中的活动、操作人员、活动说明和输入输出信息等。如图 14-5 所示的是一个基于 DFD 方法的物料借出业务流程示意图。在该示意图中，"活动说明"是对业务流程中活动的详细描述，"需求单位"、"物管"、"仓库"以及"会计"适用于指定活动的操作者，备注是特别的说明。不同的图形元素分别表示活动、单据、条件判断和信息流向等。

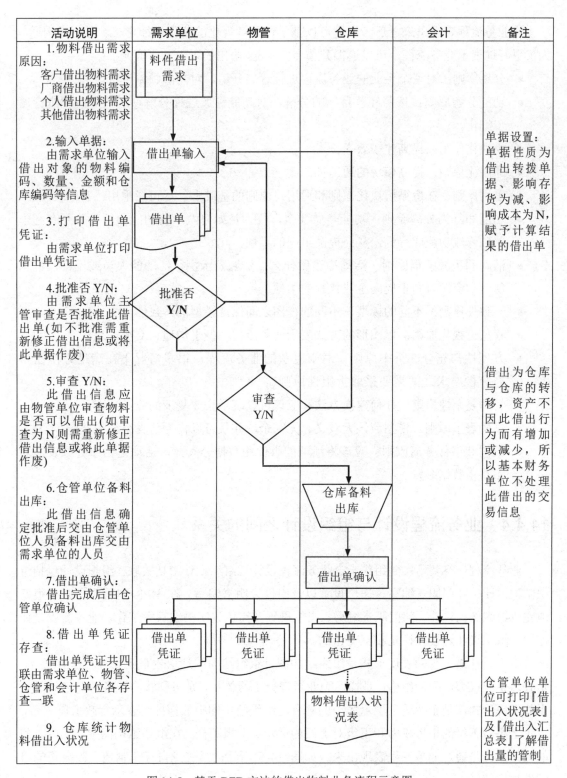

图 14-5　基于 DFD 方法的借出物料业务流程示意图

当业务流程表示出来之后，人们可以基于这种可视化的流程进行交流、分析和沟通。为了更好地表示业务流程，可以遵循建模专家 Ross 给出的以下基本原则。

- 分离原则：对整个企业的业务流程进行逐层分离，对功能领域进行研究。
- 功能分解原则：按照经营目标的分解，对功能领域进行分解，对业务流程进行逐步细化。
- 模块化原则：提高建模效率。
- 通用化原则：提高模块的通用性。
- 重用原则：在遵循模块化原则和通用化原则的基础上，尽可能重用已有的模型。
- 功能和行为分离原则：功能是做什么，行为是如何做，将功能和行为分开有利于单独修改功能或行为，从而提高组织的柔性。
- 活动和资源解耦原则：活动描述做什么，资源表示执行活动的人员或设备，解耦活动和资源有利于提高企业执行的柔性。
- 一致性原则：不同的模型、不同的视图之间保持模型的一致性。
- 模型可视化原则：以图形的方式表示业务流程，便于沟通、交流。
- 方便性与充分性折中原则：对于复杂的业务流程，很多情况下在满足方便性和充分性要求之间需要采取折中性原则。
- 管理复杂性原则：任何建模方法都应该可以表示企业复杂的业务流程。
- 精确表示原则：模型应该无歧义、无冗余，并且可以作为仿真系统的基础。
- 数据和事件分离原则：应该将活动的事件和数据分离开，活动是由事件触发，而不是由数据触发。

## 14.4.4  业务流程设计与组织设计之间的关系

业务流程最终要落实到组织上。业务流程设计与组织设计密切关联。组织设计包括组织结构设计、部门职责编写、岗位设置以及岗位说明书编写。在 BPR 过程中，必须很好地完成组织结构设计、部门职责编写、岗位设置及岗位说明书编写等工作。业务流程设计过程与组织设计过程往往是相互交错的。

组织设计最主要的表现形式是组织结构图。组织结构图是承载企业业务流程的平台，是表达企业权力分配的结构，是描述企业责任分工的体系，是可视化企业各部门之间的关系的表现形式，是企业员工展示才华的舞台。组织结构图中的指挥线表示行政隶属关系，表示上级对下级的指挥权力和下级对上级的请示、汇报路径。在组织结构图中，部门之间的关系往往是通过业务流程表现出来。如图 14-6 所示的是飞龙自行车制造有限公司的组织结构图(部分)。

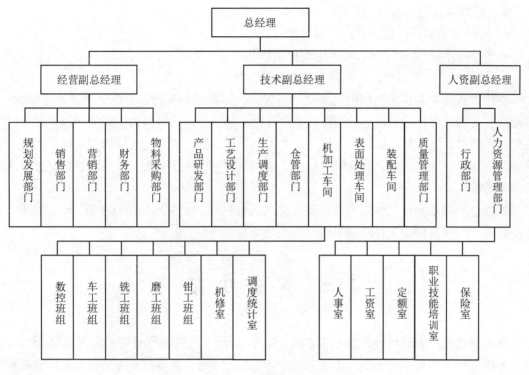

图 14-6　飞龙公司的组织结构图(部分)

部门职责是各个部门的责任、权力的明确描述,是业务流程在部门中的具体落实。一般情况下,使用"负责"作为开头语描述部门的职责。由于部门职责是整个业务流程的一部分,因此,应该在职责中具体描述该部门在某个业务流程中的具体负责内容。例如,飞龙自行车制造公司中库存管理部门的职责如下:

- 负责规划和设置仓库的货区、货位。
- 负责编制月度供料计划。
- 负责办理物料入库手续。
- 负责管理、分类和控制库存物料。
- 负责盘点库存物料。
- 负责办理物料的转库处理。
- 负责发放生产用物料。
- 负责发放劳保用品。

在同一个业务流程中,不同的部门具有不同的职责。例如,物料的采购计划、实际采购、入库保管、生产加工以及销售等可以采用以下的职责描述。

- 生产计划部门:负责编制物料的采购作业计划。
- 生产计划主管领导:负责审批物料的采购作业计划。
- 物料采购部门:负责按照批准的采购作业计划采购物料。
- 质量管理部门:负责验收采购到货物料。

- 库管部门：负责入库和保管物料。
- 生产加工部门：负责领用、加工物料。
- 销售部门：负责产品、零件等物料的销售。
- 财务部门：负责产品、零件等物料的成本核算。

岗位设置是企业组织结构中的重要组成部分，涵盖业务流程各个活动的具体操作者，是企业员工的工作位置和内容。例如，飞龙自行车制造公司的机械加工车间可以包括车间主任、调度员、统计员、机修工、钳工、电工、车工、铣工以及磨工等岗位，在人力资源管理部门可以包括部门主管、定额统计员、培训管理员、档案管理员、保险管理员以及人事调配员等。

岗位说明书是岗位工作内容和任职条件的具体描述，一般包括岗位名称、任职条件、工作职责、工作目标、工作环境以及岗位人数等描述。

# 14.5  本 章 小 结

本章讲述了业务流程再造技术和方法。首先，分析了业务流程再造的思想内容；然后，对业务流程再造的基本原则进行了深入的分析；接着，结合典型的业务流程再造框架对整个业务流程再造过程进行了描述；最后，对业务流程再造中经常遇到的问题和争论进行了探讨。这些内容有助于读者在 ERP 系统实施过程中认识和处理业务流程再造工作。

# 14.6  思考和练习

1. BPR 的英文含义和中文含义分别是什么？为什么会出现 BPR 的思想？

2. BPR 思想的核心是什么？

3. BPR 的基本原则是什么？这些基本原则的作用是什么？

4. 如何理解流程可靠性原则？

5. 为什么要研究 BPR 框架？叙述常见的 BPR 框架步骤。

6. BPR 中心论和 BPR 适应论的差别是什么？收集资料，详细分析 BPR 中心论和 BPR 适应论适用的环境。

7. 什么是流程识别？如何有效地进行流程识别？

8. 常用的流程表示方法是什么？这些方法的特点是什么？把图 14-5 中的业务流程用图 14-4 中的 IDEF0 方法表示出来。你认为哪一种表示方法的效果更好？为什么？

9. 分组讨论：业务流程设计和组织设计之间的区别和联系是什么？能否这样说，业务流程再造实际上就是组织再造，业务流程设计实际上就是组织设计？

# 第 15 章
# 资源分类和编码技术

**案例研究：青岛啤酒公司和中国石油化工公司的物料编码**

青岛啤酒公司经过两期的 ERP 系统实施，统一了 22 041 种物料的编码、名称、计量单位以及基本属性及分类；统一了会计科目编码；统一了固定资产分类编码，清理了资产；统一了客户、供应商编码及信息格式，整理了 1 400 余个客户档案、2 000 余个供应商档案等，通过以上数据规范，整理形成公司整体的编码规则，加强了公司的基础管理，为将来的滚动实施做好准备。另外，青岛啤酒公司还规范了公司内部业务流程，全面梳理了 6 大类 100 多个业务流程，并且通过软件平台固化，明确划分了责、权和利。业务流程设计以客户为中心，剔除了非增值环节。按照新业务流程的要求，取消、修改了 8 种关键业务单据。通过以上的工作，使业务流程尽可能地向规范、透明且符合国际惯例的标准业务流程靠拢。

中国石油化工公司在信息化建设过程中，在基础数据编码过程中采用了非统一式编码方式，共编码了 135 种基础数据。在这些基础数据中，有 90 多种是国标基础数据，有 40 多种是中国石油化工公司特有的基础数据。这些基础数据编码应用在所有的信息化系统中，确保不同的信息系统之间可以方便地实现信息共享。在中国石油化工公司的基础数据中，采用的国标基础数据包括中国行政区划代码、世界各国和地区名称代码、行业分类代码、经济类型代码、学历代码、性别代码、婚姻状况代码、健康状况代码、专业技术职称代码、技术成果类别代码、技术成果水平代码、岗位类别代码以及劳动合同类型代码等。中国石油化工公司特有的基础数据包括原油代理公司代码、原油装货港代码、原油品种代码、原油产地代码、国籍代码、油轮代码、航线代码、船型代码、油库代码、油罐代码、人员代码以及部门代码等。

**课堂思考和问答：**

1. 为了完成 ERP 系统实施，青岛啤酒公司采用了什么样的物料分类方式？能否把这些物料分类方式称为资源分类方式？为什么？

2. 为了完成信息化建设，中国石油化工公司采用了什么样的物料分类编码方式？为什么？

3. 根据案例提供的信息，你能否得到青岛啤酒公司或中国石油化工公司的资源编码体系？为什么？

4. 你认为，整理物料编码与规范业务流程之间的关系十分密切吗？为什么？

5. 收集其他实施 ERP 系统的企业的物料编码或资源编码资料，讨论 ERP 系统实施是否是物料编码或资源编码的驱动力？为什么？

作为一种典型的信息系统，ERP 系统管理大量的企业信息。分类和编码是区分和识别信息的有效手段。科学有效的分类编码方案能促进 ERP 系统有效地运行。本章讲述企业资源分类和编码技术。

# 15.1 概　　述

在 ERP 系统中，涉及对企业大量的资源进行有效管理的问题。资源分类和编码是使用 ERP 系统有效管理企业各类资源的重要方式。这里提到的企业资源是指企业经营运行必不可少的物料、人员、组织、职责以及管理信息等内容。企业资源分类和编码技术是对企业资源进行科学分类、编码以及对具体资源进行标识的过程。

有些人把企业资源分类和编码称为物料分类和编码。虽然这种提法很流行，但却不完整。从内容来讲，物料只是资源的一个真子集，物料不包括人员、组织和职责等内容。ERP 系统管理的资源不仅仅是物料资源，而且包括人力资源、组织资源和管理表格等。

有些人把企业资源分类和编码称为信息分类和编码。这种提法也得到了很多人的认可。但是，这种提法也有许多值得商榷的地方。第一，资源和信息是对编码对象从不同角度理解的结果。如果从编码对象的可视性角度来看，这些编码对象可以被称为资源。如果从编码对象的内涵来看，这些编码对象可以被广义地称为信息对象。第二，ERP 系统是企业资源计划系统，因此，ERP 系统管理编码对象被称为资源也是理所当然的。当然，ERP 系统作为一种典型的信息系统，其管理的内容被称为信息也是无可厚非的。第三，本书提到的企业资源实际上也包括了各种信息，所以这里提到的资源和信息，其内容是相互交叉的。因此，可以这样认为，编码对象的外形是资源，编码对象的内容是信息，ERP 系统中的资源管理实际上是资源信息的管理。

企业资源分类与编码就是对企业资源进行科学的分类并编制代码，也就是说，将具有某种共同特征的企业资源归并在一起，并与不具有上述特征共性的企业资源区分开来，然后设定某种符号体系进行编码，使得计算机或人工能够有效地处理和管理这些企业资源。企业资源分类与编码标准化有助于实现企业资源信息的共享和不同信息系统之间的相互操作。

企业资源分类是人们认识企业资源的基础，例如，企业通常拥有成千上万种资源，我们可以通过物料、机器设备、人员、规章制度及经营环境等分类方式来认识企业的所有资源。

企业资源分类是知识的重要表现形式。例如，物料可以分为金属和非金属，金属又可以分为黑色金属和有色金属，有色金属又可以继续分为铝、铜及锌等金属。通过这种分类，可以很全面地了解物料知识。

企业资源分类是描述企业资源特征的重要手段，分类的依据是特征，反过来特征又通过分类表现出来，例如，"男"、"女"性别分类是描述人员性别特征的重要手段。

企业资源分类方法具有多样性，当从不同的角度、以不同的目的看待所描述的企业资源时，分类方法也不尽相同。例如，同样的物料，既可以分为自制件、外购件，也可以分为零件、组件，又可以分为机加件、铸造件和钣金件，还可以分为金属件、非金属件，甚至可以分为钢制件、铜制件、铝制件及橡胶件。

鉴于企业资源分类和编码在 ERP 系统中的重要性，很多研究人员对此进行了大量的研究和实践。从当前的研究和实践状况来看，在企业资源编码领域有两大争论，这两大争论分别是企业资源编码是否应该有统一的编码体系和企业资源编码是否应该尽可能体现企业资源的特征。下面分别介绍这两大争论的主要内容。

关于企业资源编码是否应该有统一的编码体系，有两种截然相反的观点。一种观点认为，企业资源是企业经营运行不可缺少的基础，是由企业统一管理的，因此，企业资源的编码体系应该是统一的，即应该对企业资源进行统一的分类、编码分类及标识企业资源对象。例如，在飞龙自行车制造公司中，钢管是企业资源，员工也是企业资源，零件报废原因也是企业资源，因此，应该对这些企业资源统一编码。这种观点也被称为企业资源编码的统一论。另一种观点认为，虽然企业资源是企业经营运行不可缺少的基础，但是企业资源的种类繁多，不同企业资源种类之间的特征差别非常大。例如，钢管、员工及零件报废原因之间的特征差别非常巨大，很难在一个编码体系中管理这些企业资源。但是，如果对这些企业资源单独进行管理，则可以提高管理的效率。例如，钢管可以按照某种通用的物料编码体系来管理，员工可以按照通用的人员编码体系来管理，零件报废原因可以按照管理信息分类管理。这种观点也被称为独立论。这两种观点各有优缺点。统一论理论性强，是企业资源分类和编码的发展趋势，但是，这种观点实现起来周期过长，过于复杂，失败的风险很大。独立论的实用性强，可以大量重用现有的编码成果。但是，不同资源之间的编码方式差异很大，信息共享方式比较差。

企业资源编码是否应该尽可能体现企业资源的特征，也有两个迥然不同的观点。一种观点认为，企业资源编码应该尽可能体现企业资源的特征，这样有利于通过编码对企业资源进行识别和分析。例如，飞龙自行车制造公司根据 OPITZ 编码体系编码零部件，那么，根据 1351212312 编码可以立即知道该零部件的形状、尺寸及精度等信息。另一种观点认为，在 ERP 系统中，企业资源编码的主要作用是计算机唯一标识资源对象的手段，无论什么样的编码，只要有一个唯一识别的编码即可，即使是随机生成的编码也可以。企业资源对象的特征可以通过该对象的各种属性来描述。这两种观点各有优缺点。

本书并不试图对这些不同的观点做出正误判断。每一种观点都有其适应的环境。本书将给读者提供这些不同的观点，并且尽可能多地提供有关企业资源编码的理论、方法和技术。如何判断这些观点的正误，是读者在调查研究、深入思考后做的工作。大多数情况下，资源编码需要综合这些不同的观点，尽可能地根据不同环境取优弃劣。

# 15.2　分类、编码和标识技术

资源编码技术包括资源分类技术、编制资源分类码技术以及编制资源对象的标识码技术。本节将对这些资源编码技术进行详细介绍。

## 15.2.1　资源分类方法和技术

　　由于企业资源的繁杂性，有许多不同的企业资源分类方法。最常用的企业资源分类方法包括线分类法和面分类法。下面分别介绍这些常用分类方法的特点。

　　线分类法是根据编码对象的特征把编码对象划分成若干个科目，然后把每一个科目再继续划分成子科目，对子科目再继续划分，以这种分类方式持续进行。当企业资源作为编码对象时，由于企业资源不同种类之间的特征差别很大，每一种企业资源划分的深度也不同。如图 15-1 所示的是飞龙自行车制造公司物料按照线分类法表示的结果。从图中可以看出，线分类法的结果类似于倒状树结构，其中，"物料"表示树根，按照物料性质可以分为"金属类"和"非金属类"，继续进行分类，可以分类到"板材类"、"机油类"等。

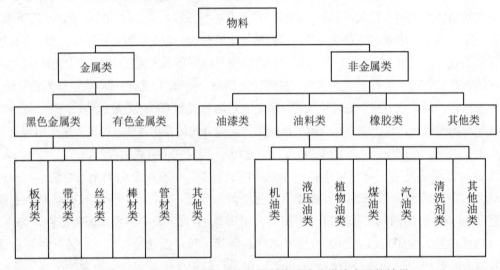

图 15-1　飞龙自行车制造公司物料按照线分类法表示的结果

　　线分类法按照特征逐层划分，因此也称为逐层分类法。这种方法符合人们的常规思维习惯，因此得到了广泛的应用。但是，这种方法也存在诸多缺点。线分类法的层次比较多，结构复杂，且分类层次经常不一致，使用起来比较烦琐、不方便。这种方法由于逐层采取某种指定特征进行分类，不能满足根据任意角度进行检索的需要。而且，线分类法的扩展性比较差，不能很好地容纳新增加的企业资源类型。

　　面分类法是把编码对象的若干个特征作为面，在特征面上再进行逐层分类的方法。这种方法与线分类法的主要区别在于：线分类法强调单维特征，而面分类法使用了双维特征。从本质上来看，面分类法是一种复合的线分类法。例如，如果按照面分类法对飞龙自行车制造公司的物料进行分类，可以采用如表 15-1 所示的基于面分类法的物料分类表。

表 15-1　基于面分类法的物料分类表

| 物料性质面 | 物料结构面 | 物料用途面 |
| --- | --- | --- |
| 黑色金属类 | 板材类 | 生产主料类 |
| 有色金属类 | 带材类 | 生产辅料类 |
| 橡胶类 | 丝材类 | 其他类 |

(续表)

| 物料性质面 | 物料结构面 | 物料用途面 |
|---|---|---|
| 木制品类 | 棒材类 | |
| 其他类 | 管材类 | |
| | 型材类 | |
| | 液体类 | |
| | 气体类 | |
| | 其他类 | |

　　面分类的优点在于可以从多个角度方便地分类和检索分类对象。例如，黑色金属包括棒材，橡胶制品中也有棒材，而木制品中同样也有棒材。我们既可以方便地从黑色金属、有色金属等角度使用物料，也可以方便地从棒材、板材以及气体等角度分析物料，还可以从生产主料、辅料等生产角度研究物料。但是，这种方法也存在一些缺点。例如，与人们的普通思维习惯不一致，分类起来比较复杂。

## 15.2.2　编制资源分类码方法和技术

　　资源编码是指采用数字、字母等符号形式表示资源分类的过程和最终得到的编码结果。有时也把资源编码简称为编码、编号、代码和代号等。从资源编码和资源对象实例之间的关系来看，有一对一和一对多的关系。如果是一对一的关系，表示该资源编码可以唯一确定一个指定的资源对象实例，这种资源编码也称为编制资源对象标识码。如果是一对多的关系，表示该资源编码只是对应一个具有某些共同特征的资源对象集合，这种方法称为编制资源分类码。本节重点研究编制资源分类码方法和技术，下一节介绍编制资源对象标识码方法和技术。

　　分类码又可以分为无含义分类码和有含义分类码两种。无含义分类码又可以继续分为有序码和无序码，有含义分类码可以分为结构码、特征码等。

　　无含义分类码是指资源分类码本身并没有描述资源的特征，只是用来代表资源对象而已。这类分类码根据顺序性可以分为有序码和无序码。

　　无含义的有序分类码是指采取有序符号表示资源分类码的方式。例如，按照 GB/T4766-1984 规定，婚姻状况代码为 1、2、3、4 和 9，分别表示未婚、已婚、丧偶、离婚和其他等。这里的 1、2、3、4 和 9 仅仅是序数而已，没有任何的含义。实际上，这是一种最简单的编码方式，其序数仅仅是为了方便记忆而已，也是无含义分类码中最常用的编码方式。

　　无含义的无序分类码是指采取无序符号表示资源分类码的方式，这种无序方式常常由计算机系统自动生成。例如，可以使用随机数自动生成器为物料分配唯一性编码，编码没有规律。这种编码的主要目的是便于计算机识别物料，缺点是人工记忆不方便。

　　有含义分类码是指可以描述资源本身特征的分类码，其特点是不仅可以唯一标识资源类别，而且可以描述资源类别的关键特征。最常用的这类分类码包括结构码和特征码。

　　结构码是指对编码对象按照其所处的分类层次进行编码。一般认为，结构码分成若干个码段，每一个码段表示特定结构的含义。例如，在飞龙自行车制造公司中，AET16-103 表示 AET16 型号自行车中 100 驱动系统中的轴承零件 103。这类编码的特点是，看见编码立即可以得到该类编码所处的编码位置。这类编码的缺点是没有包含特征值，其他型号的产品不能有效地重用结构码的零部件。

特征码是指将编码对象的多个特征组合起来进行编码。在这种编码中，同样也包含多个码段，但是，每一个码段表示特定的编码对象特征。看到这种编码立即可以得到该类编码的主要属性特征。例如，OPITZ 编码的 013124279 零件的结构特征是回转体零件、$L/D<0.5$，外部形状是单向台阶、无形状要素，内部形状是光滑或单向台阶带功能槽，平面加工是外平面，辅助加工是有分布要求的轴向空，最大直径介于 160mm 与 250mm 之间，材料种类是钢材、毛坯原始形状是锻件等。

与结构码相比，特征码的最大优势是便于计算机识别和处理，并且可以有效地重用。例如，如果采用结构码设计 BFA-218 零件，这种零件很难与 AET16-103 发生关联。但是，如果采用 OPITZ 特征码设计零件且零件的分类码是 013124278，则可以立即想到如何重用 013124279 零件的内容。

## 15.2.3　编制资源对象标识码方法和技术

编制资源分类码之后，并不表示资源编码工作已经结束，因为这种资源分类码通常包含了某种特征相同的资源集合。要想唯一识别这些资源对象实例，必须在分类码的基础上唯一标识每一个对象实例。

编制资源对象标识码通常采取有序数的方式。例如，企业员工的分类编码是 352，则每一个员工的具体标识可以是 352001、352002 和 352003 等。其中，001、002 和 003 都是员工对象的标识码。以上这些有序数形式是简单的有序数。

大部分有序数通常是由多种有序数组合而成。例如，飞龙自行车制造公司的入库单的分类编码是 9263，其入库单对象的标识符可以是 926320060522001、926320060715022，这两个标识符分别表示 2006 年 5 月 22 日的第 1 个入库单和 2006 年 7 月 15 日第 22 个入库单。在这种标识符中，日期序数和自然序数共同组成了对象标识符，因此也称为复合标识符。如图 15-2 所示的是复合标识符的含义示例。

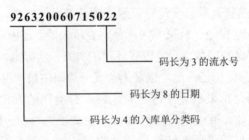

图 15-2　复合标识符示例

有时也把这种标识符称为流水号。需要注意的是，在这种标识符中，需要考虑标识符的长度。如果标识符的位数没有明确的要求，则可以采取变动长度的形式。但是在大多数情况下，标识符的位数是等长的和固定的。在这种情况下，需要规定有效的标识符的长度。例如，在如图 15-2 所示的入库单标识符中，如果该企业的业务量比较小，每天的入库单不可能超过 999 个，那么这种编码是合适的。但是，对于一个大型企业来说，如果其入库单的数量每天都是成千上万，那么这里的标识符显然不能满足编码要求。

## 15.3 常见的企业资源编码方法

企业资源的种类繁多，但被普遍认可的通用的企业资源编码体系并不多。像零部件这种流行的编码方法比较多。本节介绍一些常见的企业资源编码方法，了解这些方法有助于开阔读者编码企业资源的思路，有助于在 ERP 系统实施过程中应用这些编码方法。

### 15.3.1 VUOSO 零件分类编码系统

VUOSO 零件分类编码系统是最早出现的零件分类编码系统，它是 20 世纪 50 年代由前捷克斯洛伐克金属切削机床研究所在 Koloc 教授领导下编制的。目前，许多流行的零件分类编码系统，包括 OPITZ 系统，都是由 VUOSO 系统演变过来的。如图 15-3 所示的是 VUOSO 零件分类编码系统的基本结构示意图。

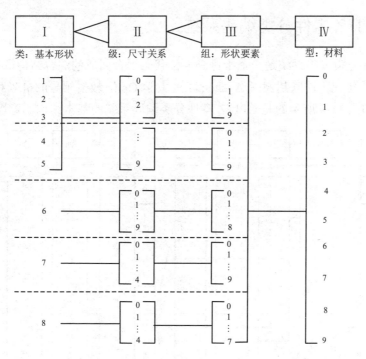

图 15-3　VUOSO 零件分类编码系统的基本结构示意图

VUOSO 零件分类编码系统是一个十进制 4 位代码的系统。该系统由 4 个横向分类环节组成，每个横向分类环节下各有自己的纵向分类环节。纵向分类环节上所赋予的分类标志分别用 0~9 十个数字代码表示。

VUOSO 零件分类编码系统的第一个分类环节称为类，主要用来区分回转体类与非回转体类零件,以及用弯曲、焊接及铸造等非机械加工工艺所获得的零件。在该类环节下设有 8 个分类,其中 1~5 类用于描述回转体类,6 和 7 描述非回转体类,8 描述其他工艺类零件。

VUOSO 零件分类编码系统的第二个分类环节称为级,主要用来区分零件的大小和质量,同时也用于描述零件的基本形状。该分类环节与第一分类环节紧密关联。对于回转体类零件,用长度 $L$ 和直径 $D$ 之比 $L/D$ 来区分。对于非回转体类零件,使用最大长度 $L$ 和宽度 $B$ 之比 $L/B$ 来区分。其他工艺类零件则使用重量来区分。

VUOSO 零件分类编码系统的第三个分类环节称为组,主要是在前面两个横向分类环节描述的基础上,进一步描述零件形状的细节。例如,对于一般的回转体类零件 1、2 和 3,对应着第三横向分类环节中一组纵向分类环节。

VUOSO 零件分类编码系统的第四个分类环节称为型,主要用来表示零件所用的材料和毛坯种类。这是一个独立的分类环节,不从属于前面 3 个横向分类环节。

VUOSO 零件分类编码系统的主要特点是结构简单、使用方便和容易记忆。在分类的过程中采用了多层次的综合分类标志,因此可以减少分类环节,使得结构比较紧凑。该方法的最大优点是抓住了工艺信息的本质,既可以描述工艺形状,又可以描述工艺尺寸。缺点是对零件细节描述不足,未描述加工精度。

## 15.3.2 OPITZ 零件分类编码系统

OPITZ 零件分类编码系统是一个十进制 9 位代码组合而成的混合结构分类编码系统,它是 20 世纪 60 年代由前联邦德国 Aachen 工业大学 Opitz 教授领导的机床和生产工程实验室开发的。如图 15-4 所示的是 OPITZ 零件分类编码系统的基本结构示意图。

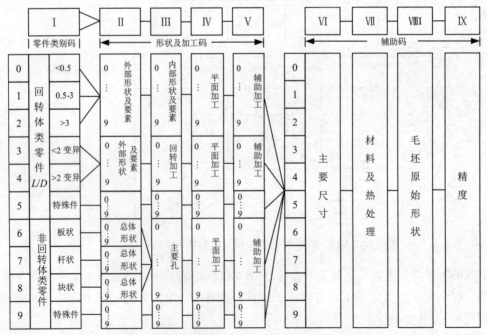

图 15-4 OPITZ 零件分类编码系统的基本结构示意图

OPITZ 零件分类编码系统前面 5 个横向分类环节主要用来描述零件的基本形状要素。第一个横向分类环节主要用来区分回转体类零件与非回转体类零件的类别。对于回转体类零件，使用 $L/D$ 来区分盘状、短轴、细长轴类零件以及变异的零件，对于非回转体类零件，则使用 $A/B$ 和 $A/C$($A>B>C$)来区分杆状、板状、块状类零件以及其他特殊类零件。

　　第二个横向分类环节至第五个横向分类环节，则是针对第一个横向分类环节中确定的零件类别的形状细分。对于无变异的正规回转体类零件，则按外部形状、内部形状、平面加工、辅助孔、齿形和成型加工这样的加工顺序细分；对于有变异的正规回转体类零件，则按总体形状、回转加工、平面加工、辅助孔、齿形和成型加工这样的加工顺序细分；对于非回转体类零件，则按总体形状、主要孔、平面加工、辅助孔、齿形和成型加工这样的加工顺序细分；对于其他特殊形状，则由用户根据具体的零件结构和工艺特点来确定。

　　辅助码是回转体类零件和非回转体类零件公用的部分。辅助码从第六个横向分类环节开始，用来划分零件的主要尺寸，回转体类零件用最大直径，而非回转体类零件用最大尺寸。第七个横向分类环节以材料种类作为分类标志，第八个横向分类环节标志为毛坯原始形状，例如，棒料、锻件等。第九个横向分类环节用于标志加工精度。

　　OPITZ 零件分类编码系统结构比较简单，容易记忆。该系统既包含了结构特征，又包含了工艺特征。但是这种方法分类标准不准确，环节之间关联过多。如图 15-5 所示的是采用 OPITZ 零件分类编码系统编写的零件示例。

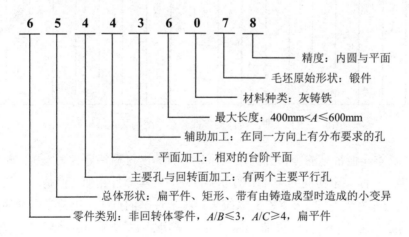

图 15-5　OPITZ 零件分类编码系统编码示例

## 15.3.3　KK-3 零件分类编码系统

　　KK-3 零件分类编码系统是由日本通产省机械技术研究所提出草案，后经日本机械振兴协会成组技术研究会下属的零件分类编码系统分会多次讨论修改，通过有关企业的实际使用和修订，于 1976 年颁布的零件分类编码系统。KK-3 系统是日本 KK 零件分类编码系统的第三个版本。KK-1 是 1970 年颁布的十进制 13 位代码的混合结构系统，1973 年颁布的 KK-2 是十进制 15 位代码的混合结构系统，KK-3 则是十进制 21 位代码的混合结构系统。KK-3 系统可以分为回转体类零件分类系统和非回转体类零件分类系统。这两个系统的基本结构分别如图 15-6 和 15-7 所示。

| 码位 | I | II | III | IV | V | VI | VII | VIII | IX | X | XI | XII | XIII | XIV | XV | XVI | XVII | XVIII | XIX | XX | XXI |
|------|---|----|-----|----|---|----|-----|------|----|---|----|-----|------|-----|----|-----|------|-------|-----|----|-----|
| 分类项目 | 名 称 | | 材 料 | | 主要尺寸 | | 外廓形状与尺寸比 | 各部形状与加工 | | | | | | | | | | | | | 精度 |
| | | | | | | | | 外表面 | | | | | | 内表面 | | | 辅助孔 | | | | |
| | 粗分类 | 细分类 | 粗分类 | 细分类 | $L$（长度） | $D$（直径） | 外廓形状与尺寸比 | 外廓形状 | 同心螺纹 | 功能槽 | 异型部分 | 成型（平）面 | 周期性表面 | 内廓表面 | 内曲面 | 内平面与内周期面 | 端面 | 规则排列 | 特殊孔 | 非切削加工 | 精度 |

图 15-6　KK-3 回转体类零件分类系统的基本结构

| 码位 | I | II | III | IV | V | VI | VII | VIII | IX | X | XI | XII | XIII | XIV | XV | XVI | XVII | XVIII | XIX | XX | XXI |
|------|---|----|-----|----|---|----|-----|------|----|---|----|-----|------|-----|----|-----|------|-------|-----|----|-----|
| 分类项目 | 名 称 | | 材 料 | | 主要尺寸 | | 外廓形状与尺寸比 | 各部形状与加工 | | | | | | | | | | | | | 精度 |
| | | | | | | | | 弯曲形状 | | 外表面 | | | | 内表面 | | 主孔以外的内表面 | 辅助孔 | | | | |
| | 粗分类 | 细分类 | 粗分类 | 细分类 | $A$（长度） | $B$（宽度） | 外廓形状与尺寸比 | 弯曲方向 | 弯曲角度 | 外平面 | 外曲面 | 主成型表面 | 周期面与辅助成型面 | 方向与阶梯 | 螺纹与成型面 | 主孔以外的内表面 | 方向 | 形状 | 特殊孔 | 非切削加工 | 精度 |

图 15-7　KK-3 非回转体类零件分类系统的基本结构

　　KK-3 系统与其他常见的零件分类编码系统一样，也将零件分为两大类，即回转体类和非回转体类。前面 7 个横向分类环节的分类标志，两类零件相似。但是，从第八个分类标志开始，两类零件就不同了。KK-3 系统采用了多环节的方式，因此它容纳的标志数量多，对零件的结构工艺特性描述更细。KK-3 系统采用了 13 个横向分类环节来表示零件的各部形状与加工。如图 15-8 所示的是按照 KK-3 系统分类编码的一个回转体类零件。

　　KK-3 系统与其他大多数分类编码系统显著不同的是，采用零件的功能和名称作为分类标志。一般来说，以零件功能和名称作为分类标志，设计部门检索使用特别方便。历来，由于零件的名称不统一，同名的零件可能存在着截然不同的结构形状，而不同名称的零件可能有相同或相似的结构形状。因此，在采用 KK-3 系统分类零件时，为防止利用零件名称作标志进行分类而引起分类结果的混乱，在采取功能名称作为分类之前，应该对企业中的所有零件的名称进行统一和标准化。

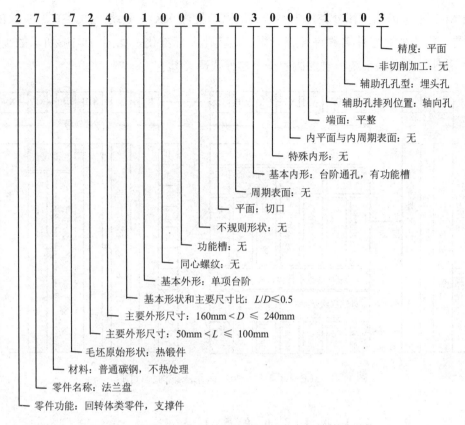

2 7 1 7 2 4 0 1 0 0 0 1 0 3 0 0 0 1 1 0 3

精度：平面
非切削加工：无
辅助孔孔型：埋头孔
辅助孔排列位置：轴向孔
端面：平整
内平面与内周期表面：无
特殊内形：无
基本内形：台阶通孔，有功能槽
周期表面：无
平面：切口
不规则形状：无
功能槽：无
同心螺纹：无
基本外形：单项台阶
基本形状和主要尺寸比：$L/D \leqslant 0.5$
主要外形尺寸：$160\text{mm} < D \leqslant 240\text{mm}$
主要外形尺寸：$50\text{mm} < L \leqslant 100\text{mm}$
毛坯原始形状：热锻件
材料：普通碳钢，不热处理
零件名称：法兰盘
零件功能：回转体类零件，支撑件

图 15-8　按照 KK-3 系统分类编码的一个回转体类零件

## 15.3.4　JLBM-1 零件分类编码系统

JLBM-1 系统是我国机械工业主管部门开发的零件分类编码系统。该系统经过前后 4 次修订，于 1984 年正式颁布作为我国机械工业部的技术指导资料。实际上，JLBM-1 系统是 OPITZ 系统和 KK-3 系统的结合。该系统克服了 OPITZ 系统分类标志不齐全和 KK-3 系统分类环节过多的缺点。JLBM-1 系统是一个十进制 15 位代码的混合结构分类编码系统。在 JLBM-1 系统中，为了弥补 OPITZ 系统的不足，把 OPITZ 系统的形状加工码改为零件功能名称码，并且扩充了 OPITZ 系统的形状加工码，把热处理标志从 OPITZ 系统中的材料热处理中独立出来，主要尺寸码也由原来的一个环节改为两个环节。由于 JLBM-1 系统采用了零件功能名称码，因此可以说它吸取了 KK-3 系统的优点。如图 15-9 所示的是 JLBM-1 系统的结构示意图。

JLBM-1 系统的主要缺点在于把设计检索的环节分散布置。JLBM-1 系统虽然增加了横向分类环节，但是，由于除了第一、第二环节关联之外，其余都是独立环节。因此，虽然它比 OPITZ 系统净增 6 个横向分类环节，但是，其纵向分类环节的数量增加有限。因此，JLBM-1 系统仍然存在分类标志不全的缺点。就像 KK-3 系统一样，在贯彻 JLBM-1 系统之前，需要先对零件名称进行统一化、规范化和标准化。如图 15-10 所示的是按照 JLBM-1 零件分类编码系统分类编码的一个零件代码及其含义示例。

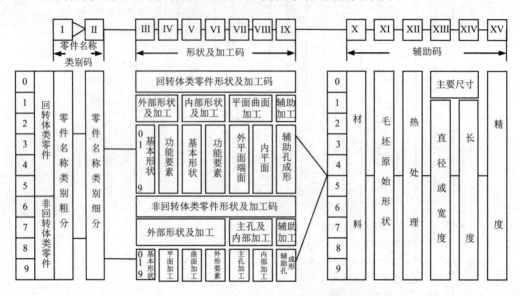

图 15-9  JLBM-1 零件分类编码系统结构示意图

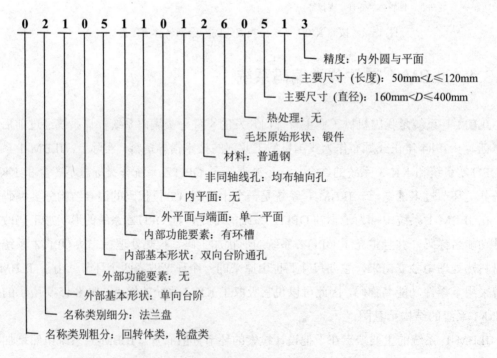

图 15-10  按照 JLBM-1 零件分类编码系统分类编码一个零件代码的示例

## 15.3.5　WBS 编码

　　一个大型的工程项目或复杂的产品往往需要多个部门、多个企业合作完成，这是一个系统工程。一个系统常常划分为若干个工作单元。划分工作单元是项目管理的重要工作，是识别和标识系统对象的一种方式。工作单元划分产生的工作结构称为工作分解结构 (work breakdown structure，WBS)。

　　在制造企业中，WBS 是一个以产品为中心的层次体系，该体系由研制、生产该系统所需要的产品项目、服务项目和资料项目组成。WBS 中的工作单元简称为 WBS 单元，它是各个 WBS 的组成部分，例如，它可以是一个确定的产品、一个软硬件项目、一套资料或者一项服务等。在大型产品或系统研制或生产中，研制 WBS 是进行项目管理的基础性的重要工作。例如，在美国的军用飞机标准中，把飞机研制的 WBS 分为 3 级。这些 WBS 等级代码和名称如表 15-2 所示。

表 15-2　美国军用飞机 WBS 标准

| 1 级 | 2 级 | 3 级 |
| --- | --- | --- |
| 飞机系统 | | |
| | 飞机 | |
| | | 机体 |
| | | 推动装置 |
| | | 飞机应用软件 |
| | | 飞机系统软件 |
| | | 通信/识别 |
| | | 导航/制导 |
| | | 中央计算机 |
| | | 火控 |
| | | 数据显示和控制 |
| | | 生存性 |
| | | 侦查 |
| | | 自动飞行控制 |
| | | 中央综合检测 |
| | | 反潜战 |
| | | 军械 |
| | | 武器投放 |
| | | 辅助设备 |
| | 系统工程/工程项目管理系统试验和评定 | |
| | | 研制试验和评定 |
| | | 使用试验和评定 |
| | | 样机 |
| | | 试验和评定保障 |

(续表)

| 1级 | 2级 | 3级 |
|---|---|---|
| | | 试验设施 |
| | 训练 | |
| | | 设备 |
| | | 服务 |
| | | 设施 |
| | 资料 | |
| | | 技术出版物 |
| | | 工程资料 |
| | | 管理资料 |
| | | 保障资料 |
| | 专用保障设备 | |
| | | 试验和测量设备 |
| | | 保障和装运设备 |
| | 通用保障设备 | |
| | | 试验和测量设备 |
| | | 保障和装运设备 |
| | 使用/现场准备 | |
| | | 现场装配、安装和检测 |
| | | 承包商技术保障 |
| | | 现场建设 |
| | | 场地、车辆的改造 |
| | 工业设施 | |
| | | 新建/改建/扩建 |
| | | 设备采办和现代化 |
| | | 维修(工业设施) |
| | 初始备件和修理件 | |

例如，在飞机制造企业，"32-特征码-顺序码"是一个 WBS 单元标识码，该标识码标识一个训练服务信息对象。

## 15.3.6　企业资源编码体系示例

如果希望建立企业资源编码体系，那么首要的工作是对整个企业资源进行分类。不同的企业、不同的研究人员往往提出许多不同的分类结果。从目前的研究和使用状况来看，有两种典型的企业资源第一层次的划分观点，一种是"人机料法环"观点，另一种是"人物财质综"观点。

"人机料法环"观点认为整个企业资源可以分为人员、机器设备、物料、规章制度和经营环境 5 个类型。每一个类型都有自己的特点。人，有时也称为人员，是指企业生产经营过程中操纵机器设备进行生产加工的执行者、参与者或场所等，具体内容包括人员、组织机构等；机，这里指机器设备、工装夹具等，包括所有用来对各种物料进行处理的工具；料，指各种物料，包括构成最终产品或被用来进行加工处理的对象；法，是指各种管理规章制度、企业标准资料等，是行为人员通过机器设备加工物料应该遵守的各种约束条件；环，是指企业正常经营的外部环境，包括法律法规、外部资源等。如图 15-11 所示的是"人机料法环"观点的结构示意图。

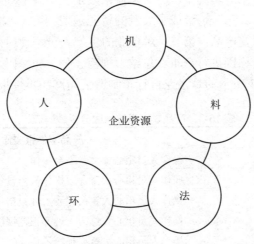

图 15-11　"人机料法环"观点的结构示意图

　　"人物财质综"观点认为，整个企业资源可以分为 5 大类。人，包括人员、组织机构等对象；物，包括企业中的所有物料，例如，产品、零部件及工艺装备等；财，是指财务管理专用的资源，但是财务所涉及的产品、人员等则不包含在此类型中；质，是指质量管理专用的资源，为了强调质量管理的重要性，该观点把与质量管理关联的资源单独作为一种类型；综，其他综合资源，是指除了前面之外的各种资源对象。如图 15-12 所示的是"人物财质综"观点的结构示意图。

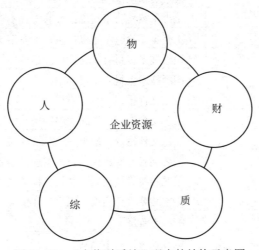

图 15-12　"人物财质综"观点的结构示意图

## 15.3.7 管理类资源分类编码示例

管理类资源分类编码是指对管理类信息资源进行分类并且编码。管理类资源编码有利于规范管理类信息资源，方便对这些信息的采集、存储、加工、统计以及使用。下面通过一些具体的示例介绍如何对管理类信息资源进行分类和编码。

例如，在制造企业的生产车间中，产品零件报废是一个普遍存在的现象。产品零件报废有以下 3 个显著的危害：第一，造成了大量的资源浪费；第二，对生产作业计划造成了冲击，影响按时向客户提交产品；第三，对企业的生产人员、管理人员带来了管理上的负面影响。对产品零件报废原因进行分析、总结、规范、分类和编码，是认识问题和解决问题的重要举措。如表 15-3 所示的是飞龙自行车制造公司产品零件报废原因分类编码表。

**表 15-3　产品零件报废原因分类编码表**

| 产品零件报废原因代码 | 产品零件报废原因 |
| --- | --- |
| 11 | 操作人员粗心大意：不会操作 |
| 12 | 操作人员粗心大意：误操作机器设备 |
| 13 | 操作人员粗心大意：误看尺寸数据 |
| 14 | 操作人员粗心大意：未遵守工艺规程 |
| 15 | 操作人员粗心大意：损坏零件 |
| 16 | 操作人员违反检验制度 |
| 17 | 检验人员违反检验制度 |
| 21 | 操作人员弄虚作假 |
| 22 | 管理人员弄虚作假 |
| 23 | 车间组织不严谨 |
| 24 | 操作人员之间未有效协调 |
| 31 | 检验员损坏零件 |
| 32 | 检验员错漏检 |
| 33 | 工夹量具检验不正确：检验方式不正确 |
| 34 | 工夹量具检验不正确：工具本身不正确 |
| 41 | 图纸技术资料有错误：标注错误 |
| 42 | 图纸技术资料有错误：未标注 |
| 51 | 工艺文件错误：数据错误 |
| 52 | 工艺文件错误：工序次序错误 |
| 53 | 工艺文件错误：漏工序 |
| 54 | 工艺装备设计错误：设计原理错误 |
| 55 | 工艺装备设计错误：图纸结构错误 |
| 56 | 工艺装备设计错误：标注尺寸错误 |
| 61 | 物料不合格 |
| 62 | 试验设备校对不正确 |
| 81 | 毛坯件缺陷 |

(续表)

| 产品零件报废原因代码 | 产品零件报废原因 |
|---|---|
| 82 | 热处理及其他加工缺陷 |
| 91 | 原材料、外购件有缺陷 |
| 101 | 其他原因 |

出国、出境的目的是多样的，规范这种数据有利于对出国出境的统计和分析，从而加强出国、出境的管理。按照 GB/T10301-1988 国家标准规定，出国、出境目的代码如表 15-4 所示。

表 15-4　出国、出境目的代码表

| 代　　码 | 出国、出境目的名称 |
|---|---|
| 01 | 常驻国外使馆、领事馆 |
| 02 | 常驻国际组织及其代表机构 |
| 04 | 常驻国外其他组织 |
| 05 | 短期派驻国外使馆、领事馆 |
| 06 | 短期派驻国际组织及其他代表机构 |
| 08 | 短期派驻国外其他组织 |
| 10 | 党政代表团出访 |
| 11 | 军事代表团出访 |
| 12 | 经济贸易和财务方面代表团出访与洽谈 |
| 13 | 学术、文艺、体育代表团和其他社会团体出访 |
| 14 | 参加国际性的各类比赛 |
| 15 | 参加交易会和展览会 |
| 20 | 引进技术和设备 |
| 21 | 商务出国 |
| 22 | 实习 |
| 23 | 监造 |
| 30 | 援外技术工作 |
| 31 | 援建工作 |
| 32 | 援外培训工作 |
| 33 | 劳务出口 |
| 34 | 合营工程 |
| 36 | 航空、邮电、海运和公路等国际联运业务 |
| 37 | 随船工作 |
| 39 | 科技合作项目 |
| 40 | 考察 |
| 41 | 领奖 |
| 42 | 参加各种会议 |
| 43 | 进修 |
| 44 | 讲学 |

（续表）

| 代　　码 | 出国、出境目的名称 |
|---|---|
| 45 | 公派留学 |
| 46 | 自费留学 |
| 60 | 旅游 |
| 61 | 探亲 |
| 62 | 会友 |
| 63 | 结婚 |
| 64 | 继承财产 |
| 65 | 就业 |
| 66 | 定居 |
| 70 | 特殊任务 |
| 99 | 其他原因出国 |

在企业管理中，经常涉及经济类型问题。如果不对经济类型进行分类编码和标准化，那么国家、行业和统计部门很难对经济类型进行准确的统计和分析，自然很难提高经济管理水平。实际上，按照 GB/T12402-2000 国家标准，经济类型代码如表 15-5 所示。

表 15-5　经济类型代码表

| 代　　码 | 经济类型名称 |
|---|---|
| 100 | 内资 |
| 110 | 国有全资 |
| 120 | 集体全资 |
| 130 | 股份合作 |
| 140 | 联营 |
| 141 | 国有联营 |
| 142 | 集体联营 |
| 143 | 国有与集体联营 |
| 149 | 其他联营 |
| 150 | 有限责任(公司) |
| 151 | 国有独资(公司) |
| 159 | 其他有限责任(公司) |
| 160 | 股份有限(公司) |
| 170 | 私有 |
| 171 | 私有独资 |
| 172 | 私有合伙 |
| 173 | 私有有限责任(公司) |
| 174 | 私有股份有限(公司) |
| 175 | 个体经营 |
| 179 | 其他私有 |

(续表)

| 代　　码 | 经济类型名称 |
|---|---|
| 190 | 其他内资 |
| 200 | 港、澳、台投资 |
| 210 | 内地和港、澳、台合资 |
| 220 | 内地和港、澳、台合作 |
| 230 | 港、澳、台独资 |
| 240 | 港、澳、台投资股份有限(公司) |
| 290 | 其他港、澳、台投资 |
| 300 | 国外投资 |
| 310 | 中外合资 |
| 320 | 中外合作 |
| 330 | 外资 |
| 340 | 国外投资股份有限(公司) |
| 390 | 其他国外投资 |
| 900 | 其他 |

# 15.4　本 章 小 结

本章讲述企业资源分类与编码技术。首先，分析了企业资源分类与编码的概念；然后，对资源的分类、编码和标识技术进行了详细的研究；最后，介绍了常见的企业资源编码方法，这些方法包括 OPITZ、KK-3 及 WBS 等，这些方法对读者解决 ERP 系统实施资源编码中遇到的问题有很大的参考价值。

# 15.5　思考和练习

1. 什么是企业资源分类与编码？

2. 资源分类与编码和物料分类与编码、信息分类和编码之间的关系如何？

3. 企业资源编码是否应该有统一的编码体系？为什么？

4. 企业资源编码是否应该体现企业资源的特征？为什么？

5. 线分类法和面分类法之间的异同点是什么？

6. 分类码可以分为哪些类型？分析这些类型的特点。

7. VUOSO 零件分类编码系统的特点是什么？

8. OPITZ 零件分类编码系统的优点和缺点分别是什么？

9. KK-3 零件分类编码系统的特点是什么？

10. JLBM-1 零件分类编码系统的特点是什么？

11. 什么是 WBS？

12. 在企业资源编码体系方面，"人机料法环"观点的主要内容是什么？

13. 如何对管理类资源进行分类和编码？

14. 如何建立类似 OPITZ 零件分类编码系统的管理类信息资源分类编码？谈谈你的看法。

15. 分组讨论：收集 ERP 系统实施过程中企业资源分类和编码资料，讨论如何解决企业资源分类和编码问题。

# 附　录

**40/30/30 rule　40/30/30 规则**。用于描述质量问题原因的规则。该规则认为，在产生质量问题的原因中，40%与产品设计有关，30%与制造过程有关，剩余 30%与供应商有关。

**6S　一种现场管理方法**。6S 就是整理（Seiri）、整顿（Seiton）、清扫（Seiso）、清洁（Seiketsu）、素养（Shitsuke）、安全（Safety）的英文首字母简称。

**80/20 rule　80/20 规则**。来源于帕累托定律的规则。该规则指出，80%的最终结果与 20%的来源有关。例如，在一个组织中，80%的工作常常由 20%的人完成。

## A

**ABC analysis　ABC 分析**。基于过去物料成本统计的库存分类管理模式。其中，A 类物料的数量仅占库存物料数量的 10%～20%，但是这些物料却占用 60%～70%的资金；B 类物料数量占用 20%～25%，占用资金 20%～30%，C 类物料数量占用 60%～70%，但是资金仅占用 5%～20%。

**abnormal demand　异常需求**。由于促销、价格下跌等原因引起的对产品的非正常的过高需求。一般情况下，预测方法常常过滤这些需求，并不认为这种异常需求将会在未来发生。

**acceptable quality level (AQL)　可接受的质量水平**。根据计算得到的，或者依据质量测试结果的历史数据得到的质量水平，这种质量水平表示所生产的产品或所采购的物料的可接受的质量判断标准。

**accounts payable　应付账款**。当前的一种负债形式。企业接收到物料或服务之后由于没有支付货款或费用形成的债务。

**accounts receivable　应收账款**。当前的一种资产形式。企业由于已向客户交付了物料或提供了服务但是没有得到支付的货款或费用，并且希望今后收到这些货款或费用。

**accrual accounting　自然记账法**。按照实际发生的收入和费用记账，而不是按照实际上到款项或支付款项记账。

**acknowledgement　告知书**。供应商发送给顾客的文档，确认收到订单以及订单的信息，例如日期、物料名称及数量等。

**activity　活动**。消耗企业各种资源的离散工作单元。

**activity based costing (ABC)　作业成本法**。基于活动使用的资源核算活动成本并按照成本对消耗的活动核算成本的成本核算方法。这种方法试图按照形成成本的实际因素来分配费用。

**activity based management (ABM)**　**作业管理法**。这是一种成本管理方法，该方法着重描述活动、成本动因以及资源之间的关系，以便确认和分离系统和功能中的增值部分和非增值部分。

**activity driver**　**活动动因**。用于度量特定活动状况的因素。

**actual cost**　**实际成本**。与采购物料、服务和支付员工工资关联的真实成本。

**actual demand**　**实际需求**。由客户订单、厂际订单形成的需求。实际需求与预测需求相对应。

**advanced planning and scheduling (APS)**　**高级计划和调度方法**。一种可以实时合并物料计划和能力计划的方法。这种方法是与单批运行物料计划和能力计划相对应的。APS方法使用有限调度方法和物料可用数量来调度订单和需求。这种方法可以延长关于评价在现有计划中增加一个新订单后引起的变化。

**affinity diagram**　**亲缘图**。类似于头脑风暴法的方法。在这种方法中，小组中的每一个人都各自悄悄写下自己的想法和意见，然后把这些想法和意见按照自然分类综合在一起。这种方法适用于解决复杂的、不确定的问题。

**aggregate planning**　**合计计划**。基于整个组织、企业、车间和产品系列的产品、库存和销售计划。

**aggregator**　**合计器**。将具有类似特征(例如地理区域、目标市场等)的数据、物料合并起来的方法或工具。

**allocation**　**分配量**。基于客户订单或系统生成的计划订单已经占用的物料数量。

**alternate operation**　**备选操作**。非标准或非正常操作的操作。这些操作主要用于临时解决物料短缺或能力短缺问题。

**American Production and Inventory Control Society (APICS)**　**美国生产与库存管理协会**。是一个从事企业运营管理教育培训和咨询的机构。2005 年 1 月 1 日起改名为 APICS The Association for Operations Management。

**application service provider (ASP)**　**应用服务提供商**。向客户提供 ERP 系统或其他业务应用程序的供应商。

**arrival notice**　**到达通知**。由运输者发送的包含运输到达日期和地理位置信息的文档。

**assemble to order (ATO)**　**装配式生产**。基于客户订单进行产品装配的生产模式。在这种生产模式下，装配件是通过库存中的标准组件、模块和子装配件等物料装配而成的，而库存中的物料是按照预测生产的。

**association rules**　**关联规则**。基于 if…then 逻辑关联对象或事件的规则。

**automated guided vehicle system (AGVS)**　**自动导航设备系统**。仓库和物流设备。例如，无人驾驶的机器人，可以按照命令在仓库中寻找和摆放物料。

**automated storage/retrieval system (AS/RS)** **自动化立体仓库**。由立体货架、有轨巷道堆垛机、出入库托盘输送机系统、尺寸检测条码阅读系统等组成的自动化定位、运输、放置、取料等仓库系统。

**automated test equipment (ATE)**　**自动测试设备**。安装在生产过程中的无人操纵的测试系统。

**automatic substitution**　自动替换。一种软件功能。在编制物料需求计划时，如果某个指定的物料不可用，那么可以从备选物料中自动选择和替换。

**auto-reschedule**　自动重安排。一种软件功能。在编制物料需求计划时，根据计算需要，自动将采购订单或生产订单移动到一个新的日期。许多 ERP 系统通过时界限制使用自动重安排功能，避免造成计划混乱。

**available to promise (ATP)**　可供销售量。在给定的时期内，可以满足客户订单需求的最终产品数量。

**available work**　可供使用。产品、零部件等物料已经存放在工作中心上，可以根据需要立即被使用，而不是虽然已经安排在工作中心上但却没有真正地出现在该工作中心上。

# B

**backflush**　反冲法。根据父项物料的生产和每一个父项需要的某个子项物料的数量，计算该子项物料的库存量。

**backlog**　未交付的订单。已经认可但是未交付的客户订单或厂际订单。

**back office**　后台办公室。企业内部的职能部门，例如生产管理部门。一般情况下，这些部门不与外界打交道。

**back order**　拖欠订货。对一个订单的延期交货。按照协议，客户控制如何处理拖欠订货，例如延期交付、取消订单等。

**backward scheduling**　倒排计划。一种按照订单交付日期和工时向后计算生产订单和采购订单开始日期的编制作业计划的方法。与其对应的概念是顺排计划。

**balanced scorecard**　平衡计分法。由 Robert Kaplan 和 David Norton 提出的用于评价企业业绩和管理效果的评估方法。这种方法从企业的财务、客户、内部业务流程以及员工学习和成长等多个角度分析企业的成功因素。

**balance sheet**　资产负债表。一种财务报表，其中记录了企业在指定日期的资产、负债及所有者权益等数据。

**balloon number**　气球号。在工程图纸上指向某个零组件、装配件的参考号码，对应零件号码，一般列在工程图纸的边缘。

**bar code**　条形码。按照规定的线条和间距进行排列的标签，用于识别和确定物料。条形码的主要目的是使数据采集系统自动识别，避免手工输入。

**bar code reader**　条形码阅读器。用于扫描条形码、解释条形码含义的可移动设备或固定位置设备。

**baseline**　基线。一组度量指标集合。基线可以创建某种系统的初始状态，作为以后系统状态的比较基础。

**base standard**　基标准。在成本核算方法中，某个财政年度起始的初始标准，用于财务业绩评价。

**batch**　批。(1) 在生产管理中，批表示在同一个时间、用同一种方式处理大量零件的方式。在一个批次中，可以包含多个物料编码，但是这些物料都有相同的特征。(2) 在数据处理中，批处理表示许多文件和记录同时被采集和处理。

**batch bill of material** 批物料清单。物料清单的一种形式，在流程工业领域中使用。批物料清单描述在某个批生产中最终产品需要的成分表。

**beginning inventory** 期初库存量。核算期初始的库存数量，一般由上期末生成。

**benchmarking** 标杆管理。主要是指搜寻并研究竞争对手或非竞争对手群体中那些能够使组织获得良好经营业绩的实践方法。

**best fit** 最合适方法。在预测中，按照过去实际的需求预测未来需求，是多种预测方法中最合适的预测方法。

**beta test** 贝塔测试法。某个软件版本在正式发布之前，先发布给有限的用户群，由这些用户测试该软件版本的功能和缺陷。

**bi-directional bar code** 二维条形码。可以按照两个方向中的任一方向扫描的条形码。

**bill of activities** 活动清单。在作业成本法中，与成本对象(产品、部门等)成本相关的活动清单。

**bill of lading (BOL)** 提货单。记录了运输内容和目的地的运输单据。

**bill of material (BOM)** 物料清单。描述指定物料的组成结构，是编制物料需求计划的主要基础数据。有时也被称为产品结构、食谱、配方或成分列表等。

**bill of material comparison** 物料清单比较法。为了确定组件冗余、异常和差异等，对两个或多个物料清单进行比较的工具。

**bill of material explosion** 物料清单展开法。给定某个父件物料的需求，按照物料清单，生成子件物料需求数量和时间的方法。

**bill of resource (BOR)** 资源清单。关键资源名称和数量的清单，用于 RCCP 中，目的是根据预测或主生产计划提供对资源的需求。

**bottleneck** 瓶颈资源。约束生产正常进行的资源。一般来说，当需求增加时，限制生产正常进行的第一种资源是瓶颈资源。

**bucketed** 时段系统。将每一天的生产数据按照指定的时段(周、旬、月、季度或年度等)累计汇总，方便生产分析。

**bucketless** 无时段系统。按照每一天的生产数据提供，不进行累计汇总。用于短期生产管理中的详细分析。

**buffer management** 缓冲管理法。约束理论的一组方法，其重点是隔离和减轻任务偏差的影响，提高任务按时完工的概率和机会。

**burden rate** 负担率。基于工时、机器时、人员工资及物料价格等进行生产，向部门或产品分配费用的百分比或固定的资金额度。

**business case scenario** 商业案例场景。在正常的业务中经常碰到或定义的业务情景。

**business intelligence (BI)** 商业智能。提供背景数据和报告工具，支持和提高决策质量的工具。

**business plan** 商业计划。支持完成企业目标战略计划的长期经营计划。

**business process mapping** 业务流程影射。一种用于业务流程再造的模拟业务流程的技术。

**buyer** 采购员。经过授权，从事寻找货源、洽商谈判及签约采购合同的员工。

**byproduct** 副产品。在生产某种物料时自动生成的物料。

# C

**call center　呼叫中心。** 负责客户联系，提供客户服务。也可以作为市场营销的方式。

**capable to promise (CTP)　可能销售量。** 由库存中的可供销售量和当前的生产能力组合而成。

**capacity requirements planning (CRP)　能力需求计划。** 根据未结生产订单、MRP 订单和工作中心能力数据等，确定能力状况的过程。

**carrying cost　保管费。** 用于表示库存保管工作的费用，常常用百分比表示。该费用具体内容包括库存保险、丢失、损坏以及仓库设施等。

**cash flow　现金流。** 企业流动资产在某段时间内的流动。现金流入主要是指销售收入，现金流出主要包括货款支付和费用开支。净现金流等于现金流入减去现金流出。

**cash-to-cash cycle　现金周转周期。** 从向供应商支付物料款项到收到客户付款是现金周转一次，现金周转周期指一定时期内的现金平均周转时间。

**child　子件。** 父件物料的下层组件、原材料等物料。

**closed-loop MRP　闭环 MRP。** 初始的 MPR 只是通过展开 BOM 计算物料计划，闭环 MRP 则增加了物料计划的反馈和交互信息。

**cloud ERP　云 ERP。** ERP 系统部署在云服务器端，用户通过各种终端设备接入互联网访问云服务器从而获得 ERP 系统提供的各种服务。

**collaborative　协作。** 允许多人参加到一项工作中的系统和软件。

**combined demand　混合需求。** 由独立需求和相关需求共同组成的物料需求。

**complex manufacturing　复杂制造。** 包括了众多的制造参数、设计周期和生产周期很长、BOM 包括了许多物料和物料层次、许多生产部门参加以及使用众多的生产设施的制造过程。

**computer-aided design (CAD)　计算机辅助设计。** 使用计算机硬件和软件绘制工程图纸、访问产品数据等方式。CAD 系统有助于反复修改设计图纸并从不同的角度查看和比较设计内容。

**computer-aided engineering (CAE)　计算机辅助工程。** 使用计算机硬件和软件模拟整个制造流程。

**computer-aided manufacturing (CAM)　计算机辅助制造。** 在制造过程中，使用计算机系统编程、安装、控制、监视并且生成制造过程的报告。

**computer-based training (CBT)　计算机辅助培训。** 提供自我学习、测验及解答疑难问题的计算软件系统。

**computer-integrated manufacturing (CIM)　计算机集成制造。** 在制造领域中，使用计算机系统完成设计、制造及管理等功能需求。CIM 涉及数据自动采集、CAD/CAM、自动存储和检索系统、机器人及自动检测设备等。

**computerized maintenance management system (CMMS)　基于计算机的维护管理系统。** 计划、跟踪及监视维护活动并且提供成本核算、备品备件、维修工具和维修人员等数据的计算机应用系统。

**concurrent engineering　并行工程。**一种方法论，使得设计和生产中的许多工作同时进行。

**concurrent users　并发用户。**允许多个用户同时访问系统的软件许可方式。

**conference room pilot (CRP)　会议室模拟。**一种重要的工程实施战略，对于建议的新系统，按照正常的商业案例场景进行模拟测试。

**configuration management　配置管理。**产品的全生命期管理，包括设计、销售、运输、客户使用、维护服务和质量保障等内容。

**configurator　配置器。**ATO 环境中使用的最终物料描述工具，它定义了可用的产品选项和附件，并且是产品成本核算和确定销售价格的基础。

**contact management　联系管理。**跟踪销售与客户、供应链伙伴之间关系的管理。具体功能包括呼叫日期跟踪、联系内容记录、后续工作提示及生日提示等。

**control point　控制点。**计划、生产和后勤运输过程中需要特别关注的位置。

**core competencies　核心竞争力。**企业可以用来取得竞争优势的重要资源。

**core problem　关键问题。**约束理论中的术语，指引起意外事件发生的主要原因。

**cost accounting　成本核算方法。**估算、跟踪以及控制产品和服务成本的规则。

**cost center　成本中心。**企业最小的预算和采集成本活动的实体。

**cost driver　成本动因。**与改变活动特征相关联的因素，活动常常有多项成本动因。

**cost factor　成本因子。**用于将费用分配到某个产品上的固定费用额或百分率。

**cost of quality　质量成本。**执行质量管理形成的成本。

**cost of sales　销售成本。**在给定销售期间的销售成本。

**critical path　关键路径。**工程项目中的一系列重要活动，这些活动的累积工期是整个项目的最小周期。

**critical ratio　紧迫系数。**生产优先级规则。

**cross functional　交叉领域。**涉及多个职能领域的系统或团队，系统整体目标常常在不同职能领域中有冲突。

**cumulative lead time　累积提前期。**最终产品的总提前期，由所有关键路径上单个物料的提前期汇总而成。

**current cost standard　现行标准成本。**现行产品配置的成本标准。

**custom　定制。**按照特殊订单生产的产品或提供的服务。

**customer　客户。**企业或部门外部购买产品或接受服务的人员。

**customer relationship management (CRM)　客户关系管理。**支持销售、市场营销、联系管理和售后服务等活动的软件系统。

**cutover　切换点。**旧系统停止运行，新系统开始使用的时刻点。

**cycle count　周期盘点。**周期确定库存物料的方法。

**cycle redundancy check　循环冗余校验。**是一种验证数据中是否出现循环错误的算法或者软件功能。在物料清单中，这种方法保证装配项不会出现导致循环计算的冗余错误。

**cycle time　周期。**完成从一种状态向另一种状态转换的总时间。

# D

**dashboard** 仪表板。数据可视化的人机界面，可以展示企业相关度量信息和关键业务指标。

**data collection** 数据采集。手工或自动获取数据元素的方式。

**data scrubbing** 数据净化。对现有数据进行分析和审查，更正或删除不完整数据、无效数据及冗余数据的过程。

**decision support system (DSS)** 决策支持系统。提供业务数据、结构化模型以及特殊查询功能的软件系统，可以为决策者提供决策支持。

**decision tree** 决策树。按照树状结构，描述多项规则的决策分析工具。

**dedicated equipment** 专用设备。由于工艺约束或者成本考虑而专门用于特定操作、特定产品生产的生产设施。

**Delphi technique** 德尔菲技术。按照多个专家意见进行决策的技术。

**demand pattern** 需求模式。产品需求的规律、数量和日期等特征。

**dependent demand** 相关需求。基于其他物料需求计算得到的对物料的需求。

**direct cost** 直接成本。直接耗费的物料和人员成本。

**discrete event** 离散事件。可度量的单个事务，有明确的开始时间和结束时间。

**discrete manufacturing** 离散制造。由多个单独生产单元组成制造环境。

**dispatch list** 派工单。对于某个工作中心，做出的生产顺序安排。

**distance learning** 远程学习。进行远程教育和培训的系统。

**distribution center** 分销中心。存储库存向特定区域客户运输商品的机构。

**distribution network** 分销网络。分销机构的整体描述。

**distribution resource planning (DRP)** 分销资源计划。规划库存层次、供应和补货规则并且响应需求的功能系统。

**distributor** 分销商。采购、库存并重新销售产品的第三方。

**drill down** 钻取。从汇总数据到业务详细数据的过程。

**due date** 订单完成日期。手工输入或自动计算的日期，表示生产完成。

**dynamic lot size** 动态批量。根据成本、时间等因素始终保持总成本最低的确定批量的方法。

# E

**earliest start date** 最早开始日期。工程中的某个活动在满足约束条件下的最早开工日期。

**e-commerce** 电子商务。基于 Internet 的商务活动方式。

**economic order quantity (EOQ)** 经济订货批量。订货批量模型，基于订货成本和库存管理成本进行计算。

**economic value added (EVA)** 经济附加值。指从税后净营业利润中扣除包括股权和债务的全部投入资本成本后的所得。

**economics of scale** 经济规模。由于数量增大而降低成本的管理方式。

**elapsed time** 消耗时间。活动从开始到结束的实际时间。

**electronic data interchange (EDI)** 电子数据交换。贸易伙伴之间，通过同一个系统，按照事先确定好的标准消息格式传输订单和其他信息的方式。

**electronic funds transfer (EFT)** 电子资金转移。传输标准化资金数据的电子系统。

**engineering change order (ECO)** 工程变更通知。由相关部门签署的正式文档，授权对产品图纸、BOM 及工艺路线进行改变。

**engineering change request** 工程变更请求。请求对产品进行修改的文档，内容包括改变原因、紧迫程度、涉及的物料及成本分析等。

**engineering change review board** 工程变更审查委员会。多功能团队，对工程改变意见进行分析，提出同意改变或不同意改变的结论。该团队成员一般包括工程、运营、采购、计划和成本核算等部门的人员。

**engineer to order (ETO)** 专项生产。完全按照客户订单进行分析、设计和生产的制造方式。

**enterprise resource planning (ERP)** 企业资源计划。企业级的计算机应用系统，是对 MRP II 系统的扩展。

**expiration date** 失效日期。超过失效日期的物料不能在生产中使用。

**excess inventory** 超额库存或者积压库存。任何超过生产或销售正常需求量的库存量。超额库存的通常定义：超过 0，或者超过安全库存量，或者超过一段时期需求量的库存量。

# F

**fabrication** 加工。一种把原材料转变成零件的过程。

**fault tolerance** 容错。即使在非正常状态下，依然连续运行和生产的管理方式。

**features and options** features 件和 options 件。必选其一的选用件是 features 件，可选可不选的选用件是 options 件。

**final assembly** 最终装配。可以满足客户订单要求的最终产品装配。

**final assembly schedule (FAS)** 最终装配计划。满足客户订单要求、完成最终产品装配的计划。一般用于 ATO 或 MTO 环境中。

**finite capacity planning (FCS)** 有限能力计划。在定义的能力范围内安排生产作业计划的能力计划系统。

**finite scheduling** 有限排产。按照可用资源自动生成的生产作业计划。

**firm planned order (FPO)** 确认的计划订单。满足能力需求且已分配物料的制造订单，但是，该订单不是工作订单，因为没有最后下达。

**first article inspection** 首件检查方法。对生产过程中的第一个零件进行检查，确认生产环境设置正确。

**fishbone diagram** 鱼骨图。系统分析工具，用于确定产生问题的原因。由于是由 Kaoru Ishikawa 博士提出的，因此也被称为 Ishikawa 图。

**fixed cost** 固定成本。在短期内不随数量变化而变化的成本。

**fixed lead time**　固定提前期。不随数量变化而变化的提前期。

**fixed lot size**　固定批量法。每次使用同一个数量订货的方法。

**flexible manufacturing system (FMS)**　柔性制造系统。一组由计算机控制的加工系统，可以加工各种类型的产品。

**forward scheduling**　顺排计划。一种排产方法，从指定的开始日期开始，按照提前期数据计算出完工日期。

**functional design**　功能设计。提出系统功能、处理方式及关键点等系统内容的正式文档。

## G

**Gantt chart**　甘特图或横道图。分时间阶段的显示活动或任务进度的图形。

**gap analysis**　差异分析。在成本管理中，管理者可以根据成本差异发现问题，分析差异形成的原因和责任，以便采取相应的措施，实现对成本的控制

**gross margin**　毛利润。销售收入减去销售成本。

**gross requirement**　毛需求量。对物料的需求，不考虑库存可用量和计划接收量。

**group technology**　成组技术。基于类似的生产工艺进行物料分类的技术。

**groupware**　群件技术。一种计算机系统，允许分布式工作人员同时工作。

## H

**help desk**　总台。企业内部资源，为用户解决疑问和提供技术解决方案。

**heuristic**　启发式方法。基于经验和数据分析的问题分析和解决方法。

**holding costs**　持有成本。由于拥有某种物料而产生的成本。

**human resources**　人力资源部门。负责人员招聘、技能开发及绩效评估等工作的部门。

## I

**idle capacity**　闲置能力。未使用的生产、存储和后勤资源。

**implementation approach**　实施方法。用于安装新系统的各种方法。可以包括完全切换、阶段切换及并行切换等多种方式。完全切换是指同时实施所有的系统功能模块，阶段切换指逐渐实施全部功能模块，并行切换表示同时运行新系统和旧系统。

**implementation plan**　实施计划。系统安装和转换计划，具体内容包括定义范围和目标、需要的资源、必需的活动及活动持续的时间等。

**implementation team**　实施团队。由负责系统安装工作的企业内部和外部人员组成的团队。

**indented bill of material**　缩进式物料清单。多层物料清单，不同层次的物料缩进不同的空格。

**independent demand**　独立需求。物料需求中除去其他物料生成的需求后的需求。

**indirect cost**　间接成本。与多个产品有关的成本，通过某种分配规则向产品分配。

**infinite capacity planning**　无限能力计划。能力计划方法之一，按照计划日期制定计划，不考虑能力限制。

**ingredient** 配料。流程工业中使用的替代组件的术语，配料表等价于物料清单。

**input/output control** 投入/产出控制。一种分析方法，用于评估计划和实际投入产出。

**internal data** 内部数据。企业运行过程中生成的数据，例如销售量、采购订单及库存等。

**inventory management** 库存管理。负责确认库存需求、设置库存目标、提出补货政策和报告库存状态等。

**inventory status** 库存状态。基于物料处理过程的库存分类形式。通常的分类形式包括原材料(没有对其初始状态进行改变的原材料、零部件)、在制品(初始状态已经改变、但是没有全部完成的物料)和完成品(不再进行处理的最终产品)等。

**item master** 物料主记录。包括物料描述信息、计量单位、分类、生产属性及采购属性等信息的记录。

**item number** 物料编码。唯一标识物料的编码。

## J

**job** 作业。明确开始、结束时间，明确操作内容和操作人员的生产单元。

**job shop** 加工车间。是一种职能单位，其工段或工作中心是围绕着不同类型设备或工序来组织的。

**Just-in-Time (JIT)** 准时制生产。制造和库存管理哲学，目的是消除各种浪费，追求高效的资源管理方式。

## K

**Kanban** 看板管理。在 JIT 管理中，使用可视化的看板表示物料需求，实现拉式生产。

**key performance indicator (KPI)** 关键性能指标。用于描述特定项目或系统的优先等级和关键成功因素的计量指标。

**knowledge base** 知识库。存储积累的企业内部最佳实践经验、过去问题的解决方案，产品和相关的处理数据以及其他可以用于分析和培训的数据。

**knowledge management** 知识管理。用于管理企业创建、存储和分布知识过程的系统或框架。

## L

**late finish date** 最迟完成日期。某项任务或活动必须完成、不能延迟的最后日期。

**late start date** 最迟开始日期。某项任务或活动必须开始、不能再延期的最后日期。

**lead time** 提前期。完成某项任务需要耗费的总时间。

**lead time offset** 提前期偏置。MRP 的处理逻辑，按照已定义的提前期，通过确定计划接收日期，定义计划订单的发布日期。

**lean manufacturing** 精益制造。生产管理方法论。通过采取一系列措施，消除不增值活动和浪费，最小化生产需要的资源数量。

**level** 层次。用于描述 BOM 中的物料层次。

**life cycle cost** 生命期成本。指定产品的整个生命期的成本。

**linear regression** 线性回归。一种统计模型，可以通过线性模型描述样本数据，以便进行预测。该模型追求样本数据偏差最小。

**load** 负荷。在给定的时间范围内，针对某一个资源，计划需求和实际需求量。

**load leveling** 负荷量平整。按照订单或计划重新编排需求的过程。

**load profile** 负荷报告。针对给定的资源，计划的和实际的能力需求数据和图形。

**locator system** 定位系统。用于跟踪物料库存位置的系统。

**logical relationship** 逻辑关系。基于直接原因或者依赖性，连接两个变量或任务的关联形式。

**lot-for-lot** 因需定量法。确定批量的方法，建议批量等于指定日期的净需求。

**lot ID** 批量标识。生产批量标识符，用于物料加工和跟踪活动中。

**lot size** 批量。在物料采购或生产中，计划或实际订单的数量。

**lot size rule** 批量规则。用于确定特定物料批量的规则，例如因需定量法、固定数量法等。

**lower level item** 低层物料。用在父层物料中的物料。

**low level code** 低层码。在 BOM 中，特定物料的最低层码。

## M

**machine center** 机器中心。由一组机器组成，作为单个资源考虑，类似工作中心。

**machine hours** 机器工时。生产中使用机器的实际时间，用于效率分析。

**machine load report** 机器负荷报告。根据发布给生产车间的生产订单，报告对指定机器或机器中心的需求。

**maintenance costs** 维修成本。支持和保障某种资产连续可以使用的成本，例如维修人员工资、维修时间等。

**maintenance scheduling** 维修计划。跟踪维护历史、监视设备状态以及安排维护工作的管理手段。

**make / buy analysis** 自制/采购分析。对于给定的零件，是由内部生产好还是从外部采购好，对这个问题进行成本和收益分析。

**make to order (MTO)** 订货生产。一种制造方式。按照预测的需求，采用普通的原材料安排生产，生产的零部件存储在仓库中，但是最终的产品是按照客户订单进行装配的。

**make to stock (MTS)** 备货生产。一种制造方式。在这种制造方式中，最终产品的生产和存储都是发生在接到客户订单之前。MTS 主要根据库存数量和预测组织生产。

**man-hour** 人员工时。单人工作一个小时。

**manufacturability** 可制造性。在设计阶段，着重考虑过程能力、机器设施的柔性以及可以达到的质量水平等，而不仅仅考虑产品本身。

**manufacturing calendar** 制造日历。定义可用于物料和能力计划、生产订单执行的工作时间。

**manufacturing execution system (MES)** 制造执行系统。是一套面向制造企业车间执

行层的生产信息化管理系统，在车间控制和车间调度增强了许多功能，能够适应车间现场环境多变情况下的需求。

**manufacturing lead time**　制造提前期。按照 BOM，从原材料加工到最终产品装配需要的全部时间。

**manufacturing resource planning (MRP II)**　制造资源计划。闭环 MRP 的扩展，集成了财务和仿真功能。

**market share**　市场份额。销售或拥有市场的比率。

**marketing automation**　市场营销自动化。CRM 系统的子功能，对市场营销活动进行定义、计划及跟踪等。

**mass production**　大批量生产。同一种产品或生产线的大规模生产。

**master file**　主文件。一种数据库文件，包含了用于确认物料、客户、供应商、BOM和工作中心等数据信息。

**master production schedule (MPS)**　主生产计划。根据预测、客户订单及厂际订单等外部需求，编制的最终产品计划。MPS 的主要内容包括物料编码、需求日期和需求数量等。

**material**　物料。包括原材料、采购的元器件和生产的零组件等。

**material requirements planning (MRP)**　物料需求计划。以 MRP 作为需求，展开BOM，根据库存数量和未结订单数量，计算应该新生产的物料和采购的物料。

**materials management**　物料管理。物料计划、采购、存储和运输等工作。

**maximum capacity**　最大能力。资源的最大能力，用于制定资源的需求计划。

**mean time between failures (MTBF)**　平均故障时间。两次故障之间的平均时间，质量管理、维护管理和可靠性管理中常用。

**milestone**　里程碑。关键事件或关键活动。

**modular bill of material**　模块化 BOM。一种 BOM 形式，适用于多种产品的配置。

**move time**　移动时间。总提前期中的一部分，从一个部门或位置移动到另一个部门或位置的时间。

**multilevel bill of material**　多层 BOM。包含了多个层次的 BOM。

**multiple units of measure**　多计量单位。对于给定的一种物料，采用多个计量单位，目的是方便计划、存储、生产及销售等。

## N

**negative inventory**　负库存。由于库存数量低于 0 产生的错误形式。

**net assets**　净资产。总资产减去总负债。

**net change**　净改变量。在 MRP 或其他计划系统中，重新计算需求时，本次需求数量与上一次需求数量之间的变化量。

**net requirements**　净需求量。毛需求量(来自预测、客户订单或上层需求)减去可用库存量、预计接收量。

# O

**offset　偏置。** 基于持续时间或提前期，某项任务或某个订单的开始或发布与其完成之间的时间差异。

**on-hand inventory　现有库存量。** 当前库存中现有的数量。

**online analytic processing (OLAP)　联机分析处理。** 一种工具或分析方法，可以执行多维分析和趋势分析，用于支持决策。

**open order　未结订单。** 已经下达但没有完成的订单。

**opportunity cost　机会成本。** 由于没有选择最好的投资方案造成的损失。

**order　订单。** 一种正式文档，指定物料名称、服务内容、价格、日期及数量等信息，有特定的标识符易于引用和跟踪。

**order point　订购点。** 库存管理使用的术语，用于重新订购物料。

**original equipment manufacturer (OEM)　原始设备制造商。** 制造出来的设备作为其他企业制造的产品的组件。

**outsourcing　外包法。** 产品或服务不是由企业内部资源生产，而是由企业外部第三方生产。

**overhead　费用。** 业务运行成本。

# P

**parallel conversion　并行切换。** 项目实施技术，新旧系统同时运行。

**parent　父件。** 在 BOM 中，使用子件物料的高层物料。

**part number　零件编码。** 标识零件、元器件的符号。

**period cost　周期成本。** 与时间有关但不包括产品的成本，例如，折旧费、租赁费、税收和保险费等。

**period order quantity (POQ)　周期订货量法。** 批量技术，按照订单和拥有成本确定需求，这种订货周期常常是变化的。

**perpetual inventory　永续库存量。** 通过计算得到的账面可用库存量。

**phantom　虚拟件。** 一种有物料编码但是并不真正装配在一起进行存储的物料，其目的是简化 BOM 结构。

**physical inventory　物理库存量。** 通过仓库盘点得到的可用库存量。

**pick list　领料单。** 用于生产和销售的物料清单。

**plan-do-check-action (PDCA)　计划—执行—检查—评估。** "四步骤"质量提高法。

**planned capacity　计划能力。** 用于评估需求的能力。

**planned order　计划订单。** 由 MRP 或其他生产系统生成的生产、采购订单。

**planned order receipt　计划产出量。** 由没有实际下达的计划订单生成的未来产出量。

**planned order release　计划投入量。** 计划订单基于提前期和计划产出量计算要求投入的日期和投入量。

**planner bill　计划 BOM。** 主要用于预测的 BOM。

**planning horizon　计划展望期。** 计划系统生成未来需求和消息的时间长度。

**post-implementation audit　实施后审计**。一种新系统安装之后的审计工作，主要内容包括确定状态、用户满意程度及目标完成程度等。

**preventive maintenance　防护性维护**。确保生产资源可用性的维护活动。

**prioritization　优先权**。按照序列进行排序的规则。

**process manufacturing　流程型工业**。一种制造环境，具有连续生产的特征，例如，气体、液体等生产。

**process time　过程时间**。提前期的子集，可以是安装时间、执行时间等。

**product data management (PDM)　产品数据管理**。对产品定义功能的扩展，包括 BOM 和工艺路线、当前和历史工程数据及工程变更数据等。

**product code　产品代码**。类似零件编码，常用于描述最终产品。

**production activity control (PAC)　生产作业控制**。与生产计划的下达、跟踪、统计及报告等有关的活动。

**production line　生产线**。一组制造设备或工作中心按照工艺要求进行排列，用于生产类似的产品或产品系列。

**production order　生产订单**。授权制造指定数量零件的订单，包括完成日期。

**production planning　生产计划**。满足经营要求的产品高层计划。

**production schedule　生产调度**。负责下达生产订单，指定制造设备和生产人员。

**product life cycle　产品生命期**。产品从创建到废弃的整个过程，可以分为引入阶段、成长阶段、成熟阶段和衰老阶段。

**product structure　产品结构**。与 BOM 同义。

**program evaluation and review technique (PERT)　计划评审技术**。一种项目管理技术。通过估算关键路径上的活动的最短时间、最长时间和最可能时间，计算该项目的完成日期。

**pull system　拉式系统**。一种生产系统。库存物料的生产或移动根据部门或工作位置的需要进行移动，或者为了替代前面已经移动的物料。

**purchase order　采购订单**。与提供货物或服务的供应商之间的合同或协议。采购订单指定了支付方式、运输日期、物料标识符、数量以及其他权利和义务等信息。

**purchasing lead time　采购提前期**。从下达采购订单到物料到货需要的总时间。

**push system　推式系统**。一种生产系统，库存物料的生产或移动根据已经下达的计划确定。

# Q

**quality　质量**。物料满足设计参数、符合用户要求的程度。

**quality assurance　质量保障**。一系列确保物料满足定义的质量标准的活动。

**quality costs　质量成本**。质量保证生命期的成本。

**queue　排队**。等待被加工的作业、订单等。

**queue time　排队时间**。作业、订单等待被加工的时间。

# R

**raw material** 原材料。经过采购的物料，通过加工转换成零件或最终产品。

**replenishment order** 补货订单。用于重新供应物料到指定的位置的订单。

**requirements definition** 需求定义。一种用于描述新系统的设计战略、提供的功能模块、输入输出数据及目标用户等内容的文档。

**resource driver** 资源动因。ABC 中，描述资源和消耗该资源的活动之间的成本关系。

**return on investment (ROI)** 投资收益率。投资带来的收入比率。

**risk analysis** 风险分析。确认可能产生的风险、评估这些风险带来的可能影响、制定避免或降低这些风险程度的方法。

**rough cut capacity planning (RCCP)** 粗能力需求计划。位于产品系列层次的能力需求计划系统，主要是检查关键资源和确认 MPS 的可行性。

**routing** 工艺路线。加工某个零件的详细描述，内容包括执行的操作、需要的人员和机器资源等信息。

# S

**safety lead time** 安全提前期。在实际的提前期基础上增加的提前时间，目的是促使订单早点下达。

**safety stock** 安全库存。一种库存数量，从计划角度来看任何时间都可用，目的是预防未来的不确定性。

**sales and operations plan (S&OP)** 销售和运作规划。企业级的需求和供应计划，目标是实现商业规划，内容包括产品系列的销售、生产和库存目标。

**scheduled receipt** 计划接收量。经过确认的生产、采购订单作为即将到货的物料数量。

**scope** 范围。定义项目的目标、消耗的资源、时间要求及期望结果等。

**semifinished** 半成品。从原材料状态加工成中间层次的物料，或者只是完成工艺路线中一部分工序的物料。

**sensitivity analysis** 敏感性分析。在给定的模型中，通过改变参数来评估输出的过程。

**serial number** 序列号。一组唯一确认一个单元的字符，目的是跟踪和质量保障。

**service part** 服务零件。一种存储的物料和零件，目的是为了满足故障、寿命等原因引起的物料和零件更换。

**setup** 准备。一组用来准备资源满足生产需求的活动。

**setup time** 准备时间。准备活动需要的所有时间之和。

**shop calendar** 车间日历。定义车间工作日期，同制造日历。

**shop floor control** 车间控制。用于安排生产、跟踪加工过程及制作生产报告的方法。

**shortage report** 缺件报告。不能满足生产订单需求的零件清单。

**simulation** 仿真。在真正实现某个系统之前，使用模型和逻辑工具，针对建议的输入和处理，测试得到的结果。

**standard operating procedures (SOP)　标准操作过程**。用于特定流程和情景的指令和方法。

**Stock Keeping Unit (SKU)　最小存货单位，库存量单位**。库存进出计量的基本单元，可以是件、盒、托盘、包等单位。

**summarized bill of material　汇总 BOM**。包括所有层次的所有物料数量，但是不按照逐层结构显示。

**supplier　供应商**。提供货物或服务的实体。

**supply chain management　供应链管理**。从供应商处获取原材料、把这些原材料转变成产品及将这些产品和服务运输到客户处，并对整个过程进行计划和协调的技术。

**SWOT analysis　SWOT 分析**。一种从优势(strengths)、劣势(weaknesses)、机会(opportunities)和威胁(threats)角度进行分析的方法。

## T

**theory of constraints (TOC)　约束理论**。制造业经营生产活动中定义和消除制约因素的规范化方法，以便支持持续改进。

**theoretical capacity　理论能力**。指定资源的最大输出量。

**time fence　时界**。用于政策变化的边界日期。

**total cost of ownership (TCO)　总拥有成本**。资产的生命期成本，包括获取、安装、支持、维护、服务以及所有运行费用。

**total quality control (TQC)　全面质量控制**。对产品质量的企业级控制。

## U

**unfavorable variance　不利差异**。比标准花费了更多资源的差异。

**unit cost　单位成本**。分配给单个零件的物料成本、人员工时及费用。

**unit test　单元测试**。用于确认单个程序的测试方式。

**Universal Product Code (UPC)　通用产品代码**。是一种长度固定、连续性的条码，由美国统一代码委员会制定。

## V

**vendor　供应商**。提供货物或服务的外部供应商。

**vendor-managed inventory (VMI)　供应商管理库存**。库存计划和控制技术，由供应商负责监控和补充客户的库存。

## W

**warehouse zone　仓库区域**。根据物料类型定义的仓库的物理或逻辑区域。

**work center　工作中心**。用于排产、工艺路线单元的物理或逻辑生产区域。

**work in process (WIP)　在制品**。在制品指的是正在加工，尚未完成的产品。

# 参 考 文 献

[1] Ahmed Elragal. ERP and Big Data: The Inept Couple. Procedia Technology, 2014, 16:242-249.

[2] Ahmed Elragal and Moutaz Haddara. The Future of ERP Systems: look backward before moving forward. Procedia Technology, 2012, 5:21-30.

[3] Amin Amid, Morteza Moalagh, and Ahad Zare Ravasan. Identification and classification of ERP critical failure factors in Iranian industries. Information Systems, 2012, 37: 227–237.

[4] Amin Hakim, Hamid Hakim. A practical model on controlling the ERP implementation risks, Information Systems, 2010, 35(2):204-214.

[5] Andrew Greasley and Yucan Wang. Building the hybrid organisation through ERP and enterprise social software. Computers in Industry, 2016, 82:69-81.

[6] Arun Madapusi and Derrick D'Souza. The influence of ERP system implementation on the operational performance of an organization. International Journal of Information Management, 2012, 32(1):24-34.

[7] Birdogan Baki and Kemal Cakar. Determining the ERP package - selecting criteria: The case of Turkish manufacturing companies. Business Process Management Journal, 2005, 11(1):75-86.

[8] Carol Ptak and Chad Smith. Orlicky's Material Requirements Planning (3rd Edition). McGraw-Hill Professional, 2011.

[9] Charles Moller. ERP II: a conceptual framework for next-generation enterprise systems. Journal of Enterprise Information Management, 2005, 18(4):483-497.

[10] Chin-Sheng Chen, Wen-Yau Liang, Hui-Yu Hsu. (2015) A cloud computing platform for ERP applications. Applied Soft Computing, 2015, 27:127-136.

[11] David Romero, François Vernadat. Enterprise information systems state of the art: Past, present and future trends. Computers in Industry, 2016, 79:3-13.

[12] Davide Aloini, Riccardo Dulmin, Valeria Mininno. Risk management in ERP project introduction: Review of the literature, Information & Management, 2007, 44(6):547-567.

[13] Donald Chand, George Hachey, James Hunton, Vincent Owhoso, Sri Vasudevan. A balanced scorecard based framework for assessing the strategic impacts of ERP systems.

Computers in Industry，2005,56：558-572.

[14] Esteves Sousa and Pastor Collado. Towards the unification of critical success factors for ERP implementation, in: Proceedings of the 10th Annual BIT Conference, Manchester, UK, 2000, 60-69.

[15] Helmut Klaus, Michael Rosemann and Guy G.Gable. What is ERP? Information Systems Frontiers, 2000, 2(2):141-162.

[16] Hooshang M. Beheshti. What managers should know about ERP/ERP II. Management Research News, 2006, 29(4):184-193.

[17] Hsing-Jung Li, She-I Chang, and David C. Yen. Investigating CSFs for the life cycle of ERP system from the perspective of IT governance. Computer Standards & Interfaces, 2017, 50:269-279.

[18] Koh S.C.L，Gunasekaran A，Rajkumar D. ERP II: The involvement, benefits and impediments of collaborative information sharing, International Journal of Production Economics, May 2008, 113(1):245-268.

[19] Li Da Xu. Enterprise Systems: State-of-the-Art and Future Trends. IEEE Transactions on Industrial Infomatics, 2011, 7(4):630-640.

[20] Mahendrawathi ER Saide. Knowledge Management Support For Enterprise Resource Planning Implementation. Procedia Computer Science, 2015, 72:613-621.

[21] Malgorzata Plaza. Balancing the costs of human resources on an ERP project. Omega, 2016, 59(Part B):171-183.

[22] Michael Pincher. Big ERP is dead, long live agile, Computer Weekly, 2010-5-18:24-25.

[23] Petri Hallikainen, Hannu Kivijarvi, and Markku Tuominen. Supporting the module sequencing decision in the ERP implementation process - An application of the ANP method. International Journal of Production Economics, 2009, 119(2): 259-270

[24] Richard W.Oliver. ERP Is Dead! Long Live ERP!. Management Review, November 1999, 88(10):12-13.

[25] Robert C. Beatty and Craig D. Williams. ERP II: Best practices for successfully implementing an ERP upgrade. Communications of the ACM, March 2006, 49(3):105-109.

[26] Robert F. Jacobs, F.C.'Ted' Weston Jr. Enterprise resource planning (ERP)—A brief history. Journal of Operations Management, 2007, 25: 357-363.

[27] Severin V Grabski, Stewart A Leech, Pamela J Schmidt. A Review of ERP Research: A Future Agenda for Accounting Information Systems. Journal of Information Systems, Spring 2011, 25(1):37-78.

[28] Somers T.M. and Nelson K.G. A taxonomy of players and activities across the ERP project life cycle. Information & Management, 2004, 41(3):257-278.

[29] 罗鸿. ERP 原理·设计·实施(第 4 版). 北京：电子工业出版社，2016.

[30] 陈启申. ERP——从内部集成起步(第 3 版). 北京：电子工业出版社，2012.

[31] 陈启申. 成功实施 ERP 的规范流程：知理·知己·知彼·知用(第 2 版). 北京：电子工业出版社，2009.

[32] 周玉清，刘伯莹，周强. ERP 原理与应用教程 (第 2 版). 北京：清华大学出版社，2014.

[33] 周玉清，刘伯莹. ERP 与企业管理：理论、方法、系统 (第 2 版). 北京：清华大学出版社，2012.

[34] 黄卫东. 企业资源规划(第 2 版). 北京：人民邮电出版社，2016.

[35] 严志业，钟昌儒. 中小企业 ERP 原理与实战. 北京：经济管理出版社，2011.

[36] 李沁芳. SAP ERP 原理与实训教程. 北京：机械工业出版社，2015.

[37] 辛明珠. 图解 ERP——轻松跟我学企业管控Ⅱ. 北京：清华大学出版社，2016.

[38] 张涛，邵志芳，吴继兰. 企业资源计划(ERP)原理与实践(第 2 版). 北京：机械工业出版社，2015.

[39] 封智勇. ERP 沙盘实战演练. 北京：经济管理出版社，2015.

[40] 金蝶软件. 金蝶 ERP-K/3 完全使用详解. 北京：人民邮电出版社，2013.

[41] [美]Steven Scott Phillips 著，吴学强译. 掌控你的 ERP 命运. 北京：电子工业出版社，2016.

[42] 龚中华，何平. 用友 ERP-U8 完全使用详解. 北京：人民邮电出版社，2013.

[43] 刘伯莹，周玉清，刘伯钧. MRP II/ERP 原理与实施. 天津：天津大学出版社，2001.

[44] 童继龙，童继明. P 道理：ERP 项目实施手记. 北京：清华大学出版社，2011.

[45] 佘镜怀. 企业资源规划(ERP)原理与实训. 北京：经济管理出版社，2015.

[46] 邓超. 企业资源规划系统(ERP)规范应用指南. 北京：电子工业出版社，2003.

[47] 程控，革扬. MRP II/ERP 原理与应用(第 3 版). 北京：清华大学出版社，2012.

[48] Peter Jones and John Burger 著，吕云翔等译. SAP ERP 财务与控制模块配置。北京：人民邮电出版社，2011

[49] 田俊国. ERP 项目实施全攻略. 北京：北京大学出版社，2007.

[50] 林勇. ERP 理论与实践. 合肥：中国科学技术大学出版社，2007.

[51] 崔晓阳. ERP 项目：选型与招标. 北京：北京大学出版社，2007.

[52] 章含等. 英汉企业资源计划(ERP)词典. 上海：上海科学技术出版社，2007.

[53] 柳中冈. 中小企业 ERP 指南. 沈阳：辽宁人民出版社，2002.

[54] 王小云. ERP 企业管理案例教程. 北京：清华大学出版社，2008.

[55] 张毅. 制造资源计划 MRP-II 及其应用. 北京：清华大学出版社，1997.

[56] 上海现代物流人才培训中心. 企业资源计划(ERP)与 SCM、CRM. 北京：电子工业出版社，2002.

[57] 文寄秋. ERP 实务. 北京：北京大学出版社，2004.

[58] 宋玲. 信息化水平测度的理论与方法. 北京：经济科学出版社，2001.

[59] 沈力钧. 数字意识 1.0：中国企业信息化案例研究. 沈阳：辽宁人民出版社，2003.

[60] 承继成，李琦，林珲，董宝青，夏曙东. 数字城市：理论、方法与应用. 北京：科学出版社，2003.

[61] 朱春燕. ERP 教育在中国. 北京：清华大学出版社，2006.

[62] 余伟萍，金卓君，胡豪. 组织变革——战略性 ERP 价值实现的保障. 北京：清华大学出版社，2004.

[63] 王纹，孙健. SAP 财务管理大全. 北京：清华大学出版社，2005.

[64] 崔晓阳. ERP123——企业应用 ERP 成功之路. 北京：清华大学出版社，2005.

[65] 贺唤平. ERP 概要分析——采购、销售与分销、库存. 北京：清华大学出版社，2004.

[66] 胡彬. ERP 项目管理与实施. 北京：电子工业出版社，2004.

[67] 李芳芸，柴跃廷. CIMS——集成化管理信息系统的分析、设计与实施. 北京：清华大学出版社，1996.

[68] 徐少春. ERP 改变中国. 北京：机械工业出版社，2007

[69] 杭州新中大软件股份有限公司. 终结 ERP. 北京：经济科学出版社，2003.

[70] 李春苗，林泽炎，裴丽芳. 企业培训设计与管理. 广州：广东经济出版社，2002.

[71] 高文举. 培训管理. 广州：广东经济出版社，2001.

[72] http://www.sap.com

[73] http://www.oracle.com

[74] http://www.microsoft.com

[75] http://www.erp100.com

[76] http://www.ufida.com.cn

[77] http://www.kingdee.com

[78] http://www.erpsalon.org